中国特色社会主义经济发展道路丛书
总主编 陈佳贵

中国非国有经济发展道路

The Development Path of Non-State-Owned Economy in China

刘迎秋/主编
刘霞辉/副主编

图书在版编目（CIP）数据

中国非国有经济发展道路/刘迎秋主编. —北京：经济管理出版社，2013.3
ISBN 978-7-5096-2375-6

Ⅰ.①中… Ⅱ.①刘… Ⅲ.①非国有经济—经济发展—研究—中国 Ⅳ.①F121.29

中国版本图书馆 CIP 数据核字（2013）第 057309 号

组稿编辑：璐　栖
责任编辑：勇　生　璐　栖
责任印制：黄　铄
责任校对：李玉敏

出版发行：经济管理出版社
　　　　　（北京市海淀区北蜂窝 8 号中雅大厦 A 座 11 层　100038）
网　　址：www.E-mp.com.cn
电　　话：(010) 51915602
印　　刷：北京广益印刷有限公司
经　　销：新华书店
开　　本：720mm×1000mm/16
印　　张：26
字　　数：450 千字
版　　次：2013 年 4 月第 1 版　2013 年 4 月第 1 次印刷
书　　号：ISBN 978-7-5096-2375-6
定　　价：88.00 元

·版权所有　翻印必究·
凡购本社图书，如有印装错误，由本社读者服务部负责调换。
联系地址：北京阜外月坛北小街 2 号
电　　话：(010) 68022974　邮编：100836

《中国特色社会主义经济发展道路》
丛书编委会

主　任：陈佳贵

委　员：(按姓氏笔画排序)

　　　　王国刚　刘树成　刘迎秋　刘煜辉　刘戒骄
　　　　吕　政　张卓元　张晓山　李　扬　李　周
　　　　吴太昌　汪同三　陈佳贵　金　碚　周叔莲
　　　　洪　涛　高培勇　黄群慧　黄速建　蔡　昉
　　　　潘家华

"中国非国有经济发展道路"课题组

课题组组长：刘迎秋
副 组 长：刘霞辉
课题组成员：（按所承担篇章顺序排序）
　　　　　顾　强　李梦娟　崔　巍　王红领　刘剑雄
　　　　　张　亮　魏　政　李燕燕　夏先良　冯　雷
　　　　　姚战琪

编写说明

中国经济改革开放30多年来，我国的经济社会发展取得了举世瞩目的成就，积累了丰富的经济体制改革经验，成功地走出了一条具有中国特色的经济发展道路。对改革开放以来中国经济体制改革进行系统、客观、深入的总结和研究，为我国进一步改革开放提供政策建议，无疑具有重大的理论和实践意义。《中国特色社会主义经济发展道路》丛书正是在这个背景下诞生的。

《中国特色社会主义经济发展道路》丛书共有9本，被国家出版基金规划管理办公室确定为2012年度国家出版基金资助项目。该项目总主持人是全国人大常委、中国社会科学院经济学部主任陈佳贵研究员。该项目共有9个子项目，分别是由陈佳贵研究员主持的"经济发展方式转变与经济结构调整"、数量经济与技术经济研究所原所长汪同三研究员主持的"中国投资体制发展道路"、工业经济研究所所长金碚研究员主持的"中国国有经济发展道路"、农村发展研究所原所长张晓山研究员与农村发展研究所所长李周研究员主持的"中国农村发展道路"、金融研究所所长王国刚研究员与中国社会科学院金融研究所金融实验室主任刘煜辉研究员主持的"中国金融体制发展道路"、财经战略研究院院长高培勇研究员主持的"中国财税体制发展道路"、人口与劳动经济研究所所长蔡昉研究员和高文书研究员主持的"中国劳动与社会保障体制完善与发展道路"、研究生院院长刘迎秋研究员主持的"中国非国有经济发展道路"、北京工商大学洪涛教授主持的"中国改革开放与贸易发展道路"。每个子项目的最终成果就构成了本丛书中的一本专著。本丛书的初稿完成后，我们分别请有关领域的专家学者对各卷的初稿提出修改建议，各卷作者又按照修改建议进行了修改。

本丛书编委会由陈佳贵任主任，编委会委员（按姓氏笔画排序）王国刚、刘树成、刘迎秋、刘煜辉、刘戒骄、吕政、张卓元、张晓山、李扬、李周、吴太昌、汪同三、陈佳贵、金碚、周叔莲、洪涛、高培勇、黄群慧、黄速建、蔡昉、潘家华。本丛书的出版得到了中国社会科学院科研局、经济学部、国家出版基金规划管理办公室的大力支持，在这里一并表示感谢！

《中国特色社会主义经济发展道路》丛书编委会
2012年11月

总　序

　　新中国成立以来，1978年开始的改革开放是20世纪70年代以来世界上最重大、最壮观、最为世人瞩目的事件之一。这场波澜壮阔的运动，规模之大，范围之广，持续之久，影响之深刻，成效之显著，都是史无前例的，它使中国实现了由计划经济向市场经济的转轨，建立起了走向成熟的社会主义市场经济制度；中国的工业化和城市化得到加速发展，工业化已经进入中期的后半阶段，中国已经由农业大国变成了工业大国。中国经济的国际化程度大大提高，已经成为世界经济的重要组成部分，对世界经济的贡献越来越大，影响越来越强。2010年中国GDP达到397983.3亿元，约合5.87万亿美元，已跃居世界第二位；2011年中国人均GDP为5414美元，已经进入中等收入国家行列；进出口总额超过36418.6亿美元，居世界第二位。与此同时，中国的科技、教育、文化、卫生、社会保障等领域的改革也得到了长足发展。

　　新中国成立60多年来，中国在经济建设上积累了丰富的经验，形成了具有中国特色的经济发展道路。我们有责任对这些经验进行总结，使它们成为中国人民永久的财富，并为全世界所分享。概括起来讲，中国60多年来的发展，尤其30多年的改革开放有以下主要经验和特点：

　　第一，坚持以中国特色社会主义理论为指导。中国特色社会主义理论是在以邓小平为核心的党的第二代领导集体、以江泽民为核心的党的第三代领导集体和以胡锦涛为总书记的党中央在分析了国内外形势的新变化、新特点，吸取历史的经验教训，总结中国丰富的改革开放的实践经验，吸收中国理论研究的新成果的基础上形成的。它是对马克思列宁主义、毛泽东思想的继承和发展。这个理论包括邓小平理论、"三个代表"重要思想和科学发展观三个重要的组成部分。邓小平不仅是中国改革开放的总设计师，而且是中国改革开放的理论奠基人。他支持开展的"实践是检验真理的唯一标准"的讨论使人们冲破了"极左"思想的桎梏，重新确立了"解放思想、实事求是"的思想路线，激发了广大干部群众对改革开放的积极性、创造性和首创精神。邓小平同志关于社会主义初级阶段的理论，关于改革是一场新的革命的理论，关于社会主义本质和社会主义发展道路的理论，关于计划与市场的理论，关于让一部分人和地区先富裕起来、逐步达到共同富裕的理论，关于摸着石头过河的理论，关于政府行政机构改革的理论，关于建立经济特区、大胆利用外资和发展证券市场的理论，等等，以及在这些理论基础上形成的党在社会主义初级阶段的路线、纲领、方针和重大政策，为统一全党和全国人民的认识、把党的工作重心转移到经济建设上来、顺利推进改革开放提供了强大的思想武器和理论支持。江泽民同志继承和发展了邓小平同志的理论，提出了"三个代表"重要思想。他的关于改革是全面改革的论述，把建立社会主义市场经济作为改革的目标的论述，关于坚持和完善公有制为主体、多种所有制经济共同发展的基本经济制度的论述，关于依法治国的论述，以及把建立社会主义市场经济体制写入党章、写入宪法，作出加入世界贸易组织（WTO）等重大决策，为改革的深入发展提供了理论指导和法律保障，保证了中国的改革开放事业沿着邓小平同志开辟的正确道路继续前进。胡锦涛同志在继承邓小平同志、江泽民同志的理论和思想的基础上，提出了科学发展观、建立和谐社会等理论和战略设想，提出了完善社会主义市场经济的思路，推进了中国特色社会主义沿着正确的道路不断前进。

第二，坚持社会主义制度的自我完善。中国的发展道路是根据中国的基本国情确立的。这个基本国情就是中国还处于并将长期处于社会主义初级阶段。它有两重含义：一是中国已经建立起了社会主义制度，中国的社会具有社会主义的性质，我们必须坚持社会主义制度，走社会主义道路；二是中国尚处在社会主义的初级阶段，现在中国的社会主义制度还很不完善、很不成熟，需要我们几代、十几代甚至几十代人去努力奋斗，以巩固和发展社会主义制度。改革开放就是巩固、发展与完善社会主义制度的重大战略举措。

第三，坚持市场取向的改革。中国特色的社会主义经济发展道路是从在农村推行家庭联产承包责任制、在城市扩大企业自主权开始的。1982年，中共十二大提出了"计划经济为主，市场调节为辅"的改革原则。1984年，中共十二届三中全会提出了社会主义经济是"有计划的商品经济"的命题，对社会主义经济的性质做出了基本判断。1987年，中共十三大进一步提出"国家调节市场，市场引导企业"的新型经济运行机制。1992年，中共十四大最终提出建立社会主义市场经济体制的改革目标。从这个过程可以看出，尽管中间也出现了一些波折，但是始终坚持了市场取向的改革,并逐步加强市场机制的作用,最终确立成熟的社会主义市场经济的改革目标,肯定了市场在国家宏观调控下对资源配置起基础性作用。

第四,坚持社会主义市场经济体制作为改革的目标和模式。这个制度是建立在"以公有制为主体,多种所有制经济共同发展的基本经济制度"之上的,它既具有市场经济的基本特征,又具有中国特色。它主要由企业制度、市场体系、分配制度、社会保障制度和政府的宏观管理五大支柱所支撑。

——建立"产权清晰、责权明确、政企分开、管理科学"的现代企业制度,使企业成为自主经营、自我发展、自我约束、自负盈亏的市场的主体。企业的主要法律形态采用有限责任公司和股份有限公司。

——发展商品市场以及资本、土地、劳动力、技术和管理等要素市场,建立统一开放、竞争有序的市场体系,形成有效的市场机制,发挥市场在资源配置中的基础作用。

——实行以按劳分配为主体、多种分配方式并存的分配制度,强调效率与公平的结合。

——逐步建立覆盖城乡的社会保障制度,构建完备的社会安全网。

——政府主要运用经济的、法律的手段调控经济,必要时也可采用少量的行政手段对经济进行管理,使国民经济保持平稳、快速、健康发展。

在发展成就的经验基础上,逐步建立起与社会主义市场经济体制相适应的一系列法律。

第五,在发展方法上,采取先易后难,逐步深化,渐进式推进。中国的发展道路选择是史无前例的,无现成的经验可以借鉴。中国又是一个发展中大国,承受改革与发展风险的能力较弱。中国的改革开放又是在遭受"文化大革命"破坏、国民经济处于极端困难的时候开始的,这种环境和条件使中国的改革开放只能采取"摸着石头过河"的办法,在探索中前进,在前进中探索。先推进见效快的改革,后推进见效慢的改革;先推进难度小的改革,后推进难度大的改革;先着手浅层次改革,后推进深层次改革;先推进竞争性领域的改革,后推进垄断行业的改革;先缩小政府机构管理权限,后改革行政管理体制;先着力进行经济体制改革,后推进政治、文化、社会体制改革。

对于把握不大的改革,先进行试点,在总结试点经验的基础上再逐步推广。沿着这种路径、采取这种方法进行改革,保证了改革开放稳步前进,避免了出现大的失误和挫折。

第六,在总体部署上,注意处理好"五个关系",使改革开放不断深化。

处理好农村改革和城市改革的关系。中国的改革先是从农村开始的,

1978年后，在农村迅速推广了土地家庭联产承包责任制，这一制度极大地激发了广大农民种田的积极性，迅速解决了中国的粮食问题，并于1993年全面废除了已实行20多年的粮票、油票、布票、副食品等票证制度。这是一个翻天覆地的变化。农村改革不仅为城市提供了足够的粮食和副食品，也为城市改革和发展提供了丰富的原材料和大批的剩余劳动力。中共十二届三中全会后，城市的改革提上重要议程。城市改革特别是工业的改革和发展，工业化进程的快速推进，国家获得了大量的物力、财力，为工业反哺农业，城市支持农村创造了良好的经济基础，也为农村改革的深化创造了良好的条件。

处理好利益调整和制度、机制创新的关系。改革初期，无论农村推行土地家庭联产承包责任制，或是城市工商企业推行的企业承包经营、建立生产责任制等办法，都主要是进行利益调整，在不根本改变计划经济体制的情况下，调整国家、企业和个人的分配关系，激发广大群众对改革和发展的积极性和创造性。在改革初期这样做是完全必要的，它能使改革很快见到成效，使广大群众支持改革、拥护改革，也减少了改革的阻力。但是，这种扩权让利不可能使计划经济体制本身带来革命性的变化，给广大群众带来的积极性也不可能持久。随着改革的深入，扩权让利的改革必然要发展到机制创新和制度创新阶段。在农村，让农民对土地有长期的经营权、允许经营权有偿转让等改革，就是把利益调整和制度创新有机结合的尝试。在城市改革特别是国有企业改革中，由承包制发展到股份制改革，对国有企业进行股权多元化、分散化的公司化改造，更是使企业改革发展到了企业机制、企业制度创新的新阶段，较好地解决了扩权让利和企业机制、企业制度创新相结合的问题。

处理好公有企业改革和发展非公有企业的关系。在所有制的改革上，始终从两个方面推进：一方面，对国有企业、集体企业进行改革，探索公有制的实现形式，把大批国有、集体企业改变成公司制企业，实现了所有权主体的多元化、分散化；另一方面，大力发展非公有制经济，使它们成为社会主义市场经济的重要组成部分。国有企业改革和国有经济的战略调整，不仅缩短了国有经济战线，优化了国有经济布局，提高了国有经济的素质，而且促进了个体私营经济和混合经济的发展。个体私营经济的发展，不仅繁荣了经济，为社会提供了大量的就业岗位，也对国有企业、集体企业形成压力，促进了国有企业和集体企业的改革。

处理好对内改革和对外开放的关系。中国的经济改革和经济发展，为外资的进入创造了良好的市场环境、体制环境、法治环境和人文环境，因此，长期以来中国一直处于引进外资的前列。加入WTO后，不仅标志着中国对内改革进入了一个新阶段，也标志着中国对外开放进入了全面、全方位开放的新阶段。一方面，我们加快了内部改革，尽力使中国的经济体制和管理办法与国际接轨；另一方面，我们增强了在制定国际规则方面的话语权，加强了中国企业的国际竞争力。在短短几年间，中国的外贸出口额高速增长。2007年，已经成为世界上的第二大出口国。中国企业的对外投资也开辟了新局面。

处理好改革、发展和稳定的关系。改革、发展、稳定，这三者既各有侧重，又存在密切联系。"发展是硬道理"、"发展是改革的根本目的"，"发展是第一要务"，在改革开放中，始终坚持以经济建设为中心，围绕发展促进改革开放。改革是为了解放和发展生产力，改革不仅能激发广大群众的积极性和创造性，为发展提供强大的动力，而且能为国民经济长期、平稳、快速、健康发展提供良好的机制和制度保证。稳定是改革发展的基本前提，要坚持稳中求进。社会动荡不安，改革很难进行，要想快速发展也只能是一场美梦。因此，要把握好改革的力度、发展的速度和社会的可承受度之间的关系，使三者协调推进。

第七，在改革的动力上，既依靠中国共产党以及它领导下的政府的权威，又尊重人民群众的首创精神，充分发挥理论界的作用。中国的改革始终是在中国共产党领导下进行的，中国共产党是推进改革开放的核心力量。中央政府凭借自己的行政权威，保证了中国共产党制定的改革开放的路线、目标、方针、政策得以全面贯彻实行。党的政治权威和政府的行政权威为改革开放创造了良好的环境，是改革开放能够不断持续推进的保障。基层和群众的积极性、创造性始终是中国改革开放的基础力量。中国的许多改革都是从基层，有的还是群众自发先做起来的，然后由政府总结经验逐步推广到全国。

理论界也是推动改革开放的一股重要力量。广大理论工作者解放思想，把马克思主义和中国实践结合起来，既注意引进国外的先进管理理念、理论、方法和手段，吸收现代经济学有用的成果，又深入总结历史的经验教训，及时总结改革开放中基层和人民群众创造的新经验、新做法，研究新情况、新问题，为深化改革开放进行了理论阐述，提出了许多有价值的建议，为改革开放发挥了思想库和智囊团的作用。

第八，在对中国经济发展的措施、手段的选择和成果的评价上，坚持从实际出发，不唯书、不唯上，"评判的标准，应该主要看是否有利于发展社会主义社会的生产力，是否有利于增强社会主义国家的综合国力，是否有利于提高人民的生活水平"。

中国60多年来的经济发展，尤其是改革开放30多年来的发展成就震撼了整个世界，但是也存在一些不足。中国还处于社会主义初级阶段，改革开放持续的时间长，整体配套性不够强；垄断行业的改革进展缓慢，产品、服务质次价高；行政机构的改革成效不大，政府职能还没有很好地转变；社会管理制度滞后，上亿农民工的身份、待遇等问题还没有得到解决；和工业化、城市化快速发展相比，农村生产方式仍很落后；在改革开放中还出现了地区差距扩大、城乡差距扩大、居民收入差距扩大、经济快速增长付出的资源环境代价过大等新问题。如何对待这些问题，当前有不同的认识。有些人认为，这些问题是改革开放带来的，甚至主张体制的倒退和复归。我们认为这种看法是非常错误的、十分有害的。改革开放30多年来取得的成绩是任何人也抹杀不了的。这样一场史无前例的社会经济的大变革出现一些问题是难免的，但必须引起高度重视。只有进一步解放思想、深化改革、加快发展，才能使这些问题得到有效解决。倒退是毫无出路的，也不符合广大人民群众的根本利益，是不得人心的。

中国特色社会主义经济发展道路走过了60多年的历程，取得了一系列辉煌成就，但是我们也要清醒地认识到，国际社会瞬息万变，尤其进入21世纪，西方发达国家经历了金融危机和债务危机，经济状况持续衰退，直接影响到全球经济的发展，在中国崛起的过程中会遇到国内外诸多艰巨的问题，未来十年中国完善社会主义市场经济体制的任务将进入建设"成熟社会主义市场经济体制"的新阶段。所谓成熟的社会主义市场经济体制是能够自我调整、自我完善和自我演进的经济制度。建设成熟的社会主义市场经济体制，要从全面制度创新的高度，谋划改革方略、路径和动力问题，统一凝聚改革共识，增强改革动力，注重顶层设计和顶层推进，发挥地方和企业的首创精神，突出改革的整体性，推动改革的多层次协调配套，我们要做好攻坚克难的准备。应当从理论上、实践上认真总结中国经济发展的成绩、经验和教训，提高认识，以利于夺取中国特色社会主义经济发展建设的全面胜利！

陈佳贵

全国人大常委、经济学部主任

中国社会科学院原副院长

2012年12月6日

目 录

第一篇　总报告：中国非国有经济发展道路：成就、经验与展望

第二篇　中国集体所有制企业发展道路

第一章　中国集体经济的主要类型 ……………………………… 37
第一节　城镇集体企业 ………………………………………… 37
第二节　农村集体企业 ………………………………………… 43
第三节　合作经济 ……………………………………………… 44

第二章　中国集体经济发展历程回顾 …………………………… 47
第一节　中国城镇集体经济的主要发展历程 ………………… 47
第二节　中国农村集体经济的发展历程 ……………………… 57
第三节　中国合作经济的发展历程 …………………………… 65

第三章　中国集体经济改革实践及其经验、教训 ……………… 73
第一节　中国城镇集体经济改革的基本路径及经验、教训 … 73
第二节　中国农村集体企业改革路径及经验、教训 ………… 89

第四章　集体所有制理论评述 …………………………………… 105
第一节　集体所有制理论 ……………………………………… 105
第二节　中国集体所有制经济的理论述评 …………………… 116

第五章　新型集体经济在未来中国的发展 …… 127

第一节　新型集体经济的本质及实现形式 …… 127
第二节　现阶段集体经济产权界定和资产处置 …… 134
第三节　政府在集体经济改革发展中的作用 …… 146

第三篇　中国私营所有制企业发展道路

第六章　中国私营企业发展的历史过程 …… 163

第一节　改革开放以来中国私营企业的发展阶段 …… 163
第二节　中国私营经济发展的典型模式 …… 178

第七章　中国私营企业发展的理论与政策讨论述评 …… 193

第一节　私营经济的性质和地位 …… 193
第二节　私营企业的外部制度供给及其述评 …… 204
第三节　私营企业的内部治理结构 …… 214

第八章　中国私营企业发展的主要成就、基本经验与教训 …… 227

第一节　中国私营企业发展的主要成就 …… 227
第二节　中国私营企业发展的基本经验 …… 235
第三节　中国私营企业发展中的教训 …… 239

第九章　中国私营企业发展展望 …… 253

第一节　中国私营企业发展的机会 …… 253
第二节　中国私营企业发展面临的不利因素 …… 255
第三节　中国私营企业发展的方向 …… 258
第四节　中国私营企业发展：政府的角色 …… 264
第五节　小结 …… 268

第四篇　中国外商投资企业发展道路

第十章　中国外资政策与外企发展的历史过程 ········· 275
第一节　1978~1988年外资政策改革与外企发展 ········· 277
第二节　1989~1991年外资政策改革与外企发展 ········· 282
第三节　1992~2001年外资政策改革与外企发展 ········· 285
第四节　2002~2011年外资政策改革与外企发展 ········· 292

第十一章　中国外商投资企业发展理论述评 ········· 305
第一节　中国外商投资企业发展产生积极效果的理论 ········· 305
第二节　中国外商投资企业发展产生负面效果的理论 ········· 317
第三节　中国外商投资企业经济管理理论 ········· 323
第四节　结束语 ········· 328

第十二章　中国外资政策改革和外企发展的主要成就、基本经验与教训 ········· 333
第一节　外商直接投资与体制改革和对外开放：宏观视角 ····· 333
第二节　利用外资政策的战略目标与外商直接投资的发展：中观视角 ········· 340
第三节　外商直接投资发展的企业基础：微观视角 ········· 346

第十三章　中国外商投资企业发展与外资政策展望 ········· 355
第一节　外资全球流动形势及其对华影响 ········· 355
第二节　中国经济形势和政策改革对吸引外资的可能影响 ··· 362
第三节　中国外资政策调整的目标取向和展望 ········· 371
第四节　近期中国利用外资形势和外资企业发展展望 ········· 382
第五节　总结 ········· 392

索　引 ········· 395

后　记 ········· 399

第一篇

总报告：中国非国有经济发展道路：成就、经验与展望

如果说中国"新时期最鲜明的特点是改革开放",[①] 那么,必须说中国改革开放最鲜明的特点是非国有经济的迅速崛起和持续发展。这里的所谓非国有经济,[②] 主要是指由城镇集体所有制企业、城乡个体工商户、私营企业和非国家控股的股份制企业[③]以及海外在华独资企业组成的国民经济活动的总和。改革开放以来,通过国有企业改革和非国有经济持续快速发展,历史地创造出了国有、集体、个体私营和外资为基本组织形态的中国市场经济主体结构,为中国市场经济发展奠定了必要而坚实的微观基础。这是一个完整的中国特色社会主义市场经济体制的历史构造过程。现在,我们要回顾和总结在这个历史构造过程中非国有经济改革和发展所取得的主要成就、基本经验,分析和阐明在这个历史构造过程中非国有经济发展面临的主要矛盾和突出问题,并由此归纳和展望中国非国有经济的未来发展,推动其实现更好更快的发展。显而易见,在中国改革开放已进入第二个30年的时候,进行一次这样的回顾和总结、研究和探讨、分析和阐述、归纳和展望,无论是对于已经成为历史的过去,还是对于充满希望的未来,都具有特别重要而深远的意义。

一、非国有经济发展的特点与主要成就

中国经济体制改革是一个新制度代替旧制度、新规则代替旧规则、新机制代替旧机制的制度变迁和机制创新过程。通过对传统公有制经济进行改革,培育和促进新型市场主体的形成和发展,推动中国国民经济的持续快速增长,加快中国现代化的历史进程,提高全体国民的经济福利水平,是这场改革的基本目标和最终目的。改革开放30多年来,中国经济体制改革与变迁、机制创新与发展的一个典型实现形态,就是国有经济的改革和非国有经济的崛起及其持续快速发展。

1978年实行改革开放之前,中国实行的是计划经济体制。这个体制

---

① 胡锦涛.高举中国特色社会主义伟大旗帜,为夺取全面建设小康社会新胜利而奋斗——在中国共产党第十七次全国代表大会上的报告.中国共产党第十七次全国代表大会文件汇编.人民出版社,2007:8.

② 这里的"非国有经济",也就是我国学术界和实业界普遍认同的"民营经济",或者更确切地说就是通常所说的"广义民营经济"。与"广义民营经济"概念相对应的,还有一个"狭义民营经济"概念。"狭义民营经济"即通常所说的"个体私营经济"。

③ 按照股份制的基本原理,根据中国经济实践,所谓"非国家控股的股份制企业",通常也一定不是集体产权占支配地位的企业。因此,在本质属性上,这类企业应归属于私营企业。有鉴于此,在展开分析的过程中,本文直接将其并入个体私营经济范畴,不再单独进行讨论。

的一个突出特点是，凡关系国民经济命脉、对国民经济生活有重大影响的领域，基本上是国有经济一统天下。1978年实行改革开放之后，这一格局开始发生变化，非国有经济日益发展壮大。

（一）非国有经济发展的历史特点

如果把农村联产承包责任制作为一个特定产权变革形态存而不论，那么，与行政区划有较为紧密联系的城镇集体企业①改革和个体私营经济以及外资企业的发展及其比重的变化，可能是最能表明改革开放以来中国非国有经济发展突出特点的了。归纳起来，主要有两大历史特点：

1. 城镇集体企业经历了一个快速发展和持续收缩的历史过程，目前在非国有经济中的比重已很低

20世纪80年代初至90年代中期，是集体经济总量扩张最为迅速的时期。例如，1978年，全国工业产值中国有企业所占比重高达78%，集体企业所占比重仅为22%。在当时的中国经济生活中，集体经济基本上处于配角地位。经过改革开放后一个时期的持续发展，到20世纪90年代中期，集体工业总产值已开始超过国有工业，并逐渐占据各种经济类型的首位。例如，1994年集体工业总产值为31434亿元，超过了国有工业26200亿元的总产值水平，占到同期全国工业总产值的40.9%，表现出较强的增长势头，成为当时中国经济发展的第二大主力。科龙、春兰、海尔等一大批优秀的城镇集体企业，就是在这个时期涌现出来的，尽管其中不乏"戴红帽子"的城镇集体企业。随着改革的深入和市场经济的发展，特别是中共十五大第一次把非公有制经济纳入我国基本经济制度，并在理论和政策上明确提出了股份合作制也是公有制的一种实现形式以后，"红帽子企业"开始摘帽。由此，便出现了一个城镇集体企业在非国有经济中的比重迅速下降的过程。据全国城镇集体企业清产核资的结果，截至1996年底全国独立核算、具有法人资格并正常经营的城镇集体企业有49.5万户，其中工业企业14.6万户，比1995年又减少了2.48万户。②根据2005年第一次全国经济普查数据公报，到2004年底全国集体企业共34.3万户。而根据2005年《中国乡镇企业年鉴》提供的数据进行估算，全国城镇集体企业约有10.2万个，加上城镇股份合作企业约1万个，与1996年全国有城

---

① 本文所讨论的集体企业，均指城镇集体企业。因此，后文所有相关分析与叙述，凡使用集体企业而不加任何特别说明时，均指城镇集体企业。

② 参见http://news.xinhuanet.com/fortune/2005-12/06/content_3883969.htm。

镇集体企业 49.5 万户相比，到 2004 年底全国城镇集体企业在数量上至少减少了近 80%。即使按高估数据（34.3 万户）与 2007 年全国非国有企业总数相比（按全国私营企业 551.3 万户、[①] 外商投资企业 28.62 万户[②] 计），也仅占 5.92%。考虑到在这些企业中还有很大一部分基本上已经名存实亡，城镇集体企业在全国非国有企业中的比重实际上更低。

2. 个体私营经济迅速发展，并且已经成为中国非国有经济的主体

到 1978 年改革开放之前，中国的私营企业已经彻底消亡，全国只剩下 15 万个城镇个体劳动者。[③] 直到 1987 年 10 月中共十三大召开之前，中国的私营经济主要是以个体工商户形式存在和发展的。官方关于私营企业的统计数据则是从 1989 年才开始正式公布的。截至 1989 年底，全国私营企业户数虽然还很少，但也已达到了 9 万多户。邓小平南方谈话和中共十四大后个体私营经济重新得到了迅速发展。到中共十五大召开后的 1997 年底，全国私营企业总数已达 96 万户，比 1989 年增长了近 10 倍，年均增长 34.3%。[④] 2001 年江泽民"七一"讲话和 2002 年 11 月中共十六大报告，进一步明确提出"必须毫不动摇地鼓励、支持和引导非公有制经济发展"和"放宽国内民间资本的市场准入领域"、"完善保护私人财产的法律制度"等一系列旨在鼓励非国有经济发展的方针政策，中国个体私营经济进入了一个井喷式快速发展时期。截至 2007 年底，私营企业总数已经超过了 550 万户，又比 1997 年增长了 5.5 倍多。即便不把此间已经建立起来的 28.62 万户外商投资企业[⑤] 包括在内，私营经济部门也已经成为非国有经济的最大主体。

目前，私营企业进入了一个提升发展的阶段。首先，私营企业的户数、注册资金以及从业人员等稳步增加。据国家工商行政管理总局的统计，2003 年底，全国登记的私营企业为 300.55 万户，从业人员 4088.65 万人，注册资本金额 35304.89 亿元。截至 2011 年底，全国登记的私营企业已达 967.68 万户，同比增长 14.45%，是 2003 年的 3.22 倍；注册资本金额 25.79 万亿元，同比增长 34.27%，是 2003 年的 7.31 倍；从业人数为 10353 万人，同比增长 12.73%，是 2003 年的 2.53 倍。其次，私营企业在

---

① 参见 http://sx.vip.qikan.com/Login.aspx。
② 参见 http://www.saic.gov.cn/zwxxq/zwdt/zyfb/t20080310_32681.htm。
③ 国家统计局. 中国统计年鉴（1984）. 中国统计出版社，1984：122.
④ 兰士勇. 非公有制经济发展情况图表（1978~1997）. 张厚义，明立志主编. 中国私营经济发展报告. 社会科学文献出版社，1999：60.
⑤ 参见 http://www.jfdaily.com/gb/jfxww/licai/node1424/userobject1ai1969288.html。

国民经济中的地位日益加强。2010年底，全国规模以上工业企业增加值同比增长15.7%，其中私营工业企业增加值同比增长20%，高于全国4.3个百分点，高于国有及国有控股企业6.3个百分点。内资非公有制经济占GDP的比重已超过1/3，加上外商投资经济在内，非公有制经济占GDP的比重已经超过一半，对经济增量的贡献已在60%以上。在各种经济成分中，个体私营企业的税收增长是最快的，明显高于全国水平及其他经济成分。2010年个体私营企业税收总额超过1.1万亿元，是2003年2435亿元的4.52倍，占全国税收总额的比重由2003年的11.91%增加到15.02%。私营企业在自身发展的基础上，成为解决我国社会就业的重要渠道，其中，在城镇新增就业的90%以上都是民营经济解决的。

（二）非国有经济发展的主要成就

1. 非国有经济部门已成为就业的主要载体

随着非国有经济比重的上升，城镇就业人口在国有经济部门的比重已从1978年的78%下降到了2007年的22%，非国有经济部门已成为就业的主体。城镇就业结构的历史转折点是1997年。1997年之前，国有经济部门的就业比重高于非国有经济部门，就业总量保持相对稳定。1997年之后，国有经济部分的就业比重不断下降，非国有经济部门的就业比重不断上升，从2002年开始，非国有经济部门的就业比重开始超过国有经济部门，且两者间的差距呈逐年扩大之势（见图0-1）。

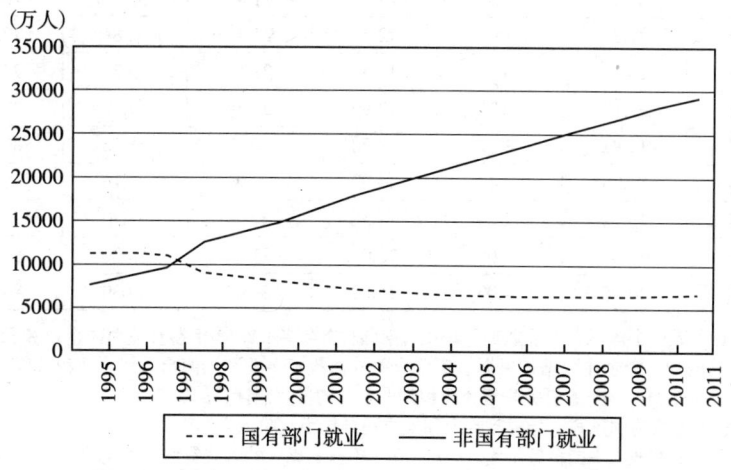

图0-1　国有和非国有经济部门就业人数及其变动趋势

资料来源：据国家统计局编《中国统计摘要》2012年卷第45页提供的资料计算整理。

2. 非国有经济部门已经成为中国的主要纳税主体

如表 0-1 所示,1993~2011 年,三资企业缴纳的税收年均增长 33%,个体私营企业和其他企业年均增长 23%~26%,均明显高于国有企业。国有企业缴纳税收所占比重已从 1993 年的 63.6 下降到了 2005 年的 24.8%,同期非国有企业缴纳税收所占比重则从 36.4% 上升到了 75.2%,上升幅度相当大。根据全国工商联研究室提供的相关数据,从 2006 年到 2011 年,全国非国有企业缴纳税收占全部税收的比重进一步上升至 77.82% 和 84.94%。① 显然,目前非国有企业已经成为中国的主要纳税人。

表 0-1 1993~2011 年国有企业和非国有经济部门的税收比重

单位:%

年份	国有企业	集体企业	个体私营	三资企业	股份公司	非国有总计
1993	63.6	21.1	8.2	5.2	0.8	36.4
1994	63	17.2	8	8.1	1.7	37
1995	59.7	17.6	7.9	10.4	2.4	40.3
1996	54.7	18.4	8.5	13.2	3.4	45.3
1997	56.3	15.3	8	13.9	4.7	43.7
1998	54.1	14.6	8.1	13.5	8	45.9
1999	49.5	11.8	8.6	15.7	12.3	50.5
2000	41.5	8.6	9.9	16.8	21.3	58.5
2001	36	7.1	10.6	19.3	25.1	64
2002	32.2	5.6	11.7	21	27.4	67.8
2003	29.5	4.5	12.2	21.4	30	70.5
2004	27.2	3.6	12.7	21.3	32.8	72.8
2005	24.8	3	13.5	21.1	35.2	75.2
2006	22.18	2.35	13.99	21.59	37.20	77.82
2007	19.87	1.67	13.88	20.53	38.76	80.13
2008	17.90	1.42	15.02	20.94	41.16	82.10
2009	16.12	1.24	14.32	21.58	43.70	83.88
2010	15.47	1.09	15.03	21.18	44.00	84.53
2011	15.06	1.03	15.62	21.02	44.30	84.94

注:(1)表中个体私营企业数据是根据《中国税务年鉴》2012 年卷有关个体企业和私营企业税收额计算的;三资企业数据是根据该年鉴有关外商投资企业和港澳台投资企业税收额计算的;其他企业数据是根据该年鉴有关联营企业和其他企业的税收额计算的。
(2)税收收入为国家税务局税收收入和地方税务局税收收入之和。
资料来源:根据《中国税务年鉴》1993~2012 年各卷提供的有关资料计算整理。

---

① 全国工商联研究室. 中国民营经济发展分析报告,2007:36.

而且，非国有企业经济效益普遍好于国有经济。如表 0-2 所示，1998~2011 年，私有工业资产占全社会总资产的比重明显小于国有工业，但它所提供的利税比重在 2011 年已基本接近国有工业部门。

表 0-2 不同所有制工业的资产比重和利税比重

单位：%

年份	国有工业		私有工业	
	总资产	利税	总资产	利税
1998	68.84	55.48	1.37	2.81
1999	68.8	55.93	1.96	3.84
2000	66.57	58.53	3.07	4.13
2001	64.92	54.82	4.36	6.34
2002	60.93	50.81	5.99	8.37
2003	55.99	49.63	8.6	10.48
2004	50.94	47.59	11.02	12.71
2005	48.05	45.53	12.39	14.82
2006	46.41	44.41	13.91	16.75
2007	44.81	41.04	15.1	19
2008	43.78	32.81	17.59	26.28
2009	43.7	30.36	18.47	27.34
2010	41.79	30.59	19.71	28.03
2011	41.32	30.66	20.25	28.56

资料来源：国家统计局工业企业数据库。

3. 外商对华投资取得突破性进展，并促进了中国产业水平的提升

如表 0-3 所示，到 1985 年外商对华直接投资为 19.56 亿美元，以后持续缓慢上升。从 1992 年开始，外商对华直接投资大幅度增长，外商投资企业迅速增加。据商务部统计，截至 2011 年底，中国已累计批准设立外商投资企业超过 73.8 万家，实际使用外资金额达 1.17 万亿美元。全球 500 强已超过 490 家在华设立了企业或机构，跨国公司在华设立研发中心超过 1160 家。[①]

外商在华投资对于促进先进技术在中国的扩散、带动中国产业结构优化升级和产业技术水平提升，均产生了积极推动作用。例如，从 20 世纪 70 年代末到 80 年代，在全球劳动密集型轻纺产业向发展中国家转移的背

---

① 商务部李志群司长谈中国利用外资的相关情况，载于 http://video.mofcom.gov.cn/class_onile010672006.html。

表 0-3 1995~2011 年外商在华投资情况

年份	外商在华投资协议				外商在华实际投资额	
	总计		直接投资		总计	直接投资
	项目（个）	亿美元	项目（个）	亿美元	亿美元	亿美元
1995~1999平均数	23973.4	722.166	23857	617.772	557.124	420.572
2000	22347	711.3	22347	623.8	593.56	407.15
2001	26140	719.76	26140	691.95	496.72	468.78
2002	34171	847.51	34171	827.68	550.11	527.43
2003	41081	1169.01	41081	1150.69	561.4	535.05
2004	43664	1565.88	43664	1534.79	640.72	606.3
2005	44001	1925.93	44001	1890.65	638.05	603.25
2006	41485	1982.16	41473	1937.27	670.76	630.21
2007	37888	—	37871	—	783.39	747.68
2008	27514	—	27514	—	952.53	923.95
2009	23435	—	23435	—	918.04	900.33
2010	27406	—	27406	—	1088.21	1057.35
2011	27712	—	27712	—	1176.98	1160.11

注：商务部统计的外商在华投资分为非金融（不含银行、保险、证券）领域外商直接投资和金融领域外商直接投资两块，其中 2000 年以前数据包含对外借款。所有数据均不包含境外融资和外资并购。

资料来源：商务部统计资料，历年《中国统计年鉴》。

景下，外资开始大量进入中国。这种进入，一方面解决了发达国家产业向外转移的需要，另一方面又促进了中国轻纺产业的振兴和发展。进入 20 世纪 90 年代以后，随着上海浦东新区的开发和建设，外商进一步大量进入，并由此带来了中国机电产业的技术更新和大发展，助推中国机电产业技术水平上了一个大台阶。进入新千年后，发达国家的以 IT 为代表的高新技术产业的生产制造工艺开始大规模向外转移，中国成了其主要的承接地，这种承接不仅促进了珠三角和长三角经济开放带的高新技术产业的升级，而且促进了环渤海地区高新技术产业的发展，同时还促进了中国国内机电产业和高新技术产业向中国中西部转移，形成了中西部地区产业改造与升级新态势。

与此同时，随着经济全球化的发展和民营企业自身实力的发展壮大，民间投资积极主动地开展对外投资，在参与国际竞争的道路上取得了相当成效。据统计，中国企业 500 强中，民营企业数量和营业收入所占比重已经分别从 2003 年的 13.8%和 5.6%，上升到 2009 年的 20.8%和 9.2%。华为、中兴、联想、万向等民营企业已成为具有自主知识产权、自主品牌和较强国际竞争能力的跨国企业，民营企业开展跨国经营和全球配置资源的视野和能力日益显现，相当一部分民营企业具备了成为具有国际竞争力大企业的条件。适应这种形势发展的要求，《国务院关于进一步促进中小企业发展的若干意见》（以下简称《若干意见》）提出，要支持民营企业在研发、生产、营销等方面开展国际化经营，开发战略资源，建立国际销售网络；支持民营企业利用自有品牌、自主知识产权和自主营销，开拓国际市场，加快培育跨国企业和国际知名品牌；支持民营企业之间、民营企业与国有企业之间组成联合体，发挥各自优势，共同开展多种形式的境外投资。2010年3月，吉利正式与美国福特汽车公司签约，以18亿美元收购福特旗下的沃尔沃轿车，实现对沃尔沃轿车公司的全股权收购、全品牌收购和全体系收购，是民营企业境外并购的典型案例，使"吉利"由"国内名牌"走向"国际大品牌"迈出了坚实步伐，也将民营企业"走出去"战略提上了一个新高度。同时，《若干意见》明确要求完善境外投资促进和保障体系，积极开展"经济外交"，为民营企业争取有利的投资、贸易环境和更多优惠政策；民营企业与其他企业在资金支持、金融保险、外汇管理和质检通关等方面享受同等待遇。

4. 非国有经济部门已经成为中国经济增长的重要引擎

在国民经济活动总量中，非国有经济所占比重已经超过了60%。如表0-4所示，到2011年底，国有和国有控股企业的工业总产值占全国工业增加值的比重仅为20%左右，非国有工业企业创造的增加值已经接近80%。在国民经济活动质量上，非国有企业的生产技术水平也已出现了迅速赶上和超过国有企业平均生产技术水平的态势。在企业调查中我们也发现，多数非国有企业所使用的已是21世纪初制造出厂的最新技术设备，平均水平要比多数国有企业高得多。近年来，在世界市场颇受欢迎的中国工业消费品，基本上都是由非国有企业生产制作的。非国有经济部门、特别是个体私营经济企业和外商投资企业的增加值增长率均长期高于国有企业增加值增长率，不仅使非国有经济部门在国民经济活动总量中的比重迅速上升并超过了国有经济部门，而且使非国有经济部门成为中国经济持续快速增长的一个重要支撑力量。

表 0-4 按经济类型分的工业企业总产值

单位：万元

年份	合计	国有企业	集体企业	个体私营	三资企业	非国有总计
2006	369495901	81950712	8696722	51687320	79769327	287545189
2007	485749213	96517852	8104744	67405474	99725989	389231361
2008	578617963	103546628	8225346	86903190	121189189	475071335
2009	631035957	101695830	7849895	90373779	136151668	529340127
2010	773944446	119736057	8409050	116333520	163897129	654208389
2011	866873779	132837273	9144779	128203972	182611162	719629227

资料来源：根据国家统计局编《中国统计年鉴》（2012年卷）的表14-4、表14-8、表14-12、表14-16计算整理。

二、非国有经济发展的历史过程

改革开放以来中国非国有经济发展大体经历了起伏不平的四个阶段。

（一）1978~1988年非国有经济发展的起步阶段

1. 非国有经济改革与发展是在农村探索联产承包、城市开展国有企业改革试点的过程中实现起步的

1978年12月18日召开的中共十一届三中全会吹响了改革的号角。1978年12月安徽省凤阳县小岗村的18位农民秘密签下的一份土地承包合同，成为中国全面推行联产承包责任制的导火索。这份合同明确提出了不再搞"干和不干、干多干少、干好干坏均一个样"的"大帮轰"、"大锅饭"，坚持把集体土地承包到农户，强调要由农民自主决定种植品种、种植结构，再按土地承包数量履行相应义务（包括向国家和集体缴纳一定的税赋）。[①] 尽管小岗村的经验是在1979~1980年才逐渐得到认可和推广的，但一经推广便产生了人们所始料不及的积极效果，并由此成为中国改革开放的第一次示范。与此同时发生的是由中央直接推动的城镇国有企业改革。这项改革则是从18个城市着手实施扩大国有企业自主权试点起步的。两个不同层面的改革告诉人们的一个基本道理，就是承认个人利益的存在是经济得以发展的不竭动力。非国有经济也由此开始起步和实现初步发展。

---

① 新华社. 安徽省凤阳县小岗村建立大包干纪念馆. 浙江日报，2005-06-20.

2. 城镇集体企业改革是在农村改革效应带动下全面启动的

在农村改革的带动下，城镇集体企业也出现了一个较快发展的时期。从1978年到1988年，全国集体工业企业数量从26.5万个增加到39.59万个。其中，城镇集体工业企业从10.1万个增加到15.77万个，城镇集体工业企业占全国工业企业的比重也从29.02%上升到31.54%。① 城镇集体企业就业比重则由1978年的21.53%迅速上升为1985年的25.95%。② 增长速度是较快的。这个时期的城镇集体企业之所以发展较快，主要是因为集体经济沾了"公"字，易于被多数人接受，发展的阻力较小。这种情况是与改革开放之初"左"的思想仍较为盛行、传统思想束缚仍较多、多数人又倾向于求稳相适应的。另外一个原因是，在实践中，集体企业的较快发展也确实有助于缓解当时相当严峻的就业压力，有助于解决"短缺经济"条件下市场供给严重不足的矛盾，有助于以较低的成本冲破传统发展模式和路径③的束缚。

3. 个体私营经济起步于1979年，较快发展于1988年

随着改革开放的逐渐启动和下乡知识青年先后返城，城镇就业压力剧增，零售、餐饮等服务供给明显不足，吃饭难、住店难、缝衣难、修车难、购物难等现象凸显。在这种情况下，北京前门大街上最先出现了返城知识青年上街卖"大碗茶"以求谋生的现象。这一现象出现后很快便引起了中央的高度重视，并由此形成了一个知识青年返城干个体户的新潮。返城知青干个体户，开辟了待业青年重新就业的新门路，使待业返城青年的"吃饭问题"得到一定程度的缓解。据国家工商行政管理总局统计，1979年一年内全国各省、市、自治区批准开业的个体户就多达10万户左右，总数因此达到了近25万户。到1980年7月底，个体户总数已接近40万户。为进一步鼓励和规范城镇个体工商户的发展，国务院于1981年7月7日正式颁布实施《关于城镇非农业个体经济若干政策性规定》（即国发〔1981〕108号文件）。从此，"不剥削他人"、"可以请1~2个帮手"或"带两三个最多不超过五个学徒"的个体经济，便被正式认定为解决就业门路的6条渠道之一，从而明确了它在经济上的拾遗补阙地位，在属性上

---

① 中华全国手工业合作总社，中共中央党史研究室编.全国手工业合作化和城镇集体工业的发展.中共党史出版社，1994（第二卷）：799，中共党史出版社，1997（第三卷）：786.

② 国家统计局.中国统计年鉴（2006）.

③ 在改革开放之前，中国走的是一条"一大二公"道路，强调的是从小集体过渡到大集体、再从大集体过渡到国营的企业发展模式和发展路径。

的社会主义公有制经济的必要的和有益的补充性质,在经营上的空间范围(允许经营和贩运可以自由购销的商品),在政策上的扶持和鼓励安排(包括所需资金自筹不足时可以向银行申请贷款以及从事修理加工、饮食服务可以酌情减免税收等一系列正面扶持和鼓励政策)。这一文件的颁布实施,标志着中国个体私营经济起步过程的开始。1987年10月召开的中共十三大,明确提出了社会主义初级阶段理论,进一步推动了中国个体私营经济的发展。由于这次大推动,仅仅一年多的时间,即1988年底,经全国各级工商管理部门登记注册的个体工商户便达到了1453万户,比1981年的183万户增加了6.94倍。① 到1989年底,经工商管理部门注册登记的私营企业也已达到了90581户,从业人员达到了164万人,注册资本金达到了84亿元,产值更是达到了97亿元。②

4. 外资企业开始试探性进入中国,增长幅度不大,分布也不均匀

这是一个外资进入中国的初探期。尽管优惠政策和投资终极回报率对外资具有很大的吸引力,但许多外商对中国大陆的投资环境和政策仍然缺乏了解。这也是为什么此间来华投资的外商不多、外商主体存在较大差异的一个重要原因。例如,到1988年底,港澳台在华投资企业个数和金额占外商投资的比重均在80%以上,来自美国、日本和新加坡的外商投资企业个数和金额仅占总量的12%左右,来自英国、法国、德国、意大利、加拿大和澳大利亚六国的外商直接投资更少,只占总量的2.4%。从地理分布角度看,此间外商在华直接投资主要集中于广东、福建和江苏等东南沿海省市。据有关资料显示,这一时期外商在广东、福建、江苏等十省市的协议直接投资合计为903.51亿美元,占全国外商协议投资总额的82.4%,其中广东和福建约占同期全国总量的48%。从产业分布角度看,这一时期外商投资的58.5%为工业投资,服务业投资仅占22.2%。从投资方式角度看,这一时期的外商投资主要采取的是中外合资形式。例如,1988年的合同外商投资额中,合资经营项目为31亿美元,占59.16%;合作经营项目为16亿美元,占31%;独资项目为48亿美元,占9%;包括合作开发、国际租赁、补偿贸易和加工装配等方式的投资项目仅占1%。从外商在华

---

① 张厚义,明立志主编.中国私营企业发展报告(1978~1998).社会科学文献出版社,1999:65~66.

② 张厚义,明立志主编.中国私营企业发展报告(1978~1998),社会科学文献出版社,1999:60.

投资规模角度看，这一时期的单项投资平均规模仅为116.6万美元。① 这些情况表明，这一时期的外商在华投资还具有一定的试探性。

（二）1989~1991年非国有经济的曲折发展期

1989年春夏之交出现的"政治风波"和后来的"治理整顿"，从不同侧面给非国有经济特别是给个体私营经济发展带来了一定的影响。

1. 城镇集体企业发展出现了短暂上升过程

有关资料表明，此间城镇集体单位数虽然变化不大，甚至有所下降，但单位吸纳的就业却有较明显的增长。1989年的就业总量为3502万人，1991年上升到了3628万人，明显好于同期个体私营经济部门的就业吸纳水平。②

2. 个体私营经济发展受到了重创

1989年全国个体工商户户数增长率为-14.2%，从业人员-15.8%，注册资本金仅增长11.2%，比上年（32.2%）下降了21个百分点，产值更是比上年下降了60.3个百分点（仅为8.3%）。1990年和1991年虽有增长，但增长率很低，户数增长率仅为6%多一点，从业人员仅为7%多一点，注册资本金的增长到1991年才恢复到22.9%的水平，仍低于1988年10个百分点，产值也仅仅恢复到14%和21%的水平。③ 此间，私营企业的生存与发展也同样受到了重挫。据统计，1989年6月底，登记注册的私营企业为9.06万户，1990年6月底下降为8.8万户，到1990年底才回升到9.8万户，1991年底仅恢复略高于1989年6月的10.8万户水平，企业户数增长率（9.9%）仍明显低于1989年前，从业人员增长率也仅为8.2%，注册资本金增长率和产值增长率虽然分别达到了29.5%和20.5%，但也仅仅是恢复到1988年的水平。④

3. 外商在华投资进入低潮，外商直接投资更是出现了负增长

1989年下半年批准的外商投资项目数和协议金额比上半年分别下降

---

① 根据中国商务部及原外经贸部编历年《中国外资统计》，中国商务部1991年版第13~110页相关数据计算。
② 中华全国手工业合作总社，中共中央党史研究室编. 全国手工业合作化和城镇集体工业的发展. 中共党史出版社，1994（第二卷）：799，中共党史出版社，1997（第三卷下册）：786.
③ 张厚义，明立志主编. 中国私营经济发展报告（1978~1998）. 社会科学文献出版社，1999：66.
④ 张厚义，明立志主编. 中国私营经济发展报告（1978~1998）. 社会科学文献出版社，1999：60.

了 11.3%和 11.4%，合同外商投资项目数 1989 年全年为 5779 项，比上年下降了 2.8%。1989 年外商在华实际投资额为 33.93 亿美元，仅比上年增长 4.1%。1990 年为 34.87 亿美元，年增长率进一步下降为 2.8%。1991 年出现明显回升，达到了 43.66 亿美元，比上年增长了 25.2%。此间，外商投资波动幅度最大、外商实际投资减少最多的是美国、欧盟和中国香港三个主要来源国家和地区。例如，欧盟和香港工商界 1990 年对华直接投资分别比上年下降 21.46%和 7.7%，美国工商界 1991 年对华直接投资甚至比上年下降了 29.12%。[1]

(三) 1992~2001 年非国有经济恢复性快速发展时期

邓小平南方谈话带来了中国非国有经济发展的重大转机。1992 年 2 月，邓小平南方谈话重申改革的胆子再大一点儿、发展的步子再快一点和社会主义有市场、资本主义有计划等让人振聋发聩的理论观点和政策主张。同年 10 月中共十四大报告首次把建立社会主义市场经济体制作为中国经济体制改革的基本目标，并确立了公有制为主体、多种经济成分共同发展的基本经济制度，带来了非国有经济在中国迅速发展的第二个春天。

1. 城镇集体企业在调整与转制重组中谋求新发展

由于城镇集体企业整体素质不高，难以适应市场经济迅速发展的需要，出现了效益好的企业寻求转制、逐渐走上进一步做大做强的良性发展轨道，效益差的企业只能通过包、租、卖和托管经营等方式进行转制重组、分块搞活，还有一批陷入停业、歇业的企业，通过破产清算完成了转制。到 1996 年底，全国具有法人资格并能够开展正常经营的城镇集体企业仅剩下了 49.5 万户，其中工业企业 14.6 万户。从 1992 年到 2001 年，全国城镇集体企业户数大体上以年均 6.79%的速度持续减少。[2] 截至 2001 年底，全国城镇集体实现的工业企业总产值 13047 亿元，仅相当于 1995 年的 38.8%。[3]

2. 个体私营经济在波动中实现快速发展

从 1992 年第二季度开始，个体工商户和私营企业发展速度开始出现

---

[1] 国家统计局. 中国统计年鉴 (1992). 中国统计出版社，1992：642.
[2] 张厚义，明立志，梁传运主编. 中国私营经济发展报告 (2002). 社会科学文献出版社，2003：1.
[3] 国家统计局. 中国统计年鉴 (2007).

回升。虽然受"左"的思潮影响,直到中共十五大召开前,个体私营经济的发展表现为步履蹒跚、增长速度有所回落,但从总体上看,其发展仍处于上升态势。① 全国个体工商户从1992年的1534万户增加到了2001年的2433万户,从业人员从2468万人增长到了4760万人,总产值从926.2亿元增长到了7320亿元,分别增长1.586倍、1.929倍和7.9倍。全国私营企业户数、从业人员数、总产值则分别从1992年的13.96万户、231.8万人和205.1亿元增加到了2001年的2435.3万户、2713.9万人和12316.9亿元,年均增长率分别高达34.63%、31.43%和57.63%。② 中共十五大后,大量"红帽子"企业开始"摘帽",乡镇企业也着手"转制",在实现企业本质属性还原的同时,私营企业增长势头表现强劲,形成了一个体私营企业的高速发展时期。

3. 外商在华投资企业出现新的发展态势

从1992年至2001年,外商对华协议投资额不断扩大,实际投资额也大幅度增长。特别是进入21世纪后,大型跨国公司开始大举进入中国。此间,多数年份的外商对华投资协议额持续超过500亿美元,实际投资额也大都在400亿美元以上。外商投资的重点仍然是第二产业,并且仍以劳动密集型和一般加工组装企业为主,高新技术型投资所占比重较小。1992~2001年累计,外商投资额中第二产业所占比重为68.63%,2001年更是高达74.61%。进入21世纪后,跨国公司在华投资出现明显上升,并呈现从合资、合作向独资主导转变的现象。1992年中外合资、中外合作和外商独资占外商直接投资总金额的比重分别为55%、18%和22%,到2001年已分别调整为25.3%、12%和62.1%。③

(四)2002年至今的非国有经济在产业素质大提升和结构大调整过程中实现大发展时期

中共十六大和中共十六届三中全会是非国有经济产业素质大提升、结构大调整、总体大发展的新起点。2002年11月召开的中共十六大进一步确立了"公有制为主体、多种所有制经济共同发展的基本经济制度",明

---

① 刘迎秋. 大棋局:"国退民进"及其走向. 广东社会科学,2003 (2).
② 国家工商行政管理总局. 工商管理行政管理统计汇编(2003):95,89~90.
③ 参见国家统计局编《中国统计年鉴》1992~2002年各卷提供的相关数据。

确提出了"两个毫不动摇"和"一坚持、一促进、一统一"的总方针。①
2003年10月召开的中共十六届三中全会进一步做出了《关于完善社会主义市场经济体制若干问题的决定》（以下简称《决定》），并明确提出和确立了全面贯彻落实科学发展观的指导思想。此后，国务院又于2005年2月颁布实施了《关于鼓励支持和引导个体私营等非公有制经济发展的若干意见》（以下简称《意见》）。这些《决定》和《意见》不仅进一步放宽了非国有企业的市场准入，而且明确提出了法律法规"未禁即可"和在投融资、税收、土地使用和对外贸易诸方面享有与国有企业同等待遇等一系列政策措施，为鼓励、支持和引导非国有经济特别是个体私营经济发展，提供了强有力的制度和体制机制保证与政策支持。2007年10月召开的党的十七大进一步明确了物权"平等保护"、经济"平等竞争"的制度安排，拓宽了非国有经济实现更大发展的新空间。

"中小企业29条"2009年9月出台，这是继"非公36条"后又一项促进中小企业发展的重大政策，是对"非公36条"的补充和完善。2010年5月国务院又颁发了《国务院关于鼓励和引导民间投资健康发展的若干意见》（以下简称《若干意见》）。《若干意见》将破除、拆除民间投资发展中存在的"玻璃门"、"弹簧门"等现象作为重点，针对上述行业和领域存在的准入难问题，进一步明确和细化了"非公36条"等文件中有关放宽市场准入的政策规定，提出了鼓励民间资本进入相关行业和领域的具体范围、途径方式、政策保障等一系列政策措施，并努力增强可操作性、提高文件的可执行力。明确了鼓励和引导民间资本进入的具体行业和领域。鼓励和引导民间资本进入交通电信能源基础设施、市政公用事业、国防科技工业、保障性住房建设等领域，兴办金融机构，投资商贸流通产业，参与发展文化、教育、体育、医疗和社会福利事业。《若干意见》提出了四个方面的政策措施。一是要进一步拓宽民间投资的领域和范围。鼓励和引导民间资本进入基础产业和基础设施、市政公用事业和政策性住房建设、社会事业、金融服务、商贸流通、国防科技工业等领域。二是鼓励和引导民间资本重组联合和参与国有企业改革。通过参股、控股、资产收购等多种方式，参与国有企业改制重组。支持有条件的民营企业通过联合重组方式做

---

① 即"必须毫不动摇地巩固和发展公有制经济"，"必须毫不动摇地鼓励、支持和引导非公有制经济发展"，"坚持公有制为主体，促进非公有制发展，统一于社会主义现代化建设的进程中"。参见江泽民. 全面建设小康社会，开创中国特色社会主义事业新局面——在中国共产党第十六次全国代表大会上的报告. 人民出版社，2002：25.

大做强。三是要推动民营企业加强自主创新和转型升级。支持民营企业参与国家重大科技计划项目和技术攻关,帮助民营企业建立工程技术研究中心、技术开发中心,不断提高企业技术水平和研发能力。鼓励民营企业加大新产品开发力度,发展战略性新兴产业,积极参与国际竞争。四是建立健全民间投资服务体系,加强服务和指导,为民间投资创造良好环境。清理和修改不利于民间投资发展的法规政策规定,清理整合涉及民间投资管理的行政审批事项,支持民营企业的产品和服务进入政府采购目录。在放开市场准入的同时,切实加强监管。

非国有经济呈以下发展特点:

1. 城镇集体企业发展的进一步收缩和转制

根据2005年第一次全国经济普查主要数据公报(第一号)公布的数据,到2004年底集体企业共有34.3万户,股份合作企业10.7万户,[①]与1996年曾经达到的49.5万户水平相比,集体企业绝对量明显减少。与此相对应,集体企业职工总数也从1995年的3076万人减少到了2005年的769万人,净减少2000多万人,年均减少200多万人。截至2011年底,城镇集体企业就业人数占城镇就业总量的比重已不足3%,现实迫使城镇集体企业转向股份合作制。但是,"十一五"期间,乡镇企业经历国际金融危机的考验,继续高歌猛进。经济总量持续增长,乡镇企业增加值年均实际增长12.3%,乡镇企业吸纳从业人员占全国就业人口的比重达20.0%。乡镇企业在县域经济中的作用日益突出,在地区增加值和工商税收中的比重普遍达到60%左右,成为经济支柱,为国民经济发展和推动"三农"工作做出了重要贡献。2011年,全年实现乡镇工业增加值89120亿元,吸纳新增就业人数超过240万人,农村居民人均从乡镇企业获得工资性收入达到2400元。乡镇企业在继续做出新的经济社会贡献的同时,自身结构明显优化,企业规模层次、三次产业比例、区域发展格局等,都更加趋于合理,乡镇企业各主导产业中,农产品加工业强劲增长,第三产业发展迅速,有力促进了农村二三产业的平稳健康发展。

2. 个体私营经济综合素质大幅度提升、绝对规模迅速扩大

此间全国个体工商户的绝对数量仍然继续增长,但增长幅度明显下降。与此同时,私营企业的户数、注册资金以及从业人员持续稳步增加。

首先,私营企业的户数、注册资金以及从业人员等稳步增加。据国家

[①] 参见国家统计局网站于2005年12月6日公布的《第一次全国经济普查主要数据公报(第一号)》。

工商行政管理总局的统计，2003年底，全国登记的私营企业为300.55万户，从业人员4088.65万人，注册资本金额35304.89亿元。截至2011年底，全国登记的私营企业已达967.68万户，同比增长14.45%，是2003年的3.22倍，注册资本金额25.79万亿元，同比增长34.27%，是2003年的7.31倍，从业人数为10353万人，同比增长12.73%，是2003年的2.53倍多。其次，私营企业在国民经济中的地位日益加强。2010年底，全国规模以上工业企业增加值同比增长15.7%，其中私营工业企业增加值同比增长20%，高于全国4.3个百分点，高于国有及国有控股企业6.3个百分点。内资非公有制经济占GDP的比重已超过1/3，加上外商投资经济在内，非公有制经济占GDP的比重已经超过一半（65%），对经济增量的贡献已在60%以上。在各种经济成分中，个体私营企业的税收增长是最快的，明显高于全国水平及其他经济成分。2010年个体私营企业税收总额超过1.1万亿元，是2003年2435亿元的4.52倍，占全国税收总额的比重由2003年的11.91%增加到15.02%。私营企业在自身发展的基础上，成为解决我国社会就业的重要渠道，其中，在城镇新增就业的90%以上都是民营经济解决的。

另外，私营企业在稳定发展的同时，其综合布局也更加趋于合理，充分体现出健康的发展态势。

（1）私营企业的区域布局更加合理，东西差距逐步缩小。截至2008年底，东部12省市实有437.88万户，比上年增长11.52%，占私营企业总户数的66.60%；西部10省区市实有90.51万户，增长9.36%，占私营企业总户数的13.77%；中部9省区实有129.03万户，增长1.09%，占私营企业总户数的19.63%。全国工商联公布的《2011中国民营企业500强调研分析报告》显示，民营企业向西部转移的速度也逐步加快，500强中有36.6%的企业通过调整区域布局推动发展方式的转变。民营企业500强东西部差距缩小。2010年，民营企业500强有388家分布在东部地区，比2009年减少17家，营业收入总额、资产总额占比也略有下降，其中浙江和江苏两省入围民营企业达到262家。西部地区民营企业获得了快速的发展。西部地区入围52家，比2009年增加18家，营业收入总额和资产额占比分别上升到10.57%和11.88%。[①]

（2）私营企业的产业发展更为合理，私营企业在第一产业和现代服务业都稳步增长。截至2008年底，私营企业在第一产业实有13.51万户，

---

① 数据引自全国工商联《2011中国民营企业500强调研分析报告》。

注册资本金 0.23 万亿元,增长 30.18%,占私营企业总注册资本金的 1.96%;第二产业实有私营企业 202.63 万户,占总户数的 30.82%,注册资本金 4.31 万亿元,增长 22.44%,占私营企业总注册资本金的 36.71%;第三产业实有私营企业 441.28 万户,占总户数的 67.12%,注册资本金 7.2 万亿元,增长 26.54%,占私营企业总注册资本金的 61.33%。

(3) 私营企业在农村、城镇增长稳定。截至 2008 年底,全国城镇实有私营企业 455.06 万户,比上年增加 75.2 万户,增长 19.80%,占全国私营企业总户数的 69.22%;投资者人数 1066.68 万人,比上年增加 86.64 万人,增长 8.84%,雇工人数 4057.01 万人,比上年增加 456.03 万人,增长 12.66%;注册资本 81567.05 亿元,增加 15446.37 亿元,增长 23.36%。农村私营企业 202.35 万户,比上年减少 20.84 万户,减少 9.34%,占全国私营企业总户数的 30.78%;投资者人数 440.68 万人,比上年增加 24.2 万人,增长 5.81%,雇工 2339.61 万人,增加 84 万人,增长 3.72%;注册资本 35789.64 亿元,增加 8037.18 亿元,增长 28.96%。

3. 外商投资企业结构继续大调整,外商独资企业比重明显上升

一是世界 500 强大部分已经落户我国,这标志着引资的质量与规模上了一个新台阶;二是外商直接投资项目走出了传统的国际产业转移模式,外商直接投资于高新技术产业的发展成为我国经济发展与对外贸易中的亮点之一;三是外商直接投资开始在国内区域间转移,这种转移一方面表现为高端产业投入与回报空间在有效地克服了运输成本硬约束条件下,可以与内陆地区的劳动力与技术人员的优势相结合,另一方面表现为沿海地区劳动力成本上升和政府区域发展政策的出台如中部崛起、西部开发、东北老工业基地建设等共同作用的结果。从实际业绩的角度来看,这一时期我国在发展中国家中长期保持着最大利用外资国的地位,利用外资的成就也为我国成长为世界范围内的制造业大国做出了相应的贡献,同时,以外商直接投资企业为主体的加工贸易也为我国实现工业化的阶段性目标做出了重要的贡献,以加工贸易为切入点,使我国国内企业更全面地融入了全球产业链条,在国际分工体系中实现了动态竞争优势的提升。据商务部统计,2011 年 1~12 月,全国新设外商投资企业(含银行、证券业)27712 家,同比增长 1.12%,实际使用外资金额 1160.11 亿美元,同比增长 9.72%。其中,2011 年 1~8 月,全国非金融领域新设立外商投资企业 15777 家,同比下降 12.38%。在华投资的 500 强跨国公司涉及行业明显增多,其中,交通设备制造业、通信设备、计算机及其他电子设备制造业、批发业、零售业投资额占 500 强跨国公司在华投资总额的比重较大,水的生产与供应

业投资额则大幅度提升,成为吸引500强跨国公司投资最集中的行业。

在2002~2011年,外商投资进入战略调整期,外商投资对调整出口结构和推动产业升级的作用得到不断增强,外资结构也发生了很大变化。在国内经济高速增长和内需增加的刺激下,进入中国的外资企业的市场战略发生转变。这一时期引进外资由优惠政策向公平政策转变,政策调整使国内市场向外资更加开放,在引进外资的区域政策、进入的产业等方面进行调整,逐渐向有利于实现新阶段中国经济社会发展战略目标的方向转变。

三、非国有经济发展的基本经验

中国改革开放30多年,创造了中国经济增长的奇迹,非国有经济发展功不可没,为世人所瞩目。因此,有必要总结一下非国有经济发展的基本经验。从不同角度和不同侧面进行总结,可以归纳出很多经验。这里,我们主要强调以下四条较为重要的经验,以指导未来中国非国有经济实现更大的发展。

1. 审时度势的政治智慧是中国非国有经济发展取得成功的重要前提

传统理论认为社会主义只能实行单一的公有制和全面的计划经济,但经济社会发展的实践却表明,在中国生产力发展的现阶段,生产资料所有制不能是单一的,国民经济运行也不能是全面计划化的。由此,中国共产党人不仅明智地提出了"计划经济为主、市场调节为辅"的理论观点和政策主张,[1]而且及时地将上述理论上升为"有计划商品经济"和"社会主义初级阶段理论";[2]不仅认识到要发展商品经济,而且认识到要发展市场经济;[3]不仅必须坚持公有制为主体,而且必须坚持"两个毫不动摇"和多种所有制经济共同发展;[4]不仅要做到"两个毫不动摇"、"共同发展",

---

[1] 参见胡耀邦. 全面开创社会主义现代化建设的新局面——在中国共产党第十二次全国代表大会上的报告. 人民网 www.people.com.cn/GB/shizheng/252/5089/5104/5276/20010429/455569.html.

[2] 参见赵紫阳. 沿着有中国特色的社会主义道路前进——在中国共产党第十三次全国代表大会上的报告. 人民网 www.people.com.cn/GB/shizheng/252/5089/5105/20010430/456409.html.

[3] 参见江泽民. 加快改革开放和现代化建设步伐,夺取有中国特色社会主义事业的更大胜利——在中国共产党第十四次全国代表大会上的报告. 人民网 www.people.com.cn/GB/shizheng/252/5089/5106/20010430/456648.html.

[4] 参见江泽民. 高举邓小平理论伟大旗帜,把建设有中国特色社会主义事业全面推向二十一世纪——在中国共产党第十五次全国代表大会上的报告. 人民网 www.people.com.cn/GB/shizheng/252/5089/5093/20010430/456849.html.

而且要做到"平等保护"、"平等保护"、"相互促进"。① 这就不仅分阶段、分步骤、分内容地有效纠正了传统陈旧的理论认识误区，而且分层次、分类别地运用共产党人的智慧，有效纠正了只有单一公有制才是社会主义的思维定式。通过这样一系列的纠正工作，不仅逐渐把公有制的实现形式多样化了，而且逐渐把多种所有制与社会主义融合为一体了，还逐渐把非公有制经济从社会主义制度外移到了制度内，使体制外的"补充力量"变成了体制内的重要组成部分。正是通过上述一系列理论认识上的发展与突破，才带来了体制上的更大改革和经济上的更大发展。中国改革之所以能够首先从农村实行联产承包责任制开始，中国城乡非国有经济特别是个体私营经济之所以能够获得持续健康快速发展，最根本的原因，不仅在于我们在理论和政策实践中承认了私人产权存在的客观性、合理性和合法性，而且在理论和实践的结合上承认了人的自私一面及其客观性与普遍性，同时还在理论与实践的结合上明智地选择了渐进式改革道路与策略。传统理论曾经把自私看做万恶之源。这种看法貌似理论上彻底、政策上伟大，实际上却是一种无助于有效防止人自私，更无助于引导人们走出利己转向利他。人类经济社会发展的历史反复证明，一个社会的经济发展、政治进步、社会和谐等，并不是因为参与其中的人们已经无私了，而是因为制度和规则把人们的自私之心、趋利之想限定在了一个合理的规范和制度框架之内，从而才使每个原本自私的人在追求和实现其个人私利的过程中，不自觉地实现了他人的利益，从而收到了一个他不曾预见到的合作共赢的结果。这就是经济学鼻祖亚当·斯密"看不见的手"理论所分析和阐明的公理。② 由于在中国真正接受和实践这样一个公理或道理绝非易事，因此，要把上述认知付诸实践，就必须有一个轻重缓急的安排和策略的选择。这

---

① 参见胡锦涛.高举中国特色社会主义伟大旗帜　为夺取全面建设小康社会新胜利而奋斗——在中国共产党第十七次全国代表大会上的报告.中国共产党第十七次全国代表大会文件汇编.人民出版社，2007：25.

② 即亚当·斯密所阐述的：在市民社会里，每个人都"只是为了自己的安全"或者说"只是为了自己的利得"，使自己的劳动产品具有最大的价值。但是，"在这种场合，也像在许多其他场合一样，他被一只看不见的手引导着，去达到一个他无意追求的目的。虽然这并不是他有意达到的目的，可是对社会来说并非不好。他追求自己的利益，常常能促进社会的利益，比有意这样去做更加有效。我从未听说过，自命为了公共利益而从事贸易的人做过多少好事。"这就是说，社会上的多数自然人常常想的是个人利得，不曾想过增进公共福利，更不知道他的付出实际上会增加多少公共福利，他所追求的仅仅是个人的利益，但是，他在追求个人利益的过程中，却无意识地增进了社会利益，不仅如此，他这样追求的效果要比他从开始就想增进社会利益的效果更好。亚当·斯密提出上述论断，是以人都有"利己心"，都是理性的"经济人"假定为前提的。(参见亚当·斯密.国富论下册.杨敬年译.陕西人民出版社，2001：502~503.

需要高超而正确的政治智慧。这种智慧是中国非国有经济发展取得成功的重要前提。没有审时度势的政治智慧的支撑，不仅改革无法深入，发展也将无从谈起。过去是这样，今后也还会是这样。

2. 健康稳定的政治经济环境是中国非国有经济发展的基本保证

发展中国家现代化经验表明，一国国民生产总值从300美元到5000美元的时期，是一个产业结构持续调整和社会结构发生较大变迁的时期。在这样一个时期，传统产业让位给新兴产业、传统社会让位给新兴社会、传统理念让位给新兴理念的过程，是一个不以人的意志为转移的历史过程。在这个过程中，矛盾和冲突必然比较集中，甚至层出不穷。中国改革开放以来，强调稳定是改革的基本前提，坚持通过保持政治稳定实现经济有序和社会健康发展，不仅为改革创造了条件，而且为发展提供了保证。正是通过稳定与改革、稳定与发展的统一，才达到了既避免矛盾和冲突、又防止震荡和衰退，进而实现经济社会持续健康发展的目的。保持国内政治稳定，一项重要任务就是要不断克服来自"左"和"右"的两方面干扰，特别是"左"的干扰，做到始终坚持以经济建设为中心，坚持改革开放不动摇。如图0-2所示，通过对1953~2007年中国GDP增长轨迹与一系列重要历史事件相伴生这样一种现象的描述，客观地揭示了政治经济环境稳定对经济增长的影响。例如，1978年之前中国经济增长没有持续性，更无均衡协调性，表现为经常性的大起大落。这些起落基本上都是由一次次政治运动导致的。例如，1957年的"反右扩大化"、1958年的"大跃进"和人民公社化和1959年的"反右倾"等，给国民经济发展带来的一个基本后果，就是从1960~1962年连续三年的GDP负增长（分别为-0.3%，-27.3%和-5.6%）。1963~1965年的调整虽然给经济复苏带来了机会，但从1966年5月开始的"文化大革命"，很快便带来了生产力的大破坏，出现了1967年、1968年和1976年的GDP再次连续负增长。1978年实施改革开放后，虽然也经历过1986年的"学潮"、1989年的"政治风波"、1999年的"法轮功"冲击，等等，但由于共产党人正确认识和选择了坚决放弃"阶级斗争为纲"和把工作重心转移到经济建设上来的政治路线和行动纲领，通过围绕经济建设这个中心整肃背离中国特色社会主义的思潮和行为，保证了中国连续30年的国民经济持续高增长，创造了中国发展的奇迹。

3. 健康有序运行的市场是非国有经济健康发展的基础载体

社会主义市场经济这个概念一经提出，便受到了海内外各界的高度关注。因为，在人类历史上，还从来没有一个国家的实践能够把社会主义与

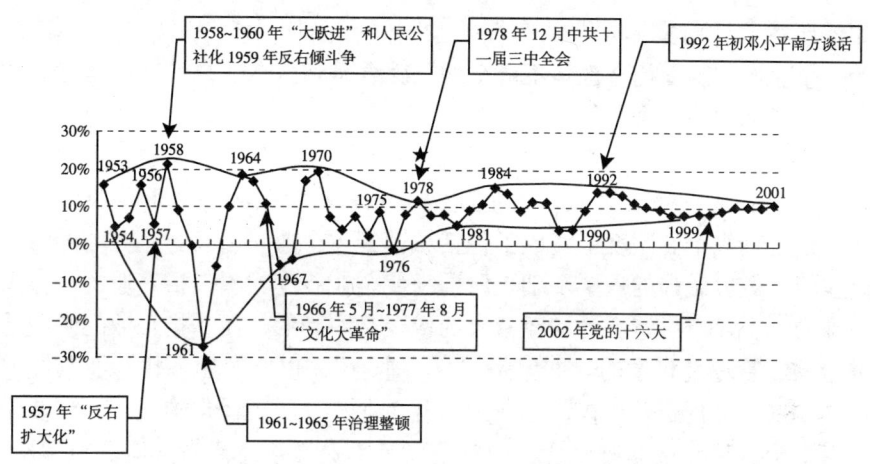

图 0-2 1953~2007 年中国 GDP 增长率与重要历史事件相关性分析

市场经济结合起来的。把它们二者结合起来，建立社会主义市场经济，就是既要扬社会主义之长、避市场经济之短，又要扬市场经济之长、避社会主义之短，并由此达到促进中国生产力更好、更快发展的目的。众所周知，自鸦片战争以来的 100 多年，中国一直处于贫困陷阱之中。先人们深知要跳出这个陷阱，就必须实现国民经济的工业化和现代化。但是，经过数代人的努力，这个愿望一直未能顺利实现。改革开放之前，中国选择的优先发展重工业的工业化道路虽然取得了一定成果，但代价高昂，原子弹虽然上了天，但民众生活水平仍然很低，"国强"缺少"民富"的基础，因此还很不牢靠。在邓小平理论指导下，通过总结新中国成立后的 28 年实践经验与教训，不仅历史地选择了改革开放，而且历史地选择了社会主义市场经济。这样两个"历史选择"的实质，就是既要保留必要的公有制和政府的适当调控，又要大力发展非公有制和使市场更有效地配置资源。这样两个"历史选择"得以实现的结合点是市场，而不是政府。市场如同"一只看不见的手"，通过其特有的机制激励和约束着市场当事人的行为，不断淘汰着落后、促进着发展。离开了市场的存在和发展，非国有经济就成了无源之水、无本之木。回顾改革开放的 30 多年，非国有经济以及整个国民经济能够持续快速发展的一个重要原因，就是通过改革逐渐建立起了这样一个有助于国民经济持续健康运行和非国有经济发展载体的市场，尽管在这个市场的初创期内其运行环境和机制尚不健全。

4. 现代企业制度建设是非国有经济长期发展的重要基础

很多人认为非国有企业的产权是清晰的，因此，认为不需要讨论这类企业的制度构造及其产权建设等问题。但是，实践表明，这是一个误解。

如前所述，城镇集体企业的产权关系同国有企业一样，实际上是不清晰的，企业产权制度构造也是不健全的。就算是私营企业，其产权虽然总体上说是清晰的，但企业的产权制度也不一定是健全的。绝大多数企业还是"家族企业"，而不是已经建立了现代企业制度的现代企业。这就是中国的私营企业平均寿命较短、多数企业做不大和难做强的一个重要原因。因此，建立现代企业制度也就成了包括城镇集体企业和私营企业在内的各类企业能否做大做强的重要基础。所谓现代企业制度，不仅指企业的产权是清晰的、企业产权持有者和经营者的权责是明确的，而且指企业的组织是健全的、管理是科学的。即使是"家族企业"，也要按照现代企业制度的基本要求，进行企业产权、企业组织和企业管理的现代化构造，不仅要设立董事会，还要设立监事会，同时还要有负责日常经营与管理的经理层。企业的运行和管理逐渐从家长式管理过渡到专业经理人（CEO）管理，是企业做大做强、建立百年基业的重要保证。这一点已经为国内外成功企业的实践所证明。到目前为止，中国的非国有企业，大凡已经做大做强的，无不因为已经建立了现代企业制度。

四、中国非国有经济进一步改革和发展面临的问题及未来发展展望

（一）非国有经济进一步改革和发展面临的主要问题

到目前为止，在中国经济活动总量中非国有经济所占比重已经超过了2/3，在中国的就业总量中非国有经济也已成为主要载体。现在在世界各地市场上销售的"中国制造"品，量大、价低、质量好，基本上都是中国非国有企业制造的。非国有企业成长历程虽然艰辛，但发展势头良好。继续向前发展仍面临众多问题和挑战。在市场准入方面，根据有关方面的调研情况，目前全社会80多个行业，允许外资进入的有62个，允许民间资本进入的只有41个。民间投资在传统垄断行业和领域所占比重非常低，据统计，在电力、热力的生产和供应业中占13.6%，在教育中占12.3%，在卫生、社会保障和社会福利业中占11.8%，在金融业中占9.6%，在信息传输、计算机服务和软件业中占7.8%，在交通运输、仓储和邮政业中占7.5%，在水利、环境和公共设施管理业中占6.6%，在公共管理和社会组织中占5.9%。除了人们比较关注的问题，诸如国家出台鼓励政策虽然不少但得到有效落实的不多，许多领域非国有企业的进入仍经常遭遇"玻璃

门"隔挡等问题以外，如下几个问题是特别值得提出来进行更深入的研究与讨论的。

1. 城镇集体企业不发展到底是因为管理不到位还是产权不明晰的问题

常常可以听到一种说法，即城镇集体经济不发展甚至陷入困境，主要是由于企业管理不善、政府管理缺位、政策存在真空等原因造成的。应当说，这种看法有一定道理，但是不确切。确实，从逻辑角度看，城镇集体企业的产权关系是清晰的。但无论是从政府政策角度看，还是从企业实践角度看，城镇集体企业的产权关系却始终是不清晰的。名义上城镇集体企业的产权归本企业劳动者共同所有，但实际上本企业劳动者不仅不拥有企业的任何产权（股份），而且也不拥有企业的任何经营管理权。在这方面政府的有关政策规定一直是含糊的。例如，1992年10月由国家统计局和国家工商行政管理局颁发的《关于经济类型划分的暂行规定》第六条曾对"集体经济"做过如下界定："集体经济是指生产资料归公民集体所有的一种经济类型，是社会主义公有制经济的组成部分。包括城乡所有使用集体投资举办的企业，以及部分个人通过集资自愿放弃所有权并依法经工商行政管理机关认定为集体所有制的企业。"[①] 这个界定实际上是在强调加入集体企业的职工不再拥有个人财产权益。这就从根本上否定了集体企业产权明晰的论断，承认了企业产权主体和责任主体不清的现实，从而等于实际上剥夺了企业职工对本企业财产的支配权和对企业经营的剩余索取权。作为企业集体所有制关系的一员，企业职工本应对企业资产保值增值负责。但在实际经济生活中，企业职工根本既不可能也不需要对本企业资产与负债以及经营与分配负任何责任。企业经理人虽然拥有企业经营管理权，但他们也不会更不需要对企业经营风险承担任何责任。至于企业上级主管部门，更无法对企业经营的成败负责了。在这种情况下，城镇集体企业是不可能有发展的。2006年10月31日，全国十届人大常委会第二十四次会议审议通过，于2007年7月1日起施行的《中华人民共和国农民专业合作社法》，对目前正在兴起的新型农民专业合作社做出了较为科学的界定。一是它把农民专业合作社界定为在农村家庭承包经营基础上，同类农产品的生产经营者或同类农业生产经营服务提供者、利用者在自愿联合、民主管理基础上建立起来的互助性经济组织。二是明确指出了农民专业合作社对由成员出资、公积金、国家财政直接补助、他人捐赠以及合法取得的其

---

① 国家统计局和国家工商行政管理局. 关于经济类型划分的暂行规定, 转载于 www.chinaacc.com/new/63/67/82/2006/2/lv344510272922260026660-0.htm.

他资产所形成的财产享有、占有、使用和处分权,并允许以上述财产承担可能发生的债务责任。三是认定合作社成员有权按章程规定或者成员大会决议分享盈余。四是强调合作社成员大会的选举和表决实行一人一票制,成员各享有一票基本表决权。五是指出了出资额或与本社交易量(额)较大的成员,可按章程规定享有附加表决权,但附加表决权的总票数不得超过本社成员基本表决权总票数的20%。虽然这个法律本身还存在很多缺点和不足,但它的颁布与实施,对于促进农村新兴专业合作的形成和发展将具有十分重要而积极的意义,同时也是值得城镇集体企业借鉴的。

2. 非国有中小企业特别是私营中小企业融资难的实质是什么的问题

不仅在中国,就是在欧美,中小企业融资有时也难。但在那些国家,中小企业融资是能够得到国家扶持的,而且有很多中小银行或非银行金融机构的金融业务大都是直接面对这类企业的。因此,在那里,中小企业在融资上可能会遇到困难,但并不是一个无解的"死结"。然而,在中国,虽然改革开放已经进行了30多年,但是,这个问题却一直是一个困扰中小企业特别是私营中小企业发展的难题。[1]实践迫切需要我们抓紧调查、研究、讨论清楚非国有企业,特别是私营中小企业融资难的实质到底是什么的问题。不调查、研究、讨论和解决好这个问题,中国的中小企业虽然也能够获得发展,但很难实现真正的大发展。特别是在"新全球化"条件下,在"发达国家制造业的主体转移时代"很快到来的现阶段,[2]这个问题尤其显得突出而重要。学术界很多人认为,非国有企业特别是私营中小企业之所以融资难,主要是由于这类企业经营规模小、信用不稳定、抵押能力弱。但是,调查表明这种认识是不确切的。因为,企业规模小,其贷款规模也小;企业抵押能力弱,其贷款要求也不高。因此,不能因为贷款规模"小"、抵押能力"弱"就不贷。至于说中小企业的信用不稳定,同样也是一个伪命题。因为,与稳定的信用相关联的可以是更稳定的收益和更低的贷款成本,而与稳定性较低的信用相关联的则可以是不太稳定的收益和更高的贷款成本。非国有企业,特别是私营中小企业贷款难,本质上并不是企业信用能力问题,而是现行信贷体制和商业银行体系存在严重弊端的问题。可行的解决方案,只能是进一步深化现行信贷体制和商业银行

---

[1] 据农业部对江苏省武进县个体私营企业的一项调查,年收入达到500万元以上的民营企业认为从银行取得贷款难的占45.1%,年收入500万元以下的民营企业认为从银行取得贷款难的则高达86.5%(参见何梦笔[德],冯兴元,何广文.试论中国农村金融组织机构的多元化.中国经济时报,2002-08-21.

[2] 参见王建.影响我国物价走势的长期因素分析.新华文摘,2008(14):45.

体系的改革，包括中国四大国有商业银行控制全国70%以上信贷资金的局面必须改变，在法律上也要进一步明确中小企业的抵押标的物可以是不动产，也可以是企业股权等。除此以外，继续着力发展面向中小企业的区域性、社区性中小商业银行，以有效加强银企间的资金融通联系，降低融资风险，提高融资效率，也是一个必须的选择。至于私营企业上市融资更难的问题，① 同样要靠上市机制和管理体制的改革来解决。

3. 非国有企业特别是个体私营企业竞争力提升的瓶颈到底是技术引进不够还是人力资本投入不足的问题

很多人认为非国有企业特别是个体私营企业竞争力不高，主要是由企业技术引进力度不高、数量不足所致。然而，调查表明，这种认识是似是而非的。从技术角度看，到目前为止中国的非国有企业生产技术水平是比较靠前的。一是将其与国有企业相比较，非国有企业特别是私营企业的生产技术水平是靠前的。二是将其与非国有企业特别是私营企业的过去相比较，其生产技术水平更是靠前的。前不久我们到浙江萧山调查，看到很多私营企业安装的是2007年刚刚出厂的新型机械设备，多数生产设备处于20世纪末或21世纪初的技术水平。有些企业生产设备的技术水平还要更先进一些。但是，面对近年来出现的国际石油涨价和原材料价格大幅度上涨的冲击，加上国内银根收缩的影响，很多企业做出了大幅度减产，甚至停产或半停产安排。调查表明，这些生产设备尚属先进但市场竞争力仍显不足的企业，面临的最大问题已经不再是技术问题，而是人力资本问题。中国的非国有企业人力资本发展很不平衡。早期企业从业人员主要由返城知青和农民组成。20世纪90年代初，在"下海潮"的裹挟下，一些党政机关干部、国有企业管理者和技术人员开始创办或受雇于外资或内资私营企业，非国有企业的人力资本得到一定程度的提升。但是，受传统观念和企业人力资源开发政策的影响，有能力的人开办私营企业的多，但到城镇集体和私营企业就业的少，企业人力资本投入明显不足。近年来，有些企业开始重视对员工的素质和技术培训，但投入仍然偏少。考虑到中国人力资本总体水平仍然不高这样一个现实，在人力资本问题上，当前要着力增加两种投入：一是企业角度的人力资本投入，重点是对企业职工进行素质

---

① 据中国证券市场非军事化设计中心提供的有关资料，截至2007年底，全国民营上市公司数量为410家，民营上市公司总股本为1248.8亿股，其中流通A股696.2亿股，分别占全部A股的5.64%和全部流通A股的14.87%（参见全国工商联研究室《中国民营经济发展分析报告》(2007)表17）。

和技能培训，提高企业员工的人力资本质量和水平；二是国家角度的人力资本投入，从根本上解决全民素质和受教育水平即人力资本质量和数量问题。

4. 外商投资企业大发展后不能实现更大发展，究竟是国内政策不优惠还是企业技术支撑力度不够的问题

改革开放后，外商在华投资之所以持续快速增长，从中国角度看，最重要的原因是在于五点：一是市场普遍存在短缺，外商有钱可赚；二是低成本劳动力的无限供给；三是开放程度逐渐增大、市场化程度不断提高；四是各种有助于外商进入的优惠政策；五是政局的稳定。没有对外开放，不允许外资进来，外商不可能来华投资设厂。不进行市场取向的经济体制改革，不放弃传统的计划经济体制，外商来华投资设了厂也赚不到钱，从而得不到应有的发展。政局不稳定，如1989年春夏之交发生"政治风波"后，大量外商撤资，虽然有原因，但更多的是企业理性所致。显然，这几条都非常重要。然而，仅有以上几个条件仍然是不够的。如果其他条件给定，但外资在技术上是落后的，不能适应中国国内市场需要的，那么，他们即使进来了，也很难生存和获得发展。有资料已经表明，外商在华投资并不总是快速增长的。其中，一个重要原因就在于外商投资的技术水平未能达到世界领先水平。改革开放后，外来华投资持续快速增长的一个重要原因就是工业先行国家和地区的产业转移要求遇上了中国巨大的国内市场需求。因此，当时最先进入中国的是工业先行国家的消费品制造业。这些产业能够较为顺利地转移到中国来，主要是由于改革开放前中国走了一条斯大林式的重工业化道路，造成了中国国内消费品供给严重不足。在这种情况下，具有一定技术含量的消费品加工业迅速进入中国，就成了一件自然而合乎逻辑的事情。但是，随着中国消费品加工业比重的持续上升，工业生产资料供给必然出现相对不足。于是，重化工产业的发展和外资的进入便提上了日程。在这种情况下，外商的进入将面临两种新的挑战：一是传统的消费品加工业能否尽快实现技术更新的挑战。如果技术更新跟不上发展需要，他们就无法适应中国劳动成本上升条件下更加激烈的市场竞争的挑战。二是重化工产业进入需求虽然强烈，但如果没有更好更先进的技术支撑，外商将很难跨越已经提升的市场门槛。因此，外商在华投资企业的发展及发展后能否实现更大发展，最终都将取决于投资本身的技术含量。如果在新全球化背景下，外商能够做出新技术更新安排，那么，他们进入中国的规模和速度就会有一个更大的提高。

（二）非国有经济未来发展展望

1. 城镇集体经济可望在转型转制基础上迎来新发展

如前所述，自改革开放以来，城镇集体经济经历了一个前期企业户数迅速扩大、就业迅速增加、产值超过国有工业和20世纪90年代中后持续萎缩的历史过程，表现为企业户数大幅减少（包括名存实亡的空壳企业目前也仅剩下30多万家）、产出占比越来越低、吸纳的就业人数也大幅度缩小（职工总数由1995年的3076万人缩减至2005年的769万人，不及全国城镇就业总量的3%）。[①] 城镇集体经济发展遇到了前所未有的制度与效率的挑战。产权不够清晰、产业结构不尽合理、投入不足、产出效率低等，越来越成为多种经济成分平等竞争、共同发展条件下城镇集体经济生存与发展面临的主要"瓶颈"。城镇集体经济将经受一场血与火的洗礼，已不可避免。"凤凰涅槃，浴火重生"，城镇集体经济正面临着新的重生过程。一是全面转制大势已见端倪。这里的转制，包括企业产权进一步明晰，企业制度将从名义上的集体共有转向名副其实的集体共有，企业的生产经营和管理体制也将从传统的上级管制形式全面转向企业自主经营与管理，等等。经过30多年的实践，国有企业的成功改革和个体私营经济的持续发展，为城镇集体企业生存和发展提供了很好的制度和机制的效率示范。城镇集体企业效率持续低迷，则在客观上提出了实现全面转制的迫切要求，转制大势正在迅速形成。二是全面转型过程也已经来临。这里的全面转型，既包括企业管理形态的转变，也包括企业产品方向和产出结构的调整，还包括企业技术基础的改进，等等。经验已经反复证明，传统的集体企业管理模式必须尽快废止，否则，城镇集体企业不可能有生路。建立现代企业管理体制机制，通过转制转型或拍卖等形式尽快转入第三产业，在转型过程中提升企业技术基础，已经和正在成为现有集体企业的一种必然选择。尽管在这个过程中还会遇到这样那样的困难和问题，但大势所趋，不可阻挡。三是广大农村新兴的农民专业合作社迅速发展的经验，将为城镇集体企业改革和发展提供一个更为重要而具体的示范，"新型集体经济"发展的高潮正在形成。尽管国家法律和政策法规关于农民专业合作社产权及其收益处置和剩余索取权的各项安排中，仍然存在一些有待研究与解决的问题，如规定专业合作社内部只能实行一人一票制，规定合作社成员中的农民要占成员总数的80%，规定出资额或与本社交易量（额）较

[①] 王玉丛. 城镇集体企业数量减少的原因及其分析. 中国集体经济，2002（6）.

大的成员所享有的附加表决权不得超过本社成员基本表决权总票数的20%，等等，①最终又有可能成为新型集体经济实现更大发展的阻力甚至限制。尽管如此，其示范效应仍具有促使城镇集体企业效法的意义。一个适合于城镇实际的"新型城镇集体经济"形态很可能会因农村的改革而逐渐兴起。当前，迫切需要的是加大宣传，推动试验，促进发展。新型城镇集体经济究竟采取什么样的产权结构和形态，是股份制、股份合作制和还是职工持股有限责任公司制，或是其他新的产权组合形式，要由集体企业职工自主决定，不能按一种尺度、一个标准硬搞一种模式。

2. 个体私营经济发展将迈上新台阶

除了前面已经论及的个体私营经济发展面临的几个突出问题外，企业发展还普遍面临企业资产规模较小、资源消耗较多、规模收益较低、国际化程度较弱等问题。对于这些问题，企业不仅已经普遍感受到了，而且市场竞争也在客观上迫切要求企业做出抉择。个体私营经济与国有经济的一个根本差别，也恰恰在于其生存和发展始终是以市场竞争为基点、以产品质量为支撑、以效益为中心的。个体私营企业能否在激烈的市场竞争中胜出并由此实现更大发展，关键在于企业有无持久竞争力。企业持久竞争力产生于企业竞争优势。企业竞争优势源于本企业独有的"超越"能力和优势，即本企业能够在同等市场价格和环境下以更低成本或以同等成本但更优质的服务，超越自己的竞争对手，实现更大的价值。这既是众多个体私营企业进一步发展必须面对的最大现实，也是它们必须面对的最大挑战。在这种情况下，提升企业产品技术含量，提高产品质量和档次，多生产高附加值产品，在更大程度上满足更多的市场需求，培育企业持久竞争优势，理所当然地成了广大个体私营企业的必须选择。纵观30年中国个体私营企业发展的历程，多数企业已经跨越了以要素禀赋为基础的技术模仿阶段和简单的数量扩张阶段，开始进入重视提升全要素生产率（TFP）和企业盈利能力的技术再创新和产品质量再改进与大幅度提升阶段，创知名品牌、从"国家标准"论证转向"国际标准"认证，已经和正在成为广大个体私营企业特别是有了一定规模的企业的第一选择。实现上述选择，将使中国个体私营企业发展再跨上一个新的大台阶。

---

① 参见全国人大农业与农村委员会、中华人民共和国农业部2007年《农民专业合作社法》宣传提纲。

3. 外资企业将沿着进一步增加经济技术投入、提高产出技术含量的方向继续平稳快速发展

对外开放是中国政府的既定国策。通过对外开放，不仅实现了民族企业"走出去"、参与国际市场竞争、获得国际收益的目标，而且吸引了外资的大量进入，促进了中国经济、技术、管理乃至社会的发展，功不可没。因此，中国的对外开放政策不会变，继续吸引外资进入中国的政策也不会变。实际上，到目前为止，中国实际利用外资水平仍然很低。到2007年底中国人均使用外资仅为57美元，与发达国家人均使用外资超过500美元的实践相比，差距还相当大。这就是说，在一个相当长的时期内，中国仍然需要继续实施扩大开放、吸引更多外资进入中国。但是，在新时期、新形势下，特别是在"新全球化"条件下，过去30年曾经在有些地区盛行的不顾长远发展和环境承载能力、盲目实行地方性特殊优惠，包括给予外资以土地、税收等方面的"超国民待遇"，甚至容忍假外资等现象，将被彻底放弃或废除，一个以平等竞争、平等进入、公平税赋、一视同仁的新的外资发展格局将普遍形成。中国的巨大市场、普遍受到良好教育且工资成本仍然相对较低的优质劳动力、便利的贸易通道和巨大的工业品综合加工能力等，都将成为外资进入中国的新的主要引力。中国人口红利的下降、资源供给的边际成本上升和整个国民经济的国际化发展，将迫使中国加快调整其外资政策，即从过去的过于注重引资数量转向更加注重引资质量，从较少考虑环境保护和资源承载能力的粗放式引资转向更加注重生态建设、环境保护、资源能源节约与综合利用的理性"选"资，从主要依靠政策优惠引资转向为外资提供良好的环境和服务引资，从为弥补国内资金不足和增加硬件技术开展的引资转向以注入先进技术和引进高素质人才为重点的引资。外资企业来华投资，则是新全球化条件下国际产业资本大转移的新要求。此时的外资进入将更加注重提高投资的技术含量，更加重视开展经营与研发的本地化，更加强调高新技术产业、高端制造业、节能环保产业、服务业等领域的投资，更加侧重于提高外资对内企的技术溢出、辐射和带动作用，更加看重技术转让，如此等等。总之，未来十年或更长时期内，外资企业数量将进一步大幅度增加，质量将进一步大幅度提升，并将继续启动中高端制造业和服务业的进入。就是说，外资企业将更加重视沿着加大人力资本投资、加强经济技术投入、提高产出技术含量的方向发展。

综上所述，非国有经济的成长和发展既是中国经济体制改革不断走向深化和市场经济持续健康发展的客观基础和内在要求，又是广大民众进行

大胆探索的重要成果,还是党的正确路线和政策支持的必然结果。非国有经济的快速发展,为中国经济增长奇迹的创造提供了重要支撑。非国有经济的更大发展仍面临众多矛盾和挑战。在改革开放继续深化和新全球化影响下,非国有经济在不断提升自身素质的过程中实现了更好更快的发展。

参考文献:

[1] [德] 何梦笔,冯兴元,何广文. 试论中国农村金融组织机构的多元化. 中国经济时报,2002-08-21.

[2] IMF. 中国经济改革的新阶段. 中国金融出版社,1994.

[3] [美] 尼古拉斯·R.拉迪. 中国未完成的经济改革. 中国发展出版社,1999.

[4] [美] 约瑟夫·E.斯蒂格里茨. 社会主义向何处去——经济体制转型的理论依据. 吉林人民出版社,1998.

[5] 白和金. 社会主义市场经济体制若干重要问题研究. 中国计划出版社,2002.

[6] 邓小平. 邓小平文选:第一、二、三卷. 人民出版社,1993、1994.

[7] 国家统计局. 中国统计年鉴:1984~2007年各卷. 中国统计出版社.

[8] 刘迎秋,徐志祥. 中国民营企业竞争力报告:第1~4卷. 社会科学文献出版社,2004~2007.

[9] 王梦奎. 中国经济转轨二十年. 外文出版社,1999.

[10] 俞可平. 海外学者论中国经济改革. 中央编译出版社,1997.

[11] 张卓元. 论争与发展:中国经济理论50年. 云南人民出版社,1999.

[12] 中共中央文献研究室. 三中全会以来重要文献汇编:上、中、下. 人民出版社,1982.

第二篇

中国集体所有制企业发展道路

集体经济是社会主义公有制经济的基本实现形式之一。中国集体经济在历史演变中因其资产形成过程、经营体制等方面的差异形成了不同的类型，形式多样的集体经济对于保障市场供给、满足人民生活需要及解决特定历史时期就业问题做出了历史性贡献。改革开放以后，无论是城镇集体经济还是农村集体经济都经历了快速发展时期，成为社会主义市场经济的重要组成部分。中国党的十五大报告中提出："劳动者的劳动联合和劳动者的资本联合为主的集体经济，尤其要提倡和鼓励"。"新型集体经济"是在社会主义基本经济制度逐步完善和社会主义市场经济体制逐步完善基础上，以劳动者的劳动联合和劳动者的资本联合为主要经济纽带，并实行按份共有和共同共有相结合的集体经济。"两个联合"即"劳动者的劳动联合和劳动者的资本联合"体现了新型集体经济的本质。"两个联合"、"两种共有"为内涵的新型集体经济是在中国社会主义初级阶段对传统集体经济理论的继承和创新。

自20世纪90年代中后期以来，由于外部市场竞争环境变化以及自身的先天不足，传统集体经济成分普遍出现了经营困难、下岗职工增加、市场竞争力下降等诸多问题。中国集体经济改革路径的探索基本也是从放开经营管理体制和探索产权制度两个方面着手。对于大量的城镇集体企业，主要采取改组、联合、兼并、租赁、承包经营和股份合作、出售等形式，推进其改制改组，成为自负盈亏的市场主体。目前，股份合作制、股东持股公司制、多种经济成分参股的混合所有制等已经成为城镇集体经济的主要实现形式。从企业首先提出要求"尊权"即要求政府尊重企业自主权，而后要求"分权"即两权分离，接着要求"还权"即归还企业自主权，后来提出清理资产、划分归属、界定产权，最终落到讨论产权的归属问题上，产权改革是中国城镇集体企业改革的主线。以建立农村家庭联产承包责任制为起点的农村集体经济组织产权制度变革，经过20多年的实践，取得了举世瞩目的成就。近年来，在农村工业化加快推进和城镇化快速发展的新形势下，传统的产权虚置、社企合一的集体经济正逐渐被股份合作等农村集体经济的多种实现形式所代替，引发了农村经济社会多方面的积极变化，各类合作社、专业合作社发展方兴未艾。

尽管中国集体经济在市场经济发展过程中不断探索改革之路，但存在的深层次问题尚未得到完全解决。这些问题主要表现在：集体经济理论研究滞后，改革发展的思想认识不统一；产权关系不明晰，企业内部活力不强；企业改革改制滞后，改革成本筹集困难等。合理分担集体企业改制成本、妥善安置下岗职工是推进和深化改革的基本前提和必要保障。目前，改革中一部分遗留问题还需要通过进一步深化改革来解决。从农村集体经济组织的改制来看，实践中出现的股份合作经济组织、土地股份合作等问题还缺乏应有的法律地位。进一步明晰和界定集体产权，保护社员利益是现阶段农村集体经济组织产权制度改革的重点内容。

由于历史原因，部分集体经济在产权明晰过程中还存在不少法律和政策障碍。依法有序处置集体企业产权、合理分担企业改革成本已成为集体经济改革深化的关键。应坚持"谁投资、谁所有，谁积累、谁所有"的原则，依法明晰企业产权归属，行使占有、使用、收益和处分的权利，加快推进产权制度改革，为发展新型集体经济提供必要支撑和保障。从政府基本职能而言，对于集体经济的发展应该主要承担以下三种基本责任：一是引导集体企业按照产权制度的基本要求推进产权改革；二是引导集体经济转变经济发展方式，加快结构调整；三是政府促进社会稳定和谐，为中国特色新型集体经济发展创造良好环境。

从改革实践来看，新型集体经济的一种实现形式是合作经济，主要是各类合作社、专业合作社等形式。这种实现形式一般是经济主体在初始或者经济规模较小时期采取的实现形式。另一种实现形式是混合所有制形式，主要表现为股份制、股份合作制企业、职工持股有限责任公司，由各级联社控股的股份制也是混合所有制的实现形式。这些形式多样的新型集体经济的发展，将为社会提供大量新的就业机会，调动广大职工的积极性，为全面建设小康社会做出应有的贡献。

第一章　中国集体经济的主要类型

集体经济作为中国社会主义基本经济制度的重要经济基础之一，其建立和发展在中国不同的历史时期有着不同的存续形式。这些形式多样的集体经济对于保障供给、满足人民生活需要及解决特定历史时期的就业问题做出了重要贡献。但是，随着改革开放的深入，特别是在20世纪90年代中后期以来，传统集体经济成分普遍出现了经营困难、下岗职工增加等诸多问题，集体经济在国民经济中的总体地位趋于下降。尽管中国集体经济在市场经济发展过程中不断探索新的改革之路，但存在的深层次问题并没有得到完全解决。本文从分析中国集体经济发展历程和现状出发，理清其发展的基本脉络，分析其制度演进的基本规律，提出今后一段时期的发展方向和政策取向。

集体经济作为区别于国有经济等其他经济形式的主要特点在于劳动者享有对企业的"控制权"。集体经济的"控制权"主要表现为三种形式：一是劳动者以股东身份集体享有对企业的所有权，这种控制权的实现强调资本治理逻辑；二是劳动者以社员身份享有对合作社的所有权，强调劳动者的劳动治理；三是劳动者以股东身份和劳动者的双重身份对企业进行控制，强调资本治理和劳动治理相结合的模式。基于中国二元经济的特点，集体经济在城镇和农村也表现为不同类型和特点。从中国经济发展的历程来看，不同类型的集体经济也经历着不同的变迁道路。

第一节　城镇集体企业

中国城镇集体企业在历史演变中因其资产形成过程、经营体制等方面的差异形成了不同的类型。

一、联社系统的集体企业

联社系统的集体企业主要包括两类：手工业合作化过程形成的集体企业和以联社自身经营收入和成员企业上缴的合作事业基金投资成立的联社直属企业。

1953年前后，中国开始在城乡开展合作化运动，在城镇建立起手工业合作小组、手工业供销合作社和手工业生产合作社。1955年，中国的合作社运动掀起高潮，首先在农业领域兴起，而后延伸到工业、商业、服务业、金融业、建筑业和交通运输业。合作社经济的兴起，使分散的个体经营转变为合作社的联合生产和经营，使孤立的财产个人所有转变为合作社集体占有。

手工业合作化过程中形成的集体企业，其最初的经营体制基本遵循了合作社"自助、民主、平等、公平和团结"的基本原则。1958年，在"一大二公三纯"的思想影响下，对合作经济开始上收、合并、升级、过渡。手工业合作小组升级为合作社，手工业合作社转产过渡为国营工厂和合作工厂。在1958年转产过渡后，合作社社员被退还了股金，社员（代表）大会改为职工（代表）大会，劳动分红制度被取消，完全改为工资制。合作社基金或上缴给国家，或上缴给联社，城镇集体企业的资金被上收，联社和国家投资的资金开始注入合作社企业，集体企业的资金构成开始复杂化，合作社的基本经营模式开始"国营化"。由于工业合作社国营化的弊端严重影响了手工业工人的生产积极性，为了满足广大人民群众的生活需求，在国民经济调整时期，1961年着手对手工业合作社进行适当调整，中央颁布了《中共中央关于城乡手工业若干政策问题的规定（试行草案）》（以下简称"手工业三十五条"），规定原手工业生产合作社已经转为国营工厂的，凡是不利于调动手工业工人的积极性、不利于恢复和增加产品品种、不利于提高产品质量、不利于便利群众的，应改为手工业生产合作社或合作小组。到1963年上半年，过去转厂过渡不当的手工业合作社已基本恢复。"文化大革命"期间，"手工业三十五条"被当做修正主义或资本主义的东西遭到批判，手工业合作社的民主管理制度和灵活生产的经营传统再次被废弃，企业盈亏与职工劳动紧密结合的多种分配制度被取消，变成了单一的固定工资制，形成了"二国营"的经营模式。

"文化大革命"以后，二轻联社陆续恢复。20世纪90年代的政府机构改革过程中，二轻行业主管部门被撤销，联社机构被保留下来，与集体企业成员单位不再有行政管理关系，而是松散的服务与被服务关系。原二轻局管理的城镇集体企业有的被划归为国资委管理，有的被划归经委管理，还有的则成为无主管单位企业，留在联社系统的集体企业主要是联社集体资产投资形成的联社直属企业。目前省级联社组织还基本存在，部分市级联社组织被保留下来，但许多市级和区级的联社组织已经被撤销。保留下来的联社组织有的通过经营联社资产形成了一定规模的联社经济实体，有的联社则已经基本没有成员企业。

二轻联社系统是城镇集体经济中比较有组织的一类，联社系统有自己的学会（中国合作经济学会）、杂志（《中国集体经济》、《上海集体经济》和《集体经济研究》）和网站（中国合作经济网）等。联社有相应的机构、资金和人力资源开展集体经济行业管理工作，目前关于城镇集体经济的讨论主要是来自二轻联社系统，包括举办集体经济论坛、开展调研活动和撰写集体经济的研究报告等。

二、区街集体企业

从历史上看，城市区街集体企业形成经过了三个阶段。第一阶段是1958~1960年"大跃进"时期街道兴办的经济实体。成员主要是城市街道、里弄的家庭妇女。到20世纪60年代初由于国民经济出现困难，街道企业也进行了调整，一些街道企业被迫关停并转，一些企业被上收或改组为国有企业、大集体企业。以沈阳市为例，1961年末全市共有街道企业501个、职工3.1万人，各种服务组织2790个、职工2万多人，1962年关停300个厂（组），上收200多个企业，涉及职工2.09万人。[①] 第二阶段是毛主席"五七指示"下兴办的区街集体企业。1966年按照毛主席的"五七指示"，城市街道和一些机关、部队、全民所有制企业投资兴办"五七工厂"或"五七连"。到1966年底，沈阳市的区街企业又发展到了2020个、职工8.46万人。第三阶段是"文化大革命"后为解决就业问题兴办区街集体企业。该阶段的集体企业主要是解决城市中大量待业人员的就业问题和为城市居民提供第三产业服务。

区街集体企业按照归属不同可以区分为区属企业、街道属企业、居委会属企业。由于城市区政府不具备直接投资兴办企业的条件，只能借助社

---

① 北京大学社会学系，沈阳市沈河区"区街经济与社区发展"课题组. 区街经济与社区发展. 社会学研究，1993（4）：25.

会力量来兴办，因此区街集体企业中真正由城市区政府和街道办事处直接投资兴办的企业很少，绝大多数企业都是经过"收养式"创办起来的。区街集体企业的创办通常由区街和居委会干部发动，动员一些有技术、有条件的能人出来办厂，由创办人自己解决企业开办的大部分问题，创办企业的资金多数情况下由发起人合伙集资筹集起来。区街政府在自身有限的条件范围内，尽力为新办企业解决资金、场地、开业执照等难题，等到企业成形之后，再由区街政府或部门"收养"。

随着街道企业的不断积累和发展，发展壮大后的区街集体企业又被上收，或者被转为"大集体"企业，或者被转为地方国营企业，其公有化程度进一步提高。在这部分集体企业被上收的同时，由于企业发展空间还存在，社会"闲散"人员又会不断创造出新的区街集体企业。以沈阳市的沈河区为例，在改革前的20年里，区街集体企业先后被上收7次，上收企业400多个，其中许多企业还成为沈阳市的骨干企业。

随着社会主义市场经济体制的逐步确立，个体经济、私营经济在中国经济中的合法地位逐渐被明确，城区和街道很少再组建新的集体企业，而原有的许多区街集体企业或者改制、或者因经营不善解体，因此，区街集体企业的数量在不断减少。现存的街道集体企业大多组建成街道实业公司，实业公司把街道内从事不同业务的各工商企业集中起来管理，有的实业公司由街道办事处领导和管理，公司经理由街道办事处主任或副主任兼任，有的实业公司则按照"政企分开"的原则逐步与政府脱钩。

三、国有单位举办的集体企业

国有单位兴办的集体企业，按照主办单位的不同可以大致分为国有企业举办的集体企业和其他单位包括机关、学校、社会各界团体举办的集体企业。这类集体企业主要经过三个阶段发展起来：一是1966年开始兴办的"五七工厂"；二是1979年以后为安置就业发展起来的劳动服务企业，以及随着经济体制改革发展起来的以市场为导向的集体企业；三是20世纪90年代初期随着国有企业改革深化和经营机制转换，为了安置富余人员、综合利用各种资源，大型国有企业在"安置和经营并举"中兴办的一批"三产型"集体企业。

集体企业与主办单位的关系大致分为两种情况：一是由兴办单位出资由兴办单位做主，实质是"全民所有，集体经营"，厂长由兴办单位任命；二是集体企业将兴办单位的投资作为贷款入账，在一定期限归还给主管单位，企业自主经营、自负盈亏，厂长由职工民主选举。

　　国有企业举办的厂办大集体企业，大部分是靠国有企业出资金、出场地及工具、设备等进行扶持成立起来的。因此，严格说这类企业不具有集体性质，只是按集体所有制类型登记的企业。厂办集体企业在业务上主要依靠主办国有企业，其原料和市场主要来自主办企业，其中有相当部分的厂办集体企业的原料和市场完全依靠主办单位。由于厂办集体企业在业务上依附于主办厂，随着绝大部分中小型国有企业的改制，其厂办集体企业大部分也随之改制或消亡，保留下来的主要是大型国有企业的厂办集体企业。2002年中央所属国有企业兴办的厂办集体企业约占全国厂办集体企业总数的2/3，如中石化集团目前还存在550多家厂办集体企业。在地区分布上，东北是厂办集体企业数量最多、规模最大、职工最多的地区。2004年，全国城镇集体企业"不在岗"职工有359万人，东北三个省份"不在岗"职工就有130多万人，占全国"不在岗"职工总数的近40%。其中吉林省有26万多人，黑龙江省有36万多人，辽宁省最多为71万多人。这些"不在岗"职工主要来自国有企业中的厂办大集体企业。

四、"红帽子"企业

　　"红帽子"企业是"挂靠"在各级政府机关、事业单位、社会团体、街道办事处和一些信誉较好的国有企业下的"假集体"企业。这些企业通过上交一定的管理费，由有关主管部门或挂靠的国有企业临时管理、委托管理或"挂靠"管理，与挂靠方没有实质的出资与被出资的关系，也未被纳入主管部门或上级企业单位正常的经济管理范围。这类企业有相当大的比例是私营企业，但由于当时的法律和政策环境对私营企业的种种限制，这些企业为便于获得土地使用权、融得资金以及享受地方政府的一些减免税收和优惠政策等，主动选择注册登记为"集体所有制企业"，成为所谓"红帽子"企业。

　　自1996年5月至1999年1月中国开展了城镇集体企业清产核资，对全国"挂靠"集体企业进行了清理甄别。结果显示，截至1997年年底，中国72.1万户城镇集体企业（单位）中权属性质暂时不清的各类"挂靠"集体企业有33.6万户，属于私营（个体）和个人合伙企业的有23万户，集体与私营合资的企业有1.1万户，[①]假集体企业在集体企业中占了近1/3。

---

① 《城镇集体企业基本情况》，见《中国企业管理年鉴（1999）》。

但是，随着中国市场经济制度的逐渐完善，私营经济经营生存环境也逐渐好转，大多数"红帽子"企业选择了"摘帽"行动。1999年下半年，浙江省在短短半年左右的时间里就有3000多家企业摘掉了"红帽子"。2006年初，据国家工商总局对"红帽子"企业的调研发现，在过去的五六年间，山东省有1万多家集体企业摘掉了"红帽子"，全国其他地区"红帽子"企业均有不同幅度的减少。2005年2月，国务院颁布了《关于鼓励支持和引导个体私营等非公有制经济发展的若干意见》，各类市场主体的平等地位逐步确定，"红帽子"企业将逐渐退出历史舞台。

五、其他形式的集体经济

除了上述几种集体经济形式外，中国城市中还曾经存在过消费合作社、信用合作社、生产合作社和运输合作社等形式。生产合作社和信用合作社目前体系还比较健全，但已不是传统意义上的集体经济。如北京银行的前身是北京商业银行，在此之前则是城市信用社，而今已成为一家上市公司。消费合作社则在高等学校、大型企业内部存在。

在中国农村改革开放初期，在乡镇出现的"镇办企业"也是城镇集体经济的存在形式。由于计划经济向市场经济的转轨，镇办企业的经营出现了困境，大多数镇办企业破产，能够存续的镇办企业一般转制成了股份制企业或者私营企业。1991年由国务院颁布的城镇集体企业条例，把城镇集体企业财产界定为"劳动群众集体所有"，实质是强调"集体共有"的含义。并把"劳动群众集体所有"划分为三种情况，一是本企业劳动群众集体所有，二是集体企业联合经济组织范围内劳动群众集体所有，三是投资主体多元化企业中，本企业和联合经济组织范围内劳动群众集体所有财产应不低于51%。它所确立企业的基本原则（自愿组合、自筹资金，独立核算、自负盈亏、自主经营、民主管理，按劳分配、入股分红）与合作经济原则是一致的，而且确立职工入股，享有财产所有权。改革实践表明，城镇集体经济企业都应建立归属清晰、权责明确、保护严格、流转顺畅的现代产权制度。而条例中的"共有"属性不利于产权明晰、权责明确，对集体企业改革造成了一定障碍。

第二节 农村集体企业

中国对农村集体企业的界定采用了两个不同的标准，一是区域标准，一是所有者主体标准。所谓区域标准，就是企业的注册所在地是在农村的企业，而不管投资的资金来源。而所有者主体标准，就是投资的资金来源于农村的村民组织或者村民的集体组织。本文在论及农村集体企业时也采取双重标准，即由农村居民组织创办，或者以农村居民组织投资为主体创办的并设立在农村的企业。

中国农村的集体企业，即乡镇集体企业，是在农村副业基础上，经历了社队企业、乡镇企业两个阶段发展起来的。1984年3月1日，中共中央、国务院在《转发农牧渔业部〈关于开创社队企业新局面的报告〉的通知》中，决定"将社队企业名称改为乡镇企业"。根据这个文件，我们现在所称的乡镇集体企业就包括两个部分，一是国务院于1990年7月1日执行的《中华人民共和国乡村集体所有制企业条例》中所界定的乡（含镇）村（含村民小组）集体企业。即由全乡村民集体举办的企业，企业财产属于举办该企业的乡或者村所属范围内的全体农民集体所有，由乡或者村的农民大会（农民代表会议）或者代表全体农民的集体经济组织行使企业财产的所有权。二是1990年2月12日农业部发布的《农民股份合作企业暂行规定》中界定的农民股份合作企业。即指"有三户以上劳动农民，按照协议，以资金、实物、技术、劳力等作为股份，自愿组织起来从事生产经营活动，接受国家计划指导，实行民主管理，以按劳分配为主，又有一定比例的股金分红，由公共积累，能独立承担民事责任，经依法批准建立的经济组织。"[①]

由于乡镇企业和城镇集体企业的经营管理的相似性，我们在论述农村集体企业时，主要是讨论农村的各种经济合作组织，即合作社。目前，农民的各种新型专业合作组织是农村集体经济的主要形式。

[①] 上海市工业合作联社，上海市集体经济研究会，上海市工业合作经济研究所.合作经济常识66题，未出版.

第三节 合作经济

一、对合作经济组织的界定

合作经济组织又称合作社，是指人们自愿联合在一起通过共同拥有和民主控制企业来满足共同经济和社会需要的自治组织。依法设立的合作社必须有明确的章程和原则，合作社必须严格按照这些原则和章程组建运行。合作社尊重社员权利，由社员共同进行民主管理。合作社基本价值是"自助、民主、平等、公平和团结"。合作社社员信奉诚实、公开、社会责任和关心他人的道德价值观。合作社也要担负一些教育青年和维护社会公德的社会责任。[①]

合作社在世界范围内有不同的分类方法。常用的有以下分类标准：一是按照所经营的业务范围分类，合作社可分为从事多项业务内容的兼营（综合）合作社（如农村社区合作社），以及仅从事一项业务的专营合作社（如农产品销售合作社、农用生产资料购买合作社）。二是按照社员的身份划分，合作社大体可以分为生产者合作社、商人合作社和消费者合作社等。三是按照合作社的筹资模式，合作社可以分为发行股票的股份合作社和不发行股票的非股份制合作社。其股票发行的方式和股东的权力类似于一般意义上的股份制企业。

二、中国的农村合作社

（一）供销合作社

中国的供销合作社是农民为了维护和谋取自身利益，按照合作原则，集资入股建立起来的合作经济组织。经过几十年发展，现在已成为中国合作经济的主要形式，成为农村商品流通的主渠道。社员是供销合作社的主

[①] 上海市工业合作联社，上海市集体经济研究会，上海市工业合作经济研究所. 合作经济常识66题，未出版.

人,又是供销合作社的服务对象。每个农户都可以加入供销合作社。

以农户为基础组织起来的供销合作社,称为基层供销合作社。以基层供销合作社为社员组织起来的供销合作社,称为供销合作社联合社。在联合社中,又分为基层联合社、省级联合社、全国供销合作社三级,它们按照行政区划为各自活动区域。目前,中国供销合作社是中国农民中比较完善的、规模最大的合作经济组织。

(二) 信用合作社

信用合作社是农民在借贷领域里的互助组织,其主要作用是在农民中融通调集资金,以解决农民生产生活方面的资金短缺困难,发展农业生产,使农民脱贫致富。1962年11月,中共中央、国务院批转了中国人民银行《关于农村信用社若干问题的规定》,明确了信用社的组织独立。信用社是农民的资金互助组织,是中国农村社会主义金融体系的重要组成部分,信用社在业务上受中国人民银行的领导,执行国家的金融政策,为发展农村经济服务。

(三) 农民专业合作社

中国新型农民合作组织是在1978年后农村土地经营制度改革的基础上发展起来的。1978年以后中国启动了两项农村改革,一是实施家庭联产承包责任制,二是推进农副产品市场化的改革。前者重新确立了小农户在中国农业生产中的基础地位,使农村合作经济初步具备了按照真正合作社原则发展的环境与条件,农村合作组织的重新产生成为可能。后者一方面使农产品价格获得较大提高,农民获得明显的实惠与利益,有了一定的财富积累,为农民合作组织的产生创造了一定的物质条件;另一方面又把分散、弱小、信息不灵和对外经济联系渠道不畅的农户经济卷入了竞争日益激烈的市场中。

农民专业合作社属于中国新型的农民合作组织。农民专业合作社是中国广大农民在农村土地家庭承包经营基础上自主创办的农业经营组织。其基本内涵是:农民专业合作社是在农村家庭承包经营的基础上,同类农产品生产经营者或者农业生产经营服务的提供者、利用者,自愿联合、民主管理的互助性经济组织。[①]

农村家庭承包经营是农民专业合作社建立的制度和经济基础。农村土

---

① 刘明祖. 农民专业合作社法导读. 中国民主法制出版社,2007:1.

地家庭承包经营制度，是中国基本的土地制度，为了保护农村土地承包关系的长期稳定性，国家保护农民依法自愿建立经济合作社，以解决农民在生产资料购买、农产品销售方面存在的困难。作为社会主义市场经济体制下的一种全新的市场主体组织形式，农民专业合作社对提高农业生产及农民进入市场的组织化程度、推进农业产业化、促进农业现代化、稳定增加农民收入具有非常重要的意义。

农民专业合作社强调以同类农产品或者农业生产经营服务为纽带，实现成员共同的经济目的，经营服务内容具有很强的专业性。这里所指的"同类"是根据《国民经济行业分类》规定中的"类"以下的分类标准为基础的，提供该类农产品的销售、加工、运输、储藏、农业生产资料的购买，以及与该类农业生产经营有关的技术、信息服务等，都可以成立相应的专业合作社。

农民专业合作社以其成员为主要服务对象。由于农民专业合作社具有很强的专业性，其成员主要由享有农村土地承包经营权的农民组成。这些自愿组织起来的农民具有相同的经济利益，在家庭承包经营基础上，共同利用合作社提供生产、技术、信息、生产资料供应、产品储运和销售等服务。合作社通过为社员提供产前、产中、产后服务，将社员分散生产的农产品和需要的服务集聚起来，以规模化方式进入市场，改变了单个农民的市场弱势地位，同时由于聚合而形成的规模经济，使社员可以节省交易费用，增强市场竞争力，提高经济效率，从而可以增加成员收入。

第二章　中国集体经济发展历程回顾

第一节　中国城镇集体经济的主要发展历程

中国城镇集体经济兴起于20世纪50年代的手工业合作化运动；在20世纪80年代初，即中国开始进行城市经济体制改革时，城镇集体经济迅速发展，成为促进中国经济社会发展的重要力量，吸纳了城镇就业人数的25%以上；进入20世纪90年代以后，随着中国社会主义市场经济体制的逐步确立和改革开放的进一步推进，其改革发展面临着严峻挑战，集体经济在整个经济中的地位逐渐下降。

一、1978~1995年前后中国城镇集体经济迅速发展壮大

中共十一届三中全会后，中国调整了集体经济的方针政策。《中华人民共和国宪法》恢复了合作经济的法律地位，为集体经济改革指明了方向，并把集体经济作为社会主义公有制经济的基本形式。党和国家提出广开门路、安置就业，大力发展集体经济的方针，国家在政策上也支持集体经济的发展。因此，各行各业、各种形式的集体经济获得了大发展的机遇。原有各行业集体经济从变革经营机制入手，以市场为导向，以灵活自主的经营模式，在市场竞争中迅速发展，安置了大量的城镇待业人员和国有企业富余职工就业，解放和发展了生产力。在改革开放初期，国有企业还缺乏足够活力，"三资"企业和私营企业尚未形成强势，集体经济显示了巨大活力，逐步发展成为中国第二大经济力量，集体经济工业总产值曾经一度超过了国有经济。这个时期是中国集体经济最为辉煌的历史时期。

1. 城镇集体经济发展成为国民经济的重要组成部分

20世纪80年代至90年代中期是集体经济总量扩张最为迅速的历史时期。有关资料显示,在1978年的工业产值中,国有经济占78%,集体经济占22%,集体经济在中国经济中总体处于配角地位。经过一段时间的大发展,从1994年到1996年,集体工业总产值已经超过国有经济,在各种经济类型中居于首位。例如,1994年集体工业总产值31434亿元,占全部工业总产值的40.9%,而当年国有工业仅实现总产值26200亿元。1995年共有乡镇企业2203万户,年创增加值14595亿元,利税总额4964亿元。这个时期,由于国有企业尚缺乏活力,"三资"企业和私营企业尚未形成强势,因此集体经济显示强劲活力,快速扩大发展,成为中国第二大经济力量。在此期间,城镇集体经济中还涌现出了科龙、春兰、海尔等

表2-1 全国城镇集体工业企业数量及比例(1978~1995年)

年份	全国工业企业				
	合计(万个)	其中:集体所有制工业企业			
		小计(万个)	其中:城镇集体工业企业(万个)	城镇集体工业企业数/集体工业企业数(%)	城镇集体工业企业数/全国工业企业数(%)
1978	34.80	26.50	10.10	38.11	29.02
1979	35.50	27.12	9.97	36.76	28.08
1980	37.71	29.34	10.68	36.40	28.32
1981	38.15	29.68	11.13	37.50	29.17
1982	38.86	30.19	11.61	38.46	29.88
1983	39.25	30.46	11.85	38.90	30.19
1984	43.72	35.21	13.49	38.31	30.86
1985	46.32	36.78	15.07	40.97	32.53
1986	49.93	40.01	15.41	38.52	30.86
1987	49.36	39.21	15.42	39.33	31.24
1988	50.00	39.54	15.77	39.88	31.54
1989	50.54	39.59	16.16	40.82	31.97
1990	50.44	39.11	16.24	41.52	32.20
1991	50.48	38.92	15.98	41.06	31.66
1992	50.21	38.45	15.50	40.31	30.87
1993	52.01	38.33	17.05	44.48	32.78
1994	53.18	38.51	16.74	43.47	31.48
1995	59.21	41.36	17.08	41.30	28.85

资料来源:中华全国手工业合作总社,中共中央党史研究室.全国手工业合作化和城镇集体工业的发展.中共党史出版社,1994.

一大批优秀企业，成为中国经济生活中的亮点。城镇集体经济在发展生产、繁荣市场、扩大就业、出口创汇、增加税收、改善人民生活和促进社会安定等方面发挥着难以替代的积极作用。

2. 城镇集体经济是吸纳就业和安置待业人员的重要途径

20世纪70年代末80年代初，中国有1300万返城知青，京、津、沪三市均有40万的待业青年。[①] 在失业人口中，青年占了绝大多数，1980年的失业人口中青年的比率高达70.6%，1981年则达到78%。累积了近20年的城镇就业问题终于暴露出来，城镇就业矛盾十分突出，就业问题成为当时影响社会稳定的大问题。要在短期内由国家包办就业在当时已经不太可能，解决就业问题必须另寻出路。[②] 1980年8月，全国劳动就业工作会议召开，会议提出要打破劳动就业全部由国家包下来的老框框，实行在政府统筹规划和指导下，采取劳动部门介绍就业、自愿组织起来就业和自谋职业相结合的方针。当时国有企业已经有大量冗员，社会负担沉重，要举办新的国有企业又缺乏必要的资金，因此政府安置就业的容量十分有限。"自谋职业"就是在个体、私营经济中就业，当时个体经济刚刚恢复，私营企业还没有法律地位，因此这种方法解决的就业人数也很有限。在这种情况下，"组织起来就业"，即各行各业大办集体企业，就成了安置就业的主要渠道。

1981年10月17日，中共中央、国务院颁布了被称为集体经济的白皮书的《关于广开门路，搞活经济，解决城镇就业问题的若干决定》（以下简称《决定》）。《决定》中提出必须着重开辟在集体经济中的就业渠道，努力办好城镇集体所有制经济，大力提倡和指导待业青年组织起来，在集体经济单位就业。在1979~1987年全国安置的7040万名城镇就业人员中，30%左右依靠劳动服务公司举办的集体企业安置。[③]

在安置就业过程中，各地实行"归口包干"的政策，即由各部门、各单位负责包干安置自己职工的待业子女。在实践中"归口包干"又有所发展，不但按"口"包干，而且按局、公司、企业一直包下去，有的甚至包干到了车间，不仅企业单位要包干安置自己职工的待业子女，而且事业单位、党政机关、人民团体也大都照此办理。这样，全国形成了一个按单位

---

① 中共中央文献研究室. 三中全会以来重要文件选编（上）. 人民出版社，1987.
② 国家统计局. 中国统计年鉴. 1991.
③ 中华全国手工业合作总社，中共中央党史研究室. 全国手工业合作化和城镇集体工业的发展（第三卷下册）. 中共党史出版社，1997：8.

表 2-2　1978~2011 年城镇集体单位就业人员数及就业比例

年份	城镇就业人员（万人）	城镇集体单位就业人员（万人）	城镇集体单位就业比例（%）	年份	城镇就业人员（万人）	城镇集体单位就业人员（万人）	城镇集体单位就业比例（%）
1978	9514	2048	21.53	1999	22412	1712	7.64
1980	10525	2425	23.04	2000	23151	1499	6.47
1985	12808	3324	25.95	2001	23940	1291	5.39
1989	14390	3502	24.34	2002	24780	1122	4.53
1990	17041	3549	20.83	2003	25639	1000	3.90
1991	17465	3628	20.77	2004	26476	897	3.39
1992	17861	3621	20.27	2005	27331	810	2.96
1993	18262	3393	18.58	2006	28310	764	2.70
1994	18653	3285	17.61	2007	30953	718	2.32
1995	19040	3147	16.53	2008	32103	662	2.06
1996	19922	3016	15.14	2009	33322	618	1.85
1997	20781	2883	13.87	2010	34687	597	1.72
1998	21616	1963	9.08	2011	35914	603	1.68

资料来源：国家统计局. 中国统计年鉴.

包干、层层包干、一包到底的局面，也就形成了分布在各个行业的、由不同企业和单位兴办的集体企业，也即第四代城镇集体企业。据国家统计局有关数据显示，1995 年城镇集体企业有 100 万户，员工 3076 万人；1980~1991 年城镇集体企业就业职工从 2425 万人上升到 3628 万人，平均年增 120 多万人，城镇每年新安置劳动力 30% 以上。1994 年，在天津市集体经济中有多种经营企业 9600 户，员工约 25 万人，安置富余职工近 20 万人；鞍钢厂办集体企业 20 年来共安置职工的待业子女 18 万人，安置 "两劳释放" 人员 2100 人、残疾青年 4000 人，较好地解决了特殊群体的就业问题。

3. 城镇集体经济是中国经济结构调整和国企改革的试验田

1985 年开始，城镇集体企业开始提出清理资产、划分归属的要求。自 1988 年起，二轻联社系统清理资财工作在全国范围内全面展开。划分城镇集体企业的资产归属、确定集体产权性质，虽然减少了主管部门对集体企业的干预，企业自主权得以增强，但由于产权不能明晰到个人，改革还是很难激发起企业职工的积极性，集体企业的产权改革仍需进一步推进。早在 1983 年，重庆市曙光电镀厂、山西太谷玛钢厂等一批集体企业就进行了股份合作制的试点，一些地方政府还制定了股份合作制的试行办法。1985年，吉林、湖南、四川等22个省、市、区的二轻系统中实行职工集资入股的集体企业占31%。后来由于对股份合作制的认识不一，姓"资"姓"社"的疑虑和争议一直困扰人们的思想，使得改革试点工作受挫，真正坚持下来的只有个别企业。1992年邓小平南方谈话以后，各地区才开始把扩大股份合作制试点工作作为深化改革的一项重要内容。

二、20世纪90年代中期后中国集体经济发展面临严峻形势

20世纪90年代中后期以后，城乡集体企业失去政策优势，原有的安置就业功能逐年下降。其整体素质不适应市场经济改革背景下扩大发展需要，集体企业的发展呈现出不平衡。随着社会主义市场经济体制不断完善，中国理论界对集体经济的内涵认识也在改变。加上集体经济自身在市场经济发展面临的各种问题，中国城镇集体经济在整个经济中份额开始萎缩，地位开始下降，城乡集体企业的发展也开始出现分化。经营好的企业陆续转制，有的做大做强，走向良性发展轨道；有潜可挖的企业通过改制重组、出售转让、承包租赁、托管经营、分块搞活等方式寻求合作、生存和发展；还有一批企业停业、歇业，有待破产清算。

中国城镇集体经济不仅对中国经济总量扩张和解决就业问题发挥了重要作用，城镇集体经济自身在发展壮大中所产生的问题也为中国经济结构调整和国有企业改革提供了借鉴，成为中国经济结构调整和国企改革的试验田。20世纪80年代末90年代初，中国国有企业背负着沉重的社会负担，经济效益下降。如何提高经济效益，尽快实现经济转型，促进资产保值增值，解决下岗职工再就业，成为国有企业面临的重大问题。在此情况下，各地大型国有企业开始实施"一业为主，多种经营"的经营战略，使其成为国有企业调整经济结构、安置富余职工的重要途径。冶金、电力、石油、化工、煤炭、机械、电子等行业的集体经济形成了一定的发展规模。例如，宝钢集体所有的企业发展总公司为宝钢创一流现代企业做出了重要贡献，安置国有富余职工6000人，变"包袱"为财富，成为强化市场机制、进行制度创新改革的试验田。与此同时，以劳动者的劳动联合和劳动者资本联营为主的多种形式的集体经济形成发展态势。

(一) 城镇集体经济逐渐陷入困境

1996年的全国城镇集体企业清产核资结果显示，截至1996年底，全

国独立核算、具有法人资格并正常经营的城镇集体企业户数为 49.5 万户，其中工业企业 14.6 万户，比 1995 年又减少了 2.48 万户。根据 2009 年第二次全国经济普查的数据公报，到 2008 年底集体企业有 19.2 万户，股份合作企业 6.4 万户。我国集体企业发展呈现大幅萎缩趋势。根据《中国统计年鉴》的数据，从企业绝对数量上分析，表现为企业数量每年都在减少。2010 年，规模以上集体企业数量比 2001 年减少了 2 万多家。2011 年集体企业数量又比 2010 年减少 3801 家。从集体企业占内资企业比重方面分析，全国规模以上工业企业中，2001 年集体企业占内资企业的比重为 22.2%，2011 年为 2.0%。从集体企业工业产值占内资企业的工业产值的比重看，2001 年集体企业占比为 14.73%，2011 年已经下降为 1.77%。可见，城镇集体企业数量和地位在近十年间呈现大规模萎缩趋势。城镇集体经济总量萎缩主要表现在四个方面：[①]

一是城镇集体经济就业人数的相对量和绝对量逐渐缩小。尽管每年新安置 100 多万人就业，但因退休、转制、下岗等原因，城镇集体企业职工人数逐年减少，职工总数由 1995 年的 3076 万人下降到 2011 年的 603 万人，缩减 2473 万人，年均减少 155 万多人。[②] 到 2005 年，城镇集体经济就业人数占城镇职工就业总人数的比例已不到 7.09%。到 2011 年，这一比例下降到 1.68%。

表 2-3　城镇集体职工在各行业的分布情况（2003~2011 年）

单位：万人

	2003 年	2004 年	2005 年	2008 年	2009 年	2010 年	2011 年
合计	950.5	850.7	769.2	661.8	618.1	597.5	603.1
农林牧渔业	13.9	12.0	8.7	4.9	4.9	4.4	4.0
采矿业	27.0	25.6	23.5	22.2	17.6	18.8	20.4
制造业	287.4	251.0	214.4	165.2	148.5	134.4	124.1
电力、燃气及水的生产和供应业	6.8	6.4	5.9	5.1	5.1	5.2	5.5
建筑业	201.1	183.9	173.9	169.2	163.7	161.7	187.4
交通运输、仓储和邮政业	36.6	32.6	29.1	22.2	20.6	19.8	17.5
信息传输、计算机服务和软件业	1.7	1.2	1.3	0.8	1.1	1.0	1.3
批发和零售业	122.4	103.1	85.1	58.6	52.5	48.0	46.8

---

① 国家发展改革委课题组. 顾强，张恒杰，等. 贯彻十六届三中全会精神，进一步深化集体经济改革. 2004.

② 王玉丛. 城镇集体企业数量减少的原因及其分析. 中国集体经济，2002（6）.

续表

	2003年	2004年	2005年	2008年	2009年	2010年	2011年
住宿和餐饮业	15.2	14.2	13.1	11.0	10.4	9.6	10.0
金融业	63.7	63.5	61.6	60.1	53.1	52.1	50.2
房地产业	6.8	7.1	7.6	7.4	8.7	9.2	8.6
租赁和商务服务业	28.4	28.7	33.2	33.1	36.7	37.6	31.8
科学研究、技术服务和地质勘察业	3.4	3.2	3.0	3.4	4.2	4.2	3.7
水利、环境和公共设施管理业	9.8	9.2	8.8	10.8	10.5	4.2	10.8
居民服务和其他服务业	14.0	12.6	9.5	8.8	8.2	7.8	6.0
教育	55.6	41.8	39.0	24.6	17.4	17.5	19.1
卫生、社会保障和社会福利业	49.3	47.7	46.2	49.8	49.9	51.4	51.5
文化、体育和娱乐业	3.0	2.6	2.4	2.3	2.2	2.2	2.0
公共管理和社会组织	4.5	4.3	2.9	2.4	2.7	2.2	2.4

资料来源：国家统计局编．中国统计年鉴．

二是从全国工业总产值构成看，城镇集体经济下降明显。例如，1995年集体和股份合作制企业工业总产值占全国的36.60%，1999年急剧下降到17.10%，2001年进一步下降到13.70%，2006年则下降到3.90%。2007年集体工业企业实现利润566亿元，仅占全国工业企业实现利润的2.46%。到2011年末，集体企业实现利润总额为846亿元，占全国工业内资企业实现利润的1.88%，占全部工业企业实现利润总额的比例仅为1.41%。

表2-4 中国城镇集体企业实现工业总产值变动

单位：亿元

年份	集体企业工业总产值	总计：工业总产值	比重（%）
1991	8783	26625	33.00
1995	33623	91894	36.60
1999	12414	72707	17.10
2000	14805	85674	17.30
2001	13047	95449	13.70
2002	12822	110776	11.60
2003	12709	142271	8.90
2004	10507	201722	5.20
2005	11570	251619	4.60
2006	12458	316589	3.90
2009	9587	548311	1.75
2010	10383	698591	1.49
2011	11059	844269	1.31

资料来源：根据历年《中国统计年鉴》有关数据计算整理。

三是从投资构成看,集体经济投资的比重大幅下降。2002年集体经济投资5901.5亿元,占全国固定资产投资的13.7%(国有经济占71.8%,个体经济占14.5%)。此后,集体经济投资比重继续下降。2011年,全国集体经济全社会固定资产投资为10245.1亿元,占全社会固定资产投资的比重为3.29%,比2002年下降了10.4个百分点。

四是从工资水平看,集体经济职工平均工资的占比呈下滑趋势。2000年集体经济职工年平均工资6262元,相当于全国职工平均工资水平的67%;2006年集体经济职工年平均工资13014元,相当于全国职工平均工资水平的62%。在2000~2006年的6年中,占比下降了5个百分点。近两年,集体经济职工的工资绝对数有所增长,但与全国平均工资和国有经济单位的职工平均工资相比还有很大差距。2011年集体经济职工年平均工资28791元,仅相当于全国职工平均工资水平的69%。

表2-5 2000年以来不同经济类型在岗职工平均工资变化

单位:元

年份	全国平均	国有经济	国有经济/全国平均	集体经济	集体经济/全国平均	其他经济	其他经济/全国平均
2000	9371	9552	1.02	6262	0.67	10984	1.17
2001	10870	11178	1.03	6867	0.63	12140	1.12
2002	12422	12869	1.04	7667	0.62	13212	1.06
2003	14040	14577	1.04	8678	0.62	14574	1.04
2004	16024	16729	1.04	9814	0.62	16259	1.01
2005	18364	19313	1.05	11283	0.61	18244	0.99
2006	21001	22112	1.05	13014	0.62	20755	0.99
2009	32244	34130	1.06	20607	0.64	31350	0.97
2010	36539	38359	1.05	24010	0.66	35801	0.98
2011	41799	43483	1.04	28791	0.69	41323	0.99

资料来源:根据历年《中国统计年鉴》计算整理。

总的看来,集体经济整体发展水平滞后于其他主要市场主体的发展,导致与集体经济相关的各种经济纠纷、职工上访等事件增多,不仅使得集体经济的发展陷入了困境,而且带来了许多经济和社会问题。

（二）城镇集体经济陷入困境的主要原因

1. 外部市场竞争环境变化和自身的制度缺陷是中国集体经济逐渐萎缩的主要原因

在20世纪90年代中后期，国家鼓励多种经济成分共同发展，鼓励各种市场经济主体以平等身份参与市场竞争。随着外部环境的变化，城镇集体经济的制度优势逐步丧失。在计划经济体制下，城镇集体经济受计划指令和行政控制较松，经营活动相对于国有经济具有更多的灵活性；同时，城镇集体企业相对于个体经济和私营经济又更靠近计划体制，能够得到更多的体制内资源；当时市场供求关系处于卖方市场条件下，城镇集体经济有较为宽松的外部发展空间。但随着社会主义市场经济体制的逐步形成，非公有制经济迅猛发展，市场供求关系由卖方市场转向买方市场。在日趋激烈的市场竞争中，中国城镇集体经济由于和国有经济在资金、人员、管理等体制方面极其相似，企业内部存在的各种弊端在市场竞争环境中逐渐暴露出来，越来越不适应市场环境的变化，大批城镇集体企业或者因经营不善在市场竞争中消失，或者改制为其他制度形式。例如，1990年全国规模以上轻工集体企业数为50427家，到1998年底为26118家，减少了48.2%；天津市1980~1990年每年新增城镇集体企业1000~2000家，而到20世纪90年代中期每年减少1000~2000家。中国非公有制经济逐渐快速发展，并逐渐取代了城镇集体经济在国民经济总量中的地位。

2. 城镇集体企业改革政策滞后制约了城镇集体经济的发展

城镇集体企业改制政策相对滞后，缺乏配套政策支持，阻碍了城镇集体经济的进一步发展。在历史上，集体经济与国有经济都对中国经济社会发展做出过巨大贡献，但在新的市场经济环境中，政府对城镇集体企业和国有企业在面对相同或者相似问题时适用的政策却有着较大差别。城镇集体企业难以同等享受到国有企业各项改革政策，在处理相似问题时，政府也采取了差别政策。由于政府不倾向分担集体企业高额的改革成本，使集体企业改革步履维艰。如，在企业改制过程中，涉及对原有企业职工的利益补偿、改制成本承担等具体问题，两者适用的法律和政策依据是不同的，尤其在企业的职工安置方面存在着不同的法律依据，以至于集体企业在当前的改革、改制中，致使职工的身份置换和职工的生活保障成为亟待解决的突出问题。在国有企业改革过程中，为了减员增效，企业对于富余人员采取身份置换方式，让职工在获得一定的一次性经济补偿后和企业脱离劳动关系，企业也不再承担其相应的社会保障责任。国有企业职工在终止原有劳动合同、实行职工身份置换时，参照1994年10月国家公布的《关于在若干城市试行国有企业破产有关问题》的规定，其中规定对职工支付的一次性安置费，原则上按照破产企业所在市职工上年平均工资收入3倍发放。而对于集体企业职工身份置换并无明确规定，致使在实际操作中给予职工的经济补偿太低，使职工基本生活发生困难。在对集体企业退休职工的社会保障方面，中国也缺乏统一的政策，使这些为国家做出毕生贡献的退休人员缺乏必要的生活保障。另外，尽管中国集体企业在计划经济时期实行的是和国有企业相似的高税收、低工资、高积累政策，为国家发展做出了贡献，但集体企业在破产时享受不到有关银行债务"冲抵"的政策，集体企业的负债只能由所有者权益冲抵。企业现有在岗职工承担了大量的历史债务，造成了现有职工在权益分配中的不公平，这也影响了社会稳定和集体经济的进一步发展。

3."红帽子"企业的"脱帽"行动使得城镇集体企业数量减少

随着非公有制经济合法地位逐步得到承认，一些戴"红帽子"的城镇集体企业逐渐和原来挂靠的单位脱离，纷纷"摘帽"，恢复非公有制经济的本来身份。国家通过颁布一系列法规承认私营企业或者民营企业的合法市场经济主体地位。如：1987年10月，党的十三大报告提出："私营经济一定程度的发展，有利于促进生产，活跃市场，扩大就业，更好地满足人民多方面的生活需求，是公有制经济必要的和有益的补充。"1988年4月12日，七届人大一次会议通过的宪法修正案规定："国家允许私营经济在法律规定的范围内存在和发展。私营经济是社会主义公有制经济的补充。国家保护私营经济的合法权利和利益，对私营经济实行引导、监督和管理。"1988年6月25日，国务院颁布了《中华人民共和国私营企业暂行条例》。这些法规的颁布，意味着国家对私营企业合法地位的认可，戴"红帽子"的假集体企业纷纷恢复其真实身份。1993年，中国社会科学院民营经济研究中心和全国工商联等机构进行的问卷调查结果显示，被调查的私营企业主认为"红帽子"企业占集体企业的比例为50%~80%。由此可见，20世纪90年代以后大量假集体企业恢复私营经济身份是城镇集体企业数量大幅度减少的重要原因之一。

第二节　中国农村集体经济的发展历程

一、1978年以前的农村集体经济

自1955年互助合作运动开始以后，农村中就有了农业生产合作社，中国农村开始出现了集体企业。中共中央在1958年8月31日的北戴河会议上作出《关于建立人民公社的决议》。一场人民公社化运动席卷了全国各个角落，并在短短4个月的时间便宣告完成。继而在1958年4月，中共中央将3月成都会议提出的《关于发展地方工业问题的意见》发给各级党委和国务院各部门。这个文件要求各省和自治区尽快使本地的地方工业总产值赶上或超过农业总产值。而且把达到这一目标的时间从原来的5~10年缩短为5~7年。群众性发展工业运动和炼钢运动在全国展开。1959年，毛泽东同志发表重要讲话，指出公社工业是"我们伟大的、光明灿烂的希望"。之后，中央决定进一步调整公社管理体制，公社权力下放，实行三级（公社、生产大队、生产队）管理，以生产队为基础的人民公社体制。从这时起，公社工业转变为社队工业，加上社队办的种植、养殖场等企业，后来统称为社队企业。

在三年困难时期，国民经济出现了严重危机。由于粮食严重不足，出现了全国性饥荒。在城镇就业和生活的2000多万名干部、职工和居民重新返回农村落户。在严峻的经济形势面前，国家被迫暂时放弃毛泽东提出的"把人民公社建成工、农、商、学、兵相结合的公有制经济组织的设想"，发展农业尤其是粮食成了全社会的当务之急。在1959~1962年进行人民公社整顿过程中，国家改变了1958年提出的"人民公社必须大办工业"的政策，先是对社队工业进行清理、收缩、严格限制，并明确规定："公社和生产大队一般不办企业，不设专业的副业生产队"。[①] 进入20世纪70年代，1970年北方地区农业工作会议后，农村集体企业（社队企业）才逐渐发展起来。会议提出在农村利用本地资源，兴办小化肥厂、小机械

---

① 中华人民共和国国家农业委员会办公厅.农业集体化重要文件汇编（下册）.中共中央党校出版社, 1981.

厂、小水泥厂等小企业,为农业生产服务,为人民生活服务,为大工业服务。此后,各地的社队企业纷纷发展起来了。由于人口失控及农业机械化发展,农村劳动力相对于耕地增长极快,尤其是在东部人多地少的地区,人地矛盾十分突出,而这一带又是中国经济发展水平相对较高的地区,农村社队集体经济比较巩固,在此基础上,社队企业得到了迅速发展。

1975年10月,国务院召开了全国农业学大寨会议,会议指出:发展社队企业,必须坚持社会主义方向,主要为农业生产服务,为人民生活服务,有条件的为大工业、为出口服务。要充分利用本地资源,发展种植、养殖、加工和采矿业等,但是必须注意不要和大工业争原料,不要破坏国家资源。对现有社队企业要加强领导,发现问题,积极整顿。为了适应社队企业发展形势的需要,国务院批准原农林部建立农村人民公社企业管理局,1977年,经国务院批准把农村手工业企业划归人民公社领导管理。正由于中央、国务院对发展社队企业有了明确的态度,并采取了相应的措施,在原农林部成立了人民公社企业管理局,为社队企业发展创造了必要条件。

二、改革开放后农村集体经济的起步(1978~1983年)

1978年12月,中共十一届三中全会原则同意了《中共中央关于加快农业发展若干问题的决定(草案)》和《农村人民公社工作条例(试行草案)》,在1979年9月28日中共十一届四中全会上通过的《中共中央关于加快农业发展若干问题的决定》中明确指出:"社队企业要有一个大发展"。从而正式确定了社队企业在中国经济中的地位。与此同时,国家也放宽了社队企业的经营范围,"凡是符合经济合理的原则,宜于农村加工的农副产品,要逐步由社队企业加工。城市工厂要把一部分宜于在农村加工的产品或零部件,有计划地扩散给社队企业经营,支援设备,指导技术"。而且提出,"国家对社队企业,分别不同的情况,实行低税或免税政策"。

1979年7月3日,国务院颁发了农林部起草的《关于发展社队企业若干问题的规定(试行草案)》,首次以行政法规的形式,肯定了社队企业在中国的法律地位,明确规定了社队企业的发展方向、经营范围、内部管理、外部关系、权利义务、国家对社队企业的扶持政策、社队企业的主管部门等。同年5月2日,财政部、农林部颁发《支援农村人民公社投资使用管理暂行规定》,规定国家每年支援人民公社的7亿元投资款,用于社队企业的投资以不少于一半为宜。11月18日,财政部、农林部又联合发文，对社队企业的减免税范围、时间、报批手续和权限做出了明确规定。11月10日，中国农业银行颁发《关于发展农村社队企业贷款试行办法》，提出对社队企业开展设备贷款和生产周转资金贷款，并就开户、贷款利率、贷款期限作了规定。各级政府从贷款、税收、资金多方面对社队工业采取扶持政策。

农村社队企业发展的道路并不平坦，由于很多企业没有纳入国家计划，产、供、销完全依靠市场调节，不免在资源、市场等方面与国营企业发生矛盾。1979~1983年，指责社队企业"以小挤大、以落后挤先进、以劣挤优，与城市大工业争原料、争市场、争资金"的声音不绝于耳。1982年3月18日有关部门规定，对城市郊区的社队企业，所得利润一律按8级超额累进税征收工商所得税。在此之后，社队企业工商税率改为8级超额累进税制，最高税率为55%。

为了回应各种不同意见，了解社队企业发展状况，1981年11月到1982年2月，国家经委、农委与各省、自治区和直辖市政府对社队企业进行了第一次全国大调查。农牧渔业部在各方面调查结果的基础上，起草了题为《关于开创社队企业新局面的报告》的总调查报告。报告把社队企业的作用总结为：三年间支援农业基本建设66.1亿元，相当于同期国家对农业投资111.4亿元的59.3%；在社队企业发达的地方，农民收入已经由主要靠农业转为主要靠社队企业；社队企业用于支付集体福利事业的资金三年达到18.8亿元；社队企业已成为国营大工业的重要补充。存在的问题有四条：盲目重复建厂，布局不合理；产品直接或间接纳入计划较少，不正之风较多；设备陈旧，技术落后，环境污染严重，生产安全较差；经营管理落后，财务混乱，民主管理不够。并提出，"鉴于公社、大队将逐步转化为乡、村合作经济组织，近年来又出现许多联户合办、跨区联办等形式的合作性质企业和各种联营、自营企业，并将逐步向小集镇集中。因此，以往所使用的'社队企业'这个名称，已经不能反映此类企业新的发展状况，建议改称'乡镇企业'，各级管理机构的名称也应作相应改变。"首次提出了乡镇企业的称谓。

在农村实行联产承包责任制以后，有的社队企业仿照"联产承包责任制"的原则对社队企业实行了承包经营责任制。1983年5月7日，农牧渔业部转发的社队企业管理总局《关于社队企业实行经营承包责任制的调查报告》提出，目前社队企业经营承包主要有四种做法：一是集体承包，二是合伙承包，三是经理承包，四是个人承包。1983年中央1号文件明确指出，社队企业要"加强民主管理和群众监督，建立多种形式的生产责任制。有的企业可以试行经理（厂长）承包责任制。经理承包责任制的基本点是：企业的所有权和企业的积累属于集体，经理在集体授权范围和承包期限内，全权处理企业业务；完成承包任务后，经理报酬从优，或按超额利润分成；完不成任务，或造成亏损的，经理要相应降低报酬或承担一定比例的亏损。在实行这种承包制时，要防止少数人仗权垄断的现象发生"。1983年中央1号文件开辟了农村新的合作道路："根据中国农村情况，在不同地区、不同生产类别、不同的经济条件下，合作经济的生产资料公有化程度，按劳分配方式以及合作的内容和形式，可以有所不同，保持各自的特点。例如，在实行劳动联合的同时，也可以实行资金联合，并可以在不触动单位、个人生产资料所有权的条件下，或者在保留家庭经济方式的条件下联合；在生产合作之外，还可以有供销、储运、技术服务等环节上的联合，只要遵守劳动者之间自愿互利的原则，接受国家的计划指导，有民主管理制度，有公共提留，积累归集体所有，实行按劳分配，或以按劳分配为主，同时有一定比例的股金分红，就都属于社会主义性质的合作经济。"这个文件成为新集体企业——股份合作企业的政策依据。

三、乡镇企业的高速发展阶段（1984年至20世纪90年代中后期）

1984年初，中共中央1号文件提出，在兴办社队企业的同时，鼓励农民个人兴办或联合兴办各类企业。1984年3月在《中共中央、国务院转发农牧渔业部和部党组〈关于开创社队企业新局面的报告〉的通知》（即著名的中发［1984］4号文件），这个文件在乡镇企业发展史上具有十分重要的意义，对社队企业的积极作用进行了充分的肯定，要求各级党委和政府"对乡镇企业要和国营企业一样，一视同仁，给予必要的扶持"。而且，重要的是，农民私人办企业也得到了国家的鼓励和支持，表明国家已经看到农村办企业有巨大的潜力，并且将给国家带来可观的财政收益。

乡镇企业开始出现超常规发展，突破了乡、村两级办企业的老框框，农民办的个体企业和联办企业在乡镇企业总产值中的比重大幅上升。东部乡镇企业发达地区利用自己技术、资金优势与西部地区的资源、劳动力优势结合，联办企业越来越多。城市国营企业向农村扩散，农民进城办第三产业，进行城乡互助。乡镇还向国外开放，开展"三来一补"，合资合作逐步增多。有的企业开始突破"拾遗补缺、甘当配角"的地位，改"小而全"为专业化、社会化协作生产，在某些工业生产和产品中逐渐挑起大梁，创出了自己的名牌产品。资金来源也逐步走向多个渠道。这些新情况、新变化说明乡镇企业进入了一个新的历史发展阶段。随后，1985年、1986年中共中央关于农村问题的两个1号文件和1987年的5号文件，都结合乡镇企业发展中出现的新情况、新问题，提出了若干要求或制定了一系列新政策。特别是乡镇企业组织制度建设、农村劳动力转移、突破"三就地"原则的限制、城乡关系的协调、农业和农村非农产业协调发展等问题，在中央的许多政策中都有不同程度的涉及。这为乡镇企业创造了一个前所未有的、非常宽松的外部环境，乡镇企业发展第一次进入了一个"黄金时代"。经过这一时期的发展，作为农村经济和国民经济重要力量的乡镇企业的地位和作用已经完全确立并被实践证实。

从1989年起，国家压缩基本建设，调整产业、行业、产品结构，对乡镇企业也采取"调整、整顿、改造、提高"的方针，在税收、信贷方面的支持和优惠措施减少了，政策上也明确规定"乡镇企业发展所需的资金，应主要靠农民集资筹措"，"进一步提倡乡镇企业的发展要立足于农副产品和当地原料加工"。治理整顿的根本目的，是为了调整结构，提高效益。乡镇企业为了求生存，图发展，紧紧依靠自身苦练内功，不断适应外部条件的变化，不断根据市场的变化进行自我调整，不断提高质量，降低成本，增强企业的竞争能力。国内经济环境的压力和国家一系列的外向型经济政策的支持，使乡镇企业在增长速度下降的情况下，外向型经济取得长足进展，外向型发展战略初步确立。1990年5月，国务院出台了《中华人民共和国乡村集体所有制企业条例》，对保障乡村集体所有制企业的合法权益，引导其健康发展，起到了积极的作用。

1992年初，邓小平同志视察南方发表重要谈话，这个谈话把中国改革开放和现代化建设推进到一个新的阶段。他在这次谈话中提出，乡镇企业是建设有中国特色社会主义的三大优势之一，给亿万农民和广大乡镇企业干部职工以极大的鼓舞。1992年召开的党的十四大对发展乡镇企业的意义进行了又一次重大理论和政策升华，确认发展乡镇企业是繁荣农村经济、增加农民收入、促进农业现代化和国民经济发展的必由之路，要坚持不懈地搞好乡镇企业。至此，有关乡镇企业发展的认识、理论和政策上的偏见得到彻底地纠正，乡镇企业在国民经济中的支柱性地位和作为中国中小工业企业的主体地位得以确立。1992年国务院下发了国家〔1992〕19号文件，要求各级人民政府和有关部门把发展乡镇企业作为一项战略任务，切实加强领导，坚持不懈地抓下去；要认真贯彻落实党和国家对乡镇企业的一系列政策法规，采取更加有力的措施，促进乡镇企业发展。在乡镇企业全面发展的形势下，乡镇企业区域发展问题纳入中央最高决策层议事日程上。

党的十四大报告指出，特别要扶持和加快中西部地区和少数民族地区乡镇企业的发展。1993年2月国务院发布《关于加快中西部地区乡镇企业发展的决定》，提出要把加快发展乡镇企业作为中西部地区经济工作的一个战略重点，并在产业政策、信贷政策等方面给予扶持。同时中西部地区大都依据当地实际，制定了依靠发展乡镇企业振兴本地经济的战略。1993年11月，党的十四届三中全会做出了《中共中央关于建立社会主义市场经济体制若干问题的决定》，从此，中国经济体制开始从传统的计划经济体制向社会主义市场经济体制转变，这为乡镇企业发展提供了良好的体制环境。1995年2月《国务院办公厅转发农业部乡镇企业东西合作示范工程方案的通知》（国办发[1995]14号），拉开了乡镇企业东西合作、中西部乡镇企业快速发展的序幕。这个阶段，乡镇企业在社会主义市场经济的大潮中又一次跃上浪尖，进入了一个新的发展阶段。1996年，乡镇企业从业人员达1.35亿人，增加值近1.8万亿元，实现出口交货值6008亿元，利税总额达6253亿元。其中从业人员和利税总额分别是1978年的4.8倍和56.8倍。

1997年，党的十五大召开。这一年也是乡镇企业发展史上很不平凡的一年。为了更好地适应社会主义市场经济的要求和乡镇企业多种形式发展的新形势，促进、引导、保护、规范乡镇企业发展，八届全国人大常委会第二十二次会议讨论通过了《中华人民共和国乡镇企业法》（以下简称《乡镇企业法》），1997年1月1日正式公布实施。《乡镇企业法》的出台，是乡镇企业法制建设中的一个里程碑，标志着党中央、国务院多年来制定的一系列方针政策通过法律的形式固定下来，乡镇企业合法权益得到法律的保护，乡镇企业一些带有方向性的趋势和要求用法律的形式予以了规范。《乡镇企业法》是一部促进乡镇企业的振兴法，是支援农业和农村各项事业建设的支农法，是推动国民经济持续健康发展的促进法，它的出台为乡镇企业的改革、发展和提高奠定了法律基础。紧接着，1月14日，国务院召开了全国乡镇企业工作会议；3月11日，中共中央下发了中发[1997]8号文件。这就是中国乡镇企业发展史上的"三件大事"。

四、乡镇企业战略调整时期（20世纪90年代中后期至今）

进入20世纪90年代末期，亚洲金融危机影响蔓延，引发了亚洲乃至全球经济的剧烈动荡，并且通过多种渠道和方式将压力和影响向中国经济传递和渗透，中国外部经济环境恶化，加上国内市场内需不旺，致使乡镇企业自身问题更多暴露出来，乡镇企业面临着前所未有的压力。广大乡镇企业面对严峻挑战，大力实施科教兴企、可持续发展、外向带动和名牌战略，以市场需求为导向，以质量效益为中心，以加快发展为重点，不断深化改革，结构和布局进一步优化，整体素质、运行质量和经济效益提高到了一个新水平。

20世纪90年代中期以后，"苏南模式"在市场经济条件下逐步暴露出来的不足和问题表现了出来：政企不分，政资不分；产权关系不明晰，企业内部活力不断减弱；投资主体单一，不可避免地带来企业高负债；受条块分割的利益驱动，形成了大规模的低水平重复建设和过度竞争；城乡分割的管理体制，影响了城乡一体化发展的进程。20世纪90年代以后，苏南集体企业开始实行股份合作制、股份制、公司制改造等触及产权制度的改革举措。2000年，江苏省委、省政府确定了"基本完成大中型乡镇企业改制"的目标。截至2000年底，全省乡村工业企业中实行各种不同形式的改制企业84140家，占全省乡村工业企业总数（90233家）的93.2%。其中，涉及产权制度改革和所有制变更的企业76822家，占乡村工业企业数的85.14%；占改制企业总数的91.3%。[①] 全省乡村工业企业改革出现了"两升一降一快"的特点，即公司制企业数量上升、集体企业转制成私营企业数量上升，股份合作制企业数量下降，占大中型乡镇企业改革步伐加快并取得突破性进展。到20世纪90年代末，苏南集体经济通过"民营化"成功完成了大部分乡镇企业的"转制"，成为非公有制经济的重要组成部分。从全国其他地区看，到20世纪末，各类乡镇企业改制已接近尾声。

进入21世纪以来，乡镇企业发展坚持以市场为导向，以服务"三农"为主线，以改革开放和科技进步为动力，积极推进体制机制创新和结构布

---

① 参见2004年3月国家发展改革委中小企业司《深化集体经济改革研究》课题组相关研究成果。

局调整，取得了巨大成就。2005年乡镇企业增加值达到50534亿元，完成"十五"计划的108.2%，比2000年增长86.1%，年均增长13.3%，占国内生产总值的比重从2000年的26.8%上升到2005年的27.7%；其中工业增加值达到35661亿元，比2000年增长77.4%，"十五"期间年均增长12.15%，占全国工业增加值的比重从2000年的45.3%上升到2005年的46.8%。2005年乡镇企业实现营业收入215204亿元，"十五"年均增长12.62%；2005年乡镇企业从业人员1.43亿人，比2000年增加1456万人，年均增加约291万人。乡镇企业从业人员占农村劳动力的比重继续攀升，由2000年的27%上升到2005年的28%。2005年乡镇企业出口产品交货值达20662亿元，比2000年增长112.9%，年均增长18.64%。乡镇企业外贸出口总额占全国外贸出口总额的比重达33.6%。2005年规模以上乡镇企业中，农产品加工企业达68322个，比2000年增加1.2倍；从业人员1241万人，比2000年增加693万人；规模以上农产品加工业增加值占规模以上乡镇企业工业增加值的比重达31.3%。"十五"时期，乡镇企业进一步向小城镇集中，块状经济发展迅速，产业集群的成效明显。2005年，各类乡镇企业园区29575个，园区内企业数达136.8万个，创造的增加值、税金、出口交货值分别占全部乡镇企业的21.85%、25.86%、28.12%。

需要说明的是，"十五"期间乡镇企业的统计数据已经不是《乡镇企业法》中乡镇企业的范畴，而主要是位于乡镇的非公有制企业、中小企业，可以说是地域概念上的企业，包含了大量已经改革改制的乡镇企业。"十一五"期间，乡镇企业经历国际金融危机的考验，继续高歌猛进。经济总量持续增长，乡镇企业增加值年均实际增长12.3%，乡镇企业吸纳从业人员占全国就业人口的比重达20.0%。乡镇企业在县域经济中的作用日益突出，在地区增加值和工商税收中的比重普遍达到60%左右，成为经济支柱，为国民经济发展和推动"三农"工作做出了重要贡献。2011年，全年实现乡镇工业增加值89120亿元，吸纳新增就业人数超过240万人，农村居民人均从乡镇企业获得工资性收入达到2400元。乡镇企业在继续做出新的经济社会贡献的同时，自身结构明显优化，企业规模层次、三次产业比例、区域发展格局等都更加趋于合理，乡镇企业各主导产业中，农产品加工业强劲增长，第三产业发展迅速，有力促进了农村二三产业的平稳健康发展。

第三节　中国合作经济的发展历程

一、中国农村合作组织的发展历程

从新中国成立到现在，中国农村合作组织的发展历程大致可分为三个大的阶段，新中国成立后的农村合作时期、改革开放后的新型农民合作时期以及《中华人民共和国农民专业合作社法》制定和实施后的新型农民合作组织发展深化和加速阶段。

1. 新中国成立后的农村合作时期（1952~1978年）

从1952年我国完成土地改革到1956年的互助合作阶段，中国农民合作组织的发展采取了"三步走"战略：第一步的互助组阶段主要在1952年底至1953年底，是中国农民合作经济组织最初的萌芽时期。1951年12月中共中央发布《关于农业生产互助合作的决议（草案）》，要求按自愿、互利原则，号召农民组织带有社会主义萌芽性质的、几户或十几户的农业生产互助组。第二步的初级生产合作社阶段主要在1953年年底至1955年上半年。1953年12月，中共中央发布《关于发展农业生产合作社的决议》，号召在互助组的基础上，组织以土地入股和统一经营为特点的、小型的半社会主义性质的初级农业合作社。在决议的指导下，全国初级的农业生产合作社由1953年12月的14000多个猛增到1954年春的95000多个。第三步的高级生产合作社阶段主要在1955年下半年至1956年年底，要求在初级社的基础上，进一步组织大型的完全社会主义性质的高级社。1955年10月4~11日，党的七届六中全会通过的《关于农业合作化问题的决议》，加速了农业合作化高潮的到来。到1957年年底，全国农村高级社增加到75.3万个，入社农户的比重达96%以上，90%以上的手工劳动者也加入了合作社，极大地促进了社会主义的改造。

1958年8月中共中央政治局通过《中共中央关于在农村建立人民公社的决议》，之后两个多月全国74万多个农业生产合作社被改组为2.6万多个人民公社，加入公社的农户达1.2亿户，占全国农户总数的99%以上，这一阶段的农村合作组织实际上已快速演变为集体化性质的高度集中的人民公社。从1962年开始，农村人民公社经过调整，最终确定以生产队所有制为基础的三级（公社、大队、生产队）所有制为人民公社的基本制度，并一直延续到农村改革的初期。

无论从所有制形式，还是从决策、分配和对外经济联系方式来考察，这种集体经济已经不是真正意义上的合作经济。这种农村经济组织形式的快速演变，既完全违背了合作化初始中央提出的循序渐进与自愿互利的原则，也超越了当时中国农村生产力与当时中国农民的觉悟水平，犯了严重的"左"倾冒进错误，结果造成了社会主义建设的重大挫折和生产力的巨大倒退，导致了全民"挨饿"的灾难性后果，国民经济陷入混乱与困境。人民公社体制的长期实施，不仅使农村合作经济变异，没有了"合作"的实质内容，而且使相当多的农民对合作组织产生了扭曲性的认识与恐慌感，对中国合作事业造成了消极的影响。

2. 改革开放后的新型农民合作时期（1979年至20世纪末）

在市场化的经济背景下，由于单个农户的眼界、对市场的判断力、知识和技能都十分有限，难以抵御市场环境中的种种不确定性和风险。利用组织的力量来扩展个体理性就成为市场经济条件下农民的必然选择。为了规避市场风险，农民又产生了互助合作的要求，农民合作组织的出现有了现实的需求基础。这一阶段的农村合作组织具有以下三个特点：①从其产生过程来看，大部分是由民间自发产生的互助自救合作组织；②从合作组织外部表现来看，形式比较单一，主要有社区合作组织和小型专业合作组两大类型，其规模小，组织程度松散，组织运行也不够规范；③从产业分布来看，主要局限于农业的种植业和养殖业，与其上下游经营活动的相关性还不大。即使有一些处在加工、流通、消费等环节中的合作组织，其规模也很小，功能单一，分工较粗，既要组织业务，又要与外界联系，对农户的组织能力也很弱。这说明中国20世纪80年代的农业合作经济组织还仅仅处于起步阶段，它们中的"大多数"只能称做"协作体"，而不是真正的合作组织。①

1992年以来，随着社会主义市场经济体制改革目标的确立和国民经济不断向完全的市场经济方向迈进，农村经济也加快了从不完全市场经济向完全市场经济的转换。市场化的纵深发展使"小农户大市场"的矛盾更加尖锐，在客观上需要建立与完善农户与市场之间的连接机制，或者说需要一种沟通二者的组织。而且市场化的纵深发展，使农业行业内部分工不断深入，农业产业化迅速发展，分立后的各个环节需要一定的组织形式进

---

① 万江红，徐小霞. 中国农村合作经济组织研究评述. 农村经济, 2006 (4).

行连接和协调,农业产业化也需要有效的组织载体来保障其运行。在这种背景下,农村合作经济组织不仅得到快速发展,而且组织的内容和形式也得到了较大创新,形成了各种新型的农村合作组织。这一阶段农村合作组织具有以下特点:①从其产生过程来看,既有完全由农民自发组成的合作组织,也有在对传统合作组织进行改造的基础上重新建立的合作组织,也有在政府直接扶持、参与下创建的合作组织,以及政府与农民联合共同兴办的合作组织;②从合作经济组织的外部形式看,突破了20世纪80年代较为单一的合作形式,而走向与企业或其他社会组织的联合,主要有公司+农户、基地(农户)+企业、农业专业技术协会+农户,还有股份合作、服务合作等模式;③从产业分布来看,20世纪90年代以来的合作组织突破了20世纪80年代主要局限于农业生产环节的状况,而与农业生产经营的上游和下游直接相连,将农业生产、加工、销售相互衔接;④从合作主体来看,可分为三类,一是龙头企业带动型,二是专业协会带动型,三是产权带动型。到了20世纪90年代中期以后,农村经济体制改革不断深化,农业市场化程度不断提高,中国农村经济组织形式也发生了变化,新型的农村经济合作组织顺应而生,如农村合作制、股份合作制、个体私营经济。它们为农民提供了产前、产中和产后服务,有效地克服了家庭经营的局限性,把家庭经营的优势与合作经营的优势有效结合起来。这些经济组织从无到有、从小到大,迅速发展。

3. 新型农民合作组织发展深化和加速阶段(2000年以来)

为了加快中国农村合作经济组织的发展,2002年第九届全国人民代表大会常务委员会第三十一次会议通过了修订后的农业法。新农业法确立了农民专业合作经济组织、农业企业和其他从事农业生产经营组织的合法地位,使农业合作经济的经营活动有了法律保障。据农业部统计,到2005年,中国比较规范的农民专业合作组织数目已超过15万个,成员数量也达到2363万人,占全国农户总数的9.8%,平均每个成员获得盈余返还和股金分红约为400元,加入专业合作经济组织的成员平均增收500元左右。2006年10月31日,十届全国人大第二十四次会议表决通过了《中华人民共和国农民专业合作社法》,于2007年7月1日正式实施。《中华人民共和国农民专业合作社法》的出台,标志着中国农民专业合作组织发展进入了一个新阶段。第一,《中华人民共和国农民专业合作社法》明确了农民专业合作社的法律地位,是又一部重要的市场主体法律,填补了中国市场主体法律的一项空白,进一步完善了中国社会主义市场经济法律体系。《中华人民共和国农民专业合作社法》明确了农民专业合作社的市场主体地位，为农民专业合作社的发展提供了重要的法律保障，既有利于农民依法设立合作社，又有利于提高农民集约化、规模化生产经营水平，增加农民收入。第二，《中华人民共和国农民专业合作社法》完善了农村基本经营制度。农民专业合作社实质上是一种新的"有统有分、统分结合"。生产问题由家庭经营解决，没有动摇也不可能动摇农村家庭承包经营制度。产前、产中、产后服务等靠合作社解决，完善了农村现行双层经营体制中"统一服务"的功能。第三，《中华人民共和国农民专业合作社法》规范了发展农民专业合作社的要求，有利于规范合作社的组织形式和行为方式，保护合作社及其成员的合法权益。《中华人民共和国农民专业合作社法》规定，国家通过财政支持、税收优惠和金融、科技、人才的扶持以及产业政策引导等措施对农民专业合作社的发展给予政策扶持，有助于农民专业合作社发展成为国家扶持"三农"的崭新载体。

从覆盖的领域看，中国农村的专业合作组织主要覆盖了三大领域：一是流通领域。它是目前专业合作社中覆盖面最广的领域，约占合作组织的40%，主要是解决农民的"卖难"问题，即农产品市场实现的问题。农民在市场流通领域的合作提高了他们开拓市场的能力和市场竞争力。使他们不仅获得了生产领域的利润，也获得了部分流通领域的利润，有效增加了农民的收入。从实践形式上，这类合作组织往往由改制后的农村供销合作或流通领域的营销大户、经纪人牵头。二是生产领域。生产领域的合作主要是为了解决农民分散生产与生产区域化布局之间、生产专业化与生产链条连续性之间、农产品生产链条短与农产品加工延伸附加值之间的矛盾。合作的领域主要集中在那些商品化率高、市场化率高、生产技术专业化程度高的农产品生产过程中。生产领域的牵头者主要是农产品加工业的龙头企业，采取"企业+农户"或者"企业+协会+农户"的合作方式。三是技术服务的合作。主要是解决农业生产的技术"瓶颈"。这一类合作经济组织往往由农村科技部门或者技术能人牵头，提供包括技术信息、技术培训、实地技术指导等服务。在市场竞争日趋激烈的前提下，为了适应市场竞争的国际化要求，统一产品品牌、统一技术标准、实行标准化生产也成为技术服务的重要方面。

从总体上看，这一时期中国农村合作组织的发展还很不平衡，组织化程度也参差不齐，与国际合作社联盟所确立的合作社七条原则还有较大距离。如官办和官民合办的农民合作组织存在产权不清的现象，一些合作组织的利益机制还不完善，松散结合较多；合作社的独立性与决策的民主性还有待加强；国家与合作社还没有形成良性互动的关系；等等。

二、中国供销合作社的发展历程

1958年8月,农村开始实行人民公社化。1958年12月,中共中央、国务院颁发了《关于适应人民公社化的形势改进农村财政贸易管理体制的决定》,对农村的财政贸易部门实行"两放、三统、一包"。"两放"就是下放人员、下放资金。"三统"就是统一政策、统一计划、统一流动资金的管理。"一包"就是包财政任务。按照这一规定,1958年底,基层供销合作社下放到人民公社。1958年2月,全国供销合作总社与城市服务部合并,改为第二商业部,各级供销合作联社也与同级商业行政机关合并。由供销社归口管理的合作商店和合作小组一部分并入国营商业,一部分转入其他行业,只有个别地区有少量小商贩保留下来。1961年6月29日中共中央发布《关于改进商业工作的若干规定(试行草案)》,各地开始恢复供销合作社、合作小组、合作商店。根据中央和国务院的决定,1962年7月1日全国供销合作总社与商业部分开办公。到1965年,供销合作社已经恢复到了1957年以前的状态。由于认识上的反复,1965年12月,国务院批转供销合作总社《关于改革供销合作社财务管理体制的报告》,宣布除了股金,供销社的商品和资金都是国家财产。股金退还公社或大队,或者暂留供销社使用但不分红,或者退还给社员个人。从1966年1月1日起,供销社重新恢复为全民所有制。"文化大革命"中,供销社遭到各种批判,从1969年到1975年,农村供销社由贫下中农管理。1975年2月,中华人民共和国供销合作总社重新成立,但是性质上仍是全民所有制。

1983年中央1号文件指出:"基层供销合作社应恢复合作商业性质,并扩大经营范围和服务领域,逐步办成供销、加工、储藏、运输、技术等综合服务中心。原来的县供销社,应当成为基层供销社的联合经济组织。"1984年提出了"五个突破",即供销社要在农民入股、经营服务范围、劳动制度、按劳分配、价格管理等方面进行突破,核心是变"官办"为"民办"。这些措施遇到了强大的阻力。1985年底又提出"六个发展",即发展为商品生产的系列化服务、发展横向经济联合、发展农副产品加工工业、发展多种经营方式、发展农村商业网点、发展教育和科技事业。这一改革的最大不足是没有农民的参与。

1995年2月27日,中共中央、国务院下发了《关于深化供销合作社改革的决定》,全面阐述了供销社改革的方向和总体思路,决定成立中华全国供销合作总社,以指导全国供销合作社的发展与改革。此后,围绕深化改革的目标，结合农业、农村经济发展的新特点，供销社进行了积极的探索和尝试。改革的主要困难在于：离退休人员多（差不多2.3个在职职工要负担1个离退休人员的费用），人浮于事；企业债务负担沉重（自1992年以来连续8年亏损，到2000年才减亏增盈）。

自2001年以来，农村供销合作社进入发展改革阶段。主要是实施"四项改造"，即以参与农业产业化经营改造基层社；以实行产权多元化改造社有企业；以实现社企分开、开放办社改造联合社；以发展现代经营方式改造经营网络，来提高农村供销合作社的经济运行质量。2003年，农村供销合作基层社结束了连续12年的亏损局面，2004年，全系统实现销售总额4642亿元，汇总利润50.5亿元。2011年，全国供销合作社系统销售总额首次突破2万亿元，达到20255.1亿元，同比增长29.5%，再创历史新高。2011年，全国供销社系统利润总额突破200亿元，资产总额接近9000亿元，所有者权益接近1900亿元，实际从业人员超过200万人。截至2011年底，供销合作社全系统实现销售总额2万亿元，连锁门店达到76.1万家，其中县及县以下连锁门店达到62.6万家，配送中心8795个，连锁销售额达到4948亿元。社有企业龙头带动作用和配送中心物流支持作用也得到了充分发挥，通过大力实施"小超市、大连锁"战略，连锁经营网点向农村地区延伸加快。目前全系统已发展连锁经营服务网点76万个，其中县以下55万个，覆盖了80%以上的乡镇和1/3以上的行政村。

截至2011年底，全国供销合作社系统围绕各地农业主导产业，共发展农民专业合作社66784家，占全社会的13%；入社农户1004万户，占全社会的25%。这样与农民结成利益共同体，不仅有效破解了农产品卖难问题，而且还大幅增加了农民收益。2011年，全国供销合作社系统助农增收共计1027.99亿元。

三、中国信用合作社的发展历程

1958年12月，根据中央决定，农村信用机构必须下放到人民公社，设立信用部。1959年5月，中国人民银行总行召开全国分行行长会议，决定把下放到人民公社的银行营业所收回，挂公社信用部和银行营业所两块牌子；把原来的信用社从人民公社信用部分出来，下放给生产大队，变为信用分部。信用分部的人员由生产大队管理，盈亏由生产大队核算，业务上由生产大队和银行双重领导。1962年11月，中共中央、国务院批转中国人民银行《关于农村信用社若干问题的规定》，开始整顿信用社，恢复信用社经营上的独立性。"文化大革命"中，信用社再次被下放到公社，在革委会的一元领导下，实行贫下中农管理。1977年11月，国务院《关于整顿和加强银行工作的几项规定》明确"信用社是集体金融组织，又是国家银行在农村的基层机构"。以此为指导思想，把银行营业所与信用社合并，信用社走上官办的道路。到1978年底，全国共有信用社6.1万个，正式职工23万人，股金4.7亿元，存款166亿元，贷款45亿元，和1958年大致相当。

1984年中央1号文件指出："信用合作社要进行改革，真正办成群众性的合作金融组织，在遵守国家金融政策和接受农业银行领导、监督下独立自主地开展存贷业务。"1990年10月12日，中国人民银行发布了《农村信用合作社管理暂行规定》，对信用合作社的性质、任务、办社原则和管理等问题作了明确规定。1996年8月，国务院发布《关于农村金融体制改革的决定》，要求农村信用社与农业银行脱钩，由人民银行直接领导。1997年9月，中国人民银行发布《农村信用合作社管理规定》，农村信用合作社的改革开始进入新的阶段。

截至2000年年底，全国农村信用社不良资产为5174亿元，由此计算，全国农村信用社"实际资产损失"应当在2000亿元以上。2003年6月国务院下发的《深化农村信用社改革试点方案》（以下简称《方案》），揭开了农村信用社改革的篇章，改革的主要目的是减轻农村信用社的历史包袱，并在这个基础上明晰产权。《方案》明确由人民银行按照试点地区信用社2002年底实际资不抵债数额的50%安排专项再贷款提供资金支持；或由人民银行发行专项中央银行票据，用于置换信用社2002年底实际资不抵债数额的50%的不良贷款。从全国来看，此次改革至少可消化农村信用社的历史包袱1000亿元以上。

2005年末，农村合作金融机构投放农村的贷款总量首次突破2万亿元，用于支持农业的贷款总量首次突破1万亿元，直接到户的贷款占农业贷款的比重达到80%。特别是农户小额信用贷款和联保贷款两个金融产品的广泛推广，大大缓解了农民贷款难的现象，2005年共有7000万户农户获得了贷款支持，占全国2.2亿农户的31%，占有贷款需求且符合贷款条件农户数（1.2亿）的近60%，受惠农民2亿多。在第一步改革基础上，深入推进产权制度改革。到2006年末，全国共批准93家农村银行类机构开业，其中农村商业银行13家，农村合作银行80家；重组改制了统一法人机构1205家。到2011年末，全国已有402家由农村信用社改制组建的农村银行机构，其中农村商业银行212家，农村合作银行190家。2011

年末,全国农村合作金融系统(含农村商业银行)总资产超过13亿元,达132466.85亿元,全年中间业务收入为153.51亿元。至2010年末,全国农村合作金融机构贷款余额比改革启动前的2002年末增加4.3万亿元,增长307%;涉农贷款余额比建立涉农信贷统计制度时的2007年末增加1.79万亿元,增长85.8%。农村合作金融机构已经成为支持农村经济发展的主力军。[①]

---

① 全国供销合作社改革发展新阶段统计数据简析. http://www.chinacoop.gov.cn/.

第三章 中国集体经济改革实践及其经验、教训

第一节 中国城镇集体经济改革的基本路径及经验、教训

一、城镇集体经济改革的必然性

社会主义市场经济体制的逐步建立，市场竞争越来越激烈，城镇集体企业在竞争中的制度缺陷逐渐显露出来，企业普遍表现出产品竞争力弱、盈利率低、资产负债率高的现象，全国大部分城镇集体企业面临经营困境。据财政部1998年清产核资统计，全国城镇集体工商企业的资产总额为18498.7亿元，负债总额为14464.7亿元，平均负债率为78.2%，所有者权益为4034.4亿元，资产损失与资金挂账为2557.1亿元，账面所有者权益减去资产损失和资金挂账后，实际所有者权益仅为1477.3亿元，实际资产负债率为92%。深化集体企业改革迫在眉睫。

（一）政府主管部门对城镇集体企业经营体制干预过多，企业缺乏活力

在经营体制上，城镇集体企业采取"二国营"的经营方式，政府主管部门干预较多。集体企业除了在投资决策上比国有企业有较多的自主权以外，在生产计划、领导任命、招工与解聘、决定工资与奖金等方面的管理权限上受到政府主管部门的干预程度与国有企业相似，甚至有些方面比国有企业受到的干预还要多。集体企业和国有企业的内部管理制度较为相

似，但城镇集体企业在产品销售和原材料采购方面，如销售价格制定、选择买主和销售区域、选择采购价格、采购数量和质量、选择卖主和采购区域上，比国有企业有更多的选择权。吴亚平（1993）对不同所有制企业的职工进入企业的方式进行了比较，指出城镇集体企业有近40%的职工是由政府分配到企业的，而不是企业根据自身需要自由选择的，这一比例仅次于全民所有制企业，高于乡镇企业和三资企业。城镇集体企业的供销活动也不同程度地被纳入各种计划渠道，通过主管部门与国家计划体系相联系。城镇集体企业按隶属级别不同被划分为"大集体"和"小集体"，其级别不同，享有的自主权不同。城镇集体企业在利润分配方面的自由度低。在企业可自由支配利润方面（即厂长、经理可支配利润与总利润之比，可支配利润是指企业留利扣除职工所得之后的部分），城镇集体企业的厂长、经理对利润的支配并不比在国有企业自由。从1986年到1990年，集体企业的可自由支配的利润比例持续下降，从最初的25.7%下降到13.3%，与此同期，国有企业的可支配利润在1986年为34.5%，1990年为21.2%，高于集体企业的可自由支配利润的比例（林青松、杜鹰，1997）。城镇集体企业缺乏独立的职工分配政策，对职工的管理方式与国有企业相似，对工人的分配长期采取"低工资，高积累"政策。与中国集体企业内部长期采取分配政策相适应，企业的用工制度演变成事实上的终身制，职工成为"企业人"，不仅职工本人的生老病死，甚至职工子女的上学、就业以及家属的医疗、养老等，都由企业负担。

（二）城镇集体企业产权制度不明晰，权责不明确

产权关系模糊是阻碍城镇集体经济发展的主要制约因素。城镇集体经济发展陷入困境，根本原因在于其产权关系模糊，所有者不明确，不到位。表面上企业职工都是资产的所有者，但人人又都没有实际拥有企业财产权益；职工人人应该对企业资产增值负责，但人人又实际不负任何责任，以至于企业的资产被上级主管单位平调，甚至被少数人侵占。而企业经理人拥有企业的经营管理权，但不承担企业的经营风险，上级主管部门又难以对其真正负责。这种现实是城镇集体企业在20世纪90年代后期出现萎缩的关键原因。

但是，中国城镇集体企业资产产权模糊并非与生俱来。在合作化运动初期，产权基本明晰，资产和个人相联系，对劳动者及社员实行按劳分配与按股份相结合原则。在合作化运动后期，以及在后来的几个发展时期，中国城镇集体经济的产权关系开始变得复杂。在20世纪90年代初期，由

于受传统的计划经济和对所有制认识的影响，中国通过的集体所有制的法律没有对城镇集体企业的产权做出清晰界定。1991年《城镇集体所有制企业条例》将城镇集体企业财产界定为"劳动群众集体所有，并划分为三种情况：一是本企业劳动群众所有，二是集体企业联合组织范围内劳动群众所有，三是投资主体多元化企业中，本企业和联合经济组织范围内劳动群众集体所有财产应不低于51%"。这里所称的"劳动群众集体所有"也是集体共有的含义，并强调共有资产必须占主体地位。1992年《关于经济类型划分的暂行规定》指出："集体经济是指生产资料归公民集体所有的一种经济类型，是社会主义公有制经济的组成部分，包括城乡所有集体投资举办的企业，以及部分个人通过集资自愿放弃所有权并依法经工商行政管理机关认定为集体所有制的企业。"这个界定实际上是强调：集体企业不能拥有职工个人的财产权益。而对于新办的集体企业在清产核资界定产权后，也只是解决了产权归属，并没有解决产权主体和责任主体问题，产权关系实质上仍比较模糊。

（三）深化城镇集体企业改革的相关配套政策不完善

中国城镇集体企业的改制政策相对滞后，造成企业改制中政府对企业法定代表人任意指派，而不考虑职代会民主意见。1999年中国企业家调查系统统计，城镇集体企业法定代表人60.9%由主管部门任命。不少地方出现了不经过职代会就随意更换企业领导人，有的甚至利用掌握的人事权，强制免去坚持带领职工进行改制的厂长、经理，派人取而代之的现象。甚至有些地方政府任意处置集体企业资产，甚至将集体企业产权转让纳入地方财政的经常性开支。有些地区规定集体资产归国资部门管理，国有控股公司统一管理集体企业的经营决策和改制，一些由原工业局改组的控股集团公司，过去由政府授予管理职能，改制为企业后，又以资产重组、优化资源配置等名义，把集体资产转化为它们控制的资产而实际占有。一些原来集体企业的上级部门，认为自己是集体企业的上级，是集体资产的所有者，理当取得企业资产的所有权。因此，有关企业资产的归属问题引起不少纠纷。

中国集体企业改制后变更登记的措施不健全。据法律规定，集体企业在进行企业改制、年检、工商注册、税务登记以及破产关闭等行政审批程序时，遇到了不合理的束缚制约。如企业进行变更登记时需要上级"主办单位"、"挂靠单位"或者"主管单位"盖章同意。为了自己的利益，这些"主管单位"把效益好的企业抓在手里不放，制约其改制。因此，现实中改制的往往是资不抵债的企业。集体企业改革缺乏全国统一的政策法规和政策指导影响了集体企业改革进程。现有改制的政策、法规全部惠及国有企业，集体企业改制的政策、法规还是一项空白。多年来，为加快国企改革步伐，国家、省、市出台了一系列相关改革和规定，集体企业只是参照国企改制的政策执行，由于集体企业和国有企业基本产权关系不同，在政策的执行上存在很大差异，有些改革政策根本无法执行，严重影响了集体企业改革进程。如中国针对职工安置各方面的优惠政策仅适用于国有企业，集体企业职工享受不到和国有企业职工相同的安置政策，集体企业职工在企业改制、职工身份转换后的生活保障方面存在要解决的突出问题。例如，2001年全国城镇集体企业职工离岗人员506.53万人，占全国企业离岗总人数的1/4，相当于国有企业离岗总人数的42%。2001年全国城镇集体企业离岗职工月均生活费不足66元，是国有企业离岗职工平均生活费的39%。在安置企业职工等方面，如置换身份经济补偿金，下岗职工一次性安置补偿费用等诸多焦点问题，集体企业均没有相应法律可以依据。生活困难的职工最终只能靠最低生活保障解决基本生活。这些问题在中国东北老工业基地特别突出。致使集体企业职工，特别是厂办集体企业职工不断上访，在一定程度上影响到了社会安定。

二、中国城镇集体企业改革的基本路径

建设中国特色社会主义市场经济是中国经济改革的基本取向。对于城镇集体经济改革发展中存在的主要问题，必须继续深化集体经济体制改革，在改革中探索城镇集体经济发展的出路，在发展中解决出现的诸多问题。针对中国城镇集体经济发展中存在的突出问题，对城镇集体经济改革路径的探索基本上是从放开经营管理体制和探索产权制度两个方面着手的。

(一) 抓大放小，促进城镇中小集体企业发展

中共十四届五中全会提出了"抓好大的，放活小的"、"要大力发展集体经济"、"集体企业也要不断深化改革，创造条件，积极建立现代企业制度"，并提出放活小企业可以"采取改组、联合、兼并、租赁、承包经营和股份合作、出售等形式"。这期间，为了深化改革，搞活企业，采取了一系列措施。对少数规模大、设备先进、技术水平高、管理水平高、效益好、产品有竞争能力的企业，可以按《公司法》组建为股份有限公司、有限责任公司或企业集团，率先建立现代企业制度。对产品有市场、有一定

发展前景和经济效益的多数中小企业，可以改组为股份合作制企业。对小型微利、亏损企业，特别是产品不对路、竞争能力低的企业，区别不同情况，采取改组、合作、兼并、租赁、承包经营、托管、引资嫁接或者转向搞第三产业、合作经济等多种形式，加快改革、改组步伐，千方百计把企业搞活。对一些确实无法改制、改组的困难企业，可以在妥善安置职工的前提下，实行关、停、并、转，也可以采取拍卖、破产等办法。

各地根据中央政府关于中小企业发展的精神，按照"抓大放小"的要求和集体企业各自不同情况，积极探索创新，加快进行城镇中小企业改革，以灵活多样的形式放开搞活集体企业，采取联合、兼并、租赁、承包、委托经营、引资嫁接、异地改造、"退二进三"、解体重组，盘活存量资产，放开搞活企业，并深化企业内部人事、劳动、分配制度改革。各地积极进行建立现代企业制度试点工作，把改革、改造和加强企业管理结合起来，加快调整企业结构、产品结构，培育出一批"小而精"、"小而专"、"小而活"的"小巨人"企业，也转制、淘汰一批小企业。如广西梧州市联社采取公司制、兼并重组、终止关闭等不同形式和措施，使51户集体企业全部完成改制，2300名职工顺利转换身份，800人获得经济补偿后自谋职业。改制后，全系统销售收入、上缴税金、实现利润和出口交货值大幅增长。浙江湖州市联社系统，在改革中对30多户特困企业实行"联动解困"，破产歇业，8000多名职工得到安置，保持了社会稳定。

在放开搞活小企业的同时，不少地区坚持以市场为导向，以名牌产品为龙头，以资产为纽带，充分发挥骨干企业、优势企业和联社集体资产的带动作用，组建了一批有发展前途的大企业和大集团公司，实现了规模经营。这时企业的改革从偏重改革企业内部经营体制转向注重企业制度创新；从单一产权结构逐步转向投资主体多元化；从搞活单个集体企业转向整体搞活；从单项改革转向综合配套改革。改革的范围也从沿海地区发展到中西部地区。一批跨地区、跨行业、跨所有制的大型企业和企业集团得到较好的发展。青岛市二轻集体企业按照"搞好大型企业，培植优势企业，放活中小企业，稳定困难企业"的思路，先后调整兼并了66户弱势企业，组建了澳柯玛集团公司、工艺美术集团公司、双星鞋业集团等十几个以名牌产品为龙头、重点企业为骨干的公司或集团，使原有的111户中小企业减少到45户，大中型企业由9户增加到25户，提高了集中度，优化了资源配置，促进了整体发展，生产和利润连续五年以20%的幅度增长。山西运城制版（集团）股份有限公司，原为运城地区工艺美术厂，仅有固定资产32万元、职工89人，生产围屏等低档工业产品，它们在调整重组中，坚持以高科技为先导，按照现代企业制度实施资本运作，迅速发展为拥有国内44个分公司、国外10个分公司、总资产18亿元、1万余名职工的大型制版集团，生产规模和制版技术为世界同行之首。

(二) 推进产权改革，建立现代企业制度

在中国推进"抓大放小，放开搞活"的改革过程中，对以股份合作制为重点的城镇集体企业改革进行了探索和实践。1997年，党的十五大报告中指出："要全面认识公有制经济的含义。公有制经济不仅包括国有经济和集体经济，还包括混合所有制经济中的国有经济成分和集体经济成分。"并强调指出："目前城乡大量出现的多种多样股份合作制经济，是改革中的新事物，要支持和引导，不断总结经验，使之逐步完善。劳动者的劳动联合和劳动者的资本联合为主的集体经济，尤其要提倡和鼓励。"这一阶段推行股份合作制在某些地区已经成为城镇集体经济的改革重点。福建泉州二轻集体企业在实践中创造出全民入股型、股东经营型、厂厂合股型、社会入股型等多种股份合作形式。如2000年底，全国民营科技企业86100余家，其中股份制（含股份合作制）37415家，占43.4%。但是，股份合作制并没有真正建立起现代企业制度，股份合作制人人持股，企业集体资产一部分对职工进行"虚化"，集体资产在股份合作制化的过程中出现了部分流失。

随着中国进入"十五"计划期间，更加明确了"推进改革，完善社会主义市场经济体制"的方向，并明确提出："发挥国有经济在国民经济中的主导作用，发展多种形式的集体经济，支持、鼓励和引导私营、个体企业健康发展。"2003年10月，中共十六届三中全会通过的《中共中央关于完善社会主义市场经济体制若干问题的决定》指出："进一步增强公有制经济的活力，大力发展国有资本、集体资本和非公有资本等参股的混合所有制经济，实现投资主体多元化，使股份制成为公有制的主要实现形式"。"以明晰产权为重点深化集体企业改革，发展多种形式的集体经济"。在21世纪，改制后的新型集体企业是对"二国营"式集体企业的扬弃，是独立的市场主体，是劳动者的劳动联合和劳动者的资本联合为主的集体经济，其组织形式可以多样化，股份制是主要的实现形式。

在明确了新型集体经济改革方向后，以清产核资、建立完善的社会化服务体系为条件，城镇集体经济改革进入以明晰产权为重点、以股份制和混合经济为主要实现形式的改革阶段。经过探索和实践，不断涌现出多种形式的企业组织。根据不同的投资主体和产权结构，大致出现了以下企业

形式：以集体共有资产为主的集体企业，以劳动者"两个联合"为主的股份合作制企业，以集体资本参股、控股的混合所有制企业，互相参股的集体企业联合经济组织。到 2006 年底，股份合作制、股东持股公司制、多种经济成分参股的混合所有制等已经成为城镇集体经济的主要实现形式。集体企业深化产权改革促进了多种形式集体经济的发展，加快了经济增长方式的转变，推进了产业结构的优化，增强了集体企业的市场竞争力。

现存城镇集体企业改革过程中集体资产的实际流向有以下四种形式：

1. 股份合作化过程集体资产被量化给职工

城镇集体企业的改制有相当一部分采取了股份合作制的形式，股份合作企业普遍将集体资产的分红权量化给职工，以激发职工的积极性。国家各部委关于股份合作制的条例中，都不允许将集体资产量化给职工个人所有，但允许将集体股的收益权分配给职工个人，即虚量化。《轻工集体企业股份合作制试行办法》第十四条规定，企业根据实际情况，可以对职工劳动积累的一部分资产划股到每个职工作为分红的依据，其所有权仍属企业职工集体所有。劳动部《劳动就业服务企业实行股份合作制的规定》第二十九条规定，职工集体股分得的红利可拿出一定比例分配给在册离退休职工和在职职工。国家体改委《关于发展城市股份合作制企业的指导性意见》规定，职工集体股的红利可以用于"按劳"分红。如天津规定，实行集体资产共同共有和按份共有相结合，在集体股内向职工量化分红权，但量化比例一般不得超过企业净资产的 60%，并且职工按量化 50%~100%出资增量配股后，方能享受量化权，量化的股份，不得转让、继承和抽走。贵州省规定，原集体企业进行股份合作制改组时，可根据企业的实际情况，将不超过 40%的集体共有资产折股量化到职工个人，量化部分仅作为职工参与分红的依据，不能继承和转让，职工离开企业后由集体收回。

2. 城镇集体资产被用来支付职工身份转换的补偿金

随着股份合作制这种改制形式的衰退，城镇集体企业改制普遍采取了"双置换"的改制形式，即置换职工身份，解除职工与企业之间的劳动合同关系；置换集体企业的身份，解除与上级主管部门的依附关系。城镇集体企业要与职工解除劳动合同关系需要向职工支付补偿金，依照劳动部印发的《违反和解除劳动合同的经济补偿办法》[1994] 481 号的规定，由用人单位解除劳动合同的，用人单位应根据劳动者在本单位工作的年限，每满一年发给相当于一个月工资的经济补偿金。改制过程中集体资产主要被用来清偿债务、支付职工补偿金，有的企业的集体资产不足以支付改制成本，有的企业的集体资产支付完改制成本后还有剩余。

3. 在公司制改造中成立专门管理集体资产的机构

某些城镇集体企业在公司制改造中，集体资产形成集体股，其持股主体根据企业的不同情况采取不同的形式，主要有以下三种形式：①在原企业基础上改制为公司的，由企业集体联合会、职工持股会等类似机构行使集体股股权。②城镇集体企业和其他企业共同组成新的公司，原企业被撤销，集体资产由原企业集体资产管理委员会持有。③城镇集体企业和其他企业共同投资组建新公司，原企业没有改制，作为新公司里集体资产的出资人代表，享受在新公司的投资权益。如重庆化妆品厂（集体企业）与香港一家公司合资组建重庆奥妮，重庆化妆品厂已经停止生产，职工都在合资公司里上班，但原集体企业没有进行改制，职工代表大会是最高决策机构，集体企业享受在新公司的投资权益。

4. 有一些城镇集体资产被个人无偿分掉

对市级规模较大、数量较少的"大集体"企业，政府比较重视规范改制过程，注重集体企业的资产界定和分配的合法性。虽然有关政策明确规定集体资产在改制中不能无偿分给个人，但对于基层数量众多的小型企业，政府没有能力对其改革的规范性进行约束，集体资产被无偿分给职工个人的情况比较普遍。为了获取更多的个人利益，一些隶属政府级别较高的优质企业也通过各种途径把企业的级别下放到街区，然后再把企业的资产在职工和经理人之间进行分割，使得有些地方集体资产向少数个人流失。

（三）城镇集体经济联合组织的变革

在中国进行城镇集体企业改革的同时，集体企业的联合经济组织也进行了不断地调整改革，集体企业的经营环境因此也发生了一定变化。根据全国人大九届一次会议批准的国务院机构改革方案，1998年6月撤销中国轻工总会，设置国家轻工局，由国家经贸委管理。国家轻工局的主要职能是"研究提出轻工集体经济的政策、法规；协调解决轻工集体经济有关问题；指导轻工集体经济的发展"。2000年12月，国务院撤销国家轻工局，成立"中国轻工业协会联合会"（后改为"中国轻工业联合会"，简称"中轻联"），保留"中华全国手工业合作总社"牌子，与"中轻联"合署办公。2003年3月，新一轮国务院机构改革方案撤销国家经贸委，组建国务院国有资产监督管理委员会（以下简称"国资委"），"中轻联"和总社由国资委管理。全国非国有经济（含城镇集体经济）综合管理和宏观调控部门改为国家发展和改革委员会（以下简称"发改委"）。至此，城镇集体企业和联合经济组织的机构和业务分别由国资委和发改委进行管理。同时，各级政府机构也相应进行改革，各省、市相继成立国资委，管理国有企业和国有资产。省市轻工业（二轻）厅、局撤并后，有的改为国有资产经营管理性质的集团公司，归同级国资委管理，有的改为行业协会，不再具有政府和经济管理职能。在政府机构和体制改革中，各地按照"抓大放小"和"属地化"原则对国有中小企业和集体企业进行隶属关系调整，大量集体中小企业由市属（联社直属）"下放"到区、县乃至街道、乡镇管理。联社成员企业锐减，集体资产被平调，资产流失屡有发生。如广东省2004年的调查显示，近三年内广东各地通过划转关系平调侵占集体资产12亿元。这给总社和各级联社的生存发展及集体企业的改革发展带来严峻挑战。为此，全国总社和各级联社经济组织围绕"稳定机构、管好资产、转变职能、加强服务"做了大量工作。

1. 稳定联社机构，进行法人登记

党中央、国务院对集体企业联合组织十分重视，多次指出要加强联社建设，更好地为企业服务。全国总社按照中央政府的指示，总结和推广联社建设典型经验，召开职工代表大会，加快总社和联社法人登记步伐。总社先后印发《关于加强中华全国手工业合作总社建设的通知》等文件，要求各级联社在政府机构改革中做到联社机构不撤、干部不散、资产不丢、工作不断不乱，抓住机遇，实现政社分开，抓紧确立联社法人地位。2001年9月，总社印发《关于中华全国手工业合作总社正式登记为事业法人单位的通知》。经过工作，作为政府管理集体企业的责任单位，联社作为独立事业法人被保留下来。到2004年，全国除西藏自治区外，各省、市及联社都保留下来。另据对49个省、区、市进行的统计，有42个进行了不同形式的法人登记，其中注册为事业法人的有天津、山西、山东、河南等27个省、区；注册为企业法人的有11个；注册为社团法人的有北京、天津集体经济联合会等3个；上海城镇联社登记为民办非企业单位；正在办理或者研究的还有7个。

2. 加强资产管理运营，增强联社经济实力

随着联社与轻工主管部门合署办公，经费由财政拨款或者收缴所属企业管理费的体制被打破，各地联社为适应市场经济体制，努力从行政性、管理型转向经济型、服务型。不断增强自身经济实力，这是联社赖以生存的基本保障，也是联社深化改革和自身建设的重要内容。这一时期，总社和各级联社按照国务院统一部署，在认真做好集体企业清产核资的同时，认真进行联社自身清产核资，明晰产权归属，兴办经济实体，增强自身经济实力。总社成立了轻工集体资产管理委员会，将原有的"中华康普"、

"中轻贸易"、"北京华新原材料"、"上海轻科"四个公司整合到"中普科贸有限公司"、"中轻投资有限公司",对实体公司实行经营目标责任制,完善法人治理结构,促进这些公司经济效益、投资规模较快增长,成为联社实力的重要支柱。

总社对各地的借款和投资项目进行认真的清理和股权置换,盘活了资产,并先后对地方联社进行投资参股,既促进地方联社深化改革,又实现双赢发展。各级联社运用经济、法律等途径加强资产管理和资本运作,经济效益普遍提高。如上海市城镇工业合作联社制定"调整、收缩、改革、发展"的经营方针,进行一系列深化改革,使生产经营得到迅速发展,2006年净资产已达30亿元,是1999年的10倍。

3. 转变职能,强化为企业指导服务功能

总社和联社围绕"指导、维护、监督、协调、服务"的要求,不断积极探索职能和工作方式的创新,取得明显进展。一是强化为企业指导服务功能。总社和各地联社大力宣传集体经济的地位作用和改革发展方向,落实党和国家有关集体经济政策。总结和推广厦门、上海、北京、浙江等地一批联社和集体企业的改革发展典型经验,增强了各级联社和企业的信心,推进企业加快改革改制步伐,转变发展方式,促进了集体经济的发展。二是依法维护集体企业合法权益,加强集体资产监督管理。例如,总社多次就《物权法》制定中有关城镇集体财产的合法权益问题向全国人大提出建议,并被采纳。积极配合原国家经贸委、国家发改委等有关部门研究起草《城镇集体企业改革发展若干意见》,各省、市也先后制定了大量有关集体资产核资、产权界定、资产评估、产权交易等政策,从法律、法规和政策上维护联社和集体企业合法权益。总社和联社还通过召开会议,具体指导加强联社和集体企业资产监督管理。如广东省联社在39个市、县联社推广番禺联社经验,以投资为依据,结合返还改革成本等因素,将集体资产明确到联社法人和企业法人名下,由法人实体范围内劳动者分享财产权,确保了集体企业的资产。三是积极开展社务活动,充分发挥"联"字作用。全国总社坚持每年召开理事会,各地联社之间合作交往增多,相互交流,共同促进。总社和各地联社之间还通过相互参股和经济合作推动经济发展。总社主办的《中国集体经济》杂志和各地联社的集体经济通讯刊物,积极宣传党和国家有关集体经济的方针和政策,努力营造良好的社会舆论氛围,总结推广城镇集体经济的改革发展经验,维护集体资产合法权益。2001年5月,总社主办的"中国合作经济网"开通,利用现代通信工具提升宣传能力,扩大信息量,更好地服务于集体经济的发展。各地还积极探索服务的新形式,如上海市工业合作联社通过壮大自身经济实力,每年拿出一定数额的资金开展集体经济公益事业,办好上海市工业合作经济研究所,从人力、物力、财力上支持上海市集体经济研究。

1996~2006年是城镇集体企业联合经济组织经受考验,不断深化改革,进行理论创新和实践的时期。经过不懈努力,各级联社在保持机构基本稳定的同时,逐步适应市场经济体制的新形势,对集体企业的改革发展发挥了很好的作用。中共十七大提出全面建设小康、构建社会主义和谐社会的宏伟目标,这既是城镇集体组织发展机遇,也提出了更高要求。

三、中国城镇集体经济改革发展的基本评价及经验、教训

改革开放以来,对产权制度的认识不断深化。江泽民同志在中共十五大报告中提出:"劳动者的劳动联合和劳动者的资本联合为主的集体经济,尤其要提倡和鼓励。""两个联合"的理论概括对集体经济注入了新的内涵,起到正本清源的作用。它是中国集体经济几十年改革发展实践的总结,是对传统集体经济概念的创新。根据《宪法》确立的基本原则,总结群众改革创新的实践经验,借鉴国际通用原则,全面理解"两个联合"的丰富内涵,中国集体经济概念可作如下概括:①集体经济是社会主义公有制经济的基本形式;②集体经济是以劳动者的劳动联合和劳动者的资本联合为主的经济形式,劳动者共同劳动、共同出资、共享收益、共担风险;③集体经济组织的多数成员既是劳动者又是所有者,成员出资入股,享有所有者权益;④集体经济实行多种财产组织形式、多种联合方式、多种经营方式;⑤集体经济组织实行按劳分配与按生产要素分配相结合;⑥集体经济组织是自愿组合、自负盈亏、自主经营、自主管理的自治经济组织,是独立的市场竞争主体;⑦集体经济组织坚持自愿、互助、民主、平等的合作制原则;⑧国家提倡、鼓励、帮助集体经济发展,保护集体所有财产,维护劳动者及所有者合法权益。中共十六大和十六届三中全会又对集体经济做出了明确规定:"集体经济是公有制经济的重要组成部分,对实现共同富裕具有重要作用";"继续支持和帮助多种形式集体经济的发展";"以明晰产权为重点深化集体企业改革,发展多种形式的集体经济"。党的十七大提出:"推进集体企业改革,发展多种形式的集体经济、合作经济"。这些重要论述明确了新形势下中国集体经济地位作用,但是集体经济在改革开放不断深入推进的历史大背景下,如何实现自身持续健康发展

确实是一个不得不面对的重大课题。

随着中国建设社会主义市场经济框架思路的逐渐清晰，城镇集体经济进行了不断的改革探索，最终选择了市场化的改革取向，即通过明晰企业产权、进行资本运作、创新企业治理制度，增强城镇集体企业的活力。在对城镇集体企业清产核资、摸清企业家底过程中，通过明确职工和企业的资产范围，保证了企业和职工的合法权益，维持了社会的稳定。城镇集体经济自身也以创新产权制度和建立现代企业制度为基础，积极创新管理模式，推进了企业的发展，也涌现了一批新型的集体经济和合作经济。这些改革对于维护中国宏观经济的持续、快速发展，对于加大中国经济结构的调整，具有重要的意义。

（一）改革过程必须渐进推进

企业首先提出要求"尊权"即要求政府尊重企业自主权，而后要求"分权"即两权分离，接着要求"还权"即归还企业自主权，后来提出清理资产、划分归属、界定产权，最终落到讨论产权的归属问题上，产权改革是中国城镇集体企业改革的主线。

1. 集体企业改革应"尊权"

1979~1983年，即从中共十一届三中全会到《中共中央关于经济体制改革决定》发表前的四年间，在国营企业提出扩权要求的同时，集体所有制企业则发出尊重其合法权益的呼声，希望政府部门取消对其适用的"二国营"管理模式，转而让集体企业按照自身的性质和特点来经营企业。该时期的城镇集体企业按照"自愿组合、自负盈亏、民主管理、按劳分配、职工集资、适当分红、集体积累、自主支配"的原则采取了一系列改革措施，主要有：改主管部门"统负盈亏"为城镇集体企业"自负盈亏"；改单一的计时工资制为按劳分配为主的多种工资形式，恢复劳动分红；恢复集体企业组织上的群众性和管理上的民主性，建立民主管理机构和制度；恢复各级联社，发挥集体经济的联合经济组织的作用。但是各地城镇集体企业改革进程很不平衡，这些原则和措施在许多地方并未落实。

2. 部分集体企业实行"分权"

1980年前后，商业、饮食业、服务业及二轻集体工业的一些企业先于国营企业，借鉴农村承包责任制的做法开始试行承包责任制，实行"分权"。1984年初，全国城镇集体企业的承包制由试行转入普及推广阶段，到1990年全国99%的城镇集体企业都实行了不同形式的承包制。虽然城镇集体企业在承包经营中有了更多的自主权，但从理论上说集体企业的所有权归劳动群众集体所有，企业和政府之间不存在所有权和经营权分离的问题，由政府主管部门对集体企业进行发包，实际上是一种产权主体的错位。

3. 集体企业改革应"还权"

在20世纪80年代中期全面实施承包制的进程中，城镇集体企业明确要求政府向企业"还权"。1984年底在南京召开的华东地区第三次集体经济理论研讨会上，与会者把"还权"问题作为重要议题，要求政府归还集体企业的自主经营权。这一时期对城镇集体企业的"还权"体现在：在经营上除计划任务以外，集体企业可以自由组织生产；在领导者任命上，由上级委任制改为民主选举制，厂长可任命中层领导；在劳动用工上，集体企业有权自由聘用工人，主管部门不能硬性分配；在分配制度上，由利润全部上缴改为企业留利为主，上缴部分管理费。

从1985年开始，城镇集体企业开始提出"清理资产、划分归属"的要求，1988年二轻联社系统清理资产工作在全国范围内全面展开。1996~1997年全国范围内开展了对所有城镇集体企业的清产核资，基本上完成了城镇集体资产的界定工作。通过对城镇集体企业资产性质的界定，明确了哪些资产是企业集体所有，哪些资产是国有投资，哪些是私人资本，从产权上保证城镇集体企业的自主权。城镇集体企业进行股份合作制改革，一方面为企业开辟了一条新的融资渠道，另一方面也触及了企业的产权关系，使城镇集体企业的改革又前进了一步。近年来，城镇集体企业大多直接向公司制或私营企业改制，原来的股份合作制企业也通过深化改革向公司制改革。这些企业通过经营者追加投资入股、奖金提成转增股等办法来扩大经营者股份，逐步吸纳社会资本，实现了企业投资主体的集中化和多元化。

从"尊权"——"分权"——"还权"的逻辑过程来看，中国集体经济改革同样遵循了渐进式推进的基本原则，体现了人们对集体经济的认识过程。从实践来看，集体企业改革总体上是按照建立现代企业制度的要求，把理顺产权作为城镇集体企业深化改革的基础，明晰集体企业产权归属，实现产权主体人格化。

（二）改革过程必须坚持理论创新和统一思想认识

集体经济理论研究的滞后，对集体经济发展的认识不统一，对集体经济改革进程产生了较大影响。中国在加速社会主义市场经济发展过程中，城镇集体经济发展遇到困难，社会上对城镇集体经济的认识也开始出现分歧。有人认为，国有资产和城镇集体资产都是国家的，主张把集体资产合并到国有资产，实行国有资产和集体资产一并管理。也有人认为，城镇集体经济已经失去相对优势，享受不了国有经济政策，没有非公有制企业的活力，城镇集体经济将消亡，应自生自灭。还有人认为，城镇集体经济就是"共同共有"的大锅饭，城镇集体经济资产越少越好，应该从中小企业中退出。

改革主体对城镇集体经济的认识也有偏颇。大部分城镇集体企业有自己的主管部门，它们之间不但有行政关系、党务关系，还有资产和利益关系。上级单位和主管部门由于害怕改革后失去决策权、控制权和收益权，对企业的改革往往不支持。即使支持改革，也是从考虑本单位的利益出发，采取"甩包袱，收资产"、"一卖了之"的做法。企业职工担心企业改革后失去保障，害怕失业，不愿意企业改制。但在经济较为发达的省份，职工对企业改制的观念已经发生变化，认识到产权模糊是困扰企业发展的根源，与其连年亏损，不如及早改制。如浙江省为了盘活城镇集体企业资产，通过让个体私营企业购买集体和联社资产，让经营者持大股，明晰企业产权，极大地调动了职工的积极性，使企业充满活力，成功实现了企业的改制。

对于社会上出现的各种认知，有关方面教育引导不够，在理论层面也没有与时俱进，导致在实践中缺乏可以遵循的基本原则和政策规范，出现了诸如地区进展不平衡、职工社会保障不健全、发展方向不明朗等问题。这一点必须引起有关方面高度重视。

（三）合理分担集体企业改制成本、妥善安置下岗职工是推进和深化改革的基本前提和必要保障

1. 合理分担集体企业改革成本

集体企业即使在法律许可的情况下进行改革，创建现代股份制，也需要大量的改制成本。如资产处置评估和交易成本，原有企业职工经济补偿费用、原有债务的清偿等。再如弥补原有企业职工欠发的工资、欠缴的养老保险金、医疗保险金和向职工的各项借款等费用。但是多数需要改制的集体企业地处偏僻地区，资产难以盘活，有的是空壳企业；或者勉强维持经营，或者处于已经停产的状态。集体企业自身不能负担高昂的改制成本，而政府没有更多的资金来承担起改制的费用。例如，哈尔滨市厂办集体企业中停产、半停产的占82.4%，黑龙江省无主办企业、无资产、无生产经营活动的"三无"集体企业有2955户，涉及职工33.8万人，改革成本估计需49.8亿元,①而这些企业依靠自身筹集改革成本的难度非常大,在没有外界支持的情况下企业改制很难进行。再如,如山西省长治市联社按全系统企业职工进行了统计测算,企业改制成本总额为176984万元,包括欠发在职职工工资9017万元、应付职工款项4233万元、欠交社保费12786万元、应发下岗职工生活费21896万元、应付贷款利息和其他款项41889万元、欠发医疗费1072万元、职工补偿金84791万元、预提改制费用1300万元（清产、评估、审计费等）；据初步估算,改制成本筹措可变现资金总额为102442万元,包括土地526万平方米估价47150万元、厂房46万平方米估价29921万元、设备3264台估价11430万元、产成品和原辅材料等13941万元；改制成本缺口74542万元。从实际情况看,有1.12万多名职工需要安置,人均缺口2.34万元。城镇集体企业没有进行改制的重要原因是改制成本不足。未改制的城镇集体企业大部分处于勉强维持经营或者已经停产的状态,这些企业依靠自身筹集改革成本的难度非常大,在没有外界支持的情况下企业改制很难进行。

2. 妥善安置下岗职工生活,确保社会稳定

城镇集体企业职工的社会保险费用普遍欠账,企业债台高筑,职工生活困难。据山西省长治市联社初步统计,截至2007年6月底,全系统18782名职工中,参加养老保险的有12845名,占65%；参加医疗保险的有8540名,占45%；参加失业保险的有6245名,占33%；参加工伤保险的9611名,占51%；参加计划生育保险的有1526名,占8%。企业欠交社保费用的情况普遍存在,"五险"费用欠交额达12786万元,企业平均欠费达65万元。目前仍有部分职工没有参加社保,仅长治市联社直属企业就有684名职工没有参加任何保险,占职工总数的1/4。许多企业让职工本人垫付企业欠交的养老保险费用,办理了退休手续。欠费企业的退休职工不能享受退休待遇的占到了一半,相当一部分退休职工不能"病有所医、老有所养"。另外,据长治市联社系统城镇集体企业初步统计,截至2007年6月底,除欠交的社保费用以外,企业内外债务总额还有78107万元,其中,应付贷款、利息和其他款项41889万元；有几千名职工仅靠每月不到100元的"低保"勉强度日,生活遇到很大困难。

对于企业改制时与企业解除劳动关系的职工,必须解决其基本生活问题。可依照国有企业改制时的政策,做好经济补偿,完善基本社会保险制

---

① "大集体"不该遗忘 黑龙江代表呼吁政策支持, http://news.cctv.com/china/20070316/101551.shtml.

度。对于不符合社会保险基本条件的,可以给予最低基本生活保障待遇,维持基本的生存权利。对于大龄的职工,如对距法定退休年龄不足 5 年(含 5 年)或工龄已满 30 年、再就业确有困难的职工,可实行企业内部退养,发放基本生活费,并按规定继续为其缴纳社会养老、医疗保险费,达到退休年龄时正式办理退休手续。对申请自谋职业和灵活就业的人员,可比照国有企业同类人员享受扶持政策。

(四) 部分遗留问题还需要进一步深化改革来解决

从全国范围来看,城镇集体企业改制在各个地区没有统一的进度,有的地区早,有的地区晚,有的地区进展快,有的地区进展慢。南部和东部省份的改制进度较快,浙江省到 2003 年底市、县级城镇集体企业绝大部分进行了改制,改制面达到 98.62%,[①] 相比之下东北和西部省份的改制进度较慢,2005 年 10 月吉林省手工业合作联社汇总的 430 户集体企业中,改制面为 60%。即使已经进行改制的城镇集体企业也存在改制不彻底的问题。早期部分城镇集体企业改制的主要方向是实行股份合作制,而股份合作制本身也存在很多内在缺陷。集体企业本身延续下来的历史遗留问题也使改制后的新企业面临许多挑战。一些已改成规范公司制的城镇集体企业,其集体资产的去向问题、员工的安置问题仍没有得到妥善解决。从表面看这些企业已经按规范的现代企业制度运营,但深层次的产权问题始终存在,这些问题都需要通过深化改革来解决。另外,由于集体企业一般是中小企业,处于劳动密集型行业的居多,对于解决中国就业矛盾发挥着巨大的作用。但是,中国目前又处于产业结构调整的关键时期,在集体企业改制过程中,应充分利用财政金融手段促进集体企业产业结构调整和技术进步,促进能源节约和环境保护。这既是促进中国集体企业发展的需要,也是保持中国整个国民经济又好又快发展的需要。

从整个改革过程看,尽管企业自身也有强烈的改革动机,政府部门始终是推动改革的主导力量,政府关注的主要方面是资产归属问题和政府经济组织的职能调整等宏观层面的问题,对于企业层面的问题(企业改制成本分担和职工社会保障等),国家缺乏相应政策措施,致使各地政策不一,缺乏科学程序。如职工安置问题,部分企业转制中大批工人下岗,生活缺乏保障。再如,改革成本的分担问题,国家为国有企业改革支付了大量的

[①] 徐善长. 关于江苏、浙江混合所有制经济发展的调查报告 (上). 经济研究参考,2006-12-14.

成本，如兼并破产、债转股、企业技术改造等，但作为公有制实现形式之一的集体企业，国家缺乏相应的具体政策措施。由于与城镇集体经济改革的相关配套措施不完善，致使改革后的城镇集体经济功能弱化。

因此，应从构建社会主义和谐社会，实现经济协调、可持续发展，壮大公有制经济的高度，研究出台有关集体经济的相关政策。集体经济目前尽管经济地位有所下降，但对于促进整体经济发展、社会稳定与公平、产业结构调整等方面还发挥着重要的作用。政府应该综合运用社会经济政策手段，给予集体企业更广阔的政策空间，促进城镇集体企业的改革，促进集体经济在中国公有制经济和国民经济的发展壮大中发挥重要功能。

中国坚持公有制为主体，多种所有制共同发展的基本经济制度，各种经济形式作为中国社会主义市场经济的主体，对国民经济的繁荣发展都发挥了积极作用。为了适应市场经济竞争的需要，中国城镇集体经济在政府主导下，探索了各种改革形式，最终选择了一条基于产权的改革道路，即在明晰产权的基础上，建立适应市场经济发展的现代企业制度，建立新型城镇集体经济。从根本上说，中国城镇集体经济在我国历史上对经济社会的发展和建立和谐社会做出了一定贡献。但是，城镇集体经济还有一部分遗留问题需要进一步推进和深化改革。

第二节　中国农村集体企业改革路径及经验、教训

以建立农村家庭承包经营制为起点的农村集体经济组织产权制度变革，经过20多年的实践，取得了举世瞩目的成就。近年来，在农村工业化的快速发展和城镇化快速推进新形势下，经济发达的城郊地区、沿海地区的农村客观地面临资源的非农化转移和重新配置，外部环境的变化和集体经济自身的发展有力地推动着农村集体经济产权制度改革迈出了新步伐。这些地区传统的产权虚置、社企合一的集体经济正逐渐被股份合作企业等农村集体经济的多种实现形式所代替，引发了农村经济社会多方面的积极变化。

一、农业专业合作社发展现状与存在的问题

(一) 总体发展速度加快,但发展水平仍然较低

据农业部统计,截至 2011 年底,农民专业合作社总数达 50.9 万个,比 2010 年底增加 15.7 万个,增长 44.7%,其中,被农业部门认定为示范社的 6.5 万个,占合作社总数的 12.8%。山东、江苏、山西、河南、浙江、吉林、黑龙江 7 省合作社数占合作社总数的 54.9%。截至 2011 年底,种植业、畜牧业、服务业、林业、渔业合作社数依次为 24.6 万个、14.4 万个、4.6 万个、2.6 万个和 2.0 万个,分别比 2010 年增长 46.4%、38.3%、51.8%、54.8%、30.9%,占合作社总数的比重分别为 48.3%、28.2%、9.0%、5.1%、3.9%。种植业合作社中,粮食合作社 5.99 万个,比 2010 年增长 63.7%,占种植业合作社的比重为 24.3%。畜牧业合作社中,生猪合作社 5.05 万个,奶业合作社 1.02 万个,分别比 2010 年增长 27.7%、39.2%,占畜牧业合作社的比重分别为 35.2%、7.1%。服务业合作社中,农机合作社 2.6 万个,植保合作社 0.6 万个,土肥合作社 0.2 万个,分别比 2010 年增长 47.3%、66.7%、60.9%,占服务业合作社的比重分别为 57.5%、13.1%、3.6%。[①]

合作经济发展起步较早的部分省市保持了稳步的发展势头。到 2003 年,山东省全省各类农民合作经济组织已经发展到 1.5 万余个,社员农户规模达到 126 万户,约占全省总农户的 6% 以上。到 2002 年底,浙江省全省共发展各类农民合作经济组织 1960 个,其中专业合作社 784 个,专业协会 1176 个,入社社员 22.8 万人,带动农户 132.9 万户(见表 3-1)。

表 3-1 全国部分省、市农民合作经济组织发展情况 (2002~2004 年)

省、市	合作社总数(个)	社员规模(万户)	占农户总数(%)	统计时点	省、市	合作社总数(个)	社员规模(万户)	占农户总数(%)	统计时点
山东省	15395	126	6.2	2003 年 12 月	重庆市	1590	25.95	3.7	2003 年 6 月
浙江省	1960	22.8	2.0	2002 年 12 月	天津市	1438	26.2	23.4	2002 年 12 月
江苏省	5167	133.6	8.5	2002 年 12 月	安徽省	3845	89	7.1	2003 年 9 月

[①] 农业部经管司. 2011 年全国农民专业合作社发展情况. http://www.caein.com/index.asp?xAction=xReadNews&NewsID=80296.

续表

省、市	合作社总数(个)	社员规模(万户)	占农户总数(%)	统计时点	省、市	合作社总数(个)	社员规模(万户)	占农户总数(%)	统计时点
北京市	1457			2003年	黑龙江省	2816	43.2	9.0	2003年6月
河北省	4021	283.27	19.9	2002年9月	吉林省	9300	32	8.5	2002年12月
湖南省	6000			2003年12月	陕西省	9800	97	13.9	2003年12月
四川省	10053	118	6.0	2003年12月	海南省	4406	2.4	2.2	2002年
河南省	8473	183	9.2	2003年12月	云南省	1162	3.37	0.38	2004年
江西省	6800			2002年	贵州省	1079	6.92	0.91	2004年

资料来源：农业部《农民合作经济组织试点工作会议材料》，2004年。

在广大传统农区，农民合作经济组织的发展速度明显加快，在一些地方甚至出现了后来居上的发展势头。重庆市2001年全市各类农民合作经济组织349个，会员5.1万人，占全市农户的0.2%。发展到2003年6月，农民合作经济组织的总量达到了1590个，会员超过25万人，占全市农户的比例达到了3.7%，其中带动的农户数量占全市农户总数的10%以上。四川省各类农民合作经济组织到2004年已经突破万个，带动农户438万户，覆盖面达到全省农户总数的23%。仅2003年一年就新发展农民合作经济组织1553个，是历年来数量增加最多的一年。其中，供销社兴办的各类合作经济组织4886个，占全省总数的近一半，社员总户数超过150万户，带动农户260万户，帮助农民实现收入36亿元，向农民社员返利2000多万元。广西仅2003年登记注册的专业协会、合作社就有1500多个，是2003年以前的6倍。[①]黑龙江省到2003年6月，发展各类农民合作经济组织2816个，比2002年同期增长26.2%，拥有社（会）员43.2万户，占农户总数的9.0%，比2002年同期增长了近1.5倍。综合农业部等机构的统计和估算，截至2011年底，全国农民专业合作社实有成员达3444.1万户，比2010年底增长26.6%，平均每个合作社有近70个成员；通过合作社带动非入社成员5366万户，比2010年底增长26.4%，平均每个合作社带动105户。

在中国西部地区，农民合作经济组织也呈现从无到有的良好势头。据农业部门初步统计，截至2009年底云南省各类农民专业合作组织5645个，成员77.73万户，带动非成员农户131.33万户。云南农民专业合作组织经过这几年的发展从无到有、从少到多逐步发展壮大，发展形势呈现多

---

① 杨志. 实施龙头带动战略，破解农民增收难题. 农村经营管理，2004（11）.

样化趋势。绝大多数的地、州、县都出现了以农村专业技术协会为主体的农民合作经济组织，辐射全省近1/3的村委会，约有1.7%的农户加入进来。

然而，与中国近2.5亿农户、近4万个乡镇以及近70万个行政村的庞大农村组织网络体系相比较，中国农民合作经济组织的总体发展水平仍旧很低，入社农户数量非常有限，远远不能像发达国家和一些发展中国家那样成为农户生产经营体系的一个重要组成部分。尽管改革开放以来各类新型农民合作经济组织的发展已有近20年的历史，总体上新型农民经济合作组织仍然处在初期阶段。但在农民合作经济组织遍地开花发挥积极作用的同时，农民合作经济组织在发达地区和贫困地区发展的区域不平衡性进一步拉大。这种不平衡性不仅表现为地区间农业生产水平、农产品市场化程度，以及农业专业化水平的发展差异上，而且还表现在同一经济水平下不同政策导向的差异上。

东、中、西部地区农民合作经济组织的发展呈现明显差异。东部农业发达地区农民合作经济组织的发展，开始向着企业化的农产品营销合作社的方向迈进；而中西部传统农业区，特别是西部地区的农民合作经济组织发展大多仍然停留在以技术服务性的民间协会为主的发展阶段上。并且东部地区农民合作经济组织的平均规模、总体经济实力明显高于中西部地区。在中西部地区中，四川、陕西、黑龙江、吉林、安徽、江西等省的农民合作经济组织发展步伐相对加快。但是在各省内，农民合作经济组织的发展主要是集中在几个地区，如吉林省农民合作经济组织发展主要集中于中部、东部地区。

（二）经营业务主要仍停留在初级品的生产流通层面

农民合作经济组织的发展逐步拓展到农业生产资料共同购买、农产品共同销售、农产品初级加工、大中型农业机械共同利用、土地合作经营、小型水利基础设施建设、内部成员资金互助、联合运输、农业信息分享、农村资源共同开发等多个领域。农民合作经济组织积极参与到当地农业产业化的进程中来。那些围绕当地技术含量较高、资本相对密集、市场竞争较激烈、产品保鲜周期短的农产品而建立发展起来的农民合作经济组织，带领小规模专业农户以较低的门槛进入到农业产业化进程中，通过与龙头企业或农产品终端市场建立起稳定的供货关系，促进生产者、加工者和销售者之间形成有效的利益分配机制，努力使处于弱势地位的农户生产者不仅获得生产农产品的收益，而且在一定程度上分享农产品在流通、加工领域所实现的增加值。农民合作经济组织的介入，还进一步推动了当地农业产业化、农业结构优化升级的步伐,从而初步形成农业产业化和农民合作经济组织相互促进、良性发展的雏形。目前,农村经济合作组织开始从协会型向生产经营型、投资型发展,合作的深度也从单纯的生产环节向加工、销售、服务领域拓展。

与发达国家农民合作经济组织自身向着农产品加工领域延伸、实现农产品生产、加工纵向一体化发展的潮流和趋势相比较,中国农民合作经济组织参与农业产业化经营的层次还很低,仍然停留在初级产品的生产流通领域。农民合作组织主要是作为农户与农产品加工企业联结的中介,基本没有涉足农产品加工领域、直接实现农产品增值链条的延长。

以陕西省为例,省农业厅的初步调查统计显示,2/3的合作组织没有固定资产,只能提供技术和信息服务;又如成都市各类农民合作经济组织到2004年已经发展到了1595个,拥有成员17.56万人,联系农户43.75万户,占全市农户的21%。但是其中的93%是专业协会,主要活动是为会员提供技术培训以及新技术、新品种的推广服务等,难以满足会员更加广泛的需要。

(三) 以农民为主体的产权制度安排尚未最终形成

农民合作经济组织的发展形成社会多种力量、各路精英共同发展合作社的良好局面,农民领办人的作用也日益显现出来,在各种创办人中所占的比例呈上升态势,而政府(部门)牵头兴办的合作社比例则呈下降态势,基层政府逐步退出合作社的经营领域已经成为一个基本的大趋势。但是从全国各地的调查情况看,由于农民能人大户的力量还相对薄弱,且各地合作社的发展资源不同,要在全国范围内形成以农民为办社主体的局面还难以形成。这种状况直接导致了在由政府职能部门、龙头企业以及基层供销社等牵头兴办的农民合作经济组织中没有建立起农民社员为所有者主体的产权制度。

江苏省2003年的统计显示,农村能人(大户)成为农民合作经济组织的第一领办人,占38.3%;其次是乡村干部和农技部门,分别占22.2%和22.9%;最后是龙头企业,占12.4%。安徽省2003年的调查显示,全省3845个合作组织中,创办者包括能人大户(占26%)、集体经济组织(占18.1%)、龙头企业(占19.8%)、农技推广部门(占14.9%)和供销、粮食、科协等部门(占21.2%)。在重庆市,农民合作经济组织的主要领办者包括农村专业大户、普通农民、龙头企业、供销社、农技推广部门以及政府等,其中近1/3的合作社是供销社结合自身改革组建或改建的。例如，有些合作社中个别大股东的股本在合作社总股本中占据80%乃至90%以上，这种产权结构与严格意义上的农民合作经济组织的产权制度安排有着较大的距离。

(四) 总体运行机制还需进一步规范

随着农民合作经济组织由发展初期以简单技术、信息、劳动等进行松散合作逐步向经济实体的转变，农民合作经济组织自身的制度建设也开始走向正轨。但从全国总体而言，农民合作经济组织有效的运行机制还没有真正建立起来。相当多的合作社没有自己的章程，或者是章程流于形式，或者不根据自身特点制定章程而照抄照搬其他合作社章程。在合作社经营过程中，社员大会、董事会不能按时定期召开。相当多的合作社存在着合作社经理（通常也是合作社的董事长、合作社的发起人）独揽大权，广大社员被排斥在合作社实际决策层以外，无法体现合作社民主控制的基本原则，最终难以谋求社员的共同利益。合作社的内部财务管理制度及各项基本管理制度不健全。

东部发达地区的合作社通过不断完善股权结构，实现了农民社员在合作社内部的主体地位。例如，浙江省供销社系统创办了400多家专业合作社，目前专业合作社共有总股本9000万元，其中农民股本总额已占到50%，供销社股本总额减少到40%，其他经济主体占10%，在1762名理事会成员中，农民社员代表占60%，供销社占35%，其他经济主体占5%。并且85%以上的合作社进行了工商登记。在农业部的试点单位浙江省台州市，合作社登记注册的比例高达95%以上，并且建立按照社员与合作社的产品交易额比例进行分配的盈余分配制度。再如，北京市的农民合作经济组织在经历了前几年较大规模的数量扩张后，近两年的工作重点转移到"发展与规范并举，在发展中不断规范，通过规范谋求新发展"上来。通过对已有的2000余家合作社经过按照合作社的基本标准重新规范、最终确认了有一定规模的近1500家。并在此基础上加强农民合作经济组织的规范化建设，包括制定和完善组织章程、明晰产权、建立健全组织机构和民主运行机制，以及建立独立的财务管理和分配制度，弱化政府的行政干预等。

二、农村集体经济组织产权制度改革的必然性

以城镇郊区、沿海及经济发达地区农村为代表的农村集体经济组织产

权制度变革，实质上是中国农村城镇化和工业化发展新形势下，生产力发展对生产关系调整提出的新要求，具有客观必然性。

（一）产权制度变革是解决农村工业化、城镇化和集体经济组织面临的新问题的必由之路

近年来，随着城乡经济一体化程度的提高，特别是农村工业化、城镇化进程的加快，发达地区和城镇周边农村集体经济组织或多或少都面临着资源的重新配置，利益格局的重大调整，由此引发的利益冲突在局部地区甚至影响了社会稳定，许多问题亟待解决。

一是农民的土地权益保护问题。对农村土地，特别是对城镇郊区农村土地的征占不断增加，由此造成这些地区农村普遍出现耕地面积大幅度削减，甚至出现了不少"无地村"、"无地户"，农民尤其是失地农民，仅靠征地补偿费和外出打工收入难以解决后顾之忧和长远生计，农民利益因此受到严重侵犯。据有关专家测算，改革开放以来通过低价征用农民土地，使农民蒙受了巨大损失。如何有效配置集体资产，提高农民的社会保障，无疑成为现阶段集体经济发展与改革面临的新问题。

二是农村集体经济资产流失问题。随着城市边界的扩大和机构改革的深化，许多地方实行撤乡并村，尤其是城乡结合部实行"村改居"，村委会变成居委会，农民变为居民。在这一过程中，原集体经济组织成员和村组集体资产关系被变更、资产被大量平调或流失，严重损害了集体经济组织及其成员的利益，对集体资产的产权保护已刻不容缓。

三是社区成员分化后的利益冲突问题。因城市化、工业化的拉动，许多原社区成员流出，也有新的移民进入社区，户籍也不再是社区成员身份的唯一尺度，农村社区成员构成日趋复杂。随之而来的是，土地补偿费、集体不动产收益在组织成员中分配出现的冲突。实践中最突出的是"外嫁女"及其子女的利益实现、社区成员为利益而出现的逆城市化问题。

（二）建立和完善农村市场经济体制对产权变革提出了迫切要求

中共十六届三中全会通过的《中共中央关于完善社会主义市场经济体制若干问题的决定》提出，要积极探索公有制的多种有效实现形式，适应经济市场化不断发展的趋势，进一步增强公有制经济的活力，以明晰产权为重点，发展多种形式的集体经济。农村集体经济是中国公有制经济的重要组成部分，农村集体经济产权制度改革不是孤立的，这项改革对坚持基

本经济制度，增强集体经济的活力，进一步发展和壮大集体经济，发展社会生产力，具有现实意义。

从产权经济学的角度看，"产权是所有制的核心和主要内容"。产权之于市场经济，其意义则在于为市场构建了具有排他性和流动性产权的、有效率的市场主体，没有这样的市场主体，市场经济就不能真正确立。从这个意义上讲，如果构成农村经济重要组成部分的集体经济组织不能成为有效率的市场主体，农村市场经济体制也会因此而不完整。所以，农村集体经济组织产权制改革，是完善中国农村市场经济体制的重要内容。

（三）完善家庭承包经营体制需要创新集体资产产权制度

实行家庭承包经营体制是党在农村的基本政策。稳定和逐步完善农村基本经营制度，应抓住真正确立和实现农民作为集体经济财产主体地位这一根本问题，按照党的十六届三中全会提出的要求，积极推进农村集体经济组织的制度创新，探索新的发展道路。目前，农村中普遍出现的要求强化土地承包经营权的倾向，以及发达地区农村和城郊农村出现的要求享有集体资产收益权的现象，就是农民追求财产主体地位愿望的具体体现。因此，推进农村集体经济组织制度创新，增强集体经济实力和服务功能，不能按过去的老办法，仅在"统一经营"的内容上做文章；而是要从产权变革的层面，从根本上解决土地承包经营权的实现问题、集体经营性资产产权配置及其实现问题。产权理论认为，没有基于产权制度的根本性改革，任何组织形式创新都会因缺少根基和保障而流于形式，难以奏效和持久。因此，在明晰集体经济组织产权的基础上，解决实行家庭承包经营以来农村日益复杂的财产关系问题，既是现阶段以组织创新和制度创新稳定和完善家庭承包经营体制，增强集体经济服务功能的主要内容，也是经营方式转变引发的符合规律的内在演进。

（四）产权制度变革是保障集体资产安全、维护农民合法权益的需要

传统产权制度下的集体经济存在严重弊端，集体所有制下单个集体成员的无权利状态，加上集体经济组织与行政辖区相重合、相对应的现实特征，容易使基层政权机构或者自治组织管理者成为集体资产的直接代表，并实际拥有集体财产的产权，这就导致农民作为农村集体资产所有者的地位不能充分体现，农民实际拥有的产权还不完整，即通常所说的产权虚置。其结果是，一方面，降低了集体经济组织对社员群众的凝聚力，农民

对集体经济运行质量关切度不高，民主议事、民主管理和民主监督流于形式，集体资产的经营与增值责任不落实。另一方面，也使集体经济组织运行中很难避免和制止一系列严重损害集体资产安全及农民利益行为的发生：一是农民土地权益极易受到侵害，特别是在"公共利益"的名义下的征收、征用农民集体土地近乎失控，在规模经营的名义下农民土地承包经营权也常常受到其他外来势力的侵犯；二是集体经济激励不足和监管不到位，为滋生腐败提供了条件，导致集体资产被挪用、平调、挥霍浪费，或低价承包、变卖等经营问题。这些现实问题的存在，限制了集体经济的发展壮大，阻碍了生产力水平的提高，迫切需要从农村集体经济组织产权制度改革上，根除既有社区集体经济产权模糊，人格化的出资者主体缺失、决策独断、监督不善、分配随意等种种制度性缺陷。必须进一步探索集体经济发展的新形式、新道路。

三、农村集体经济组织产权制度改革的主要特点

现阶段农村社区集体经济产权制度改革以村、组为对象，在制度安排上多采取股份合作制的形式。从单纯的重视内部福利性分配，向有偿配股、固化分配关系，健全农村社会保障方向发展；从单纯的经营性资产产权改革，向包括土地在内的集体资产扩展；从注重改革过程，向更加注重改革后建立现代企业制度，提高转制后组织效率发展。改革区域呈现出从发达地区向城镇周边农村发展的态势。因此，现阶段农村集体经济产权制度改革较之早期的改革在内容、基本做法和主要特点等方面不尽相同。

（一）改革内容

改进和完善早期股份合作制的某些制度安排和做法是现阶段农村社区集体经济组织产权制度改革的基本内容。集体经济组织股份合作制改革早在20世纪80年代就已经出现，当时山东省淄博市和广东省广州、深圳等地率先引入股份制的一些制度原则改造乡村集体经济。由于早期股份合作制产生的直接动因是，农民要求对多年来合作劳动积累的共同财产实现收益分配权，力求避免因集体积累产权不明确或管理不善损害农民利益。因此，一般社区集体经济产权制度改革，主要是组织内部利益关系的调整；在制度安排上，强调集体股，对个人股有着种种限制，比如个人股只有分配权，没有处置权，股权不准转让、不准赠送、不准抵押、不准继承，结果是股东只关心分红，股份合作制变相演化为单纯的分配制度。显示出极

强的福利性、封闭性、非完整性。在操作上,则采取股权总数随着户籍性质、人口年龄和农龄,以及承包土地数量等因素变动而经常增减变化的做法。在一些地区农村集体土地大量被征用的现实条件下,土地补偿费的分配使用问题,"村改居"、"城中村"中的利益调整问题日益突出;由于集体增量资产扩大,集体经济收益大幅提高,分红数额不断增加,争吃"大锅饭"现象严重,在村民与村民间引出矛盾。同时早期股份合作制采取股权总数随着户籍性质、人口年龄和农龄,以及承包土地数量等因素变动而经常增减变化的操作方法,实施起来日趋困难。如何公平合理地界定股东资格,进一步调整集体经济内部利益分配关系,解决合理、公平分配的新问题,化解转居村民与未转居社员之间的矛盾,成为当前制度设计和实践不可或缺的基本内容。

进一步明晰和界定集体产权,解决工业化、城镇化过程中农村集体资产严重流失,保护社员利益是现阶段农村集体经济组织产权制度改革的重点内容。社区集体资产流失以"城中村"改造为最。在广东的"城中村"改造中,对于以村委会作为集体资产的法定所有者的村来说,由于把村委会撤销改为一个或多个居委会,这些"村"便出现了集体资产法定所有者缺位的问题,暴露出集体财产终极产权不清、职责不明、政企合一等许多深层次矛盾。因此,如何适应新的环境变化,在过去改革的基础上进一步明晰、界定集体经济产权,最大限度地保护集体经济组织和各类社区成员在城市化进程中的利益,成为现阶段农村集体经济产权制度改革的重要内容。

(二) 基本做法

概括地说,集体经济组织在股份合作制改革中,入股要素主要是以标准厂房为主的不动产、生产设施、资金和土地等资源性资产;在股权设置上采取折股量化和募集股相结合的办法,一般设立集体股、个人股和募集股。按照约定的标准和程序折股量化到村股份合作社(公司)及相关人员。具体操作环节有六个方面:①清产核资。②资产量化。③股权设置。④股权界定。⑤股份分配。⑥成立股份合作经济组织(社),建立法人治理结构。

农村社区集体经济产权改革中,由于各村的条件、人文环境、发展潜力各有差别,因此选择的产权制度改革的组织模式也不能简单划一。除了上面论及的股份合作制外,以股份制为取向的资产重组也成了一些地区,如广东广州市、浙江温州市的选择。"城中村"改制出现了把农村社区股份合作经济组织向股份制企业转化的趋势。

根据对已有案例的考察，可以认为，将社区集体经济转制为股份公司或终结传统的社区集体经济，是城镇化发展趋势下的一种适应性选择。

(三) 主要特点

(1) 总体来看，现阶段农村集体经济组织产权制度改革，以股份合作制为主，其制度设计仍然兼有合作制和股份制的特点。①股金构成和股权设置。无论是否设集体股，由集体资产转化形成的个人股都占主导地位，体现了劳动者联合的根本属性。②股权界定。以区分不同股东，固化其股权为手段，保护老股东（他们为集体经济组织做出的贡献大）的利益，且股东资格不向社会开放，体现了"民有、民营、民受益"的合作原则。③利益分配。集体配股由福利性向经济性转化，由经常性调整向固化各类股东的剩余索取权转化，基本实行股份制的"按股分红"；但社区的公共服务和社会管理费用仍由股份合作经济组织负担，并在分配中加以体现。④股权处置。由封闭性向开放性转化，但并未真正走向股份制"所有权委托"和"经营权委托"的双层委托。⑤从土地股份合作制来看，其做法在一个区域范围内相对统一，流转较为集中和稳定，农民（户）收益权有保障。广东省土地合作制的演变趋势表现出福利性与经济性相结合，开放性与限制性相结合的特点，并由经常性调整向固化各类股东剩余索取权转变；本质上，是利用股份合作制的产权明晰功能，起到完善内部分配关系的作用。新乡市凤泉区耿庄村曾实行的"农地股份合作制"则表现出"均分、均利、均受益"的特点，本质上是利用股份合作制的要素配置功能和产权明晰功能，发展生产力和壮大社区合作经济实力，将农民向二、三产业转移，使农民（户）收入来源从单纯的种植业收入扩大到"股田"分红收入和劳务收入。

(2) 改制后组织形式定位既有股份合作社，也有股份制公司。各地根据社区集体经济组织的不同发展条件，确定了产权制度改革后社区集体经济转制目标。绝大多数地区改制后的组织形式定位为股份合作经济社；也有改革后定位为公司的，如广州市对于"城中村"社区集体经济组织的改革定位是建立股份制企业，因此许多早期的社区股份合作经济出现了向股份制公司的转变；深圳市对于农村社区集体经济组织的改革定位是建立股份合作公司。此外，社区集体经济组织在产权制度改革中也开始采用出售、上交、租赁、兼并、解体、破产等资产重组的多种形式，显示出社区集体经济产权制度改革目标和形式多样化的发展趋势。

（3）产权改革的资产范围由经营性资产扩展到土地等资源性资产。早在20世纪80年代中后期，中国发达地区农村城镇率先开始以股份合作经济为主要形态的乡村集体经济改造，当时的资产量化范围不包括承包土地，只是对集体经营性资产净值按一定的标准，折股量化，股权设置有集体股、个人股（社员分配股）、现金股。这是对原来人民公社留下的以及当时新增资产的初步改革，是以股份合作制改造社区集体经济的最初形式。近期集体经济产权制度改革在资产范围上突破原来的框子，既有社区经营性资产股份合作，也有全部资产股份合作，以及单独的土地股份合作。土地承包经营权股份化和土地股份合作社的做法，成为农村集体经济一种新的实现形式。

（4）转制后的股份合作组织或股份合作制企业兼具发展集体经济和社区服务管理的双重职能。在经济发达地区，新的社区集体经济产权制度改革尽管弱化了社区福利分配的功能，并将股权相对固化，强化股份合作社的企业功能，但是从目前社区组织不能不承担一定的社区服务和社会管理的现实出发，转制后的集体经济组织在发展经济的同时，还负担着发展社会公益事业的责任。因此，许多地方在产权制度改革时，从村级净资产中剥离出一定比例，建立农村社会风险保障基金，以扶助弱势群体。这种做法在北京、江苏比较多，广东南海区部分村（组）则实行了养老补助制度，补助金额每人每月50~150元不等。此外，各地还普遍把股权配置及股份分红与计划生育、社会治安管理、惩治违法犯罪活动、服兵役、殡葬改革，以及其他社会管理工作结合起来，运用经济手段开展社会管理和社区服务。

（5）产权制度改革由城郊地区、经济发达地区率先兴起，并有向内陆城郊或经济欠发达城郊地区扩展的趋势。实践中，早期实行产权制度改造的社区集体经济组织都坐落在大城市周边的城乡接合部农村，这一区域的社区集体经济组织本身有一定的经济发展水平和资产积累。这些农村社区因率先受益于城市化和工业化的发展成果，形成了鲜明的经济特征：农业产值比重、农业人口比重与农业就业比重较低，乡村村落正走向开放以至于融入城镇社区；同时它们自身的乡镇工业经济发展较快，经济实力相对较强，土地的集约化经营需求相对于以农业为主的纯农村更为迫切。由于工业化、城镇化向内陆、经济欠发达地区推进，区域发展差距缩小和城乡一体化进程的加速，特别是农村土地的非农化转移在各地不同程度出现，推动了社区集体经济产权制度改革在内陆城郊或经济欠发达城郊地区的出现。从我们调研掌握的情况看，河南、甘肃、吉林等地均有此类典型。

四、农村集体经济组织产权制度改革评价

(一) 改革成效

实践表明,农村集体经济产权制度改革是对农村生产关系的历史性变革,改革从根本上破除了不适应农村生产力发展要求的传统产权制度,对改造农村微观经济组织,推动农村市场经济发展和城镇化进程,起到了十分积极的作用,为进一步推动农村改革与发展创造了必要条件。

(1) 突破传统集体经济实现形式的束缚,社员拥有了明晰又完整的集体资产产权,增强了集体经济的凝聚力和向心力。农村集体资产改革,使农民变成了股东,相对完整地确定了社区成员对集体资产的人格化占有权、利益分配权、民主决策和民主管理权。既保证了集体资产每一个具体的所有者能够有效行使其对集体资产的所有权和收益权,又保持了集体资产使用的完整性,避免了对集体资产的变现和瓜分;既保护了现有生产力,又调整了不适应农村集体经济发展的生产关系。因此,通过对集体资产存量折股量化到人,使集体经济产权结构发生了质的变化,调动了农民股东的积极性,增强了集体经济的凝聚力和向心力。

(2) 创新集体经济运行机制,集体资产管理水平得到有效提高,壮大了集体经济实力。在明确社员个人产权基础上,新一轮产权制度改革注重完善所有权与经营权分离的内部治理结构或组织管理机构,在股份合作经济组织内部,确立了"三会"管理模式,形成所有权、决策权、经营权、监督权"四权"制衡机制,创新了集体资产经营机制、管理机制和分配机制,提高了集体资产管理效率。在股份合作经济组织外部,有条件的地方做到了村委会、村党支部与股份合作经济组织机构分设、职能分开、财务分立,初步实现了党政分开、政社分开、政企分开,较好抑制了集体财务管理混乱和集体资产流失,提高了新型集体经济组织的管理水平。改革后集体经济管理状况明显改善,集体经济也得到进一步发展。

(3) 从体制上最大限度维护农村集体经济组织及其成员的权益,促进了农民收入的增加。现阶段股份合作制通过科学量化、合理设置、公平界定集体资产产权,有效地解决了长期积累的种种社区成员利益矛盾问题。同时进一步明确了集体资产的归属,强化了集体资产的人格化占有权、收益权和处置权,通过股份合作经营增加农民收入。从各地调查情况看,作为社区成员的股东每年分红区间在 800~1500 元,普遍增加了收入。同时,

也有助于提高集体对外谈判能力，提高对失地农民的基本保障。

（4）建立和完善农户承包经营土地合理流转机制，促进了农业适度规模经营和农村结构调整。在家庭承包经营不变的前提下，集体通过土地股份合作制，把土地连片集中，统一规划和利用，或在内部流转到种养专业户，或向外部参股到农业园区，既提高了土地价值，还有力地促进了适度规模经营和农村经济结构的调整。大连向应现代农业园区就是采取包地参股的土地股份制形式，采取保底分红、盈余分红的分配形式。同时村民既可承包园区内农业项目，又可为公司打工，入股村民优先在园区就业。

（5）产权制度变革是法制化、民主化的制度建设过程，对化解社区成员间的利益冲突，推进农村民主制度建设，维护农村社会稳定发挥了积极作用。比如，广东等地实行把股权一次性配置给农民的改革办法，农民股权实行"生不增，死不减"或"固化股权，出资购股，合理流动"，并通过按一定标准重新界定股权，将"外嫁女"与乡、村办企业下岗职工股权分配问题一并考虑。不仅解决了以往每年按年龄、户籍变化来调整股权、股权无偿配给的弊端，而且使社区流入、流出人口的经济利益也有了相应保障，有效化解了农村股份合作社因人口变动而引发的股权纠纷和分配不公问题，维护了农村大局的稳定。此外，由于一般将社区集体产权制度改革与社区社会管理工作相结合，股东资格和身份的确认同品行挂钩，因此起到约束个人行为的作用。据多数地方反映，推行社区股份合作制后，超生的少了，违法违纪的少了，晚辈不愿赡养老人的少了，农村社会风气有所好转，精神文明建设得到加强。

（二）主要问题

各地在农村集体经济产权制度改革中也遇到一些不可回避的重大理论与实践问题，需要给予高度重视和认真对待。

（1）改革后集体经济组织法人地位与登记，以及与此相联系的组织定位问题。改革后的股份合作经济组织在现实社会经济生活中，是农村集体土地、集体财产所有者的代表，它不仅与组织内成员建立起了经济关系，同时也与社会其他市场主体有着事实上的经济联系，在客观上承担着法人的角色。如果依照现行《民法通则》中界定的四类法人标准，即企业法人、社团法人、自然法人和事业法人来注册登记，我们发现很难归类。显然，它不是自然法人和机关法人，由于农村集体经济组织的现实功能和存在价值，使其现在和将来都要承担大量的支付社区公共开支的职能，简单地以企业法人或者社团法人规范也都不妥。过去一些地方实行变通办法，由工商部门或者农业部门注册,将其登记为股份合作社,但是由于《行政许可法》的实施,地方已不再具有此类行政审批的权限,目前北京、广州等地有关管理部门已经停止了登记注册工作。因此,农村集体经济组织产权制度改革不可避免地出现定位混乱问题,有的地方在等待观望,一些地方不得已将转制后的组织定位为股份制企业,按《公司法》注册登记和纳税,同时又支付社区公共开支,导致改革后集体经济组织权利和义务的严重不对称。

(2)关于集体土地资产的处置问题。有两种情况:一种是对集体土地资产特别是农户承包地,要不要搞土地股份合作存在不同认识,实践中土地股份合作本身也存在如何规避经营风险,如何体现承包土地的社会保障功能等问题。另一种是在"城中村"改造中对集体土地的处置。目前,一些地方在"城中村"改造中,为降低城镇化、工业化成本,地方政府借改变农民身份与集体经济组织性质的方式改变土地所有权属性,将原农村集体土地无偿转为国有建设用地。这种做法引起了较大争议。

(3)关于改革指导和监管不力问题。主要表现有:其一,以产权界定、股权设置等为主要内容的改革方案形成不民主、不公开,导致村民上访和内部纠纷不止。其二,来自外部的种种干预,造成集体资产的流失。比如有些地方在推行"镇改街"、"村改居"中,用行政手段改变集体资产权属关系;在"并社"、"并村"组建股份合作社过程中,以行政手段简单地把原来各村、各社的资产与财务合并在一起,出现新的资产平调甚至引起社会的不稳定。其三,操作方案往往与国家现行的一些法律政策相冲突,或在体制和政策真空中运作,一定程度上损害了农民的利益。比如,如何对待一些地方借鉴国企改革模式,由上级政府授权批准设立集体资产管理委员会的现象,该委员会既不是企业法人,也不是社团法人,在其社会定位及其职能不明的情况下,能否承当管理和运营集体资产的重任,它对股份合作公司的发展将产生怎样的影响等都存在现实问题。争吃"大锅饭"现象严重,在村民与村民间引出矛盾。实施起来日趋困难。如何公平合理地界定股东资格,进一步调整集体经济内部利益分配关系,解决合理、公平分配的新问题,化解转居村民与未转居社员之间的矛盾,成为当前制度设计和实践不可或缺的基本内容。

进一步明晰和界定集体产权,解决工业化、城镇化过程中农村集体资产严重流失,保护社员利益是现阶段农村集体经济组织产权制度改革的重点内容。社区集体资产流失以"城中村"改造为最。在广东的"城中村"改造中,对于以村委会作为集体资产的法定所有者的村来说,由于把村委会撤销改为一个或多个居委会,这些"村"便出现了集体资产法定所有者缺位的问题,暴露出集体财产终极产权不清、职责不明、政企合一等许多深层次矛盾。因此,如何适应新的环境变化,在过去改革的基础上进一步明晰、界定集体经济产权,最大限度地保护集体经济组织和各类社区成员在城市化进程中的利益,成为现阶段农村集体经济产权制度改革的重要内容。

第四章 集体所有制理论评述

第一节 集体所有制理论

新中国成立初期，中国只有合作经济的概念而没有集体经济的概念。在1949年的《中国人民政治协商会议共同纲领》（以下简称《共同纲领》）中只有关于"合作经济"的条款，尚未提到"集体经济"。《共同纲领》第二十九条规定："合作社经济为半社会主义性质的经济，为整个人民经济的一个重要组成部分。人民政府应扶助其发展，并给以优待。"1954年《中华人民共和国宪法》（以下简称《宪法》）中开始把两个概念等同。1954年《宪法》中，"合作社所有制"与"劳动群众集体所有制"被视为同义词使用，合作社经济即为集体所有制经济。1954年《宪法》第五条规定："中华人民共和国的生产资料所有制现在主要有下列各种：国家所有制，即全民所有制；合作社所有制，即劳动群众集体所有制；个体劳动者所有制；资本家所有制。"20世纪50年代后期在"左"倾思想影响下，集体经济逐渐代替了合作经济的提法。1975年《宪法》里就不再有关于合作制的提法，合作制被集体所有制代替。1975年《宪法》第五条规定："中华人民共和国的生产资料所有制现阶段主要有两种：社会主义全民所有制和社会主义劳动群众集体所有制。"1982年《宪法》重新恢复了合作经济的提法。1982年《宪法》第八条规定："城镇中的手工业、工业、建筑业、运输业、商业、服务业等行业的各种形式的合作经济，都是社会主义劳动群众集体所有制经济。"合作经济和集体所有制经济又成了同义不同词的关系。

因此，从中国历次《宪法》对合作经济和集体经济的阐述上看，从最初只有合作经济、没有集体经济概念，到合作经济、集体经济两个概念并用，只提集体经济、不提合作经济，再到现在合作经济和集体经济重新相提并论，可见中国的集体所有制经济和合作制经济具有很深的渊源。分析集体所有制的理论渊源，需要追溯到合作制理论。

一、西方合作制理论的兴起与发展

（一）早期空想社会主义的合作经济思想

合作（Cooperation）源于拉丁文，原意是共同行动，或联合行动，反映的是人们在经济活动中的平等互助关系。美国社会学家卡尔·泰勒（Carl Taylor）通过对人类行为的研究，认为集体形式的合作能比单独工作或竞争更有效，能实现更高的目标。合作行为作为一种社会现象，广泛存在于人类社会经济活动的各个领域；作为生产关系范畴，合作关系产生的前提条件除了合作者共同劳动以外，还要共同分享劳动成果。合作行为的产生需要具备一定的要素，丁为民在《西方合作社的制度分析》中列举了四个基本要素：①合作行为是集中资源加以利用的行为。合作者拥有或掌握一定的能够自由支配的资源，如资金、生产资料、技术、劳动能力等，是形成合作行为的前提条件。②合作者拥有的可自由支配的经济资源具有同一性。这是形成合作行为的另一前提条件，不同要素所有者之间很难产生严格意义的合作行为。③合作者对合作行为具有平等管理权。虽然实践中个人在合作行为中的影响力受个人的经验、年龄、辈分等影响，但这些不构成制度性因素。④合作者都是合作行为的受益者。这是合作行为产生的原因所在，也是与协作关系的本质区别之处。

合作社是一种将成员之间的合作行为长期化、制度化的组织，根据1995年国际合作社联盟制定的《关于合作社界定的声明》中对合作社的定义，"合作社是自愿联合起来的人们通过联合所有与民主控制的企业来满足他们共同的经济、社会与文化的需求与抱负的自治联合体"。[①] 合作社的形成开始于资本主义社会，是空想社会主义者在批判西方"文明世界"的制度缺陷的基础上创造的一种组织形式。

在空想社会主义者看来，合作社是作为资本主义的替代物出现的。空想社会主义者注意到资本主义制度给无产者带来剥削、贫穷的严酷现实，对资本主义的不公平、不道德的制度进行了尖锐批判，并建议用合作社这

---

① 唐宗焜. 国际合作社联盟《关于合作社界定的声明》中译文问题. http://ie.cass.cn/window/xsdt.asp?id=116.

种集团所有制改造资本主义私有制，实现劳动者的民主自治和共同劳动，逐步消除资本权利，从而向理想社会过渡。19世纪初期，三位空想社会主义者法国的圣西门、傅立叶和英国的欧文，他们都提出了自己的合作社思想，欧文还进行了实践，使空想社会主义的合作经济思想系统化，并变成了短暂的现实。

欧文设想未来社会应该是"劳动公社"的结合体，"劳动公社"是社会的基本单位，"劳动公社"与资本主义农场、工厂的本质区别是，它建立在生产资料公有制基础上，根据联合劳动、联合消费、联合保有财产和权利平等的原则建立。欧文还主张废除中间商人的剥削和消灭资本的利润，笃信教育对完善人格的影响，认为理想社会可以通过教育来实现，这些思想都被后来的合作运动者吸收。

傅立叶设想了理想社会中的和谐制度。其基层组织是"法朗吉"，"法郎吉"所需资本以招股形式募集，仍然保留财产的私有性质，投资者同时参加劳动，组成一个共同生产、共同消费的合作社，收入按照"资本占4/12，劳动占5/12，才能占3/12"的比例分配给"法郎吉"的成员。

威廉·金和毕舍等人推动了合作社运动发展。在英国，经过威廉·金的倡导和传播，欧文的合作思想才被具体引入到英国的消费合作运动中。威廉·金在1828~1830年创办了《合作者》杂志，以浅显的文字向劳动者宣传合作组织的优势，并主张合作是自助和自救的事情，应由劳动者自筹资金，先从小规模的合作商店开始，然后逐渐扩充业务向制造业及农业发展。威廉·金把劳动、资本和知识看做合作社的三大要素，认为合作社不侵害私人资本家的利益，发展合作社有利于国家稳定。1828年，威廉·金在英国组织了一个消费合作社。19世纪30年代以后，在威廉·金的影响和宣传下，英国陆续建立了几百家以消费合作为主的合作社，世界著名的罗虚代尔公平先锋社就是在他的启发下成立起来的。在法国，傅立叶的思想由毕舍加以倡导。毕舍认为社会贫困的根源在于生产的分配不公，因而改造社会的方法应从变革社会制度着手。毕舍于1831年创办了《欧洲人》杂志，呼吁劳动者应该从资本家的支配中解放出来，组织起劳动者自有的生产合作社。毕舍曾亲自指导成立了一个木工生产合作社和一个金匠生产合作社，这些合作社都特别重视提取公积金，试图利用公积金的积累作为实现理想社会的基础，这一观念被后来的罗虚代尔公平社吸收。

罗虚代尔公平先锋社率先建立起了较完善的合作社建社原则，由此标志着近代合作社的开端。罗虚代尔公平先锋社位于英国纺织工业中心曼彻斯特市郊的罗虚代尔小镇，1843年当地工人罢工失败后生活十分困难，一些受欧文和威廉·金合作思想影响的人认为组织合作社能改善工人处境，于是 28 名失业纺织工人凑集 28 英镑于 1844 年 8 月创立了消费合作社——公平先锋社。发起者们在总结当时合作社的经验和教训的基础上，从社会现实出发创立了一套适合市场经济要求的办社原则，后来被世人称为罗虚代尔原则，内容包括：社员表决权一律平等，即一人一票；对于政治和宗教问题，保持中立地位；合作社盈余按社员同合作社的业务交往分配给全体社员；从合作社盈余中提取 2.5% 作为社员的教育费用；按照市价出售货物；实行现金交易，不赊购赊销；遵守公平交易、保质保量原则。

罗虚代尔原则是合作社运动史上从空想到现实的一个飞跃，在欧洲以至世界各国都有不同程度的影响，被各国合作社所效仿。1895 年国际合作社联盟（International Cooperative Alliance，ICA）成立时，经过修订的罗虚代尔原则成为国际通行的合作社原则，1995 年 ICA 为适应新形势的发展又进一步修改和重新确立了合作社原则，包括：[1] ①自愿与开放的社员资格。合作社是自愿的组织，向一切能够使用其服务并愿意承担社员责任的人们开放，没有性别的、社会的、种族的、政治的或宗教的歧视。②民主的社员控制。合作社是由其社员控制的民主的组织，社员主动参与合作社的政策制定和决策。③社员经济参与。社员对他们的合作社公正地出资，采用民主的方式控制他们的合作社的资本。④自治与独立。合作社是由其社员控制的自治的、自助的组织。⑤教育、培训与告知。合作社为其社员、当选代表、管理人员和雇员提供教育和培训，以便他们能够有效地对他们的合作社的发展做出贡献。⑥合作社之间的合作。合作社通过地方性的、全国性的、区域性的和国际性的机构一起工作，最有效地为它们的社员服务，并加强合作社运动。⑦关注社区（社群）。合作社通过它们的社员认可的政策，为社区（社群）的可持续发展效劳。

（二）社会改良主义的合作经济思想

从 19 世纪上半叶开始，消费合作经济组织、农业合作经济组织等类型的合作经济组织在西欧各主要资本主义国家中产生发展，合作经济组织理论在空想社会主义学说的基础上丰富起来，其中两个有较大影响的是合作改良主义和"合作资本主义"。

合作改良主义是空想社会主义合作经济思想的进一步发展，其理论基

---

[1] http://www.ica.coop/coop/principles.html。

本点是把合作经济组织当做改造资本主义、建设新社会的有效途径。如果说空想社会主义者是站在资本主义的否定方面来评价和提倡合作经济运动的话,社会改良主义者则是站在资本主义制度的修正即局部改造的立场来审视、倡导这一运动的。

"合作资本主义"是对资产阶级自由主义合作经济组织的理论概括,这一流派大致产生于19世纪中叶的德国。早期的代表人物是舒尔采、德里奇和赖法伊,现代的代表人物是加尔布雷斯。这一流派在早期把合作经济组织看做保护小资产阶级和小生产者能够在大资本统治的资本主义制度下生存和发展的一种经济组织。进入现代,他们把合作经济组织视为资本主义企业制度的一部分,希望凭借合作经济组织来抑制资本主义制度的阴暗面,抗衡垄断,缓和社会紧张和阶级对立,实现资本主义制度的自我进化以及社会和经济的均衡发展,被作为资本主义制度扬长避短的重要工具。"合作资本主义"的观点在当代西方合作经济组织思想上占有主流地位。

(三) 新古典经济的合作经济组织理论

新古典经济学作为西方主流经济学的微观理论基础,一直没有把企业制度尤其是非资本主义性质的企业制度作为自己的研究对象,但是随着科学技术的发展以及劳动者在生产中的主体地位的加强,工人的工作热情和态度在一定程度上决定着企业的发展。一些新古典经济学家逐渐认识到调整资本主义企业内部关系的必要性和重要性,开始把企业制度纳入自己的研究范畴。合作经济制度作为西方的一种企业制度也当然被新古典经济学家纳入自己的研究对象。他们认为,企业发展的根本动力在于调动企业员工的积极性,为此需要使员工的劳动成果与劳动报酬挂钩,实现员工利益的最大化。为了提高企业的效率,提出实施合作经济制度或者雇员分享制等能够实现员工参与管理的企业制度。

二、马克思主义的传统合作社思想与集体所有制理论

(一) 对合作社的理论阐述

1. 马克思对合作社思想的阐述

马克思对合作社给予了高度评价。他在1864年10月写的《国际工人协会成立宣言》中指出:"我们说的合作运动,特别是由少数勇敢的手独

立创办起来的合作工厂,对这些伟大的社会实验的意义无论给予多么高的估价都是不算过分的",[1] 因为"它们证明:为了有效地进行生产,劳动工具不应当被垄断起来作为统治和掠夺工人的工具,雇佣劳动,也像奴隶和农奴劳动一样,只是一种暂时的和低级的形式,它注定要让位于带着兴奋愉快心情自愿进行的联合劳动"。[2] 马克思把股份公司和工人组织的合作工厂这两种形式看做"是由资本主义生产方式转向联合的生产方式的过渡形式",都是对"资本所有权的潜在扬弃",但在资本主义的股份公司中,"对立是消极地扬弃",而在合作工厂中,"对立是积极地扬弃"。[3] 合作工厂"是在旧形式内对旧形式打开的第一个缺口……资本和劳动的对立在这种工厂内部已经被扬弃,虽然起初只是在下述形式上被扬弃,即工人作为联合体是他们自己的资本家,也就是说,他们利用生产资料来使它们的劳动增值。这种工厂表明,在物质生产力和与之相适应的社会生产形式的一定发展阶段上,一种新的生产方式怎样会自然而然地从一种生产方式中发展起来"。正是由于合作工厂对资本主义生产关系的积极扬弃,马克思对合作社中的生产型合作社倍加青睐,在他1866年起草的《临时中央委员会就若干问题给代表的指示》中指出:"我们建议工人与其从事合作贸易不如从事合作生产。前者只能触及现代经济制度的表面,而后者却动摇它的基础。"[4]

2. 列宁对合作经济思想的阐述

在"十月革命"后不久,列宁肯定了合作社在资本主义统治时期与资本家阶级进行经济斗争所起的积极作用,强调"合作社是必须加以珍视和利用的极大的文化遗产",[5] 针对当时的合作社国有化现象指出:"应该取消合作社国有化,应该恢复合作社。"[6] 列宁特别强调合作运动与群众文化水平之间的关系,"但完全合作化这一条件本身就包含有农民的文化水平问题,就是说,没有整个文化革命,要完全合作化是不可能的。"[7] "我们需要做的事情'仅有'一件,就是要使中国居民'文明'到能够了解人人参加合作社的一切好处,并把参加合作社的工作做好。"[8]

---

[1] 马克思恩格斯全集第25卷. 人民出版社,2001:493.
[2] 马克思恩格斯全集第2卷. 人民出版社,1995:133.
[3] 马克思恩格斯全集第25卷. 人民出版社,2001:498.
[4] 马克思恩格斯全集第16卷. 人民出版社,1995:219.
[5] 列宁全集第28卷. 人民出版社,1956:177.
[6] 列宁全集第28卷. 人民出版社,1956:181.
[7] 列宁全集第33卷. 人民出版社,1960:425.
[8] 列宁全集第33卷. 人民出版社,1960:422.

在苏俄实行新经济政策期间，列宁 1923 年写下了《论合作社》，系统阐述了对合作社的看法。列宁基于对当时经济形势的判断，鼓励合作社在苏俄的存在和发展，阐述了合作社对正在实行新经济政策的苏俄的重要意义，"在中国，人们还轻视合作社，还不了解：第一，在原则方面（生产资料所有权在国家手中），第二，在采用尽可能使农民感到简便易行和容易接受的方法过渡到新制度方面，这种合作社具有多么重大的意义。"列宁比较了资本主义国家的合作社和社会主义国家的合作社的性质，"在私人资本主义下，合作企业与资本主义企业不同，前者是集体企业，后者是私人企业。在国家资本主义下，合作企业与国家资本主义企业不同，合作企业首先是私人企业，其次是集体企业。在中国现存制度下，合作企业与私人资本主义企业不同，合作企业是集体企业，与社会主义企业没有区别，如果它占用的土地和使用的生产资料是属于国家即属于工人阶级的。"①

3. 中国解放初期对合作社的认识

刘少奇同志对合作社作过系统、全面的论述。他认为合作社经济是半社会主义性质的，是"无产阶级领导下的新民主主义国家用以帮助、领导和逐步改造广大小生产者的主要工具，"② 是国家经济的"极广大而可靠的同盟军"。③ 刘少奇在 1950 年的全国合作社工作者第一届代表会议上的报告中谈到合作社对中国建设社会主义的重大意义："中国现代工业生产只占整个国民经济的百分之十，其中国营经济占现代工业的一半，百分之九十是小商品生产。因此，合作社如能组织百分之九十的小生产者是有决定意义的。把百分之九十的小生产者组织起来，加上国营经济，则百分之九十五为社会主义及半社会主义……因此，合作社办好，走上正轨，是我们国家走向社会主义的关键。"④ 对于国家与合作社之间的关系，刘少奇认为是相互帮助的关系，"国家在许多方面去帮助合作社，反转过来，合作社又在各方面帮助了国家。"⑤

---

① 列宁全集第 43 卷. 人民出版社，1987.
②③ 中共中央文献研究室，中华全国供销合作总社. 刘少奇论合作经济. 中国财政经济出版社，1987：2。
④ 中华全国手工业合作总社，中共中央党史研究室. 全国手工业合作化和城镇集体工业的发展. 中共党史出版社，1992：33.
⑤ 中共中央文献研究室，中华全国供销合作总社. 刘少奇论合作经济. 中国财政经济出版社，1987：20.

（二）对集体所有制的理论阐述

恩格斯首先使用了"集体所有制"的概念。"集体所有制"的概念由恩格斯在1843年《大陆上社会改革运动的进展》中首先使用。"欧洲三个文明大国——英国、法国和德国——都得出了这样的结论：在集体所有制的基础上来改变社会结构的那种急剧的革命，现在已经是急不可待和不可避免的了。"① "只有经过以集体所有制为基础的社会革命，才能建立符合他们抽象原则的社会制度。"② 马克思也曾多次使用集体所有制的概念。马克思在《给维·伊·查苏利奇的复信草稿》中多次提到集体所有制。"总之，资本主义制度正经历着危机，这种危机只能随着资本主义的消灭、现代社会的回复到'古代'类型的集体所有制和集体生产的最高形式而结束。"③ "农村公社的这种发展是符合我们时代历史发展方向的，对于这一点的最好证明，是资本主义在它发达的欧美国家中所遭受的致命危机，而专制危机将随着现代社会回复到古代类型的最高形式，回复到集体生产和集体占有而结束。"④ 可见，马克思和恩格斯的集体所有制是他们所构想的理想社会中的制度形式，是一个"每个人的自由发展是一切人的自由发展的条件"的联合体。⑤ 他们所指的"集体所有制"与"社会所有制"、"共同占有制"是同义词，都是指在理想社会中生产资料归全体社会成员共同所有。

中国使用的集体所有制概念来自斯大林。1927年苏联在粮食危机背景下推行农业集体化时，斯大林谈道："把农户引上合作发展的轨道，毕竟只是使农业转上集体制轨道的一些准备措施"，农业的唯一出路是"按照集体化路线联合起来和合并起来"，组成"公共集体耕种制"的"大农庄"，即集体农庄。在斯大林看来，合作社的发展只是向集体制转变的准备，而集体所有制是否定个人所有制的。在1930年苏联中央执行委员会和人民委员会批准的《农业劳动组合示范章程》中规定，"全部牲畜、农具、出产的产品、全部种子、饲养公有化牲畜所需的饲料、劳动组合所必需的经营用建筑物，以及全部农产品加工企业，都应当实行公有化，劳动组合的土地在任何情况下都不能减少，禁止分给退出组合的人"。为了对苏联现实作理论上的论证，在斯大林亲自指导下由苏联科学院经济研究所

---

① 马克思恩格斯全集第1卷. 人民出版社，1995：575、590.
② 马克思恩格斯全集第23卷. 人民出版社，1972：829.
③ 马克思恩格斯全集第19卷. 人民出版社，1963：436~437.
④ 马克思恩格斯全集第19卷. 人民出版社，1963：439.
⑤ 马克思，恩格斯. 共产党宣言. 马克思恩格斯选集（第1卷）. 人民出版社，1995：294.

编写的《政治经济学教科书》对这种理论作了最权威的论述,这本书中写道:"社会主义公有制有两种形式:国家全民所有制和合作社集体农庄所有制。"其中,"国家所有制是社会主义社会中占优势的、起主导作用的所有制形式",集体所有制是在农业生产力发展水平不够高的情况下作为一种权宜之计保留下来,当农业生产力得到一定程度的提高,集体所有制就应当逐步向全民所有制过渡。

苏联的集体化只局限于农业,苏联工业的发展既不允许私人投资办厂也不允许属于社会主义性质的集体农庄办厂,采取的是由国家投资举办全民所有制的国营工厂。据统计,在苏联工业产值中,全民所有制在1924年占76%,1928年增加到82.4%,1937年又增加到99.8%,1978年达到100%。与苏联相比,中国在解放初的生产力更加落后、就业压力更大,因此在运用集体所有制经济时比苏联又有所发展,除了在农村全面实行集体经济,为了把城镇的手工业者组织起来发展生产和安排就业,集体经济又拓展到城镇范围。于是,中国的集体经济分为农村和城镇两个部分,农村部分是指乡镇及其所辖村组的集体经济,城镇部分是指县镇和上级城市及其所辖街道的集体经济。

三、世界合作经济现状及发展趋势

世界多数国家的集体经济多是以合作经济的形式出现的。研究世界合作经济的发展对中国集体经济的改革与发展有重要的借鉴意义。

(一)合作经济在全世界范围内的发展

合作社运动是因为市场经济的发育和资本主义生产方式的痼疾而产生和发展的。在资本主义条件下,处于弱势地位的小生产者、低收入的消费者,为了抵御工业资本和商业资本的盘剥,联合起来,兴办合作社,实现了就业,改善了生活处境,提高了竞争地位,这顺应了市场经济发展需要,也解决了弱势群体的具体生存问题。资本主义国家政府一般会从政策上给予扶持,支持合作社运动。

进入20世纪以后,合作社发展的范围越来越广,涉及的领域越来越多。目前,合作经济已遍布五大洲的160多个国家和地区。仅参加国际合作社联盟的就有94个国家的234个会员组织,参加各类合作社的社员有8亿人,在合作社就业的员工有1亿多人。

合作经济在世界范围内发展具有良好的环境。国际合作社联盟从

1895年成立至今已有100多年的历史，它不受政治倾向和宗教信仰的限制，致力于以合作制原则推进合作经济发展，设有农业、工业、渔业、银行、保险等工作委员会，近几年特别注重支持发展中国家发展合作经济。供销合作社1985年加入国际合作联盟，中国手工业合作总社也开始参与国际合作联盟下设的工业和手工业合作委员会的活动。联合国作为世界合作社的中心协调组织，有合作项目支持合作社。联合国设立的国际劳工组织也一直从保护劳工权益、创造就业等方面支持合作社运动。2002年6月，第90届国际劳工组织通过了促进合作社发展的建议书，这是目前国际上支持促进合作社发展的纲领性文件。联合国从1994年起把7月5日定为"联合国国际合作社日"，联合国秘书长每年对合作社发展致辞，提出建议和要求。

但是，由于世界各国在政治、经济、文化上的差异，不同国家对合作经济内涵的理解和认识存在差异，合作经济在各国的发展的社会环境和法律环境也有所差异，导致各国合作经济的发展道路和发展模式的不同，发展规模也不相同。合作经济在世界范围内曾经有过挫折，但整体上并没有因为时代变迁、制度变革、体制转轨而有所停滞。相反，人们对合作经济的地位、作用、基本原则和社会价值形成了广泛的共识。

(二) 合作经济在世界范围内的发展趋势

研究合作经济产生发展的规律，可以发现合作经济呈现以下发展趋势：

一是合作经济是世界经济发展的一个重要潮流。市场经济的发展为合作经济发展提供了生存发展的基本条件。目前，世界大多数国家都确立了市场经济制度，市场经济的优胜劣汰使弱势的小生产者或者共同的利益群体联合起来成为必要。联合国大力提倡兴办合作社，通过社员的联合和互助，以便帮助人们改变竞争中的弱势地位，改变人们生存发展的环境。世界各国都非常重视合作经济的发展。各国加入合作组织的人数占有相当大的比例，合作组织在各国经济中也占有相当重要的地位，对解决各国的就业问题发挥着重要的作用。例如，在日本，3个家庭中有1个加入合作组织，有91%的农民加入合作社；新加坡有50%的人口加入了合作组织；美国有40%的个人是合作组织成员；德国有2000万人口是合作组织成员，占总人口的25%；芬兰有62%的家庭加入合作组织。在美国，30%的农产品通过合作社销售。在比利时，合作制药业占19.5%的市场份额。合作社在全世界提供了2亿个就业岗位，比跨国公司创造的就业岗位还多20%。德国8106个合作组织提供了44万个就业岗位；法国2.1万个合作组织提供了 70 万个就业岗位。在哥伦比亚，合作社提供的就业岗位分别占医疗行业的 23%、交通部门的 18%、工业部门的 13%、金融部门的 11%、农业部门的 9%。

二是合作经济以多种形式发展。随着市场经济的发展，商品生产和交换的专业化、社会化、现代化特点越来越突出，市场机制越来越强化，合作经济在筹资方式、经营体制、产权制度、分配原则等方面与市场经济相结合的要求越来越迫切。合作经济只有以多元化、多样式、多层次发展才能适应这个总趋势。①经营体制上的灵活性。专业化经营、区域化经营、综合性运营的多种经营模式的存在；单层经营、双层经营和多层经营相结合；有两权合一的直接经营，也有两权分离的承包、租赁及委托经营。②联合方式的多样化。有的以劳动联合为主，有的以资本联合为主，还有的是劳动联合与资本联合结合；有劳动者和消费者的直接联合，也有合作社、集体企业、股份合作制企业和股份公司的联合；等等。③产权占有形式的多元化。在产权制度上，在维护劳动者、消费者个人产权的基础上，使资本社会化占有。有的在个人所有权的基础上实行生产资料共同占有（或称合作社、企业及公司集体占有）。有的实行个人所有和集体共有相结合，有的集体共有资产所占比例大一些，有的小一些，而多元投资主体的往往是混合所有制。④多种分配方式兼顾。分配原则上，有的按劳动惠顾返还，有的按交易额惠顾返还，有的按劳动和资本共同分享盈余。⑤企业制度的特色性。在企业制度上，以劳动者的劳动联合为主的属于合作制，以消费者资本联合为主的也属于合作制，以劳动者的劳动联合与劳动者的资本联合相结合的属于股份合作制，以劳动者的资本联合为主的属于股份制（包括股份公司和有限责任公司）。

三是合作经济坚持合作制基本原则和价值准则。罗虚代尔原则对合作经济的成功发展具有重要的影响，可以说，没有罗虚代尔原则的再完善，现代合作经济可能会走一些弯路。西班牙蒙德拉贡联合公司就是该原则的受益者，它们使用这个原则使合作社得到长足发展。罗虚代尔原则对于新的合作原则的制定也有重要的意义。1995 年国际合作联盟发表《关于合作社界定的声明》和 2002 年联合国国际劳工组织通过《合作社促进建议书》，对国际合作社原则做出了新的更为全面的规定。国际合作社原则分为两个部分：①合作社的价值原则，包括自助、自担风险、民主、平等、公平与团结以及诚信、开放、社会责任与关怀他人；②合作社的经营原则，包括入社自愿、退社自由、民主管理、成员经济参与（指投资入股）、自治与独立、教育、培训与信息、合作社之间的合作以及关注社区。作为世界性标准的国际合作社原则是社会经济历史发展的重大成就。尽管各国各类合作经济组织差异很大，大部分合作组织都坚持了国际合作社基本原则。例如，发达国家合作社实行了股份公司制改造，它们不允许少数人控股，从不以营利为目的变成企业化的营利单位，仍坚持合作社的利润按股返还，成员持股与交易额挂钩，体现了合作的价值和经营原则。

第二节 中国集体所有制经济的理论述评

一、城镇集体经济研究述评

在中共十一届三中全会以前，中国学术界还没有把城镇集体所有制经济作为一个重要的理论问题来研究，就连城镇集体所有制的概念都没有确定下来。中国对城镇集体所有制经济的认识沿用的是苏联社会主义模式中对集体经济的界定，即把集体所有制经济视为私有制向全民所有制过渡的、与国有经济相对应的社会主义公有制的低级形式。1979年年初，中国社会科学院拟订经济科学规划提出了100个需要研究的现实经济问题，首次提出要把城市集体所有制经济作为一个重要的课题进行研究。1980年，中国社会科学院马列主义研究所、经济研究所、轻工业部等单位发起和筹备的全国城市集体所有制经济理论讨论会，是新中国成立以来第一次全国性的城市集体经济专题理论讨论会。20世纪80~90年代中期，城镇集体经济的快速发展推动了理论界对城镇集体经济的研究，这一时期几乎每年都有全国性或地区性的城镇集体经济研讨会召开。20世纪90年代中后期以后，随着城镇集体经济规模逐渐缩小，人们对城镇集体经济的关注度也逐步降低，除了城镇集体经济系统内部人员还在进行讨论，来自集体经济系统以外的政府机构和学术界的关注越来越少。图4-1显示的信息可以明显反映出这种趋势。我们对1979~2006年的中国期刊网收录的核心期刊以关键词"城镇集体所有制"进行搜索，对搜索到的文章数量进行分析后发现，20世纪90年代中期前后是学术界对城镇集体所有制研究较多的年份，其中以1994年的学术文章数量为最多，论文数为80篇。1997年有论文69篇，位于论文数的第二位。随着城镇集体所有制经济的衰退，到20世纪90年代后期以后除了个别年份，对城镇集体所有制经济研究的

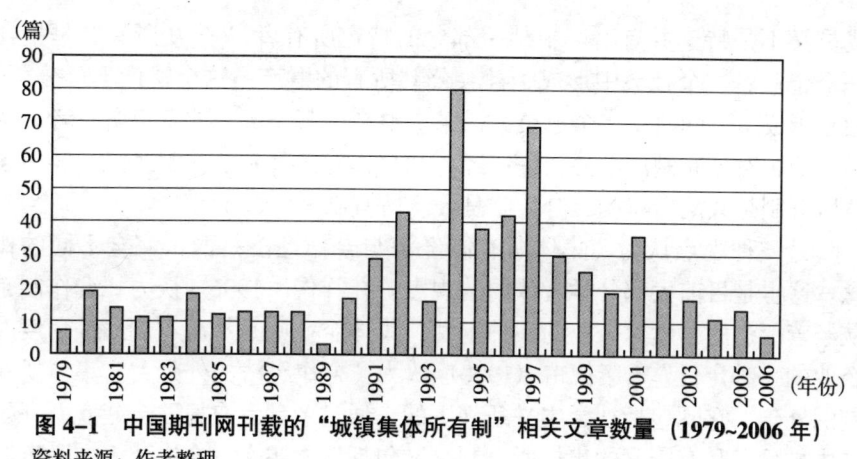

图 4-1　中国期刊网刊载的"城镇集体所有制"相关文章数量（1979~2006 年）
资料来源：作者整理。

文章呈现逐年递减的趋势。

从研究领域的集中度进行分析，发现学术界对城镇集体所有制经济的研究大致集中在三个方面：一是城镇集体所有制经济性质，二是城镇集体企业改革过程中出现的问题，三是城镇集体所有制经济的发展前景。

（一）对城镇集体所有制性质的讨论

人们普遍认为城镇集体经济在实际操作中实行的是"二国营"的经营模式。对城镇集体企业的"二国营"经营模式，有人认为城镇集体所有制经济实质是各级政权所有，政权机关利用行政手段把经济组织隶属于各级行政组织之下；有人认为城镇集体经济是国家所有制和集体所有制相结合的所有制，或称国家集体所有制；还有人认为城镇集体经济形式上是集体所有制，实际上是国家所有制。

对城镇集体经济性质的讨论集中在如何看待城镇集体所有制经济与合作经济的关系上。长期以来，中国宪法和大多数人都把集体经济等同于合作经济，随着中国市场经济体制的逐步建立，产权理论也逐渐被学者所认同，人们开始重新认识集体经济和合作经济这两者的关系。其中有代表性的观点主要有两种。

一种观点认为，集体经济和合作经济都是公有制经济。董辅礽（1997）提出存在两种公有制：一种是公众所有制，另一种是共同所有制。共同所有制是指形成了一个地区、一个国家中成员的共同财产，但每一个成员又不是特定共有财产中某一部分的特定所有者;①公众所有制是指在一个企业、一个社会中形成了社会公共所有的财产,这个财产不可分割,独立于成员,同时每一个成员又是某一财产的某一部分的特定所有者。按照董辅礽对公有制的划分,集体经济和合作经济都是公有制经济,其中集体所有制是共同所有制,合作制是公众所有制。

另一种观点认为,集体所有制经济与合作经济是两个完全不同的概念。这也是目前大部分学者认同的观点。孔祥俊(1996)认为"合作制是从经营形态的角度对企业的一种定性,集体企业则是从所有制属性角度对企业的一种定性"。②康德珺(1990)认为"合作经济的外延大于集体所有制的外延,它既包括社会主义条件下的,通过劳动者自愿联合建立并在发展中排除了私有因素的集体所有制,又包括资本主义社会中建立在私有制基础上的合作经济"。③唐宗焜(1998)详细比较了合作经济和集体经济之间的原则区别,认为两者在组织目标、产权结构、组织结构、分配结构和社会地位上都存在差别。④

(二)对城镇集体企业改革中存在问题的讨论

20世纪80年代初期,对城镇集体企业改革的讨论集中在政企关系问题上。齐翔延等(1980)认为城镇集体企业已是徒有其名,实际上不是集体劳动者所有而是各级政府所有,国家政府机关利用行政手段把经济组织隶属于各级行政组织之下。⑤齐翔延等将其称之为"政权经济",认为要使城镇集体经济发挥其应有的作用,就必须政企分开,保护和尊重城镇集体所有制企业的所有权和自主权。晓亮(1980)也认为恢复城镇集体所有制性质的关键是政企分离,恢复1957年以前手工业合作社实行的一套制度方法。作为一种与之相反的改革思路,⑥白拓方(1980)认为,既然"大集体"已经出现了吃"大锅饭"的经济弊病,一种可能的改制方案是把"大集体"企业改为名副其实的地方国营企业,或者是改为地区社会所有的公营企业,这种地方公营企业既不是地方国营性质也不是集体性质,而

---

① 董辅礽.公有制与股份制.商业经济研究,1997(10).
② 孔祥俊.中国集体企业制度创新——公司制、合作制、股份合作制.中国方正出版社,1996.
③ 康德珺.论合作经济与集体所有制的基本问题.中国政法大学学报,1990(4).
④ 唐宗焜.重建合作制.浙江经济,1998(1).
⑤ 齐翔延,彭克宏.把政权经济改变成真正的劳动人民集体所有制.城镇集体所有制经济研究.人民出版社,1980.
⑥ 晓亮.恢复城镇集体所有制的本来面目.城镇集体所有制经济研究.人民出版社,1980.

是一定地区范围内的社会公有制。①

20世纪80年代中期,学术界开始展开对城镇集体企业产权改革问题的讨论。李肖书(1985)认为,长期以来集体所有制的共同共有被片面地理解为完全的公共所有,共同共有应包含两个内容:一是公共所有,即在一个集体企业内部有部分生产资料归全体成员公有,用来增进全体成员的福利;二是个人所有,即在这个集体企业内部还有一部分生产资料属个人所有,是个人参加这个集体联合劳动的一份证券。主张实行"资产股份制",在对企业资产全面清理后,剩余资产化作股份,分为集体所有和职工所有两个部分。四川省青年财政金融研究协会、成都制药化学厂合写的《城镇集体企业"资产股份化"可行性研究报告》中认为,城镇集体经济中确定企业与职工的正确关系,应该是从所有制上承认全体职工对其企业资产的所有权、支配权和使用权,因此可供选择的基本改革方案之一就是实行资产股份化,将企业自有资产净值按一定的比例(如7:2:1),按全厂职工的工龄、技术与管理等级、对本厂的重大贡献三项,计算每个职工所分的资产,并发给相应的股票。

到了90年代,产权改革成为城镇集体企业改革的重点内容。晓亮(1996)认为,"民有、民办、民享"是集体合作经济的生命力所在,其中"民有"是核心,城镇集体企业的改革应以产权为核心,变"官办"为"民办",解决产权不清晰的问题,使职工成为企业真正的所有者。②周放生(2003)认为,党的十五大报告提出的"劳动者的劳动联合和劳动者的资本联合为主的集体经济,③尤其要提倡和鼓励"实质上承认了集体经济中劳动者可以拥有个人产权,是对集体经济概念的正本清源。

从20世纪90年代开始,股份合作制以其实现了"劳动者的劳动联合和劳动者的资本联合"成为城镇集体企业产权改革的重要形式,学术界也展开了对股份合作制的热烈讨论。对于股份合作制的股份制与合作制相结合的这种特点,学术界的观点大致又可以分为两类:一类观点认为,股份合作制同时吸收了股份制与合作制的优点,克服了各自的弱点和弊端,是一种独特的、新型的企业产权制度;与之对立的观点则认为,企业要么实行股份制,要么实行合作制,不可能既实行股份制又实行合作制,股份合

---

① 白拓方. 关于城镇"大集体"企业经济体制改革的模式. 城镇集体所有制经济研究. 人民出版社,1980.
② 国务院研究室工业交通司. 新时期城镇集体经济的改革与发展. 中国言实出版社,1996.
③ 周放生. 集体企业改革,路在何方. 经济日报,2003-04-20.

作制不能成为一种规范的制度。经过十年多的发展，股份合作制的问题越来越多地暴露出来，理论界对此的看法也逐渐趋于一致，即认为股份合作制存在内在的制度缺陷，不能成为一种规范的制度形式。

对于城镇集体企业改革过程中需要关注和解决的问题，唐宗焜（2003）认为集体企业改制过程中，首先要保障的是集体企业特别是集体企业职工应有权益的问题，不然改制很可能成为对集体企业和集体职工的又一次剥夺。周放生（2003）全面总结了中国集体经济目前存在的问题：一是产权问题，包括产权的主体不清晰、产权的归属模糊、产权界定困难；二是如何实现集体职工由"企业人"身份向"社会人"身份转变的问题；三是国有企业所办的集体企业的改制问题；四是集体企业退休职工的利益保障问题；五是集体资产的流失严重问题；六是手工业合作社、供销合作社的管理体制改革问题；七是政策环境问题；八是集体经济、集体资产、集体企业的概念、内涵及法律关系问题。

（三）对集体所有制经济发展前景的讨论

对于城镇集体所有制的发展前景，绝大部分学者认为传统的集体所有制经济已经不适应市场经济发展的需要，应该趋于消亡。罗云毅（1999）从集体经济制度中劳动与资本关系的角度进行分析，认为集体经济制度的内在缺陷在于劳动与资本的矛盾，即根据什么来分配劳动成果的矛盾。如果"偏重"于劳动者的劳动贡献，则资本的收益必然受影响，反之如果"偏重"于投入资本的份额，则劳动者的积极性就可能受到影响。集体经济实行按劳分配，排斥或抑制资本获取收益，将导致集体企业难以获取外部资本以及集体企业内部资本的流失，使企业难以持续发展，因此传统意义的集体经济将由于其内在缺陷而必然趋于消亡。周放生（2003）认为现代集体经济就是市场经济条件下的合作经济，实现"劳动者的劳动联合和劳动者的资本联合"。他从产权的角度进行分析，认为市场经济最大的特点是通过市场来实现资源的最佳配置。通过产权自由流动、自由交易来实现资源的最佳配置，集体企业的产权不明确，产权不明确就无法进行交换的，无法进入最佳配置的交易过程，所以集体经济制度必然在市场经济的过程中被淘汰。晓亮（2003）从集体所有制对外部环境的适应情况的角度进行分析，认为在20世纪80年代由于市场物资紧缺，集体企业的自主权相对比国有企业有较多的灵活性，所以城镇集体经济不改革也能维持下去，甚至还有所发展；而到了20世纪90年代，当市场经济改革取得进展，个体、私营经济、外资经济迅猛发展，市场上出现买方市场时，集体经济的体制弊端便暴露出来。因此，集体制萎缩、合作制发展是符合客观规律的，集体经济这种官办体制已经走到了它的尽头。唐宗焜（2003）也认为集体制作为计划经济的产物，在市场经济中的萎缩和消亡是客观趋势，谁也挽救不了，当前集体经济政策要解决的问题是集体企业改制的问题，而不是去挽救集体企业免于消亡的问题，合作社经过100多年成功经验的证明，是市场经济不可缺少的一种经济组织形式，其发展是不可阻挡的。

面对传统集体经济走向衰落已是必然趋势的事实，二轻联社系统提出了"新型集体经济"的概念。他们在承认传统集体经济已经不适应市场经济的发展的同时，提出要发展集体经济的新形式。他们认为新型集体经济组织的特征是：在产权制度上，劳动者有个人所有权和共同所有权；在分配制度上，实行按劳分配为主与各种生产要素参与分配相结合；在实现形式上要多样性，包括以共同共有和按份共有相结合、以集体资产共有为主的城镇集体企业、以劳动者"两个联合"为特征的股份合作制企业、以劳动者个人财产出资组建的合作制企业、由职工持股并有控制权的有限责任公司、股份有限公司和企业集团、由集体资本控制或参股的混合所有制企业等。

还有的研究者详细设计了集体所有制今后发展的制度形式。孔祥俊（1996）认为集体所有制的发展方向是中介所有制形式。[①] 中介所有制是以个人或国家为终极利益享有者的法人所有制，法人与终极利益享有者之间通过制度化的渠道，将中介的经济利益输送给终极享有者。现行集体所有制转化而成的中介所有制以原集体组织转化成的法人为人格化的归属主体，以原集体成员个人为终极利益享有者，体现在法律上，赋予法人的是所有权，赋予个人的是股权或社员权；所有权代表了法人的中介利益，股权、社员权代表了个人的终极利益，并且这两类权利通过一系列法律制度设计而联结起来，从而形成以法人所有权为表现形式、以终极利益享有者的终极利益为终极去向的所有制形态。

[①] 孔祥俊. 中国集体企业制度创新——公司制、合作制、股份合作制. 中国方正出版社，1996.

二、中国农村集体经济研究述评

(一) 人民公社体制研究和总结

人民公社制度曾作为中国农村的基层社会组织形式，前后存在了 20 余年，对中国农村的政治、经济和文化的发展产生了极为深远的影响。人民公社制度的出现并非是一个偶然的历史现象，是在特定历史条件下寻求中国农村社会主义现代化道路的一次大胆探索与尝试。中共十一届三中全会后，人民公社原有的体制在农村经济体制改革中逐步改变。1983 年 10 月 12 日，中共中央、国务院根据《中华人民共和国宪法》中设立乡政府的规定，发出《关于实行政社分开建立乡政府的通知》，人民公社开始退出历史舞台，至 1984 年底全国基本完成这项工作。至此，农村人民公社制度已不复存在。

凌志军 (1997) 以人民公社 27 年来所发生的重大事件为中心，真实地记录了人民公社产生、发展、终结的过程，描绘了人民公社历史上各种各样的人物；通过农村的历史透视当代中国的历史，通过农村的改革透视社会主义运动的改革。[①] 宋连生 (2002) 重点研究了总路线、"大跃进" 和人民公社制度的形成过程。全面详尽地叙述了总路线、"大跃进" 和人民公社的来龙去脉和台前幕后的全过程，真实而客观地记录了这一过程中发生的一件件惊心动魄的重大事件，生动再现了活跃在这个过程中的一个个不同面孔的历史人物，深刻透视了 "三面红旗" 兴落的历史背景和主客观因素。[②] 张乐天 (1998) 以浙江北部一个普通村庄——联民村为研究对象，细致地描绘了人民公社制度下普通农民生活的方方面面，贯穿其中的是人民公社与传统村落之间的矛盾、冲突和融合。从政治、经济、文化、生活等多方面对人民公社进行了全面深入的考察与研究，不仅重新展现了人民公社的基本面目，而且提出了不少饶有创见的学术观点和一些值得认真思考的社会问题。[③]

在理论上，农业生产中公社制度是否比以家庭为单位的生产制度更有效率，一直是一个没有结论的难题。20 世纪 60 年代以来，许多经济学家

[①] 凌志军. 历史不再徘徊——人民公社在中国的兴起和失败. 人民出版社，1997.
[②] 宋连生. 总路线大跃进人民公社化运动始末. 云南人民出版社，2002.
[③] 张乐天. 告别理想——人民公社制度研究. 东方出版中心，1998.

的研究表明，集体（合作）农作制度从长期来说效率不会比单干制度更低。但是这种理论无法解释现实中公社体制普遍失败这一现象。不过，经济学家大都在以下这一点上达成共识：农业合作组织中的激励不足是公社运动失败的重要原因。

陈剑波（1994）分析了人民公社的失败的原因：对土地、劳动力、剩余收益的产权的弱化；代理人的两难选择；生产队中监督成本太高；等等。林毅夫对合作组织失败的原因提出了一个新的解释，[1] 他否认了传统的几种解释：三年自然灾害、集体中的管理不善、因为集体规模过大而导致的激励问题。[2] 他提出，在合作化的自愿阶段（1952~1957年），由于存在参加者的退出权（Exit Right），合作组织中可以形成自我执行的契约，这弥补了合作组织中监督不足的缺陷。而在1958年之后，国家剥夺了农民的自由退出权，从而导致合作组织中成员之间的博弈由无限重复的博弈变成了一次性博弈，相应地，自我执行的契约也不复存在。监督既然不可能，而组织中成员又无法退出，因此合作组织达成低努力均衡，这就是危机的最主要的原因。通过这一解释，林毅夫也解释了中国的农业公社组织失败的原因。他的这一理论暗含着一个结论：社员的自由退出权，是保证公社制度成功的"必要条件"。

周其仁（1994）分析了中国集体农业生产制度的激励不足之后，指出集体生产的监管有效性是由监管者享有剩余索取权来保证的。[3] 当产权受到侵蚀时，剩余索取权激励机制势必受到削弱。如果集体生产确实具有规模经济效果（即合作生产的总和大于个别生产者分别产出之和），那么所有权即剩余索取权将为实现此种规模经济提供制度保障。把国家引入中国农村所有权制度的建立和变迁史中，以便理解中国农村改革的内在动力。

（二）农村集体企业产权与效率研究

陈剑波（1995）在对200家样本企业进行实证分析后发现，[4] 样本企业的资源并未达到最优配置，乡镇企业的所有权结构对于其资源配置，带来非效率的一面。他认为，在所有权不明确，经营目标是由政府、社区、企业自身"三位一体"构成的乡镇企业（指乡村企业）中，由于存在着企

---

[1] 林毅夫. 制度、技术与中国农业发展. 上海三联书店, 1994.
[2] 林毅夫. 再论制度、技术与中国农业发展. 北京大学出版社, 2000.
[3] 周其仁. 中国农村改革——国家和所有权关系的变化. 中国社会科学季刊（香港），1994.
[4] 陈剑波. 人民公社的产权制度. 经济研究, 1994 (7).

业与政府、社区间交易费用，资本要素的使用成本超过其边际生产率，其资本利用效率开始处于下降阶段；劳动力资源利用的相对不充分，工资成本的过快增长不仅影响了企业净剩余的增加，同时也扭曲了劳动力资源的供求状况。

刘小玄（1995）则把乡镇企业的高效率归结于企业与地方政府关系的成功。作为国有企业所有者的国家，要考虑较多的利益和目标，这些要与企业所追求的利益与目标完全达成一致，那是不可能的。[①] 代理国家来管理企业的政府管理部门并不与个别企业的利益直接相连，及时解决企业所面临的问题，由于还受到其他政府管理部门的制约，往往存在着企业积极性不足的状况。但在另外一方，作为乡镇企业所有者的乡镇村政府，处于政府等级系统的最低位置，带有明显独立的利益，而且只考虑自己所属社区的利益。乡镇企业除了为社区内的劳动力提供就业机会外，还是乡镇、村政府的重要的资金来源。由于两者的利益是相互紧密地连接在一起的，乡镇、村政府也直接成了乡镇企业的保护者与促进者。李稻葵（1995）提出了与传统的产权概念不同的"模糊产权"概念，并以乡镇企业为例构筑了模糊产权理论。[②] 他从理论上证明，在市场不完善的条件下，许多交易行为具有潜在的非法性和巨大的交易成本，这使模糊产权成为一种企业家们自愿选择的、相对有效率的从而具有积极意义的制度安排。他认为，采取什么样的制度安排，取决于交易费用；在不同的制度环境下，都会有一种产权制度是最佳选择；这种产权制度未必是界定清晰的私有产权制度；那么由政府参与的企业产权以及这种安排的不明晰性，反而在中国经济制度的过渡时期成为一种最佳的产权安排。当然他也指出，从长远的角度看，当市场完善以后，当行政干预减少以后，模糊产权又是不合理的，没有前途的，而且效率会变得低下。田国强（1995）依据现代经济理论中的经济机制设计理论提出，即使在公有制下，通过制定适当的激励机制，也可以实现资源的有效配置。[③] 他认为，乡镇企业具有较高效率的主要原因，就在于一个经济机制运行良好，能够导致资源有效配置的最基本的四个先决条件，即承认人的自利性、给予人们经济上的选择自由、实行分散化决策、导入激励机制得到了较好的满足。产权明确界定的市场经济机制是唯一既导致资源有效配置又具有最小的运行成本的经济体制。随着经济体制

---

① 刘小玄. 国有企业与非国有企业的产权结构及其对效率的影响. 经济研究, 1995（7）.
② 李稻葵. 转型经济中的模糊产权理论. 经济研究, 1995（4）.
③ 田国强. 中国乡镇企业的产权结构及其改革. 经济研究, 1995（3）.

转型的深入,当市场体系和产权明确的企业具有一定规模时,乡镇企业的竞争优势就越来越小,于是就需要对乡镇企业进行产权明晰化的改革。

周其仁(1997)认为,在浙江省东阳县横店集团的产权模式下,企业家付出的努力和贡献与以控制权为主的总回报相对称;企业家控制权的基础是企业家的人力资本而不是物质资本;企业家控制的公有制企业保持激励相容的条件是企业家必须在控制企业的岗位上,而且在位企业家必须绝对地和相对地保持其人力资本质量的竞争优势。[1] 周其仁(2002)还揭示了农村集体企业产权演化的逻辑链条:控制权转移和经理报酬与企业剩余挂钩——通过租赁制和股份合作制企业家取得完整的剩余索取权,这种权利的资本化——以交易企业产权为中心的地方资本市场的形成。[2]

---

[1] 周其仁."控制权回报"与"企业家控制"的企业.经济研究,1997(5).
[2] 周其仁.企业产权制度改革和企业家人力资本,载于产权与制度变迁.社会科学文献出版社,2002.

第五章　新型集体经济在未来中国的发展

第一节　新型集体经济的本质及实现形式

中共十五大报告提出："劳动者的劳动联合和劳动者的资本联合为主的集体经济，尤其要提倡和鼓励"。"新型集体经济"概念应运而生。中共十六大要求积极推行股份制，发展混合所有制经济。中共十六届三中全会进一步明确股份制应成为公有制经济的主要实现形式。中共十五大报告指出："股份制是现代企业的一种资本组织形式，有利于所有权与经营权的分离，有利于提高企业和资本的运作效率，资本主义可以用，社会主义也可以用。"中共十七大明确提出，推进集体企业改革，发展多种形式的集体经济、合作经济。这些重要论述为中国今后的集体经济和合作经济改革发展指明了方向。目前的关键是，进一步探索社会主义市场经济条件下的集体经济和合作经济的具体实现形式，进一步厘清和逐步妥善解决集体经济和合作经济发展中的历史遗留问题，进一步发展符合市场经济需要、具有中国特色的新型集体经济。

一、新型集体经济是中国集体经济发展的方向

（一）新型集体经济的基本内涵

《中华人民共和国宪法》（以下简称《宪法》）对集体经济进行了明确规定。新的《宪法》修正案第六条规定："中华人民共和国的社会主义经济制度的基础是生产资料的社会主义公有制，即全民所有制和劳动群众集体

所有制。社会主义公有制消灭人剥削人的制度，实行各尽所能、按劳分配的原则。国家在社会主义初级阶段，坚持公有制为主体、多种所有制经济共同发展的基本经济制度，坚持按劳分配为主体、多种分配方式并存的分配制度"。第八条规定："农村集体经济组织实行家庭承包经营为基础、统分结合的双层经营体制。农村中的生产、供销、信用、消费等各种形式的合作经济，是社会主义劳动群众集体所有制经济。""城镇中的手工业、工业、建筑业、运输业、商业、服务业等行业的各种形式的合作经济，都是社会主义劳动群众集体所有制经济"。并规定："国家保护城乡集体经济组织的合法的权利和利益，鼓励、指导和帮助集体经济的发展。" 2007 年 3 月 20 日公布的《中华人民共和国物权法》，明确了集体财产的范围、归属，明确规定"集体所有的财产受法律保护，禁止任何单位和个人侵占、哄抢、私分、破坏"，加强了对集体经济成员合法权益的保护。

"新型集体经济"是在社会主义基本经济制度逐步完善和社会主义市场经济体制逐步完善基础上，以劳动者的劳动联合和劳动者的资本联合为主要经济纽带，并实行按份共有和共同共有相结合的集体经济。"两个联合"即"劳动者的劳动联合和劳动者的资本联合"体现了新型集体经济的本质。新型集体经济首先是劳动者的劳动联合。劳动者共同劳动，互助合作，发挥群体优势，谋取共同利益。新型集体经济又是劳动者的资本联合，它鼓励劳动者个人投资入股，享有集体企业资产的所有权。职工既是劳动者，又是所有者，成为企业真正的主人。"两个联合"是对传统集体经济不承认个人对拥有集体所有权的否定，它承认了集体资产的个人所有权及其相关的资产占有权、分配权。"两个联合"、"两种共有"为内涵的新型集体经济是在中国社会主义初级阶段对传统集体经济理论的继承和创新。

在中国现行法律框架下，集体企业可以根据"两个联合"的基本思想，从自身的实际情况出发选择多种产权形式。既可以根据对企业原有资产通过资产评估，将资产价值按一定比例量化到职工个人作为按份共有，同时也可以按一定比例量化为集体占有的共同共有；企业成员除了通过劳动合同建立劳动联合的关系、个人投资作为资本联合的关系，还可以通过民主讨论，制定企业章程来处理相互之间的关系。

(二) 新型集体经济的基本特征

集体所有制是"在社会主义条件下生产资料归一部分劳动者所有的公有制"。集体经济应该具有以下基本特征：一是自愿联合、自筹资金；二是共同劳动，按劳分配；三是民主管理、民主决策；四是实行独立核算，自负盈亏。但在实践中国传统的集体所有制企业已被异化。有相当一部分城镇集体企业由政府行政部门出资建立而并非来源于职工自愿联合。这种集体企业形成的特殊性，决定了其所有权并非真正是企业职工所有，而是归行政部门所有，经营管理者也是由政府机构委派，并明确赋予一定的行政级别，在生产经营、用工制度、分配制度、福利制度等方面都要接受政府的计划和政策约束，使企业成为政府的附属物。在经营模式上也普遍采用了"二国营"的经营模式。

新型集体经济最根本的特征是"两个联合"、"两种共有"，突出了个人在集体经济中的地位，使新型集体经济具有了不同于传统集体经济的特征：①产权主体更加明确。新型集体企业改变了集体资产名义上"人人有份，实际上人人无份"的弊端，实行集体资产按份共有、共同共有，产权明晰具体量化在企业资产账户上。②产权结构更加开放。新型集体企业由于实行"两个联合"、"两种共有"的产权制度，改变了传统集体企业产权结构的封闭状态。按照企业章程，企业可吸纳新的企业成员，按规定建立劳动联合、资本联合的关系，按照产权制度享受权利和承担义务。③管理决策更加民主化。新型集体企业按企业章程规定实行民主决策、民主管理、民主监督，在社会主义市场经济体制下自主经营、自负盈亏、自我发展，以市场主体身份在市场中独立开展生产经营活动。改变了传统集体企业政企不分、作为政府主管部门附属物的状态。④实行按劳按股分配，职工能够分享企业发展成果。新型集体企业实行按劳分配和按股分红（按份共有部分的分红）相结合的分配制度，共享集体经济的发展成果和保险福利。如果企业成员暂不参与劳动联合，在一定时期内可继续享受按份共有部分的按股份分红；如果企业新成员暂无经济实力参与资本联合，在一定时期内可以享受就业劳动并有按劳分配权利。"一定时期"的时限可以协商处理作为过渡，以利于集体企业的稳定发展和为社会承担一定的劳动者就业任务。⑤便于参与国际交流。新型集体经济实行"两个联合"、"两种共有"的产权制度，与国际合作社联盟以及国际合作运动的做法基本一致，可相互交流，有助于借鉴国际社会集体经济发展的有益经验，促进中国新型集体经济的发展，为中国社会主义初级阶段坚持和完善以公有制为主体、多种所有制经济共同发展的基本经济制度发挥积极作用。

二、新型集体经济的具体实现形式

"新型集体经济"概念的提出，有利于推进以产权制度为重点的集体经济改革。在社会主义市场经济体制下，新型集体经济采取多种实现形式，有利于巩固和壮大集体经济，有利于巩固和发展中国公有制经济力量。从改革实践来看，中国新型集体经济的实现形式有：①合作经济。主要是各类合作社、专业合作社等形式。这种实现形式一般是经济主体在初始时期或者经济规模较小时采取的实现形式。②混合所有制形式。这是城乡各产业、行业新型集体经济改革实践中采用的主要实现形式。主要表现为股份制、股份合作制企业、职工持股有限责任公司、由各级联社控股的股份制也是混合所有制的实现形式。在投资主体多元化中要看谁是主要的出资者，国家独资和国家控股的企业为国有经济，而由各级联社控股的企业则应列为集体所有制经济。新型集体经济组织形式多样化，对中国经济社会健康发展是有利的。这些形式多样的新型集体经济的发展，将为社会提供大量新的就业机会，缓解中国目前面临的就业压力，调动广大职工的积极性，为全面建设小康社会做出应有的贡献。

（一）新型农村合作经济组织

1895年第一届国际合作社代表大会成立了国际合作社联盟，并通过《国际合作社联盟章程草案》，提出了"罗虚代尔原则"，向全世界各国广泛宣传合作社的基本精神。1995年国际合作社联盟100周年大会上又对合作社做了重新界定，认为"合作社"是人们自愿联合、通过共同所有和民主管理来满足共同的经济和社会需求的自治组织。确定了合作社的基本价值为"自助、民主、平等、公平和团结"，并把合作社的基本原则修订为"自愿和开放、民主管理、经济参与、自主和自立、教育、培训和信息、关心社区"七项。这些基本原则也为中国发展新型合作经济提供了指导和借鉴。

在现代合作社发展中，生产合作社和非生产合作社在各国都有所发展。非生产合作社是以提供消费、信用、保险和住宅等服务为主的合作社。这种合作社在城市中存在较多，是市场经济发展到较高阶段的必然产物。生产合作社主要是从事各种制造业、建筑业、运输业等各种生产活动，并主要把产品和服务提供给公众的合作社。社员是合作社的联合所有者，社员自我雇佣、自我管理、自我承担风险。社员对企业的参与包括资金投入、参加生产劳动和参与决策，社员的生活来源主要依靠合作社的收入。

由于中国对城镇集体经济进行产权改革的趋向是建立混合所有制经济和股份制经济，合作经济在城市中存在已经较少，真正的合作经济组织大多存在于农村，主要是各种新型农民专业合作社。它是在农村家庭承包经营基础上，以生产经营同类农产品的社员为主要服务对象的自愿联合、民主管理的互助性经济组织。根据经营活动的不同，专业合作社可以提供诸如农业生产资料的购买，农产品的销售、加工、运输、贮藏以及与农业生产经营有关的技术、信息等各种服务。农业专业合作社也遵守合作社的基本原则：①成员以农民为主体；②以服务成员为宗旨，谋求全体成员的共同利益；③入社自愿、退社自由；④成员地位平等，实行民主管理；⑤盈余主要按照成员与农民专业合作社的交易量（额）比例返还。

从总体上看，自改革开放以来出现的中国农村合作组织，发展还很不平衡，组织化程度也参差不齐，与国际合作社联盟所确立的合作社七条原则还有较大距离。如一些合作组织的利益机制还不完善，松散结合较多；合作社的独立性与决策的民主性还有待加强；国家与合作社还没有形成良性互动的关系；等等。尽管中国新型经济合作组织处于发展初期，存在这样那样的问题，但从未来发展看，中国农民合作经济组织将有十分广阔的发展空间。尤其是在那些技术、资本投入密集，产品保鲜周期短，产品交易频率高，距终端市场远，以及销售市场高端化的高附加值农产品的生产领域。农民合作经济组织将作为未来农业产业化发展中连接专业农户与农产品龙头企业、专业农户与终端市场，或联合农户直接进入农产品加工领域等的一种重要的组织方式，成为中国在 21 世纪农业经营体制创新的一个新亮点。

（二）改造和完善股份合作制

作为一种企业形式，"股份合作制"开始兴起于 20 世纪 80 年代中期，"股份合作制"的提法始于中共中央的 1985 年 1 号文件。中国最早的股份合作企业，是由农民在传统的集体乡镇企业以外自己兴办企业的一种形式，被中国决策层定性为"劳动农民的合作经济，劳动群众集体所有制经济"。[①] 作为中国自下而上形成、由上而下规范并推行的一种经济组织形式，股份合作制发展成为中国改革乡镇企业的一种主要形式。股份合作制

---

① 农业部. 农民股份合作企业暂行规定（第三条），1990–02.

在城市里的大规模发展是在20世纪90年代以后。1993年《中共中央关于建立社会主义市场经济体制若干问题的决定》明确指出，城镇集体企业也要理顺产权关系，区别不同情况可改组为股份合作制企业。在此之后，股份合作制就成为城镇集体企业改革的主要形式。

股份合作制是中国城镇集体企业不具备完全股份制改造条件时选择的一种企业组织形式。经过一段时间，股份合作制的机制问题逐渐暴露出来，理论界对股份合作制的看法逐渐趋于一致，即认为股份合作制本身存在内在的制度缺陷，不能成为一种长期存在的规范的制度形式。由于股份合作制内在的矛盾性，股份合作制在实践中必然会发生演变，其演变的基本方向有两个，即股份合作制转向规范的股份制，或者转向民营经济。为了规范股份合作制的健康发展，解决实践中存在的诸多矛盾，有关股份合作制的立法工作曾被提上议事日程，例如，从1995年开始，在1995年、1996年、1997年、1998年四年中相继有四个立法草案出现，但由于在立法中存在很多争议无果而终。因为股份合作制本身不是一种规范的企业制度形式，实践中的股份合作企业也是五花八门。随着中国改革实践发展，人们的思想也逐渐得以解放。越来越多的人倾向于认为股份合作制是中国在改革特定历史阶段的产物，是中国渐进式改革的过渡形式。股份合作制是与转轨经济过程相伴而生、相伴演变的一种经济组织形式，是中国市场化水平不高的情况下出现的一种经济组织形式。它的过渡性质来源于转轨经济的过渡性质，当经济系统的市场化水平发育到足以结束转轨经济过程时，股份合作制作为一种经济组织形态的使命也就完成了。

对于目前仍然保持股份合作制的企业，主要是引导其向规范的企业制度转变。引导现有的股份合作制企业向股份公司、合伙企业、独资企业、合作社这些规范的制度形式转变，是解决股份合作企业问题的可取方法，而股份制和民营经济是股份合作制企业转变的基本取向。实践中有很多股份合作企业已经向公司、民营企业等转变。如2005年吉林省二轻联社系统汇总的62家重点骨干企业中有54家企业在股份合作制的基础上经过数次改制，改制为有限责任公司、股份有限公司和私营企业，其余8家也正在进行有限责任公司和私营企业的改制。[①]

---

① 吉林省二轻联社. 深化联社和企业改革，建立和发展新型集体经济. 中国集体经济，2005（5）：36.

（三）混合所有制经济

中共十六届三次会议通过的《中共中央关于完善社会主义市场经济体制若干问题的决定》（以下简称《决定》）指出："国有资本、集体资本和非公有资本等参股的混合所有制经济，是现代企业制度的主要资产组织形式，适应生产社会化的需要，符合现代市场经济的运行要求，是公有制的重要实现形式。"《决定》还指出："首先，混合所有制经济使中国公有制为主体、多种所有制经济共同发展的基本经济制度找到了在企业内部的具体实现形式。它突破了单一公有制或单一私有制等传统所有制的界限，在企业内部实现了国有资本、集体资本和非公有资本等的融合、补充、促进。其次，通过发展混合所有制经济，国有资本可以对需要控股的企业实行绝对控股或相对控股，对其他企业实行参股，从而灵活有效地发挥主导作用，实现公有制经济主体的多元化和多层次性，有利于公有制经济通过市场化渠道和手段发挥经济社会功能。再次，混合所有制经济既有利于国有资产的资本化运营，促使国有资本通过吸纳社会资本，提高经济控制力；又有利于国有资产的保值增值，提高国有资产的运作效率。最后，混合所有制经济的企业组织形式有利于减少行政干预，实现政企、政资分开。"中共十七大提出："以现代产权制度为基础，发展混合所有制经济。"发展混合所有制经济，成为城镇集体经济发展的重要方向。

所谓"混合所有制经济"，是指在同一经济组织中，不同的产权主体多元投资、互相渗透、互相贯通、互相融合而形成的新的产权配置结构和经济形式。它是针对传统所有制结构的弊端和转轨中存在的问题，适应建立完善的社会主义市场经济体制而提出来的。发展混合所有制经济是完善社会主义市场经济体制的要求。

一是混合所有制是"混合经济"的产权基础。现代市场经济既不是单一的政府干预型经济，也不是单一的市场调控型经济，而是一种市场机制和政府调控相结合的经济形式。完善社会主义市场经济体制，需适应经济全球化和新技术革命的新形势，完善"市场在国家宏观调控下对资源配置起基础性作用"的体制。这种新型经济体制的产权基础，既不是单一公有制，也不是单一私有制，而是将公有资本和非公有资本"统一于社会主义现代化建设进程中"的混合所有制经济。这种"统一性"是内在的统一，它统一于企业的内部。

二是混合所有制是协调社会多种利益关系，并使之"和谐统一"的产权组织形式。随着改革的深化，中国社会和企业内部的利益关系已经"多元化",这是社会进步的重要标志。在利益多元化的情况下,如何协调不同资本主体之间的利益关系成为社会发展的新课题。发展混合所有制经济,在产权清晰的前提下吸纳不同的利益主体,使其彼此渗透共生融合成一个新的以产权为纽带"利益共同体",对于促进"社会更加和谐",提高中国经济社会发展的"协调度"必将具有重要意义。

三是混合所有制是推动国有和集体企业改革的有效财产组织形式,它孕育着新的公有制组织形态。发展混合所有制,有利于打破"一股独占"或"一股独大"的僵持格局,真正建立产权主体多元化、治理结构法人化的制度,也有利于推动集体经济改革,让集体经济获得更广阔的准入空间。

第二节 现阶段集体经济产权界定和资产处置

由于历史原因,部分集体经济产权还不清晰,在产权明晰过程中还存在不少法律和政策障碍。依法有序处置集体企业产权成为集体经济改革深化的关键。应坚持"谁投资、谁所有,谁积累、谁所有"的原则,依法明晰企业产权归属,行使占有、使用、收益和处分的权利,加快推进产权制度改革,为发展新型集体经济提供必要支撑和保障。

一、城镇集体经济产权界定与资产处置

深化城镇集体经济和企业改革,必须要坚持"谁投资、谁所有,谁积累、谁所有",依法明晰企业产权归属,行使占有、使用、收益和处分的权利;坚持民主决策,由企业和职工自主选择改革发展的方式和途径;坚持共享企业发展成果,促进职工共同富裕;坚持政府推动和引导,建立健全社会保障体系,完善发展环境。

(一)在明晰产权基础上建立现代新型集体经济制度

1. 进一步明晰产权,建立集体资产监督管理服务体系

产权制度改革的意义在于还权于民,探索市场经济体制下集体经济新的实现形式,形成有效率的市场经济主体。产权界定,明确归属,有利于集体企业成为真正的市场竞争主体,打破原来的和企业主管部门的行政隶属关系。①通过理顺产权关系,政资分开,割断政府部门干预集体企业经

营的资产纽带。政府主管部门对集体企业不存在投资关系，只是指导与服务关系。原有投资关系的，要通过转让、出售终止投资关系，妥善处理债权债务。②通过理顺产权关系，调整资产结构，转变集体企业与上级单位（即直接管理单位）的"婆婆"体制，建立以资产为纽带的责权利关系。多投多管，少投少管，不投不管；以资产关系确立管人、管事、管资产具体关系。有借贷关系的，按借贷关系确立责权利关系。没有投资和借贷关系的，只是指导和监督服务关系。③集体企业与联合经济组织按自愿、互助、联合、服务、民主的原则确立双方的责权利关系。在计划体制下形成的联社体制，应按合作制原则和市场经济体制要求，逐步深化改革，依法合理地处置联社集体资产。④要把集体企业改革改制的决策权交给企业和职工。集体企业改革改制方案经职工（代表）大会审议通过后，只要符合国家法律和政策，民主程序健全，上级单位和政府部门不再以决策者的地位进行干预和审批，上级和主管部门要变行政审批制为备案审核制，主要负责政策、法律的监督和指导服务。联合经济组织、集团公司和集体企业具有投资关系的，以出资人的身份参与集体企业改革改制的决策问题。上级单位与集体企业存在借贷和担保关系的，按借贷、担保协议确立权益和责任，没有协议的，上级单位无权参与集体企业改革改制决策。⑤已经进行清产核资产权界定的集体企业，要确保产权界定的有效性，不允许任何部门、单位任意将集体资产宣布为国有资产。没有界定产权归属的集体企业，不经产权界定，任何部门、单位不得随意上收、平调集体企业资产。

集体企业建立现代产权制度中有三个问题需要解决：一是集体资产的出资人必须确立、必须到位；二是集体产权权益必须得到法律保障；三是集体产权需要民主的监督和保护。在产权制度改革中，明晰产权归属，原集体共有的资产，或将共同共有变为按份共有，或实行共同共有和按份共有相结合，所有权的实现形式由所有权人做出决定。集体资产所有权人有权决定集体资产的经营者、使用者、经营方式、投资方向、重大产权变更、投资收益处置等问题。集体资产的组织通过建立规章制度，明确所有者、经营者、管理者、使用者、监督者的责、权、利关系，保护集体资产，维护所有者的合法权益，实行民主管理、民主决策、民主监督。政府行政主管部门依法监督管理集体资产，制定政策、法规，开展指导、协调、服务，处理重大产权纠纷。随着体制改革深入进行，政府将进一步转变职能，政府可以把监督管理集体资产的职能交给集体经济协会负责，体现"民有、民管、民治"原则，发挥中介组织桥梁和助手作用。

当然，在实践中也出现了青岛海尔集团、江苏阳光集团等大型企业，其历史上为集体企业，由于其资产规模较大，已经难以改制为产权完全清晰的股份制企业，其原集体资产转变为类似于国外的"公权资产"，即产权的终极所有人并不明确。这些企业的控股公司已经成为公众上市公司，股权已经分散到原来集体企业职工以外的人群。此类公司的资产处置和产权改革的方向尚值得研究。从国际的实践来看，将其整体改造为公众公司，通过市场机制来实现企业的可持续发展，应是值得重视的选择。

2. 建立产权流动机制，优化股权结构

从企业实际出发，以产权制度改革为重点，可采用合作制、股份合作制、公司制等多种形式，加快建立现代企业制度。企业改制中，提倡职工持股，实行"两个联合"，企业职工可以自然人身份持股，也可以通过持股会、信托等法人形式持股，建立新的资产关系和劳动关系。对不具备改制条件、亏损严重、资不抵债、难以生存的企业，依法实施破产。

集体企业组织形式的选择和创新，应该从本行业、本地区、本企业实际出发，坚持生产力标准：什么形式有利于发展，有利于充分调动企业经营者、管理者和劳动者积极性，有利于提高企业活力和竞争能力，企业就采取什么形式。现有集体企业在清晰界定产权、理顺产权关系的前提下，根据行业和企业具体情况，除少数企业可以通过出售形式转让给国有企业或转制为个体和私营企业外，大部分集体企业可以采用多种形式，如员工收购、兼并、分块搞活、债转股、合资合作、存量折股、增量扩股等，改造成为多种形式的股份制企业（含有限责任公司和股份有限公司），实现资本和劳动的有效联合。

产权制度改革成功与否，关键是看企业能否活起来，是否建立了利益共同体，是否把广大劳动者、经营者、管理者和专业技术人员的积极性真正调动起来。鼓励经营者持大股，在充分承认劳动者、经营者、管理者和技术人员不同作用和贡献的前提下，保持职工持股的差异性，把人力资本和财务资本共同融入企业产权，解决平均持股的弊端。要建立起股权流动的必要机制，促进投资主体多元化。改革实践证明，建立现代产权制度企业要克服封闭性，就要打开股权流动渠道，化解股权固化矛盾。比如，员工退休后，依然持有企业内部股份，利小弊大，不利于企业发展。沃尔玛的员工退休后就不再持有企业股权，可退还股权，也可转为股票。股权必须是一盘活水，该退出的退出，该吸收的吸收。通过建立股权的流动机制，促进职工积极性的提高。

3. 多渠道化解城镇集体企业改革成本

职工安置和成本筹集是深化改革的重点和难点。改革要解除老企业与职工的劳动关系，进行身份转换和经济补偿，使职工实现再就业或灵活就业，同时解决好职工的社会保障和医疗保障问题。这样才能达到老有所养，病有所医，实现社会的公平公正和安定和谐。但城镇集体企业自身能够支付改革的成本十分有限，城镇集体企业多年来重贡献、低积累、低分配。据统计，仅轻工集体企业1978~2000年，实现利税1461.8亿元，其中上缴财政1116.3亿元，占利税总额的76.4%。目前，多数企业厂房破旧、设备落后，在改制中能够变现用于支付改革成本的资产有限，需要各级政府和企业多渠道筹集成本。集体企业职工解除劳动关系，参照当地国有企业职工转换身份的补偿标准，实行经济补偿。企业改制及资产处置过程中，涉及职工经济补偿费用、欠发工资、欠发养老保险金、医疗保险金和向职工的各项借款费用，原则上由企业集体资产支付。集体企业土地使用转让金收入可用于支付企业改制成本。企业资产不足以支付上述费用的，由地方政府统筹解决，确有困难的，中央财政给予适当补助。关于企业欠银行、财政、税务等方面的债务处理问题，多数企业已经无力偿还。因此，企业银行债务应参照国有企业改制的有关规定执行。对于历史欠税可比照东北地区等老工业基地企业历史欠税的有关政策处理。企业改制过程中发生的资产置换、过户以及其他有关税费，可按现行相关规定给予减免。

（二）城镇集体企业消亡后的资产处置

作为经济组织，城镇集体经济和农村集体经济有一定的差别。农村集体资产中的"集体"是一个地域概念，生活在这个地域的居民就是一个集体，这个"集体"几乎是永久存在的，集体资产属于这个稳定且长期存在的集体。与农村集体资产相比，城镇集体企业的集体资产是企业范围内的集体所有，集体的概念是依据某一经济组织，经济组织在市场经济竞争中的消亡是在所难免的，而随着经济组织的消亡，"集体"本身不存在了，也就没有合理的继承人作为遗留下来的集体资产的所有权代表。集体资产与国有资产也不同，国有企业消亡以后，资产仍属于国家所有，由各级政府作为出资人代表代为管理。正是由于城镇集体财产的集体概念是基于"企业"这个随时在市场经济中消失的经济组织，"集体"本身有随时消亡的可能，导致城镇集体企业消亡后集体资产成为无主资产。

《城镇集体所有制企业条例》对集体企业解散后财产处置做出了规定：集体企业财产清算后的剩余财产，按照下列办法处理：①有国家、本企业外的单位和个人以及本企业职工个人投资入股的，应当依照其投资入股金额占企业总资产的比例,从企业剩余财产中按相同的比例偿还;②其余财产,由企业上级管理机构作为该企业职工待业和养老救济、就业安置和职业培训等费用,专款专用,不得挪作他用。但是,随着市场经济体制的建立、企业与主管部门的脱钩、职工的失业养老进入社会统筹,这一规定已经不具有实际的指导意义。

城镇集体企业消亡后集体资产可用于以下三个方面:

1. 用于解决未参保职工生活费

城镇集体企业消亡后剩余集体资产可用来支付已经解体的城镇集体企业职工的基本生活费。许多城镇集体企业欠缴职工的保费,职工退休后不能领取退休金,例如辽宁省厂办大集体企业有43.4%的职工、约28.5万人未参加养老保险,这批职工退休后只能依靠领取社会最低生活保障金维持生计。目前各地对享受"低保"政策审查非常严格,条件比较苛刻,而厂办大集体的改革试点将会有大量的退休职工按照低保标准领取生活费,使各地享受低保政策的人数骤增。如2005年12月哈尔滨市出台了《哈尔滨市未参加基本养老保险统筹已经没有生产经营能力且无力缴纳基本养老保险费的城镇集体企业退休人员发放生活费工作的实施办法》(以下简称《实施办法》),对未参加基本养老保险统筹且已经没有生产经营能力、无力缴纳基本养老保险费的城镇集体企业(不含乡镇集体企业)的已退休人员按照当地城市低保标准发放生活费。《实施办法》中规定,各级财政部门在同级城市居民最低生活保障资金财政专户下设立"未参保集体企业退休人员生活费"分户,将本级财政应负担的资金、上级补助资金等所有用于未参保城镇集体企业退休人员生活费的资金纳入分户,单独建账、单独核算、单独管理。按照这一实施办法,地方领取低保的人员将会大量增加,所需的资金除了各级财政拨出专款,集体企业改制后剩余的资产也可以考虑进入"未参保集体企业退休人员生活费"的财政专户,专门用于支付未参保的城镇集体企业退休人员的生活费。

2. 统筹剩余集体资产进行集体企业改制

城镇集体企业在改制中普遍存在集体资产和改制成本不匹配的问题,有的企业集体资产不够支付改制成本,有的企业集体资产在支付完改制成本后还有剩余,集体资产和改制成本能够完全匹配的情况很少。把一些集体企业改制后剩余的集体资产集中起来,用于其他集体企业的改制成本支付,以实现一定范围内集体企业的资产和人员的统筹安排,按照集体资产统筹的范围可以分为联社统筹、大型国有企业统筹和地方政府统筹。

例如,上海纺织联社的集体资产运营公司就采取把资产、土地和人员集中起来统筹解决的做法，通过给职工做说服工作，在职工代表大会上决议把资产上交给集体资产运营公司，把资产集中起来成立了物业公司，集中管理35块房产，把员工分到新岗位，主要从事物业出租。通过把资产和职工集中起来，统筹安排，更加有效地利用了资产价值，职工也得到了更好的安排。由于大型国有企业举办的集体企业数量很多，因此也可以像联社一样把厂办集体企业统筹起来安排资产和职工。这既解决了剩余集体资产的归属问题，又筹集了改制资金，便于推动改革的进行。

3. 成立合作社基金

集体资产在用于前面两种用途之后如果还有剩余，可以考虑成立合作社基金，扶持城镇合作社的发展。何伟（1996）曾提出拍卖集体产权的收入可以组建集体经济基金统一使用，也可贷给其他集体企业支持其发展。中国1952年颁布的工业生产合作社章程准则中就规定，合作社清算后如有亏损，以公积金、股金顺次抵偿，有盈余时，公积金、福利金、教育金均不得分配，应一律上缴上级社，作为发展合作事业的基金。1955年的手工业供销生产合作社章程也对剩余集体资产有类似规定："本社如遇重大原因必须解散时，经社员大会（代表大会）决议，按法定手续办理，解散清理后如有盈余，除退还社员股金外，剩余财产全部上缴上级社，作为合作事业建设基金"。我们在前面分析了合作社普遍存在资金短缺的问题，特别是合作社处于生存期的阶段，资金短缺是导致合作社死亡的最重要原因，改制后的剩余集体资产成立合作事业基金，帮助合作社解决部分资金问题，也符合集体经济成员之间互助合作的精神。

二、农村集体资产产权界定与资产处置

从中国农村社会经济发展外部环境条件出发，现阶段股份合作制是现实可行的改革方向，适合目前农村生产力发展水平，是农民群众自主的选择，需要鼓励和支持。

（一）产权制度改革的基本思路

农村集体经济产权制度改革的指导思想是，在坚持家庭承包经营的基础上，按照十六届三中全会"农村集体经济组织要推进制度创新，增强服务功能"的要求，以保护农村集体经济组织和农民合法权益为核心，以农村产权制度创新为主线，以股权配置、股权界定、股权流转为突破口，逐步建立起适应市场经济体制的集体资产管理运营机制，提高服务保障功能

和管理水平，促进农村社会稳定和经济可持续发展。

农村社区集体资产产权制度改革目标是，构建"归属明确，权责明确，保护严格，流转顺畅"的现代产权制度。为此，要明晰集体资产产权各项权能的归属，提高股权人格化程度；理顺集体经济组织与村委会、所属企业以及社员的关系，形成按"产权规则"运行的制度规范；界定新一代社区集体经济组织的职能和作用，进一步探索出适合不同条件、不同发展阶段社区集体经济的实现形式，确立集体经济组织市场主体的地位以及保护农民利益的长效机制，最终全面建立起与市场经济体制相适应的现代产权制度和集体资产营运机制。

在推进和深化农村集体经济产权制度改革工作中，必须把握四条原则：

1. 坚持农民自愿、自主，尊重农民的创造

实行产权改革，应该成为农村集体经济组织及其成员自身发展的需要。因此，在推进农村股份合作制改革中，要始终坚持尊重农民群众的意愿和自主原则，不搞"一刀切"。在产权制度改革的方向上，鼓励以股份合作制为主的改革；对具体制度安排，如在股份构成、股权界定、民主管理方式等方面，不强调千篇一律，应根据实际情况，采取多种模式，尊重农民群众的创造。

2. 坚持因地制宜，分类指导，稳步推进

任何产权关系都不是一成不变的，但产权关系形态的演变又都是有条件的。集体经济组织要不要进行产权制度改革，需要有三个基本条件：一是要有积极推动制度变迁的利益主体，即群众对改革赞不赞成、满不满意；二是要有基层干部的主动性和积极性；三是上级政府和主管部门指导要到位。具备了这三个条件，改革才可能顺利进行。由于集体经济产权制度改革是一项没有现成的理论和经验可供仿效的制度创新活动，政策性强，改革难度大。因此，应按照先行试点、总结经验、逐步完善、分类指导、稳步推进的工作方针进行。对处于城镇郊转型中的富裕村或"城中村"，要积极推进产权制度改革，在总结经验的基础上不断完善。对有一定集体经济收入的村，可先行做好组建股份合作社的前期工作，认真开展清产核资、成员资格认定和股份设置等基础工作，为开展产权改革工作创造条件，同时加强对货币资产的管理。对于集体经营性资产不多的村，重点是加强民主管理和监督，以建立健全各项内部管理制度为核心，做好财务公开、村务公开工作。

3. 坚持公开、公正、公平

产权制度改革是重大利益格局的调整，涉及方方面面的利益关系，因

此必须在民主参与的前提下，把公开、公正、公平精神贯穿于改革的全过程。尤其是在资产量化和股权确认上，既要承认差别，也要公平合理地处理历史遗留问题。只有如此，才能确保改革取得预期的成效。

4. 坚持规范操作，切实加强指导

坚持规范操作是改革成功的基本保障。民主参与是规范操作的基础，改革方案要进行充分的民主讨论并进行可行性论证，整个改革工作的各个环节必须经过合法的民主程序；要严把财产清查关、资产评估关、债权债务处理关、审计监督关，并在农村集体资产管理部门备案，确保集体资产的安全。要切实加强政策的供给和政策引导，使股份合作制成为农村市场经济体制框架的重要组成部分，有利于社会主义市场经济体制的完善；注重把政策法规的指导与群众民主选择结合起来，注意各方的承受力和环境条件的许可，控制制度转化的成本，任何制度变迁都要支付一定的成本，只有制度变迁的成本小于其收益，改革才是成功的，所形成的新制度才会被接受并稳定地发挥作用。

（二）社区集体经济产权制度改革中应注意把握的几个重要关系

微观操作关系到宏观目标与原则的实现，必须给予重视。在微观操作环节，要注重处理好三个方面的重要关系：

1. 协调好社区公共利益与社区成员的个人利益

无论改制前或改制后的农村股份合作经济组织，都兼具获取经济效益和社区服务的双重功能，与"纯粹"的企业不完全一样，最重要的区别在于它直接承担社区的公共福利。它虽然不是一级政府，但却是中国基层政权的重要基础，具有浓厚的政治色彩，对农村的稳定起着不可或缺的作用。既要获取利润，又要考虑内部利益的相对均衡及社区社会与经济的稳定发展。因此，社区集体经济组织不能完全和一般公司制企业一样，以利润最大化作为集体经济组织的发展目标。

近年来的实践表明，既往社区集体经济历史遗留的公有产权的制度安排是不成功的。完全套用诸如独资、合伙、公司制等规范的企业财产组织形式也不可行。而股份合作制创建了一种既保持社区集体资产统一完整，按份占有，又使社区集体经济组织与每个社区成员具有"看得见，摸得着"利益纽带关系的产权制度，建立起能够真正体现社区成员意志的决策机制，社员参与的民主监督机制和能人有权有责的执行管理机制。股份合作制精髓在于，从产权结构、分配方式、激励机制等方面建立起行为规范，为协调好社区公共利益与成员个人利益提供制度保证。但是也要注意到，股份合作制在股权设置、股权界定、利益分配等具体内容上存在的制度弹性，需要在操作和实施中把握好尺度，协调好社区公共利益与社区成员的个人利益。

比如，对是否设置集体股可通过民主决策，按多数原则确定；不设集体股的，在分配中应该按一定比例优先提取公积金、公益金。对于股权界定，重点是公平、合理界定股东资格，鼓励按较为宽松的标准界定股东资格，也可规定在一定的时间内固化，以及进行再调整的条件；在股权获得上，鼓励对新老股东实行有偿配股，逐步扩大有偿配股比例，变"虚"股为"实"股。鼓励突破股权分配上的平均主义，考虑劳动者的贡献及技术等级，适当拉开距离；对于向"一村一社"过渡和存在"多队一社"的地方，在股权确认和股份的分配上，也要承认差别，可通过股份配置或资产平衡补偿来解决各成员对原集体积累的差别贡献问题。

适应城乡接合部城镇化进程的需要，还需在社区集体经济内部及早对社区成员的社会保障做出安排和部署。在集体经济产权制度改革中，应将社员个人眼前利益与长远利益，以及社区公共利益结合起来统筹考虑，可将一定比例的股份分红界定为集体经济组织成员最基本的社会保障，这样，既解决了超过国家规定劳动年限的集体经济组织务农退休成员社会养老问题，也有利于解决已经转居、转工的原集体经济组织成员退休后退休费偏低的保障问题，同时也照顾到自谋职业的集体经济组织成员的基本生活保障问题。

2. 处理好股份合作经济组织与村级基层组织的关系

作为旧体制给农村集体经济产权制度改革留下的历史遗产，无论转制前的社区集体经济组织或是转制后的股份合作社，都有一个与村委会和村党支部的关系问题。现阶段转制后的股份合作社与社区行政组织是否要职能分开、财务分开、机构分开、人员分开，理论上有不同意见。我们认为，实践中受干部素质、运行成本等约束，农村股份合作经济组织与村委会在党支部为核心的领导下开展工作，是完全必要的。只要职能分开、财务公开，人员不必一定分开，即村党支部、村委会自治管理职能与社区股份合作社的经济管理职能可以实行"三位一体"组织框架。因此，在处理社区集体经济组织与村委党支部、村委会的关系上，不在人马是否分设，重在高效、精干和凝聚力，有一套行之有效的民主监督管理机制，鼓励社员积极参与各项社务活动，保证社员的民主监督权。为此，改革后建立董事会、监事会和社员（股民）大会"三会"制度和法人治理结构显得非常必要。

3. 调整好集体经济组织功能与政府职能的关系

现阶段集体经济组织产权制度改革的定位,及其改革后的实际功能和作用都与政府行为有直接关联。从现实条件出发,按照建立市场经济体制的要求,两者要在今后的改革和发展中,不断互动,调整职能与作用。

一是对于集体资产所有者的社会保障成本,政府应给予一定的扶持,并全额承担"城中村"或"村改居"成员的社会保障费用。从调查情况看,各地普遍将集体经济产权制度改革与对社区成员的社会保障结合起来实施,但存在的不足是,各级政府的责任只是制定政策、进行组织和管理,而没有承担缴费责任。按照公共产品供给非歧视性原则,在对集体资产所有者人口建立社会保障体系时,除了个人承担的部分外,不能只要求集体经济组织为其成员个人缴费,政府财政也应承担一部分费用;对于"城中村"或"村转居"人口,政府不仅要承担其转居成本,还要全额承担集体经济组织成员的社会保障费用,彻底解决这部分人口的长远生计。

二是改革后集体经济组织的社区服务和社会管理职能,应随政府职能的到位而逐步退出。目前,许多改革后的农村股份合作经济组织,或者股份制公司,由于政府公共物品服务职能没有补充到位,集体组织依然兼具经济发展与社会管理双重功能。然而,经济功能与社会功能混在一个企业形态的经济组织内部,必然导致该企业组织无法发育成为现代市场经济主体。因此,需要随政府职能的逐步到位,适时分离转制后集体经济组织的两种功能,转移其承担的社会管理和公共品提供职能,使改革后的集体经济组织能够成为真正的市场主体。

(三) 对农村产权制度改革的政策建议

农村集体经济产权制度变革,既需要以其内在动力与条件为前提,也需要外部环境的保障,唯有抓住关键问题和环节,制定政策,实施综合配套的措施,为实践开辟道路,才能取得预期成效。

1. 及早确立农村股份合作经济组织的法人地位

在市场经济体制中,任何经济组织如果没有明确的法人地位,不具备法人资格,它就难以真正加入到市场竞争的舞台,就很难在法律的保护下获取经营成果。而不能获得经营成果的经济组织是没有生命力的。因此,改革后的农村集体经济组织在市场经济环境下要生存和发展,就必须取得法人资格,在法定的政府机关注册登记。但是,正如前面所述,由于在原农村集体经济组织基础上改革而来的股份合作经济组织,就其性质而言,既有别于以营利为目的的工商企业，也有别于非营利性质的社团组织，很难归类于《民法通则》中规定的四种法人中的其中一种，致使其登记注册发生困难。解决的办法是法律上再增加一种法人，如合作社法人，这在国际上是有例可循的。事实上，发达的市场经济，只有四种法人规范显然也是不足的。合作社法人有其自身的特点，其创办原则与宗旨、经营活动与范围、社员资格与权利义务、资本构成与管理机构、盈利与分配、财务管理与审计、注册登记与解散清算都与一般法人不同。因此，创造条件，抓住时机，及早给农村股份合作经济组织（包括专业合作经济组织、股份合作制企业等）以合作社法人地位是今后农村集体经济产权制度改革的关键，也是农业组织与经营方式符合规律的演变。

2. 明确社区集体经济组织产权制度改革后的发展定位

从目前农村集体经济组织所承担的独特的社会经济功能和其存在价值看，农村集体经济产权制度改革选择股份合作制比股份制更符合现实逻辑。长远看，有利于农村经济的发展；实践中看，农村集体经济组织实施股份合作制改革比整建制转换为股份公司更容易操作，也更容易为广大群众所接受。集体经济组织整建制转成股份制企业或股份合作公司，需要具备一定的前提条件，即原社区社会管理和公共服务职能转移到政府，使转制后的股份制企业或公司能够真正成为以营利为主要目标的企业，这一点无论是现在还是将来一个相当长的时期，在大部分地方是难以做到的。因此，在条件不成熟时，不应匆忙把农村集体经济组织转制为这两类公司。政策应侧重引导集体经济组织进行股份合作制改革，在建立法人治理结构的基础上，逐步促使农村股份合作经济组织向企业化的市场经营主体转变。

3. 积极稳妥地探索土地股份合作制

土地股份合作制实际上是在坚持农户土地承包经营权长期不变的基础上，放活土地经营权，以股份的形式进一步明确和完善农户承包权的收益功能，使其成为取得集体二次分配的依据，集体资产实际上的出资人——社员，能够按其资产占有份额直接分享到相应的集体剩余分配权，更加清晰地体现了承包经营权的物权性质。许多地方实施"农地股份合作制"，合理规划集体建设用地和耕地规模经营，土地利用效率大幅提高，农民收入有了稳定的增加，成效显著。可以认为，土地股份合作制是目前条件下在集体经济组织范围内实现兼顾公平与效率的一个现实办法。在坚持家庭承包经营基本制度不变和规范操作办法程序的基础上，应当允许有条件的地方积极探索，不断总结经验。

4. 与农村集体经济组织改革相关的其他政策措施

一是"城中村"改造和"村改居"中,妥善处置农村集体土地资产权属和利益关系。农民集体所有的土地是农民的财产,无论改革与否,都不能将集体土地无偿转为国有土地。要明确政策,规范政府行为,遏止和杜绝通过改变农民身份和集体经济组织的性质来改变土地所有权属,损害农民权益的行为。国家征用集体土地必须依法并且按照法定程序从严审批,要给予农民以相应足额的补偿,给予农民与城镇居民同等的社会保障,防止出现失地又失业的问题。

二是合理确定税收减免政策,减轻农村股份合作经济组织负担。目前改革后的农村股份合作经济组织,不同程度地遇到了税收增大的问题。从过去集体经营收入免税或者只缴纳营业税,变为既要缴纳营业税,也要缴纳所得税,社员红利分配还要纳税。照章纳税本无可厚非,问题是集体经济组织实行的产权改革,事实上是进行组织创新和制度创新,对原来的集体资产的共同共有实现按份共有,并非一般意义上的股份制企业;就股份分红而言,实质是集体收益分配方式的变化,并非真正意义的红利,对于"城中村"或者"村改居"的股份合作经济组织社员,在无地和就业不充分的情况下,这种股份分配更具有特殊意义,是他们稳定的生活补助。另一方面,改革后集体经济组织虽然形式变了,但其对社区公共服务和管理的职能和作用并没改变。考虑到上述现实情况,应明确所得税、红利税的减免政策。

三是加强集体资产的管理。对于改革后的农村股份合作经济组织来说,加强集体资产管理仍然是重大的课题。首先是如何使集体资产保值增值;其次是正确处理出资人(股民)权益与企业经营方权益的关系。就管理好集体资产而言,建议在民主理财小组的基础上吸收其他集体经济组织成员,按照民主程序组建集体资产管理委员会负责管理监督,确保集体资产的保值增值。就处理出资人权益与企业经营方权益关系而言,应着力建立健全股东大会、董事会、监事会内部组织结构;形成股东代表大会领导下的董事长负责制,逐步引入职业经理从事中高级管理,向现代企业方向发展。

此外,从政府方面看,应当尽快制定农村集体经济组织产权改革意见和《股份合作社示范章程》、《股份合作社财会制度暂行办法》、《股份合作社审计暂行办法》等规范,指导各地的改革实践;指导农民群众按照示范章程,修订本社章程,根据社章参与社务;指导农民群众科学、民主理财,正确执行财务制度,加强内部审计。

四是规范政府行为,设计出由政府承担镇、村(居)的种种社会管理和公共服务职能的制度措施。要加快实施政治、经济与社会的全面城乡统筹,重点是强化对农村公共产品提供的国家财政支持力度,将乡村发展纳入国家公共财政支持体系,完善农村的公共服务体系,逐步建立健全覆盖农民的医疗、失业、养老社会保障体系;弱化改革后的农村股份合作经济组织的社会管理功能,从体制上营造环境,确保股份合作经济组织有条件成为独立的市场经济主体。可在"城中村"的改造改制上,选择有条件的地方先行试点,总结经验,形成政策,逐步推开。

第三节 政府在集体经济改革发展中的作用

集体经济是社会主义公有制经济的重要组成部分,推动集体经济的改革与发展,发展和完善多种形式的集体经济、合作经济,是巩固中国基本经济制度、全面建设小康社会与和谐社会的重要举措。鉴于集体经济在解决国民就业和满足人们多种生活需要方面发挥的重要作用,中国政府应继续积极引导和推进集体经济的发展。汲取历史的经验教训,必须注意以下四个问题:第一,上收、平调、升级、过渡已经成为历史,不能再用"左"的思想影响下形成的传统集体经济概念来思考当今集体经济改革发展。第二,现代集体经济概念应与国际惯例接轨,体现马列主义科学原理,符合国情,具有中国特色。在改革创新中,摒弃的是传统集体经济观念和"二国营"模式,倡导的是合作经济与现代市场经济协调发展。第三,集体经济的本质是合作经济,符合市场经济要求。发展合作经济不是"化公为私",也不是追求"一大二公",合作经济是现代集体经济的主要实现形式。第四,中国多元化的经济结构、生产力的发展水平决定了新型集体经济仍具有发展空间,应大力提倡多种形式集体经济的发展,并加强引导。

由于中国集体经济资产来源的多元性,集体经济基本上是"民本经济",政府应主要从社会管理者的角度,制定相关的政策以确保改革过程中的社会公正,通过相关的产权法律法规来保护改革企业各方的财产权及其相关权益。集体经济改革道路应是在政府的政策引导下由企业自己依法选择,给予企业主体更多自主权,充当城镇集体企业改革方向的引导者、集体资产的监督者,而不是改革的具体操作者。由于中国历史上所实行的分配制度以及对企业老职工的分配关系类似于国有企业，对于老职工的利益补偿应采取类似于国有企业老职工的政策措施加以区别对待。对于集体经济改革中出现的其他社会性问题，则应该通过完善社会保障制度予以解决。

从政府基本职能而言，作为社会管理者的政府对于集体经济的发展应该主要承担以下三种基本责任：

一是引导集体企业按照产权制度的基本要求推进产权改革。现代市场经济是以产权为基本依托的法制经济。产权是市场经济中的利益各方依法获取收益的基础。中国集体经济改革发展中碰到的主要问题就是集体经济的各方产权不清、责任不明。产权改革是中国集体经济改革的关键点和落脚点。中国政府应该在新的历史条件下，继续推进集体经济的产权改革，在明确产权的前提下，发展多种形式的集体经济、合作经济。尽管中国一直推进产权制度改革，但目前仍还有一部分集体企业没有改革改制。对于没有实行改制又有改制愿望的集体企业，政府要引导和帮助集体企业加快改革进度，引导企业实现投资主体多元化，走新型集体经济的发展道路，促进企业发展。按照"自愿组合、自筹资金、自主经营、自主管理、自我发展"的原则，建立新型合作企业，借鉴国际合作社和中国新型农民合作社的经验，发展城镇合作经济。鼓励"劳动者的劳动联合和劳动者的资本联合"的组织形式，完善职工持股制度，努力探索股份合作制、公司制及混合所有制等集体经济发展的新途径。在做好推动产权改革的同时，搞好配套改革。要通过深化改革，按照市场经济的要求，促进企业做好基础管理，强化各个环节的责任。促进企业做好劳动管理，建立符合市场要求的新型劳动关系，坚持实行以按劳分配为主、多种分配方式并存的分配制度，促使企业提高劳动报酬在初次分配中的比重。对于已经实现改制，但法人治理结构和有效激励机制还不完善的企业，积极引导企业按照现代企业制度的要求，建立和完善法人治理结构，构建各负其责、协调运转、有效制衡的运行机制。

二是引导集体经济转变经济发展方式，加快结构调整，推进集体经济又好又快发展。"加快转变经济增长方式，推动产业结构优化升级"是中国政府对经济发展提出的新要求。集体经济的发展也要通过产业结构优化升级，实现经济增长由粗放型向集约型转变。调整产业结构，实现产业升级，也应该是集体经济持续发展的一条主线。目前，不少集体企业处于产业链的低端，产品的技术含量低，资源耗费大，环境保护措施差，经济效益低。企业要生存发展，完善产权制度只是为企业的资产所有者提供了经济激励，企业还应该从自己的经济实力选择所处的产业，力图符合中国的产业政策，依靠科技创新提升企业的发展潜力。政府应该从产业政策和财税政策上给予引导，并对符合产业发展政策的企业给予金融的支持。在产业结构调整过程中，鼓励企业跨地区、跨行业和跨所有制联合重组，支持有条件的企业做强做大。

三是政府促进社会稳定和谐，为集体经济发展创造良好的社会环境。集体经济的健康发展，离不开稳定和谐的社会环境。保障社会稳定和谐，是作为社会管理者的政府的首要责任。政府应该制定法律构建新型的劳动关系，保障在职劳动者的合法权利，提升作为弱势地位劳动者与企业的对话权。完善社会分配制度，促进劳动者分享经济改革成果，增加劳动者的财富，增加社会公共福利。完善社会保障政策，推行和完善好社会失业保险和养老保险、疾病保险等基本社会保障制度，增强劳动者在市场经济条件下的抗社会风险能力，减少劳动者由于集体经济进行产权改革所造成的不可抗拒的风险，减少劳动者对于集体经济改革的抵触。这都是政府在市场经济条件下作为公共管理者的责任和义务。这些基本制度的完善，无疑会给中国集体经济的改革发展创造良好的社会环境。

> **案例：新工联的改革创新凸显新型集体经济的活力**
>
> 上海新工联实业有限公司是上海市工业合用联社为主投资创办的新型集体经济。1992年8月，上海二轻实业总公司建立，1995年5月与市联社投资的其他企业组合后改称新工联，1998年3月按《公司法》的要求，由中华康变实业发展公司参股改制为上海新工联实业有限公司，注册资金5000万元。到2001年底，新工联有23个子公司，有资产关系的企业合计104户，经营范围涉足12个行业，主要集中在内外贸易、房地产、物业管理、工业、旅游、餐饮等领域。新工联本部实行董事会领导下的总经理负责制，管理体制是事业部制，承担了市联社的全部经营性资产运作。在改革开放日益深化的过程中，新工联的产权制度、经营和管理机制必须不断地变革与创新，以适应社会主义市场经济发展的需要。新工联在改革创新中，扩大了经济实力，提高了经营效率，增强了企业活力，以新型集体经济形象，令世人瞩目。

一、新工联深化产权制度改革势在必行

如何认识市场经济条件下的集体经济？新工联始终坚持两点认识：一是集体经济在国民经济中的地位不能动摇，不可替代，这是党一贯的方针政策；二是"二国营"的集体企业没有出路，必须改革，这是市场经济的客观要求。

改革开放以来，党和政府对集体经济十分重视。1982年12月颁布的《中华人民共和国宪法》第一章总纲有四条阐述了集体经济及其组织。1999年3月，对其中第六条修改后，仍然规定："中华人民共和国的社会主义经济制度的基础是生产资料的社会主义公有制，即全民所有制和劳动群众集体所有制。""国家在社会主义初级阶段，坚持公有制为主体、多种所有制经济共同发展的基本经济制度。"1991年国务院颁布《中华人民共和国城镇集体所有制企业条例》规定："城镇集体所有制经济是中国社会主义公有制经济的基本组成部分，国家鼓励和扶持城镇集体所有制经济的发展。"尤其在中共十五大报告中，江泽民同志指出："集体所有制经济是公有制经济的重要组成部分。集体经济可以体现共同致富的原则，可以广泛吸收社会分散资金，缓解就业压力，增加公共积累和国家税收。要支持、鼓励和帮助城乡多种形式集体经济的发展。这对发挥公有制经济的主体作用意义重大。""劳动者的劳动联合和劳动者的资本联合为主的集体经济，尤其要提倡和鼓励"。江泽民同志对集体经济地位作用和发展集体经济的重大意义作了完整而深刻的阐述，为集体经济发展扫清了障碍，成为集体经济改革创新的指南。为了促进轻工集体企业产权制度创新，轻工集体企业产权制度改革与创新研究课题明确提出了轻工集体企业产权制度改革创新的基本思路：①改变产权主体单一，以集体资产为主吸纳各类资金，形成多元的产权结构；②探索存量资产量化方式，促使职工转变身份；③因企而宜，明晰产权关系，塑造集体资产出资人；④拉开经营者和职工持股差异，使股权向经营者或经营者群体集中；⑤劳动要素股份化，调动经营骨干的积极性；⑥联社以多种形式盘活资产，支持企业改制。

"二国营"模式的老集体，适应行政为主的计划经济体制，追求"一大二公"，否定劳动者拥有财产所有权，使早期建立的原本清晰的产权关系模糊不清了，相当一部分城镇集体企业资不抵债，难以为继。在向市场经济转轨过程中，创新集体企业产权制度，迫在眉睫。在这个大环境下，

新工联以创新为本,深入分析了产权制度改革的原因。

1. 产权不明晰,难以建立现代企业制度

现代企业制度是适应社会化大生产和社会主义市场经济要求的企业制度,要求企业"产权清晰、权责明确、政企分开、管理科学"。产权明晰是建立现代企业制度的核心。新工联资产主要是市联社多年经营形成的积累,也有新工联建立前后所属企业职工(包括离退休人员)长期劳动积累的增值与沉积部分。以往多次变革调整,一直没有解决企业内部产权主体虚拟状况,职工没有以出资人身份持股,市联社作为新工联投资主体也没有确立合法的出资人地位。这些问题不解决,难以建立现代企业制度。

2. 产权不明晰,集体资产难以保值增值

产权不明晰,企业投资主体和法人财产运作责任不清,投资主体无法对经营者实行有效监控,出现了集体资产流失现象。例如,在推行承包经营中,由于产权不清,出现经营者包盈不包亏,当经营出现困难时,就躺倒不干或一走了之;化大公为小私,"穷庙富方丈"的现象时有发生。这大都是由于产权关系不明造成的恶果。

3. 产权不明晰,不能有效激励经营者和劳动者的积极性

新工联作为一个集体企业缺少与劳动者(包括经营者)之间直接的股权激励。过去,把职工的收入与企业的经济效益挂钩是一种激励办法,但这还不够,集体经济应通过确立劳动者的个人所有权,让职工以资产所有者共享企业的收益。这是集体经济组织的特征,否认这一点,就等于抹杀集体经济的本质;不体现这一点,就等于抑制集体经济的活力。过去在理论上,把集体所有制属于劳动群众共同占有生产资料和劳动产品的共同占有理解成"你中有我、我中有你、不分你我"的集体所有,结果是大家一无所有。集体经济的共同占有应建立在职工个人所有的基础上,"实行劳者有其股",这才是真正意义上的集体企业,这才能形成有效、稳定的经营者和劳动者的激励机制。

二、新工联产权制度改革的总体思路

朱镕基总理在接见全国轻工系统第五届社员代表大会时指出,要坚持按集体经济特点来办企业。要把集体企业办成职工自己的企业。国家经贸委关于集体企业改革新思路中提出,要建立"产权清晰、权责明确、政企分开、管理科学"的现代企业制度,使集体企业成为自主经营、自负盈亏、自我发展、自我约束的法人实体和市场竞争主体;更要成为具有合作

制基本特征，开放式、组合式的产权结构特点，适应社会主义市场经济要求的集体企业新模式。

根据上述要求，市联社领导从1998年提出新工联产权制度改革的要求，1999年委托上海市政府发展研究中心成立了"新工联产权管理制度改革研究"课题组，内外结合，开展调查研究，完成了课题报告。市联社和新工联的有关部门又对新工联产权制度改革模式和政策进行了研究，2000年4月新工联领导约请市政府发展研究中心组织了《新工联产权制度实施方案》专家组，相继成立新工联产权制度改革领导小组和工作小组。经过反复讨论、修改，《新工联产权制度实施方案》通过了专家评审，并经市经委、市总工会审核批准，2001年下半年实施，2002年2月新工联集团完成工商注册登记。

改制方案从新工联的历史和现状出发，吸取了江苏、浙江、安徽等地经验。新工联产权制度改革的总体思路是：按照邓小平同志"三个有利于"的思想，融合合作经济特点和现代企业制度要求，从明晰产权主体入手，抓住职工持股这个核心，形成产权主体多元，产权结构开放，共享利益，共担风险的企业产权制度。一句话，就是要把新工联办成职工自己的企业。

新工联产权制度改革面临着相当不利的外部环境。当时对集体经济的社会议论很多。有人在宣传国有经济时，把集体经济与私营经济相提并论；在宣传非国有经济时，突出私营又把集体经济撇在一边。有的地方刊物提出"公退私进，势在必行"，"让国有、集体经济从竞争性、服务性行业中稳步退出"，"让私营经济成为区域经济的主体"。有的省的领导人竟然说，现在只有国有、私有之分，哪有集体之说。这些观点，使人们误以为当今社会主义市场经济的中国，发展集体经济已经过时了，只有发展个体、私营经济才符合时代要求。面对林林总总的认识和舆论，市联社领导保持清醒头脑，统一大家的思想认识，他们从思想上、理论上对集体经济形成了一个重新认识：要以江泽民同志提出的"三个代表"重要思想为指南，把新工联改制建设成为"劳动者的劳动联合和劳动者的资本联合为主的"新型的开放的集体企业，让职工持有企业的股份，取得对企业的控制权，这是新工联改革的基本点，离开了这一条，改革就会走弯路，受伤害的是最广大劳动者。

三、新工联产权制度改革的特点

1. 以现行法规为依据，坚持公平、公正、公开

新工联产权制度改革的法律依据是《中华人民共和国城镇集体所有制企业条例》，条例明确：集体企业财产属于劳动群众集体所有。股工可以入股，享有财产权。2000年国税局第60号文明确，"根据国家有关规定，允许集体所有制企业在改制为股份合作制企业时可以将有关资产量化给职工个人。"1995年上海市体改委第12号文规定，城镇老集体企业的历年积累，凡产权不明晰的部分，扣除减免税后剩余部分，"提取30%~55%作为在职职工按份共有，此部分可根据工作岗位、责任大小、工龄、贡献大小划归职工个人名下。"新工联仅以企业存量资产中1992年以来增值部分返回给职工，具体操作按市体改委、经委、国资办、法制办、工商局、经济研究中心等部门制定的《关于公司设立职工持股会试点办法》和市总工会《关于逐步完善和规范本市职工持股会的若干意见》进行。新工联产权制度改革方案经过市经委、市总工会的审批，得到市联社理事会的批准，实施过程中充分听取广大职工的意见和建议。改制方案的制订和实施程序都符合政策法律规范和民主程序。

2. 有合有分，处理好公司本部与子公司职工的利益关系，形成上下双层股权激励机制

新工联产权制度改革是一个渐进过程。本部和各子公司、分公司及有关部门，统筹安排，总体规划。在操作过程中逐步到位。一是合，即组织全系统职工持股会，把全体职工的命运与整个公司的利益结合在一起，共享利益，共担风险；二是分，即各子公司的职工还要参与本单位的产权制度改革，把个人利益与本企业的利益结合在一起，职工收益与企业效益直接挂钩，形成上下互动的激励、制约机制。

3. 新老兼顾，处理好在岗职工与离退休职工等的利益关系，虚实结合明晰存量资产

新工联的存量资产有市联社出资和增值部分，也有新工联广大职工，包括离退休职工长期劳动积累和沉淀部分。集体企业存量资产处置必须兼顾两者的利益。改制方案中明确，市联社的股份中划出一部分，虚量化到离退休人员，享有收益权，由退管会管理，以补偿他们历史上对企业的劳动贡献。集体所有制企业鼓励和倡导职工发扬奉献精神，终身献身于集体事业需要有这样一种有自己特色的养老补充机制。新工联公司在职职工以

现金出资设立持股会，按1∶1比例配送存量资产，实量化到在职职工。持股会投资新工联，占企业股份的25%，代表持有内部职工股的职工行使股东权利，以工会社团法人名义承担民事责任，并成为职工与新工联产权关系的纽带。

4. 预留股份，处理好在职在岗人员与其他职工的利益关系，形成股权流动的蓄水池

建立现代企业制度，必须解决职工队伍变化和股权流转问题。随着企业改革的深化，新工联的职工队伍已经发生变化，有在职在岗、在职不在岗等多种情况。改制中，第一批参加持股会的是在职在岗签订劳动合同的人员。考虑到其他职工或新进职工入股，方案设计了预留股份，由持股会持有。有符合条件的职工要求入股，持股会以预留股份出售；老职工退休后的股权，无人受让，持股会以预留股回购。预留股份的设置，为职工股权转让以及经营者激励提供了一个蓄水池，保证了持股会的日常运作。

5. 实施产权、产业、管理创新，向现代化的企业集团方向发展

产权结构创新。从1998年起，新工联产权结构上进行了四次变革调整：第一次在总社帮助下，由总社参股，完成了对新工联的二元投资形式上的公司制改造；第二次吸收公司员工入股，建立职工持股会，实现了集体企业所特有的劳动者的劳动联合和劳动者的资本联合；第三次与重庆市工业合作联社合作，相互参股，优化了新工联的股权结构；第四次通过转变员工身份，进一步提高了员工持股比例，明确离退休职工共同共有的股权由退管会持有，保障了离退休职工的权益。新工联股权的四次调整，使市联社的股份比例从原来的100%降到34%，职工持股会、离退休职工共同共有和经营者群体三者股份之和已达到51%，总社，重庆联社的股份分别占5%和10%，形成了员工相对控股的多元化、开放式的混合所有制结构，为"把新工联办成联社的经济支柱、员工自己的企业"奠定了制度基础。

产业结构创新。新工联不断调整结构，培育核心竞争力，稳健投资，精心经营。在上海的黄金地段、钻石地块的南京路建造了工联大厦。已成为新工联创业的标志性建筑。先后创办了"宝隆国际"、"产权经纪"、"沙家浜旅游"、"惠罗钻石"、"惠罗琴行"、"轻联经贸"、"鼎隆置业"等一批新兴企业，拓展了企业的发展空间；果断地对一批缺乏生存能力的弱势企业实行调整重组，夯实了基础。新工联通过不断塑造核心业务、培育核心竞争力，初步形成了鼎隆房产、申海投资、惠罗商贸

为主的三大经济联合体。新工联2003年销售收入为10.15亿元,实现利润3761万元。

　　管理创新。新工联建立了具有自身特色的管理模式和制度。根据"以人为本,以现金流量为中心,强化风险管理,加强财务监督"的财务管理思路,建立了五大财务会计管理体系:一是以增加现金流量为核心的全面预算管理体系,二是以规范财会行为为核心的财务会计管理体系,三是以强化风险意识为核心的财务监控体系,四是以提高工作效率为核心的会计信息网络体系,五是以提高素质为核心的结构优化体系。开创了审计、纪检、监察三位一体、分工联动的"大审计"资产监控模式,着重对集体资产加强监管。实施以资产考核为核心的经营者年薪制,对财务主管实行垂直管理和述职考评制,财务人员实行收入"薪点制"和岗位轮流。各项管理逐步做到了制度化、责任化、规范化和科学化。在加强管理的同时,努力培育具有时代特征、集体经济特点、新工联特色的企业文化,把"诚心、合作、进取、图强"的企业精神,"务实创新、追求卓越"的经营理念和"立足奉献,把新工联建成为员工自己的企业"的企业价值观转化成为员工自觉行动,形成了上下一心、团结奋进的良好氛围,进一步增强了企业的凝聚力。新工联经过制度创新、结构创新、管理创新之后,集团公司拥有9个子公司、20个成员单位,正在向现代化的企业集团方向发展。

参考文献:[①]

　　[1] Ana Grtierrez Johnson and William Foote Whyte. The Mondragon System of Worker Production Cooperatives. Industrial and Labor Relations Review, Vol.31, No.1, 1977.

　　[2] Beatrice Webb. The Co-operative Movement in Great Britain. London: Sonnenschein, viii 1891.

　　[3] Cheung, S. N. S. The Contractual nature of the Firm. Journal of Law and Economics, Vol.26, No.1, 1983.

　　[4] Coase, R. H. The Nature of the Firm. Economica New Series, Vol.4, No.16, 1937.

　　[5] Daniel, A. A New Model for Producer Cooperatives in Israel. Cooperatives Today, I, C. A., 1986.

　　[6] David, L. Prychitko and Jaroslav Vanek, Producer Cooperatives and Labor-Managed Systems. Edward Elgar Publishing Limited, 1996.

---

① 本文在写作中部分参考了中国社会科学院研究生院2007届毕业生陈代娣博士论文《我国城镇集体企业的产权重组和制度重构》,在此表示感谢。

[7] Donald, A. R. George. Worker Cooperatives in Denmark. Managerial and Decision Economics, Vol.3, No.4, 1982.

[8] Dow, G. K. Why Capital Hires Labor: A Bargaining Perspective. American Economic Review, Vol.83, No.1, 1993.

[9] Eric Batstone. Organization and Orientation: A Life-Cycle Model of French Co-operatives. Economic and Industrial Democracy, Vol.4, 1983.

[10] Eswaran Mukesh and Kotwal Ashok. Why are Capitalists the Bosses. The Economic Journal, Vol. 99, No.3, 1989.

[11] Fitz Roy, Feline, R. and Dennis Mueller. Cooperation and Conflict in Contractual Organization. Quarterly Review of Economics and Business, Vol.24, No.4, 1984.

[12] Galore, Z. The Credit and Saving Cooperative: A New Conceptual Approach. Development and Cooperative Studies, 1989.

[13] Grossman, S. and Hart, O. The Costs and the Benefits of Ownership: A Theory of Vertical and Lateral Integration. Journal of Political Economy, Vol.94, 1986.

[14] Hart, O. and Moore, B. Property Rights and the Nature of Ownership. Journal of Political Economy, Vol. 98, 1990.

[15] Katherine, J. Klein and Rosalie, J. Hall. Correlates of Employee Satisfaction with Stock Ownership: Who Likes an ESOP Most. Journal of Applied Psychology, Vol.73, No.4, 1988.

[16] M. C. Jesen and W. H. Meckling. Rights and Production Functions: an Application to Labor-managed Firms and Codetermination. Journal of Business, Vol.52, No. 4, 1979.

[17] Michael, C. Jensen and William H. Meckling. Rights and Productions: An Application to Labor-managed Firms and Codetermination. The Journal of Business, Vol.52, No.4, 1979.

[18] Michael Kremer. Why Are Worker Cooperatives So Rare. NBER Working Paper No.6118, 1997.

[19] Munkner, H. H. The Position of Workers Productive Cooperative Societies in the Federal Republic of Germany. Review of International Cooperation, Vol. 12, No. 3, 1979.

[20] Oliver Hart and John Moore. Property Rights and the Nature of the Firm. The Journal of Political Economy, Vol.98, No.6, 1990.

[21] Rubinstein. Safra-Thomson Axiomatic Bargaining Theory. Econometrical, Vol.63, No. 5, 1995.

[22] Sane Janssen and Ann-Britt Hallmark. Labor-Owned Firms and Workers' Cooperatives. Gower Publishing Company Limited, 1986.

[23] Trent Craddock and Sarah Kennedy. Worker Cooperative Trends in America & Europe. http://www.geo.coop/InternationalTrendsinWorkerCoops.htm.

[24] Trent Cradock, Sarah Kennedy. Analysis of International Trends in Worker Co-operatives. http: //coop.gc.ca/pub/pdf/aitwc_e.pdf, 2006.

[25] Duo Stabber. Worker Cooperatives and the Business Cycle: Are Cooperatives the Answer to Unemployment. American Journal of Economics and Sociology, Vol.52, No.2, 1993.

[26] Welford, Richard. C. The Organization and Behavior of UK-Worker Cooperatives: an Empirical Investigation. Glenville Jenkins and Michael Poole's New Forms of Ownership. First published by Rutledge, 1990.

[27] Will Bartlett, John Cable, and Saul Estrin. Labor-Managed Cooperatives and Private Firms in North Central Italy: An Empirical Comparison. in Industrial and Labor Relations Review, Vol.46, No.1, 1992.

[28] 城镇集体工业企业会计制度、财政部集体所有制工业企业新旧会计制度衔接账务处理办法.

[29] 东北地区厂办大集体改革试点工作指导意见. 财政部、国资委、劳动保障部财企 [2005] 122 号.

[30] 关于城市集体企业实行股份合作制改革若干政策问题的实施细则. 津政集 [1998] 15 号.

[31] 关于轻工集体企业主管部门 2003 年度提取总机构管理费有关问题的通知. 国税函 [2004] 156 号.

[32] 集体企业国有资产产权界定暂行办法. 国家国有资产管理局令第 2 号. 1994-12-25.

[33] 刘少奇论合作经济. 中国财政经济出版社, 1987.

[34] 农村集体经济组织产权制度改革课题组. 农村集体经济组织产权制度改革研究. 调研世界, 2005 (1).

[35] 中华人民共和国城镇集体所有制企业条例.

[36] 财政部清产核资办公室. 城镇集体企业清产核资教程. 改革出版社, 1997.

[37] 陈剑波. 人民公社的产权制度. 经济研究, 1994 (7).

[38] 陈剑波. 乡镇企业的产权结构及其对资源配置效率的影响. 经济研究, 1995 (9).

[39] 陈永杰. 城镇集体经济的产权关系及法律界定. 现代企业导刊, 1992 (11).

[40] 曹凤岐, 刘力. 美国职工持股计划与中国的企业内部职工持股. 管理世界, 1995 (2).

[41] 城镇集体所有制企业、单位清产核资产权界定暂行办法. 国家经济贸易委员会、财政部、国家税务总局[1996] 895 号.

[42] 大卫·P.艾勒曼. 民主的公司制. 新华出版社, 1998.

[43] 丁为民. 西方合作社的制度分析. 经济管理出版社, 1998.

[44] 丁伟, 等. 把握发展大局, 壮大联社实力——湖北省城镇集体工业联社调研

报告.中国集体经济，2005（10）.

[45] 董辅礽.股份合作企业何处去.经济日报，1994-06-05.
[46] 董辅礽.公有制与股份制.商业经济研究，1997（10）.
[47] 费方域.企业的产权分析.上海三联书店，2006.
[48] 郭红东，钱崔红.关于合作社理论的文献综述.中国农村观察，2005（1）.
[49] 国务院研究室工业交通司.新时期城镇集体经济的改革与发展.中国言实出版社，1996.
[50] 何谦，张向东.别了，红帽子.经济观察报，2006-10-30.
[51] 亨利·汉斯曼.企业所有权论.中国政府大学出版社，2001.
[52] 康德琯.论合作经济与集体所有制的基本问题.中国政法大学学报，1990（4）.
[53] 孔祥俊.集体化与社会化——集体企业制度创新的法理研究.中国人民大学博士学位论文，1991.
[54] 孔祥俊.中国集体企业制度创新——公司制、合作制、股份合作制.中国方正出版社，1996.
[55] 赖少英.中国集体所有制产权变革研究.厦门大学博士学位论文，2001.
[56] 李稻葵.转型经济中的模糊产权理论.经济研究，1995（4）.
[57] 厉以宁.乡镇企业股份制——组建与运行.中国人民大学出版社，1994.
[58] 林青松，杜鹰.中国工业改革与效率——国有企业与非国有企业比较研究.云南人民出版社，1997.
[59] 林毅夫.制度、技术与中国农业发展.上海三联书店，1994.
[60] 林毅夫.再论制度、技术与中国农业发展.北京大学出版社，2000.
[61] 凌志军.历史不再徘徊——人民公社在中国的兴起和失败.人民出版社，1997.
[62] 令弧安.中国改革全书：劳动工资体制改革卷.大连出版社，1992.
[63] 刘国光.股份合作制是公有制的一种实现形式.经济日报，1997-09-21.
[64] 刘小玄.国有企业与非国有企业的产权结构及其对效率的影响.经济研究，1995（7）.
[65] 罗云毅.关于城镇集体经济投资状况的一点分析.经济视角，1999（11）.
[66] 马洪.关于农村的股份合作制问题.人民日报，1994-10-29.
[67] 马俊驹，宋刚.合作社与集体所有权.法学研究，2001（6）.
[68] [美] 曼瑟尔·奥尔森.集体行动的逻辑.陈郁，郭宇峰，李崇新，译.上海人民出版社，2003.
[69] 奈特.风险、不确定性与利润.王宇，王文玉，译.中国人民大学出版社，2005.
[70] 青木昌彦，钱颖一.转轨经济中的公司治理结构.中国经济出版社，1995.
[71] 戎文佐，赵同善.城市区街集体企业产权改革的百龙模式.中国集体工业，1995（11）.

[72] 荣兆梓. 论公有产权的内在矛盾. 经济研究, 1996 (9).

[73] 施皓明. 路径依赖与股份合作制. 东南学术, 2000 (1).

[74] 宋爱国. 要加强集体企业减免税款产权的界定和监管. 国有资产管理, 2004 (10).

[75] 宋连生. 总路线大跃进人民公社化运动始末. 云南人民出版社, 2002.

[76] 王礼力, 邱爱军. 西方合作经济发展中的政府干预及启示. 农村经营管理, 2004 (8).

[77] 王玉丛. 城镇集体企业数量减少的原因及其分析. 中国集体经济, 2002 (6).

[78] 王子恢. 物华股份前董事长被捕幕后. 南方周末, 2004-03-18.

[79] 王祖强. 集体所有制理论的新发展与集体企业产权改革的新目标. 当代经济研究, 2003 (6).

[80] 魏建. 制度环境约束下的特殊制度变迁——中国股份合作制的变迁研究. 中国农村观察, 2001 (1).

[81] 晓亮. 集体企业发展中需要解决的三大问题. 中国工业经济研究, 1994 (3).

[82] 晓亮. 集体经济呼唤深层改革. 经济导刊, 2002 (4).

[83] 晓亮. 集体制萎缩、合作制发展探源. 理论前沿, 2003 (5).

[84] 徐善长. 关于江苏、浙江混合所有制经济发展的调查报告（上）, 经济研究参考, 2006-12-14.

[85] 严闻广. 股份合作制也是一种现代企业制度. 经济学动态, 1994(5).

[86] 姚铭尧. 城镇新型集体经济初探——兼论现有集体经济的产权属性及其弊端. 中国合作经济网.

[87] 尹智雄. 员工持股制度与国有企业改革. 浙江大学博士学位论文, 2001.

[88] 苑鹏. 合作经济理论与实践——中外比较研究. 中国城市出版社, 1991.

[89] 苑鹏. 现代合作社理论研究发展评述. 农村经营管理, 2005 (4).

[90] 约翰·伊特韦尔, 默里·米尔盖特, 彼得·纽曼. 新帕尔格雷夫经济学大辞典. 经济科学出版社, 1996.

[91] 张鸿. 城镇集体经济与股份合作制研究. 陕西人民出版社, 1997.

[92] 张乐天. 告别理想——人民公社制度研究. 东方出版中心, 1998.

[93] 张维迎. 企业的企业家——契约理论. 上海三联书店, 1995.

[94] 张晓山. 联结农户与市场. 中国社会科学出版社, 2002.

[95] 张晓山, 苑鹏. 合作经济理论与实践——中外比较研究. 中国城市出版社, 1991.

[96] 张毅. 乡镇企业发展与中国工业化的道路. 中国农村经济, 1990(2).

[97] 张瑛. 国有与集体企业改制政策之比较研究. 中国集体经济, 2006 (5).

[98] 中共吉林省委集体经济调研组. 关于吉林省集体经济现状及未来发展的初步调研. 中国集体经济, 2006 (2).

[99] 中国工业合作经济学会"城镇集体经济深化改革研究"课题组. 城镇集体经

济深化改革研究. 经济研究参考, 2005 (3).

［100］中华全国手工业合作总社, 中共中央党史研究室. 全国手工业合作化和城镇集体工业的发展：第二卷. 中共党史出版社, 1994.

［101］周放生. 集体经济制度变革分析. 天则经济研究所论文, 2001.

［102］周放生. 集体企业改革, 路在何方. 经济日报, 2004-04-20.

［103］周其仁. 中国农村改革——国家和所有权关系的变化. 中国社会科学季刊 (香港), 1994.

［104］周其仁. "控制权回报"与"企业家控制"的企业. 经济研究, 1997 (5).

［105］周其仁. 企业产权制度改革和企业家人力资本. 载产权与制度变迁. 社会科学文献出版社, 2002.

［106］遵义市城镇集体工业企业联合调研组. 遵义市城镇集体工业企业调研报告. 中国集体经济, 2006 (10).

第三篇

中国私营所有制企业发展道路

第六章 中国私营企业发展的历史过程

改革开放以来,私营企业是随着人们对"什么是社会主义、怎样建设社会主义"认识的不断深化而逐步发展起来的,经历了从"割尾巴"、"有益的补充"、"重要组成部分"到"毫不动摇"的不同发展时期。本章通过对私营企业发展阶段的分析,展示改革开放以来我国私营企业的发展历程,展示私营企业在我国国民经济发展中的地位和作用。

第一节 改革开放以来中国私营企业的发展阶段

一、关于中国私营企业发展阶段的划分

改革开放以来,私营企业的发展一直受到学术界和政府部门的高度关注,许多知名学者也对此进行了深入的研究,由于研究的角度不同,学术界对私营企业发展阶段的划分也有着不同的观点。

刘迎秋(2005)的研究认为,自改革开放以来,我国私营经济的发展大致经历了四个阶段:第一阶段:1978~1989年,个体经济获得迅速发展、私营经济开始得到认可的阶段。1979年中共一届四中全会通过的《中共中央关于加快农业发展若干问题的决定》,第一次明确提出"决不允许把它们(主要指个体经济——引者注)当成资本主义经济来批判和取缔",标志着从理论和思想上拨乱反正的全面展开,并给个体经济的较快发展大开了绿灯。在党的历史上,1987年10月召开的中共十三大及其报告,第一次以正式文献形式做出"私营经济是社会主义公有经济必要的和有益的补充"的论断。之后,于1988年4月召开的七届人大一次会议通

过了《宪法》修正案，第一次以国家根本大法的形式确立了私营经济在我国的合法地位。1988年6月国务院正式颁布《中华人民共和国私营企业暂行条例》（以下简称《条例》），对私营企业做出了明确界定："私营企业是指企业资产属于私人所有、雇工八人以上的营利性的经济组织"。这个《条例》将私营企业划分为三种类型：独资企业、合伙企业、有限责任公司。至此，我国私营经济得到了社会和法律的认可，并有所发展。第二阶段：1990~1991年，这是一个强调清理整顿的阶段。人们对发展民营经济的认识也出现了波动，认为发展民营经济就是发展资本主义的思潮有所抬头，因此有一种彻底清查个体、私营企业偷税漏税等历史问题的要求。这就必然会带来民营经济发展的徘徊。第三阶段：1992~1996年，波动成长阶段。1992年秋中共十四大召开，明确了建立社会主义市场经济体制的总目标，同时把邓小平南方谈话精神写进了中共十四大文献，成为全党和全国人民共同认可的一个基本行动纲领。1993年11月中共十四届三中全会通过《中共中央关于建立社会主义市场经济体制若干问题的决定》，首次明确提出"鼓励"非公有制经济发展政策。1997年7月，北戴河会议讨论股份经济问题和9月召开中共十五大，进一步为我国民营经济发展指明了方向。第四阶段：1997年至今，是私营经济持续健康大发展阶段。

按照何金泉（2001）的概括，改革开放以来，我国私营经济经历了起步阶段、徘徊发展阶段和加速发展阶段。从1978年《中国共产党第十一届中央委员会第三次全体会议公报》的发表到1988年6月《中华人民共和国私营企业暂行条例》的颁布，我国私营企业的重新起步经历了长达10年的时间。经过这段时间的孕育，我国的私营企业在经济生活中的作用日益显现出来。为了鼓励和引导私营企业的健康发展，1988年6月国务院发布了《中华人民共和国私营企业暂行条例》，从法律上为私营企业的发展扫清了障碍。这一阶段属于私营企业的起步阶段。但是1989年的政治风波发生后，政治和经济环境偏紧，私营经济的发展出现了停滞和徘徊现象，个别地方数量甚至出现了大幅度下降。因此，1988~1991年，我国私营企业进入了徘徊发展阶段。1992年邓小平同志南方谈话以后，伴随着我国经济体制改革进入到一个新的阶段，私营企业呈现迅猛的发展势头。1993年11月国务院颁布了《中华人民共和国企业所得税暂行条例》，其中奉行的税负平等原则，为私营企业与其他企业进行平等竞争、共同发展奠定了基础。中共十四大确立了在我国建立社会主义市场经济体制的宏伟构想，又为私营企业提供了更大的发展空间和更多的发展机遇，这一阶段被称为加速发展阶段。

魏宇辉等（2004）认为，我国私营经济发展依次经历了萌芽时期、观望时期、确认时期、鼓励时期、求同时期。从1979年到1982年，随着农村联产承包责任制的推行，个体经济开始出现。个体经济的经营者也被称做"个体劳动者"，其表现为：在农村，随着农村搞联产承包，一些农业大户开始自己跑运输；在城市，大批返城知青急需解决就业问题，个体性经济经营者开始出现，这一时期称为萌芽时期。1982~1988年，私营企业开始出现。当时国家对超过8个雇工的私营企业，持看一看的谨慎态度，实行"三不"原则，即不提倡、不宣传、不抵制，私营企业经历了观望时期。从1988年第二次修宪开始，党中央明确了个体经济和私营经济是"社会主义公有制经济的必要补充"。1992~1997年，党中央确立把非公有制经济视为社会主义市场经济的重要组成部分，私营企业正式得到承认。1997年9月召开的中国共产党第十五次代表大会，把"以公有制为主体、多种所有制经济共同发展"确定为我国社会主义初级阶段的基本经济制度。因此，1988~2000年的发展时期称为确认时期。此后便是2001年的鼓励时期，2001年7月1日，江泽民在中国共产党成立80周年纪念大会上的讲话中，把私营企业主定位为"有中国特色的社会主义事业的建设者"，提出包括私营企业主在内的六类人都是社会主义事业的建设者，在政治上应该一视同仁，平等对待。最后是求同时期，2002年11月，在党的十六大上，中国共产党向民营企业家敞开大门，江泽民指示把"其他各个社会阶层的先进分子吸收到党内"；同时，"在社会变革中出现的民营科技企业的创业人员和技术人员、受聘于外资企业的管理技术人员、个体户、私营企业主、中介组织的从业人员、自由职业人员等社会阶层，都是中国特色社会主义事业的建设者"。

周晓梅（2006）在《我国现阶段私营经济发展问题研究》一书中将私营企业的发展过程分为以下五个阶段：第一阶段，1978~1982年，私营企业的孕育和起步阶段；第二阶段，1983~1988年，私营企业开始发展的阶段；第三阶段，1989~1991年，私营企业的发展处于徘徊不前阶段；第四阶段，1992~1995年，私营企业进入快速发展阶段；第五阶段，1996年至今，私营企业稳定发展的阶段。

马立诚（2006）以中国共产党的代表大会对于私营企业的政策变化为主线，把私营企业的发展分为以下三个时期：中共十一届三中全会：春潮初起（1977~1991年）；邓小平南方谈话：冲越险滩（1992~1996年）；中共十五大和十六大：大江东流（1997~2005年）。

另外一些学者对于私营企业的发展阶段也进行了各自不同的划分，孟捷（1998）将私营企业的发展分为以下三个阶段：第一阶段——起步阶段（1978~1983年）；第二阶段——稳健发展阶段（1984~1991年）；第三阶段——发展的新阶段（1992年以后）。张厚义等（1999）在著作《中国私营企业发展报告1978~1998年》中指出，截至1998年，我国私营企业大体上经历了三个大的发展阶段，即萌生、起步阶段，曲折发展阶段和高速增长阶段，具体的时间为：私营经济的萌生、起步阶段为1986年以前；[①] 私营经济的曲折发展阶段为1987~1991年；私营经济高速增长阶段是1992~1997年。李秀谭等（2004）认为，改革开放以来，我国私营企业的发展共经历了四个发展阶段：艰难的起步阶段（1979~1981年）、曲折的发展阶段（1982~1992年）、高速发展阶段（1993~1997年）以及持续快速发展阶段（1998年以后）。李国荣（2006）认为我国现阶段的私营企业是从改革开放后开始发展和兴起的，大体上经历了两个阶段：第一阶段（1978~1986年）：从中共十一届三中全会召开以后到中共十三大召开之前，这是私营企业自发兴起和初步发展阶段；第二阶段（1987年到现在）：从1987年中共十三大召开到现在，私营企业进入了合法的、快速的发展阶段。其他一些学者，如刘建一（1992）、任杰（2000）、宋才发等（2000）、石本仁（2005）、史晋川（2005）和龚晓菊（2006）等都对私营企业的发展阶段进行了不同划分，在此不一一赘述。

上述大多数的研究，主要着重于对1998年以前私营企业的发展进行划分和描述，而对其后私营企业发展的论述较少，即使个别有所涉及，也较为粗略，没有进行详细的阶段划分和论述，为了更为全面真实地展现改革开放以来我国私营企业发展的历程，在充分借鉴已有文献的基础上，结合我国政府对于私营企业政策的变化趋势，同时根据我国私营企业发展的实际情形，本书将私营企业的发展分为以下五个阶段：萌生阶段（1978~1981年）、起步发展阶段（1982~1988年）、曲折徘徊阶段（1989~1991年）、高速扩张阶段（1992~2002年）和提升发展阶段（2003年至今）。

二、中国私营企业发展的阶段特征

（一）萌生阶段（1978~1981年）

1978年3月，国务院在批复工商行政管理总局关于全国工商局长会

---

① 其中，1982年以前为私营经济的萌生时期，1983~1986年为私营经济的起步时期。

议的报告时指出,为了方便群众生活,并解决一部分人的就业问题,可以根据实际情况,在城镇恢复和发展一部分个体经济。1979年9月29日,叶剑英在庆祝中华人民共和国成立30周年大会上的讲话中指出:"目前在很有限的范围内继续存在的城乡劳动者个体经济,是社会主义公有制经济的附属和补充。"1980年8月17日,中共中央在关于转发全国劳动就业会议文件的通知中指出,解决城镇就业问题,必须实行劳动部门介绍就业、自愿组织起来就业和自谋职业相结合的方针,并且明确提出要鼓励和扶持城镇个体经济的发展。1981年6月,中共十一届六中全会通过的《关于建国以来党内若干历史问题的决议》提出:"社会主义生产关系的变革和完善必须适应于生产力的状况,有利于生产的发展。国营经济和集体经济是我国基本的经济形式,一定范围的劳动者个体经济是公有制经济的必要补充。必须实行适合于各种经济成分的具体管理制度和分配制度。"1981年7月7日,在《国务院关于城镇非农业个体经济若干政策性规定》中,明确指出:"个体经营户,必要时,经过工商行政管理部门批准,可以请1~2个帮手;技术性较强或者有特殊技术的,可以带2~3个最多不超过5个学徒。"依此规定,个体户最多可雇工7人,这一规定后来成为实际执行过程中区分个体经济与私营经济的标准。

伴随着个体经济的发展,一部分个体工商户手中的资金不断增多,经营管理的能力日益增强,生产经营的规模也逐步扩大,学徒帮手越请越多。为了继续扩大生产,按照国家规定的个体工商户请帮手,带学徒限7人以下的规定已经满足不了生产经营发展的需要,必须增加雇工人数,于是超过7人的个体雇工"大户"出现了,私营企业就是这样在个体经济发展的基础上,以个体雇工"大户"的形式萌生出来的。经过1979~1981年三年的恢复,从1978年底全国城乡个体工商户仅有14万人发展到1981年的城镇个体经济86.8万户,从业人员113万人,农村个体经济96.1万户,从业人员121.8万人。[①]

(二) 起步发展阶段(1982~1988年)

1982年,中共十二大报告提出:"由于我国生产力发展水平总的来说还比较低,又很不平衡,在很长时期内需要多种经济形式的同时并存。"

[①] 需要说明的是,在1988年6月颁布的《中华人民共和国私营企业暂行条例》以前,由于私营企业没有取得合法地位,因而没有一个统一的名称,有关部门在调查统计时,只能用"专业大户"、"个体大户"、"雇工企业"和"新经济联合体"等来代替,较大范围内的统计数字极其少见。

以及"在农村和城市，都要鼓励劳动者个体经济在国家规定的范围内和工商行政管理下适当发展，作为公有制经济的必要的、有益的补充。"1983年，中共中央在下达的《关于当前农村经济政策的若干问题》的一号文件中明确指出，我们是社会主义国家，不能允许剥削制度存在，但是我们又是一个发展中国家，尤其在农村，生产力水平还比较低，商品生产不发达，允许资金、技术和劳动力一定程度的流动和多种方式的结合，对发展社会主义经济是有利的。同时还指出，"对超过规定、雇请较多帮工的，不宜提倡，不要公开宣传，也不要急于取缔，应因势利导，使之向不同形式的合作经济发展"。1984年10月，邓小平在中顾委第三次全体会议上谈到雇工问题时说："还有的事情用不着急于解决。前些时候那个雇工问题相当震动呀，大家担心得不得了。我的意见是放两年再看。那个能影响我们的大局吗？如果你一动，群众就说政策变了，人心就不安了。你解决了一个'傻子瓜子'，会牵动人心不安，没有益处。让'傻子瓜子'经营一段，怕什么？伤害了社会主义吗？"。[①] 中共中央对雇工经营现象和雇工经营企业的"三不"原则以及"允许资金、技术、劳动力一定程度的流动和多种方式的结合"等的政策，并且城乡经济的发展，城乡市场的开发开放，群众特别是农民收入的增加、剩余资金的增多，以及其他经济政策的放松和社会环境的改善，使我国城乡特别是农村的雇工大户、私营企业成批地产生，私营经济迅速地发展起来。

1987年10月召开的中共十三大，第一次对我国私营企业的性质、作用和地位作了论述，并明确了我党对私营经济的政策，为私营企业的存在和发展正了名，中共十三大政治报告中指出"私营经济是存在雇佣劳动关系的经济成分。但在社会主义条件下，它必然同占优势的公有制经济相联系，并受公有制经济的巨大影响，实践证明，私营经济一定程度的发展，有利于促进生产，活跃市场，扩大就业，更好地满足人民多方面的生活需求，是公有制经济必要和有益的补充。必须尽快制定有关私营经济的政策和法规，保护它们的合法权益，加强对它们的引导、监督和管理"以及"社会主义初级阶段的所有制结构应以公有制为主体。目前全民所有制成分以外的其他经济成分，不是发展太多了，而是很不够。对于城乡合作经济、个体经济和私营经济，都要鼓励他们继续发展"；[②] 特别是1988年通过的《宪法》修正案，在法律上保证了私营企业的合法身份和地位。《宪法》第十一条规定：国家允许私营企业以该法规定的范围内存在和发展。私营

---

①② 邓小平.邓小平文选：第三卷.人民出版社，1993：91.

经济是社会主义所有制的补充，国家保护私营经济的合法权利和权益，对私营经济实行引导、监督和管理。此后不久，国务院于1988年6月25日颁发了《中华人民共和国私营企业暂行条例》、《中华人民共和国私营企业所得税暂行条例》和《国务院关于征收私营企业投资者个人收入所得税的规定》三项法规，这使私营企业的经营和管理有法可依，这些政策对起步发展中的私营企业起到了重要的促进作用。

由于政策的引导以及一些现实条件的支持，私营企业一经起步，就以相当快的速度发展起来。根据国家工商行政管理总局的统计，到1987年底，共有私营企业数目90581万户，从业人员总数约164万人，注册资金84亿元，[1]其中在农村中的私营企业占全国私营企业总户数的80.74%，从业人员占全国私营企业从业人员总数的83.45%，资金占全国私营企业总数的83.60%。但是在这一阶段，私营企业规模一般不是很大，雇工人数在20人以下的大体占70%，私营企业的资金每户约5万元。[2]另外，据原中共中央书记处农村政策研究室组织的全国28个省、市、自治区的272个村的37422户调查，1984年参加新经济联合体的农户占其总户数的3.2%，专业户占其总户数的3.5%，个体工商业占其总户数的4.4%。其中，新经济联合体雇工经营的占其总数的51%，平均每个联合体雇工7.9人，合1204个工作日；专业户雇请长工的共203户，占总户数的0.55%，占专业户数的15.7%，平均每户雇长工4.1个。按收入划分，家庭纯收入6000~9000元的农户占调查户的3%，所雇长工占长工总数的50%；家庭纯收入9000元以上的农户占调查户的1%，所雇长工占长工总数的40%。在私人雇工户中，雇工8人以上的有25户，占调查户的0.07%，占私人雇工户的12.3%，平均每户雇工18.5人。[3]这份典型调查报告还指出，1984年雇长工（每年雇工6个月以上）的农户，占调查户总数的0.55%，所雇长工人数占样本农户劳动力总数的1.84%；1986年雇长工的农户，占调查户总数的0.74%，所雇长工人数占样本农户劳动力总数的4.2%。雇工人数在农村劳动力中所占的比重，两年增加了1倍以上。

从一些省市的统计数据也能看出，私营企业在这段时间得到了较为迅速的发展。根据对湖北省汉阳、京山、应城、蒲圻4县、市的追踪调查发

---

[1] 周晓梅. 我国现阶段私营经济发展问题研究. 经济科学出版社，2006：9.
[2] 何金泉. 中国民营经济研究. 西南财经大学出版社，2001：51.
[3] 中共中央书记处农村政策研究室资料室. 中国农村社会经济典型调查（1985年）. 中国社会科学出版社，1987：20.

现,雇工户占农户总数的比重分别为:1983年占0.16%,1984年占0.57%,1985年占0.78%。雇工人数占当地劳动力总数的比重分别为:1983年为0.51%,1984年为1.62%,1985年为2.38%。1983~1985年,雇工户由509户增加到2543户,雇工人数由3246人增加到15838人,雇工户数和雇工人数,在三年时间内几乎都增加了4倍。安徽省对5556家私营企业的开业时间进行了统计,它们分别是:1983年及其以前为370家,1984年644家,1985年1336家,1986年1642家,1987年1640家,1984年比1983年增长74.05%,1985年又比1984年增长107.45%。据四川省德阳市市中区、绵阳市市中区和江油县的6个乡统计,共有313个雇工企业,它们的开业时间从1979~1987年的各个年份分别为:1个、1个、1个、8个、136个、77个、53个、26个和10个。其中,属于私营企业的有36个,它们的开业时间从1982~1987年的各个年份分别为1个、4个、14个、9个、6个和2个。①

(三) 曲折徘徊阶段(1989~1991年)

中共十三大和1988年通过的《宪法修正案》,虽然明确了我党对私营经济的政策,在法律上确定了私营企业的合法地位,但并没有使私营企业的快速发展真正地持续起来,主要原因是从1984年开始,我国经济连续5年加速发展,导致经济开始过热,国民经济运行严重失衡,出现了明显的通货膨胀,1988年全国零售物价总指数比1987年上升了18.5%。中共中央于1988年9月召开十三届三中全会,决定从1989年起,用两年或更长一些的时间,治理经济环境,整顿经济秩序,又因为接着出现了1989年春夏之交的政治风波,这一段时间里虽然我党对私营企业发展的政策没有变,但是社会上出现了对私营企业发展极为不利的舆论环境,比如:私营经济是资产阶级自由化的社会基础,把发展私营企业和搞私有化联系在一起,并且在全国进入治理整顿新时期后,企业面临严峻的宏观经济环境,基本建设规模压缩,信贷资金紧缩,原材料短缺,能源不足,市场疲软,另外,国家整顿流通秩序,整顿个体私营企业,有的地方在全国性的税收大检查中,对企业处罚过重。在这种情况下,私营企业的发展受到重创,一些个体工商户和私营企业难以维持,或挂靠国有企业和集体企业,或改造为股份合作制,有的减少雇工和经营规模,或者是停业或歇业。此

---

① 张厚义,明立志.中国私营企业发展报告(1978~1998).社会科学文献出版社,1999:32~33.

后，党和国家认真总结了发展私营企业的经验和教训，慎重地调整了对私营经济的方针政策。江泽民在庆祝中华人民共和国四十周年的讲话中指出，"对于私营经济，我们的方针，一是要鼓励他们在国家允许的范围内积极发展；二是利用经济的、行政的、法律的手段，加强管理和引导，做到既发挥他们的积极作用，又限制其不利于社会主义经济的消极作用"。江泽民的讲话，再次重申了中国共产党对个体私营经济的方针，肯定了个体私营经济存在和发展的必要性，逐步消除了人们的疑虑。在这种大环境下，私营经济的发展出现了曲折发展的趋势，每年私营企业的数目增长均未超过10%，增长较为缓慢，甚至处于停滞不前的状态。[1] 1988年底，个体工商户达到1452.7万户，从业人数2305万人，1989年底为1247.2万户，从业人员为1941.4万人，1990年底分别为1328.3万户和2092.8万人，1991年底分别为1416.6万户和2258万人，比1988年减少35.9万户和47万人。1989年6月底，登记注册的私营企业为9.06万户，1990年6月底下降为8.8万户，[2] 而到1990年底，私营企业的户数回升到9.8万户，1991年底，私营企业的户数又有了一定的上升，达到10.8万户，从业人数184万人（其中投资者24.14万人，雇佣工人159.8万人），注册资本金总额1231689万元。[3]

（四）高速扩张阶段（1992~2002年）

1992年春天，邓小平同志发表南方谈话，指出中国改革的目标是要建立社会主义市场经济，澄清了一系列困扰人们的认识和实践，提出了一些新的观点，特别是"三个有利于"的标准。1992年中共十四大工作报告中，第一次明确了我国经济体制改革的目标是建立社会主义市场经济体制，并提出了在所有制结构中，要以公有制为主体，个体私营经济、外资经济为补充，多种经济共同发展的方针。建立社会主义市场经济体制宏伟构想的确立，为私营企业的发展提供了更大的空间和更多的机遇。1993年11月国务院颁布了《中华人民共和国企业所得税暂行条例》，其中奉行的税负平等原则，又为私营企业与其他企业进行平等竞争、共同发展奠定了基础。在具体执行方面，1993年4月28日，国家工商局《关于促进个体私营经济发展的若干意见》提出了我国政府促进个体私营经济健康发展

---

[1] 袁宝华，等.中国市场经济建设全书：第6分册.山西人民出版社，1998：547.
[2] 张厚义，明立志.中国私营企业发展报告（1978~1998）.社会科学文献出版社，1999：42.
[3] 龚晓菊.制度变迁与民营经济发展研究.武汉大学出版社，2005：90.

的 20 条政策，该文件在从业人员、登记手续、经营范围、经营方式、注册资金等各方面都放宽了政策，并且明确提出"支持个体工商户、私营企业跨地区、跨行业、跨所有制开展横向经济联合，互相参股经营。个体工商户、私营企业可以租赁、承包、购买国有、集体企业。""支持私营企业举办中外合资经营、中外合作经营企业和从事'三来一补'①业务。"强调依法保护个体、私营企业的合法权益，"制止对个体工商户、私营企业的财产进行'赎买'、'平调'等随意改变产权关系的错误做法。"党和国家采取了一系列的政策和措施，奖励、扶持和促进个体、私营经济的发展，个体、私营经济发展的外部环境逐步宽松，社会条件逐步改善，为个体经济、私营经济的发展创造了一个良好的外部环境。

1997 年 9 月，中共十五大明确提出："非公有制经济是我国社会主义市场经济的重要组成部分"，"公有制为主体、多种所有制经济共同发展，是我国社会主义初级阶段的一项基本经济制度。"这突破了非公有制经济是社会主义公有制经济补充的认识，把私营经济等非公有制经济纳入到社会主义基本经济制度内，这无疑是对人们思想的再一次解放，1999 年 3 月，九届全国人大二次会议通过的《宪法修正案》，第一次将"个体经济、私营经济等非公有制经济是社会主义市场经济的重要组成部分"写入了国家的根本大法，2001 年 7 月 1 日江泽民总书记在庆祝中国共产党成立八十周年大会上发表的讲话，明确指出，私营企业主是我国改革开放以来出现的新的社会阶层之一，"在党的路线方针指引下，这些新的社会阶层中的广大人员通过诚实劳动和工作，通过合法经营，为发展社会主义社会的生产力和其他事业作出了贡献，他们与工人、农民、知识分子、干部和解放军指战员团结在一起，他们也是有中国特色社会主义事业的建设者"，从而把我党对私营经济的理论和政策又推向了一个新的阶段。

从 1992 年第二季度开始，私营企业的发展速度明显加快，在以后的几年中，私营企业的户数与从业人数每年以 50% 以上、注册资金额以 80% 以上的比例递增。据国家工商局统计，1992 年底，全国登记注册的私营企业达 13.9 万户，从业人员达 231.8 万人，资本积累加快，企业规模逐步扩大，私营企业户均注册资金上升到 15.9 万元，同期户均产值 22.1 万元，户均营业额 24.3 万元。雇工 100 人以上的私营企业达到 762 户。注册资本 100 万元以上的为 1800 多户，据零点公司调查，在 134 户大户中，据称拥有亿元资产的有 7 家。到 1993 年底全国登记注册的私营企业已达 23.8

---

① "三来一补"是指来料加工、来样制作、来件装配、补偿贸易。

万户，从业人员 372.6 万人，注册资金 680.3 亿元，工业产值 421.7 亿元，营业收入 309.2 亿元，商品零售额 196.5 亿元，比去年增长 108.8%，主要经济指标不仅创历史最高水平，而且增长幅度与其他所有制形式比也是最高的。截至 1997 年底，在工商行政管理机关登记注册的私营企业更是达到 96.1 万户，从业人员 1350 万人，注册资金 5140 亿元，工业产值增加到 3923 亿元，消费品零售额增加到 1855 亿元。[①] 个体私营经济的快速发展对国民经济的发展起到了巨大的推动作用（见表 6-1），这一点从个体私营企业所缴纳的税收中也能得到体现。同时，私营企业也在努力追求规模效益，全国私营企业的注册资本总额比 1992 年增长 20 多倍，户均注册资本由 1992 年的 15.9 万元增加到 1997 年的 53.5 万元，增长了 2.36 倍，而户均雇工人数却由 16.7 人减少到 14.0 人。另外，通过各省的数据也显示出快速增长的趋势，其中，截至 1997 年底，私营企业超过 3 万户的就有 10 个省、市，分别是广东（120320 户）、浙江（91800 户）、山东（76662 户）、江苏（69943 户）、上海（69421 户）、河北（56141 户）、辽宁（51772 户）、湖北（38988 户）、河南（34203 户）、福建（30530 户）。[②]

表 6-1 各种经济成分缴纳的税收收入的增长率

单位：%

年份	总计	国有	民营经济	其中：私营
1998	10.5	4.1	13.4	52.9
1999	13.4	4.3	18.5	56.4
2000	22.8	3.1	17.4	63.3
2001	19.7	−0.6	22.1	57.5
2002	12.1	−0.2	14.8	43.1

资料来源：转引自黄孟复.中国民营经济发展报告 No.1（2003）.社会科学文献出版社，2004：11，表 13.

在产业结构方面，如表 6-2 所示，第二产业一直占据主导地位。以 2001 年为例，从事第二产业的私营企业从业人员达 2400 多万人，占私营企业从业人员总数的 76.7%；营业收入为 18625 亿元，占私营企业营业收入总额的 58.4%。尽管私营企业在第三产业中投入的资本最多，所占比重还是落后于第二产业，2001 年末，私营第三产业实收资本为 7000 多亿

---

① 参见 1999 年 2 月 2 日《人民政协报》。
② 张厚义，明立志.中国私营企业发展报告（1978~1998）.社会科学文献出版社，1999：43.

元,占私营企业实收资本总额的50.5%;实现营业收入13000多亿元,占当年私营企业营业收入总额的41%;从业人员为712万人,仅占私营企业从业人员总数的22.4%。从事第一产业的从业人员为极少数,所占比重仅在0.9%。

表6-2 2001年私营企业的产业构成

单位:万人、亿元

	绝对数			比重(%)		
	从业人员	实收资本	营业收入	从业人员	实收资本	营业收入
第一产业	26	228	164	0.9	1.6	0.5
第二产业	2433	6731	18625	76.7	47.9	58.4
第三产业	712	7109	13094	22.4	50.5	41.1
合计	3170	14068	31882	100.0	100.0	100.0

资料来源:国家统计局普查中心.基普分析之二十四:我国私营企业发展的现状、问题及对策.表2.国家统计局网站,http://www.stats.gov.cn。

在区域结构方面,一直呈现出较为明显的不均衡状况,东部所占的比重很高。根据第二次全国基本单位普查的统计资料显示,在2001年私营企业的经济总量中,有75%左右分布在东部地区,15%左右分布在中部地区,10%左右分布在西部地区(见表6-3)。

表6-3 2001年全国私营企业4项指标的地区分布(占全国的比重%)

	企业单位数占比	从业人数占比	实收资本占比	营业收入占比
东部地区	72.0	68.1	72.5	78.0
中部地区	17.4	19.4	15.5	13.3
西部地区	10.6	12.5	12.0	8.7

资料来源:国家统计局普查中心.基普分析之二十四:我国私营企业发展的现状、问题及对策.表4.国家统计局网站,http://www.stats.gov.cn。

在企业类型方面,从表6-4可以看出,有限责任公司和独资公司是这一阶段私营企业的主要形式,2001年,这两种形式占总数的90%左右,分别为45.8%和43.1%。

表 6-4　2001 年各种类型私营企业的主要指标

企业类型	企业单位数		从业人员数		实收资本		营业收入	
	总量(万个)	比重(%)	总量(万人)	比重(%)	总量(亿元)	比重(%)	总量(亿元)	比重(%)
有限责任公司	60.6	45.8	1579	49.8	9503	67.6	20486	64.3
独资企业	57.0	43.1	1175	37.1	3074	21.8	8127	25.5
合伙企业	10.9	8.2	277	8.7	737	5.2	1703	5.3
股份有限公司	3.8	2.9	140	4.4	754	5.4	1566	4.9
合计	132.3	100.0	3170	100.0	14068	100.0	31883	100.0

资料来源：国家统计局普查中心. 基普分析之二十四：我国私营企业发展的现状、问题及对策. 国家统计局网站，http://www.stats.gov.cn.

（五）提升发展阶段（2003 年至今）

在中共十四大和十五大基础上，2002 年中共十六大报告全面系统地阐述了党在新的历史时期发展非公有制经济的政策方针，在重申"坚持和完善公有制为主体、多种所有制经济共同发展的基本经济制度"的基础上，提出了"两个毫不动摇"和"一个统一"的重要论断，即"必须毫不动摇地巩固和发展公有制经济"，"必须毫不动摇地鼓励、支持和引导非公有制经济发展"，"坚持公有制为主体，促进非公有制发展，统一于社会主义现代化建设的进程中"。对于发展私营经济来说，"毫不动摇"的提出是认识上和政策上的重大突破，不仅回答了在新的历史时期怎样坚持和完善基本经济制度这个重大问题，而且也排除了人们发展私营经济的种种疑虑，从根源上解决了许多约束私营经济发展的认识与理论问题，同时向全党全国发出了一个明确的信号，发展私营经济将由政策推进转向制度保障。2003 年 10 月，中共十六届三中全会作的《中共中央关于完善社会主义市场经济体制若干问题的决定》，就大力发展和积极引导非公有制经济提出了一些新的政策，如放宽市场准入、允许非公有资本进入法律法规未禁入的基础设施、公用事业及其他行业和领域，非公有制企业在投融资、税收、土地使用和对外贸易等方面与其他企业享受同等待遇等。其中，把非公有制经济发展作为其中一条来写，这在中共文件中是第一次。2004 年全国人大十届二次会议通过的宪法修正案规定："公民合法的私有财产不受侵犯。"进一步增强了私营企业发展的信心以及私人创业的动力，激发了人们创造财富的积极性。为了进一步贯彻落实中央方针政策和宪法修正案要求，2005 年 2 月，国务院发布了《关于鼓励支持和引导个体私营等非公有制经济发展的若干意见》，在放宽非公有制经济市场准入等七个方面提出了 36 条政策，进一步优化了个体私营等非公有经济发展的环境，有利于促进其健康稳定发展。[①] 2007 年 10 月，中共十七大在重申中共十六大精神的同时，提出了"通过创业解决就业"、"创造条件让更多的群众拥有财产性收入"。在继续坚持两个"毫不动摇"的同时，进一步提出了"坚持平等保护物权，形成各种所有制经济平等竞争、相互促进新格局"。这无疑加强了对法律上的"平等"保护和经济上的"平等"竞争这"两个平等"的重视，是私营经济理论的又一重要突破。2010 年 5 月，国务院发布了《国务院关于鼓励和引导民间投资健康发展的若干意见》（以下简称《意见》）（国发〔2010〕13 号）。《意见》指出进一步拓宽民间投资的领域和范围，鼓励和引导民间资本进入基础产业和基础设施、市政公用事业和政策性住房建设、社会事业、金融服务、商贸流通、国防科技工业等领域，为民间投资和私营企业的发展创造了更加良好的环境。

在党中央理论政策的指引和先前快速发展的基础上，私营企业进入了一个提升发展的阶段。首先，私营企业的户数、注册资金以及从业人员等稳步增加。据国家工商行政管理总局的统计，2003 年底，全国登记的私营企业为 300.55 万户，从业人员 4088.65 万人，注册资本金额 35304.89 亿元。截至 2011 年底，全国登记的私营企业已达 967.68 万户，同比增长 14.45%，是 2003 年的 3.22 倍，注册资本金额 25.79 万亿元，同比增长 34.27%，是 2003 年的 7.31 倍，从业人数为 10353 万人，同比增长 12.73%，是 2003 年的 2.53 倍多。其次，私营企业在国民经济中的地位日益加强。2010 年底，全国规模以上工业企业增加值同比增长 15.7%，其中私营工业企业增加值同比增长 20%，高于全国 4.3 个百分点，高于国有及国有控股企业 6.3 个百分点。内资非公有制经济占 GDP 的比重已超过 1/3，加上外商投资经济在内，非公有制经济占 GDP 的比重已经超过一半（65%），对经济增量的贡献已在 60% 以上。在各种经济成分中，个体私营企业的税收增长是最快的，明显高于全国水平及其他经济成分。2010 年个体私营企业税收总额超过 1.1 万亿元，是 2003 年 2435 亿元的 4.52 倍，占全国税收总额的比重由 2003 年的 11.91% 增加到 15.02%。私营企业在自身发展的基础上，成为解决我国社会就业的重要渠道，其中，在城镇新增就业的 90% 以上都是民营经济解决的。

另外，私营企业在稳定发展的同时，其综合布局也更加趋于合理，充分体现出健康的发展态势。

---

① 李国荣. 民营之路. 上海财经大学出版社，2006：82.

（1）私营企业的区域布局更加合理，东西差距逐步缩小。截至2008年底，东部12省市实有437.88万户，比上年增长11.52%，占私营企业总户数的66.60%；西部10省区市实有90.51万户，增长9.36%，占私营企业总户数的13.77%；中部9省区实有129.03万户，增长1.09%，占私营企业总户数的19.63%。从全国工商联公布的2011年中国民营企业500强调研分析报告显示，民营企业向西部转移的速度也逐步加快，500强中有36.6%的企业通过调整区域布局推动发展方式转变。民营企业500强东西部差距缩小。2010年，民营企业500强有388家分布在东部地区，比2009年减少17家，营业收入总额、资产总额占比也略有下降，其中浙江和江苏两省入围民营企业达到262家。西部地区民营企业获得了快速发展。西部地区入围52家，比2009年增加18家，营业收入总额和资产总额占比分别上升到10.57%和11.88%。[1]

（2）私营企业的产业发展更为合理，私营企业在第一产业和现代服务业都稳步增长。截至2008年底，私营企业在第一产业实有13.51万户，注册资本金0.23万亿元，增长30.18%，占私营企业总注册资本金的1.96%；第二产业实有私营企业202.63万户，占总户数的30.82%，注册资本金4.31万亿元，增长22.44%，占私营企业总注册资本金的36.71%；第三产业实有私营企业441.28万户，占总户数的67.12%，注册资本金7.2万亿元，增长26.54%，占私营企业总注册资本金的61.33%。

（3）私营企业在农村、城镇增长稳定。截至2008年底，全国城镇实有私营企业455.06万户，比上年增加75.2万户，增长19.80%，占全国私营企业总户数的69.22%；投资者人数1066.68万人，比上年增加86.64万人，增长8.84%，雇工人数4057.01万人，比上年增加456.03万人，增长12.66%；注册资本81567.05亿元，增加15446.37亿元，增长23.36%。农村私营企业202.35万户，比上年减少20.84万户，减少9.34%，占全国私营企业总户数的30.78%；投资者人数440.68万人，比上年增加24.2万人，增长5.81%，雇工2339.61万人，增加84万人，增长3.72%；注册资本35789.64亿元，增加8037.18亿元，增长28.96%。

（4）公司类型继续以有限责任公司为主。截至2008年底，私营有限责任公司535.29万户，比上年增加98.99万户，增长22.69%，占私营企业总户数的81.42%；注册资本10.69万亿元，增加了1.95万亿元，增长

---

[1] 全国工商联. 2011中国民营企业500强调研分析报告.

了 22.31%，占私营企业注册资本总额的 91.09%。[①]

总之，近年来，由于政策法规的逐步出台，私营企业发展环境得到了极大的改善，在国民经济发展中发挥了越来越重要的作用。未来随着党中央、国务院对非公有制经济的高度重视，政策环境必将得到更大程度的改善，私营企业必将迎来一个更加快速、健康、合理的发展。

第二节 中国私营经济发展的典型模式

改革开放以来，私营经济在不同阶段的发展过程中，由于各地的历史条件、地理环境、社会经济基础条件的差异，私营经济的萌生和发展呈现了不同的特点，如一些地方的企业为躲避规制，出现的戴"红帽子"（假集体，实私营）、"洋帽子"（假中外合资）和"小帽子"（假个体，实私营）的现象，其中以"红帽子"较为普遍。后来这些私营企业走上了不同的发展道路，从而形成了一些各具特色的发展模式，这些模式对当地私营经济的发展起到了重要的推动作用，对其他地区的私营经济发展也有着十分重要的借鉴作用，在此我们根据各自不同的发展特点，归纳选取了几个有代表性的模式进行重点介绍。

一、中国私营经济的主要发展模式

（一）苏南模式

"苏南模式"最早是由费孝通先生在 1983 年所写的《小城镇：再探索》一书中提出来的，它是指由苏州、无锡、常州地区的广大干部群众率先实践的，以农业为基础、以工业为主导、以集体企业为主体、以中心城市为依托、以市场调节为手段、以共同富裕为目的、以社会经济发展为主要内容的农村经济发展道路。有的学者把"苏南模式"看成是"地方政府公司主义模式"、"能人经济模式"和"政绩经济模式"，其本质是"政府超强干预模式"，也有的学者把苏南地区镇、乡村政权对乡镇企业的实际干预

[①] 数据转引自《私营企业发展的基本情况》，中国网，http://www.china.com.cn/news/zhuanti/09myjjlps/2009-09/27/content_18613563.htm.

和控制看做是乡镇的一种"地方产权制度",存在着政企不分的问题,同时可能产生低激励和负激励效应。但改革初期存在的大量经济空隙为苏南地区在内的乡镇企业的异军突起提供了环境条件和历史机遇,因而在很长的一段时间里,苏南地区政府对乡镇企业的超强干预模式取得了辉煌的成果。

苏南的乡镇企业起步较早,其萌芽可以追溯到20世纪50年代末公社化时期的"社队企业",[①]当时随着农业合作化运动的展开,社办工业急剧发展,在20世纪60年代比较活跃,企业首先利用集体农业原始积累创办企业,其后经过企业自我积累发展逐步壮大,此后,这些企业虽经过多次起落,但是一直顽强地向前发展。改革开放之后,乡镇企业在原先社办企业的基础上迅速发展起来。这些企业由乡镇投资,是集体企业,属于公有制的一部分,20世纪80年代初,这些企业普遍推行了承包制,企业负责人由乡镇党委任命,一年签约一次,每年考核产值、销售、利润三个指标,超出部分按比例给承包者分成,这些措施大大调动了承包者的积极性,引发了乡镇企业的崛起,使苏南地区农村工业发生了根本变化,乡镇集体工业逐步成为地区经济的支柱之一,"苏南模式"也就在这一过程中逐渐得以形成。

但是,乡镇企业从诞生之日起就处于市场的竞争中,由于本身资金缺乏、技术不足、原材料没有充足的保证、产品不包销,不少企业在起步时,大多采取的是就地取材、就地生产、就地销售的"三个就地"经营方式,这样大多数乡镇企业只能在"市场调节"部分的夹缝中求生存。在如此的大背景条件下,一些邻靠大中城市的乡镇企业开始与城市企业建立起一种行政的、经济的乃至以某种人际关系为媒介的横向联合,在产品导向、行业开发、原材料供应、产品销售以及资金、技术、设备、人才等方面与城市企业建立起辐射与被辐射性质的联系。当乡镇工业发展到一定规模时,这种横向联合便开始向企业管理、新产品开发、设备更新、技术进步等方面延伸。乡镇企业也由原来的充当城市企业的"小、补、配"低档产品加工的层次转换到与城市企业分工协作,组成企业集团互相依存、共同发展的层次上。苏南乡镇企业比其他地区更早实行这种由"三个就地"到"横向联合"的转换。据不完全统计,从1983年到1985年短短3年的时间里,苏州市乡镇企业与全国20多个省、市、自治区建立的各种层次、各种形式的横向经济联合就达3000多项,其中跨地区联合就达1404项,而由此形成的企业集团就有34个。截至1985年,该市各种联合企业已达

---

① 社队企业改称为乡镇企业是在1984年。

到 2187 个，其产值高达 34.2 亿元，在全市工业总产值中占 17.7%。

苏南乡镇集体企业凭借其制度优势和经营特色取得过辉煌的成绩，但是 20 世纪 90 年代中期以后，随着经济的逐步发展、改革开放的逐步深入，传统的"苏南模式"却成了苏南乡镇企业发展的桎梏，出现了机制僵化、效益下降、民间经济活力受抑制的状况。有的专家认为，导致这种衰落的原因是：公有制异化成了官有制、官民收入差距拉大、有失公平原则。正是由于存在以上这些问题，特别是存在着体制上的弊端，使苏南乡镇企业的竞争力遭受到沉重的打击。面对这种困境，精明的苏南人果断地进行企业经营管理方式的转型和产权制度的变革。具体方法是由乡镇出面组织、进行审计，然后把企业净资产转让、出售给企业经营者和职工，再由工商部门变更企业性质（变更为私营企业）。20 世纪 90 年代初，苏南乡镇企业大概转让了 30%。但是由于顾及当时的政治气候，改革者们并没有将这种做法公之于众。

直到中共十五大之后，在江苏省委和省政府的引导下，干部和群众克服了思想上的疑虑和反复，苏南乡镇企业转制工作才在 1997 年全面铺开。这一次改制相对上次更为规范，先由独立的资产评估部门对企业资产进行评估，再按净资产转让、出售，集体资产从企业中退出。据有关部门统计，截至 2000 年底，苏南地区已有 8.5 万多家乡镇企业完成改制，占乡镇企业总数的 93%。转制之后，由于企业变成所有者自己的，责任感明显得到增强，所取得的经济效益是非常显著的：2001 年，江苏乡镇企业冲出低谷，营销收入创纪录突破 1 万亿元，利税达到 737 亿元，并且已出现持续三年的投入高潮，其发展潜力十分巨大。这一改制的完成也被称为"新苏南模式"的形成。与传统的苏南模式相比，目前苏南经济已经有了很大的差别，传统"苏南模式"的影子已经很难发现。从一定程度上说，现在的苏南经济已经进入了一个无模式时代，进入了一个无明显标识和模式特征的市场经济正常发展的轨道。

（二）温州模式

1985 年 5 月 12 日《解放日报》发表了题为《乡镇工业看苏南，家庭工业看浙南——温州 33 万人从事家庭工业》的文章，并且把温州农村家庭工业发展的特点概括为：以生产小商品为主，靠农村集市和农民供销员购销搞活流通渠道，靠一大批能工巧匠和贸易能手开辟致富门路。"温州模式"的概念第一次在媒体上正式提出。1986 年，费孝通先生对温州农村经济进行了考察，写下了名篇《温州行》，他用"小商品、大市场"对

"温州模式"进行了精辟的概括,这种模式直接在生产者和消费者之间建立起一个无孔不入的流通网络。在这里,"小商品、大市场"是对温州产品结构和商品流通方式形象直观的概括,以后人们在谈到"温州模式"时,往往会提及这句经典的描述。

为了谋生,温州人的家庭工商业活动始终没有停止过,尽管这些活动在当时计划经济体制下被视为资本主义而受到严厉的打击。20世纪80年代初期,随着农村家庭联产承包责任制的不断推广和农业生产的持续发展,温州人终于获得了生产经营的自主选择权,各种家庭工商业活动得以从"地下"转到"地上",一时间,个体购销贩大军带动下的家庭工业在温州遍地开花。他们依靠家庭手工业劳动的微薄积累和从祖先那里继承的传统手工技术,以家庭场院为场所,生产技术工艺简单、市场短缺的民用小商品,如纽扣、小五金件、徽章等,并通过自己在当地建立小商品专业市场和遍布全国各地的个体供销员组织原料购买、产品销售并及时掌握市场动态,及时进行产品的更新换代,扩大温州产品的市场影响力。当时以农村家庭工业为特点的农村工业化进程的迅速推进使得温州经济飞速发展。到1985年4月,温州家庭工业达13.3万户,大批农民走上富裕之路,成为了当时引人注目的"万元户"。温州经济的飞速发展引起了人们的普遍关注。在计划经济严寒尚未解冻的时候,在中国广大农民尚处于极度贫困的环境中,温州以其独特的农村工业化方式走出了一条与众不同的脱贫致富的道路,这便是后来被广为称道的"温州模式"。

20世纪90年代以来,"温州制造"开始从单纯的价格竞争转向品质竞争,温州产品以逼人的姿态占领各大城市市场。如中国鞋业十大名牌中,温州品牌占据了半壁江山。到1995年,温州工业企业平均产值突破60万元,是1990年的2.7倍,农民人均收入继续保持强劲的增长势头,1991~1995年,农村人均收入年均增长率达到了25.16%。

从20世纪90年代中期以后,随着中国市场经济体制建设的全面启动和国民经济发展进入结构调整新时期,温州原有发展市场经济的"先发优势"逐步衰减,温州经济开始出现徘徊的局面。但是温州人没有退缩,而是重新定位,迅速进入制度创新、结构升级"二次创业"的新阶段,集团化、品牌化成为温州私营企业新的取向。新的"温州模式"的发展突破了传统"温州模式"以家庭经营为基础的限制,走向了企业联合、兼并、重组、优化的集团化规模发展的道路;改变了单纯以小城镇为依托的营销方式,走向了网络营销的道路;突破了单纯以市场为导向的经营方式,走向了资产经营、品牌经营综合发展道路;以农村能人为骨干的企业经营者素质普遍提高，逐步造就了一批具有现代理念和创新意识的企业家，企业开始摒弃家族式的经营，逐步走向现代企业制度；产品质量和档次有了很大提高，行业开始走向协同作战和自律。由此，新的"温州模式"可以概述为：以观念创新为核心，以网络营销为依托，以理性管理为基础，以规模效益求发展的一种新的经营运行模式。其本质特征可以概括为：企业集团化、营销网络化、管理理性化、产品品牌化、发展创新化。因此，在对传统"温州模式"从文化观念、产业集聚、企业组织结构和市场等方面不断创新转换的基础上，逐步形成了能够适应新的经济环境发展要求的发展模式——"新温州模式"。

"温州模式"是在中国的经济体制改革和经济发展进程中，通过老百姓的大胆探索和诱致型制度变迁而形成的一种区域经济发展模式。"温州模式"的核心，在于充分尊重和发挥民众的首创精神，将经济体制改革与经济发展有机地融为一体，使改革和发展在区域经济与社会变革中成为一种相互促进的动态过程；或者说，"温州模式"是温州人民在党的改革开放路线指引下，通过率先改革和建立市场经济体制来促进区域经济迅速发展的经济社会发展模式。总之，"温州模式"不仅是一种经济社会发展模式；而且也是一种制度变迁的模式，或者说是经济体制改革的模式，它是一种以私营企业为推动经济发展的主导力量，以高附加值的"小商品"为基础，以分布在全球市场的多层次现代市场销售网络为纽带的发展模式。

（三）珠江模式

"珠江模式"是对改革开放以来广东省珠江流域以广州、深圳等为中心的14个县市向市场经济转轨过程中社会经济发展道路的概括和总结。改革开放以后，在从计划经济向市场经济转轨的过程中，珠江三角洲在利用国家给予的优惠政策，以独特的地理区位、土地和劳动力等优势，与外来资源相结合，创造了由地方政府主导的外向型快速工业化经济发展模式，走出了一条具有中国特色的沿海地区新工业化发展道路。这种以出口加工业为主导，带动整个区域经济外向发展的区域经济模式，被称为"珠江模式"。

1979~1983年是"珠江模式"开始启动的时期。1979年广东省决定在广东设立出口加工区，同年4月，广东省委向中央提出在临近香港、澳门的深圳、珠海、汕头建立出口加工区，得到了邓小平同志以及党中央的赞同和倡导。中央对广东实行"划分收支、定额上缴、五年不变"的财政大包干制度，广东省财政收入得以迅速增长。国家给予广东的特殊政策，使广东地方政府的自主权明显扩大，这是"珠江模式"的制度变迁起点。

1984~1992年"珠江模式"得以形成。国家对广东实行了许多特殊政策和灵活措施，并于1985年批准在珠江三角洲建立工业卫星镇和经济开放区，给予它们在发展外向型经济中更加优惠的政策。广东省委和省政府也一直以发展生产力为目标，根据发展、改革、开放"三位一体"的原则，对经济发展采取宽松政策。这就给建立和发展外向型经济、大力发展商品经济去除了许多障碍，从而形成了多层次和全方位的经济开放改革体系，为珠江三角洲农村经济和国民经济的全面发展带来了少有的机遇，珠江三角洲在经济发展过程中，很快就找到了有力的支撑点，制造业、家电、家具、机械、涂料等行业迅速成长，并积累了资金、技术和经验，走上了工业化的轨道。1994年11月，中共广东省委和省政府正式确定珠江三角洲经济区的范围，包括：广州、深圳、珠海、佛山、江门、东莞、中山、惠州市区、惠东县、博罗县、肇庆市区、高要、四会等14个县市。珠江三角洲毗邻港澳地区，处在我国对外开放的前沿，水陆交通非常方便。同时，珠江三角洲是我国著名侨区和台港澳同胞的主要祖籍地，华侨和港澳同胞众多，这些独特的优势，为吸引外来智力、信息、技术、资金、设备等提供了十分有利的条件，珠江三角洲所实行的工业化道路就是从农村工业化入手的，通过"筑巢引凤"、"借鸡下蛋"等方式引进外资和技术，得以逐步发展壮大，同时本土工业的发展反过来又为外来企业创造了良好的条件，两方面相互协调、相互补充、共同发展。

1993~2000年是"珠江模式"的调整时期。20世纪90年代中期出现了从卖方市场向买方市场的转变，传统乡镇企业的许多弱点在经营困境下进一步暴露出来，企业普遍存在的"产权不明、责权不清、政企不分、管理欠善"等问题，"企业负盈，银行负贷，政府负债"的现象比比皆是，国有资产流失十分严重。1993年，"珠江模式"开始改革，采取股份与股份合作制、出让股权、拍卖、赎买、租赁与承包经营等多种形式的产权制度，基本实现政企分开和政资分离，政府从一般竞争性领域退出，使得企业逐步走上自主发展的道路。

2001年至今，"珠江模式"进入区域协调阶段。"前店后厂"是珠江三角洲经济发展模式的典型代表，即由香港进行生产的管理和产品的设计、销售，资金、技术和机械设备主要由香港方面提供；珠江三角洲则主要提供劳动力和场地进行产品生产和组装。香港经济以服务业为主体，总体上对制造业的依赖程度较高，而这种制造业主要存在于大陆而不是香港；与此同时，依托劳动密集出口工业的发展刺激和带动整体经济高速发展的小珠江三角洲地区，由于其经济发展模式是一种"两头在外、大进大出"的加工工业体系，原料、半成品大都需要依靠进口，产品也以国际市场为主，而这一切又必须主要依赖香港的出口或转口贸易才能得以实现，因而随着两地协作的加深，香港和珠三角的合作逐渐密不可分，尤其是2003年内地与香港签署CEPA，CEPA的实施解决了港澳地区与内地在生产要素流动上的一些障碍，大珠三角一体化的序幕全面拉开。2004年广东又提出泛珠江三角洲区域合作，珠三角的区域合作大规模地得以开展。

在实际发展过程中，乡镇企业、"三来一补"和外资企业是珠三角经济发展的主体，同时也是珠三角内外经济互动的载体。在珠江模式形成的过程中，乡镇企业的成长，是自身发展与外部资源引进相结合，既通过原有的社队企业内部组织的转型促进创新，也通过对外部组织制度的引进、学习和移植进行创新，逐步走向以自主性为主的制度创新。珠三角的"三来一补"符合外国资本探路，尝试性投资的心理，并且具有投资小、灵活性大的特点。珠三角东岸的"三来一补"是建立在与港澳台地区紧密联系的外向型经济模式上，直接参与国际产业链的循环。根据香港工商专业联合会的一份调查，到20世纪90年代初，珠江三角洲地区已有与港澳合资企业213万家，"三来一补"企业6万余家，受雇的劳动力已接近400万人。[①] 另外，珠江三角洲的市场体系形成是一个内外联动，以外为主、双向接轨的市场化发展过程，主要体现在市场体系的发育程度不仅是最高的，而且是内外联动、多层结合、以外为主、双向接轨的市场化发展过程，也就是我们通常所说的"中间突破、带动两头、形成整体"的战略。

（四）中关村模式

所谓中关村模式是以技术驱动为主的模式，它是将智力资源先演变为市场化导向的科技产品，再演变为高科技中小企业，进而发展为高科技大企业的过程。这种技术驱动为主的模式，得益于其雄厚的研发基础和校园文化，创新发动主体主要是大学、科研机构，领军人物为高校和科研院所的技术精英和掌握核心技术的科学家，是以知识集聚资本的模式。中关村拥有丰厚的智力资源和科学家资源，知识资本雄厚，具有技术和研发的相对优势，技术转化是其发展的主要推动力，众多的高新科技园区（具体包括海淀、丰台、昌平、电子城、亦庄五个园区），联想、四通、北大方正、

[①] 根据广东省统计局综合处《珠江三角洲经济区统计资料》（1980~1994年）提供的资料整理。

清华同方、网通等知名高技术企业，IBM、微软、三菱、摩托罗拉等国际知名企业在此设立的研发机构或投资的企业，以及境内外上市公司等在园内入驻，共同构成了中关村创新经济发展模式的载体。

中关村经济模式的发起是改革开放后，计划经济体制被冲破的前提下，中关村地区出现了对高新技术产品和服务，尤其是计算机技术产品及服务的需要，有需要就有市场，正是这种市场的利益力量使部分科研人员和知识分子率先下海。1980年，中科院物理所研究员陈春先带领一批科技人员在中关村创建了第一家民营科技企业——北京等离子学会先进技术发展服务部，并率先提出"不要国家编制，不要国家投资，自筹资金、自负盈亏、自担风险"的民办企业经营原则，同时还建议把海淀区建成"新技术扩散区"。事实上，陈春先是考察了美国硅谷的发展以后深切感受到中国需要自己的硅谷，需要自己的新技术基地，为了迎接这个新事物的到来，他成了中关村下海的第一人。截至1986年底，中关村的各类开发性公司已近100家，逐渐形成了我国的民营高科技企业群体。中关村的机制架构和产业生态雏形就在机制创新中确定了下来，这种新机制的确立，克服了原有计划经济体制下所形成的众多弊端，避免了政府管理与企业经营之间的职能错位，使企业成为科技市场和技术创新的主体，有了利用民间资金、吸纳人才，确定研发项目、瞄准高科技发展的自主权，为实现高新技术成果的市场化、产业化开辟了广阔的空间。到1987年底，中关村具有法人资格的民营科技企业148家，其中从业人员3800多名，工业产值2.2亿元，营业额超过9亿元。方正、联想、四通等企业相继崛起并上市，同时一批新的企业开始出现，主要是计算机技术汉化的一批企业和网络企业。随着电脑的普及应用，中关村迎来最快速的发展期。中关村的科技企业从无到有，从小到大，已成长为全国高科技企业的领先者，中关村也成为全国发展知识经济、科教兴国、壮大以科技为先导的民营企业的聚焦点。1999年9月，国务院对中关村的发展做出了明确批复，确定了发展知识经济、将中关村建设成中国"硅谷"的战略目标。中关村基本能跟踪国际技术发展，计算机技术汉化基本完成，IT真正与中国全面接触。中关村开始进入"大卖场时代"，经历了网络泡沫、互联网的繁荣，软件业的兴起，中关村的发展势头于2001年达到顶峰。此后，中关村开始谋求新的变革，中关村发展主要是以技术驱动为主，同样也离不开市场的驱动，任何一个轮子运转不灵，中关村就会步履蹒跚。而某种程度上，技术和市场是制度和政策释放出来的，2001年以前，技术占主导因素，或者说技术创造了市场，所以比较繁荣；2001年以后，市场因素开始发挥更大的作用，占据主导地位，主要是市场本身在发展着市场，发展特征是要靠市场拉动，从而表现为发展后劲不足，直到2004年12月8日才逐渐趋向稳定。现在随着联想对IBM全球PC业务的并购，中关村也将迎来一个新的发展阶段——国际化阶段。

（五）诸城模式

山东省诸城市自1992年以来以明晰产权关系为突破口，率先在全市范围内对地方国有企业试行了由职工一次性买断所在企业产权，并将企业改制为职工股份制企业或股份合作制企业的改革。在此过程中，改革虽不断遭遇难题，但是最终诸城走出了一条"生产力出题目，生产关系做文章，靠深化改革化解新矛盾，促进新发展"的道路，形成了"诸城模式"。

改革开放以来，诸城市在深化企业改革方面采取了一系列措施：先是从经营权上调整国家和企业的关系，向企业"放权让利"、扩大企业经营自主权；其后从分配上调整国家和企业的关系，对国有企业实行利改税；从1987年开始，对企业普遍推行承包经营责任制；1991年又推行企业内部三项制度改革。这些措施，对于增强企业活力、促进地方的经济发展发挥了一定的积极作用，但由于改革并没有触及深层次的产权问题，企业仍然无法摆脱困境。1992年4月，诸城市对150家独立核算企业进行审计，结果发现，一是有103家明亏和暗亏，占68.7%，亏损额高达14675万元。二是国有资产跑冒滴漏多，流失严重。从32户实行股份合作制改造的国有企业资产评估结果看，总亏损额达11564万元。三是企业债务沉重，后续乏力，仅市属国有改制企业负债就达10.4亿元，资产负债率达93.55%。四是企业自主能力较差，自主权没有得到落实，重大经营决策、内部资产处置、技术改造等，都要报上级部门审批，上个项目至少要经过十几道手续，相当烦琐。五是财政收入增长缓慢，职工收入水平较低。1992年全年市财政收入只有1.09亿元，与1980年相比，年均增加不到600万元；1992年市属企业职工年收入只有2147元。[①] 为了扭转这种企业发展的颓势，诸城市政府于是在1992年开始推行对本市国有中小企业的改革。

诸城对国有中小企业的此次改制，大体可以划分为三个阶段。第一阶段是从1992年10月至1994年7月，是改制的重大突破阶段，即把原来

---

① 林汉川，汪前元. 中国中小企业改制模式研究. 中国财政经济出版社，2001：74.

的国有企业和集体企业，通过出售给职工而主要改造成为股份合作制企业，当然也有少数企业改造成别的形式。第二阶段是在第一次改革后的企业平稳发展和内部加强管理的阶段。第三阶段是1997年7月至今的进一步深化企业产权改革的阶段，即所谓的"二次改制"。

1992年10月，诸城市政府选择了国有小型企业——市电机厂进行产权改革试点，全体职工以内部股权证形式集资270万元，将企业全部资产买下，成立了股份有限公司，原有的国有企业转变成由277名职工持股的股份制企业，改革后取得了不错的效果。于是市委、市政府于1993年4月做出决定，以"先出售后改制、内部员工持股"为主要形式，在企业中推行。1994年7月，改制工作全面完成，其中实行股份合作制的企业共210家，占改制企业总数的77.2%，这是主要的改制形式。另外实行股份制的企业1家，外资嫁接企业7家，国有资产无偿划转1家，租赁48家，破产3家，有2家乡镇企业被兼并。至1994年7月，诸城市绝大部分企业改制完毕，改革进入一个平稳运行的阶段。在这一阶段，主要的改革工作是各企业借改制时机，大力加强内部管理，同时诸城市针对改制企业运行中出现的问题，采取了一些规范措施，将工作重点转向了培育与发展支柱产业和骨干企业上，促进企业实现由小到大，由大到强的转变。不过在改制企业方面，没有大的改革措施出台，在这一阶段，改制已经引起人们的普遍关注，改制的成效也开始显现出来。但同时随时间的推移以及市场形势的变化，改制企业面临着不少新的问题。首先，由于市场形势发生变化，竞争加剧，中小企业融资困难，部分企业过度分红和没有加强内部管理，导致企业效益呈现下滑趋势，不少企业陷入困境；其次，改制企业的公司形式存在着不规范性，企业在进行股份合作制改造时，多数采用了股份有限公司的组织形式。但《公司法》实施以后，这些企业多数不符合股份有限公司的法律要求。一是股本达不到法定的注册资本的要求；二是未经省级政府部门批准，从而不合股份有限公司的规范，又由于股东人数多在50人以上，也不符合有限责任公司的要求；三是企业股权的封闭性和流动性差，阻碍企业融资和企业间进行资产重组。这些问题的存在，使得"二次改制"势在必行。

经过充分调查和借鉴一些企业的成功经验，政府推出了"二次改制"的新思路，主要内容概括为"四扩一调"。"四扩"是：①内部职工增资扩股，发动职工认购公司新股，向公司注资，以部分解决企业资金短缺的困难；②将银行贷款转变为职工股权，鼓励部分效益较好，但资产负债率较高的企业，采用将银行贷款转为职工股权的做法；③明晰量化新增资产扩股,对改制以来由资本积累和劳动积累形成的新增资产,量化明晰到职工个人,调动职工积极性;④吸收社会法人资金扩股,一些有条件的企业可以吸收社会法人入股,并在吸资入股过程中,将不规范的公司改组为规范的有限责任公司。"一调"就是调整股权结构,由经营者控股。根据企业实际运营情况,在采取"四扩"方式或内部股权流动的过程中,拉开经营者与一般职工的持股差距,加大董事会、监事会成员、经理及优秀员工的持股份额,培育和发展大股东,具备条件的企业也可以由几个经营者持大股。[①]

"二次改制"是在"一次改制"的基础上进行的,已有的具有突破性的产权改革成为进一步改革的路径依赖。经过改制以后,企业的产权主体不再是单一的政府,政府不可能再像第一次改制那样靠行政力推动"二次改制",政府的作用也不像"一次改制"那样明显,因为企业产权既然不是政府所有了,政府已经没有了控制企业改制的物质的和法律的基础,政府的方案只是企业改制的可选择的方案之一,企业可以根据自己的需要安排改制的时间表和内容,企业作为自主改革的主体主要是改革其内部的具体规则,虽然需要政府支撑和外部配套,但是显然企业已经取代政府成为改革的"主角"了。

诸城市经过两轮大的改革,企业经济效益明显提高。1999年,全市国有及年销售收入500万元以上的工业企业综合效益指数达到112.2%,实现利税7.1亿元,资金利税率达93%,资产负债率下降到67.3%;改制前市属国有企业累计亏损1亿多元,而改制后的1995年则无一企业亏损;时至1999年,当年完成国内生产总值78亿元,人均国内生产总值7428元;地方财政收入明显增加。1992年为1.09亿元,改制后1999年财政收入达5.7亿元,其中地方财政收入为3.3亿元(而且免除了对亏损企业的财政补贴)。出售企业所获得的收入,在借贷给原企业有偿使用一两年后,可以注入亟须发展的产业或企业形成投资;职工收入中增加了资产收入,总收入比改制前大幅度增加;企业改变了机制,建立了新的治理结构;政府职能也相应转变,撤销了各行业主管局,减少了对企业的干预,实行了政企分开。

---

① 林汉川,汪前元.中国中小企业改制模式研究.中国财政经济出版社,2001:82.

二、几种发展模式的比较

上述几种模式都与私营经济密切相关,共同推动了私营企业的快速发展,但是不同的发展模式,有着不同的特点,其本质特征也有所差异,通过对几种模式的综合比较,才能显示出模式的不同特征,有利于模式之间的相互补充,能够为全国私营企业的健康发展提供更好的借鉴。

(一) 形成的时间不同

苏南模式的起步较早,因为它的前身可以追溯到 1978 年以前的社队企业,而温州模式的形成是在 20 世纪 80 年代中期,珠江模式的启动是在 1979~1984 年,中关村模式的雏形则是在 20 世纪 80 年代初期,诸城模式开始于 1992 年诸城市对国有中小企业的改造。

(二) 起始条件不同

每种模式的产生都有其独特的基础条件,其中苏南模式的起始条件主要包括:苏南地区本身农业基础良好,素有"鱼米之乡"之称,并且交通便利,临海临江,且紧临上海等大工业城市,而且是中国近代民族资本主义工商业的发祥地,良好的人文环境和居民素质,具有搞集体经济的传统、经验、资金和人才积累。温州模式的起始条件主要有:人均耕地相对较少,农业发展条件差,农村集体经济薄弱,而且交通不便。远离大中工业城市,相对其他地区得到国家的重视较低,缺少制度倾斜,但正因如此,温州人受到的传统体制束缚也较少。珠江模式的基础条件主要包括以下几点:农村经济发展基础较好,具有良好的商业意识,土地资源相对丰富,交通便利,毗邻港澳特殊的区位条件,且华侨、港澳同胞众多,依托华侨、港澳同胞资金和创业经验,港澳的国际信息、技术、人才和设备,并且直接受益于国家对外开放政策,具有国家优惠政策倾斜的优势。中关村模式的条件,首先,在市场经济作用下,中关村地区出现了对高新技术服务和产品,尤其是计算机技术服务及其产品的需要;其次,科学技术研究和教育产业的发达,有着雄厚的研发基础和校园文化,从而具有巨大的人才优势。诸城模式的产生主要是由国有企业所产生的问题,主要是产权关系不明晰,造成企业陷入困境的形势逼出来的,另外,先前市政府所采取的一系列深化企业改革的措施,也为模式的最终形成奠定了基础。

(三) 依托的核心载体不同

苏南模式靠的是乡镇企业、村办企业；温州模式则主要是个体、私营经济，而且主要以个体经济为主；珠江模式则是主要依靠外向型经济；中关村模式依靠的是丰厚的智力资源和科学家资源，具有技术和研发的相对优势；诸城模式主要是以国有中小企业为主的体制变革。

(四) 模式的特征不同

苏南模式的特点是农民依靠自己的力量发展乡镇企业，乡镇企业的所有制结构以集体经济为主，乡镇政府主导乡镇企业的发展。温州模式的特点是以家庭工业为基础，以供销员为发动骨干，以农村集镇为依托，以专业化市场为纽带的市场主导运行模式。其本质是企业以民营为主，资金以民资为主，市场以民办为主，中介组织以民间为主。珠江模式的特点主要是大力引进外资和国外先进技术装备，发展外向型经济，以"三来一补"为主要生产形式，"前店后厂"是珠江三角洲经济发展模式的典型代表。中关村模式的特点是以技术驱动为主或以"内生"为主发展高科技产业，它最初是以电子一条街为特征的形式出现的，随着四通、联想等大公司的相继成立，逐渐形成了我国首个民营高科技企业群体。中关村模式最突出的特点是创业、创新。诸城模式主要是针对市内一些国有企业存在产权不明的问题，对其进行以明晰产权为主的股份制改造，采取的方案是全体职工以内部股权证形式集资，将企业全部资产买下，成立股份有限公司的形式。通过回顾私营企业改革发展的历史过程，不难发现：作为30多年来改革开放的一个缩影，私营企业的发展可以说是会聚了中国社会制度变迁中的各种矛盾，不同的思想、不同的规则、不同的利益在此发生着最为直接，也是最为激烈的碰撞与交锋。虽然几经波折，但随着改革开放的不断深入，我国的私营企业已经取得了突飞猛进的重大进展。

参考文献：

[1] 2006年我国个体私营经济发展及监管基本情况统计分析. 中国工商报，2007-04-20.

[2] 邓小平. 邓小平文选：第三卷. 人民出版社，1993.

[3] 袁宝华，等. 中国市场经济建设全书：第6分册. 山西人民出版社，1998.

[4] 陈智敏. 论苏南模式与温州模式. 合作经济与科技，2006 (20).

[5] 费孝通. 小商品，大市场. 浙江学刊，1986 (3).

[6] 龚晓菊. 制度变迁与民营经济发展研究. 武汉大学出版社，2005.

[7] 何金泉. 中国民营经济研究. 西南财经大学出版社，2001.

[8] 胡定核. 从山东诸城模式解析国有中小企业改制. 金融研究，2001(3).

[9] 胡坚. 中关村高科技园区的发展模式与动因探讨. 经济界，2001(5).

[10] 胡锦涛. 高举中国特色社会主义伟大旗帜，为夺取全面建设小康社会新胜利而奋斗——在中国共产党第十七次全国代表大会上的报告.

[11] 黄孟复. 中国民营经济发展报告 No.1 (2003). 社会科学文献出版社，2004.

[12] 黄孟复，胡德平. 中国民营经济发展报告 No.3 (2005~2006). 社会科学文献出版社，2006.

[13] 黄少安. 诸城模式：山东国有中小企业改革典型案例. 华东科技，2002 (12).

[14] 江泽民. 全面建设小康社会，开创中国特色社会主义事业新局面——在中国共产党第十六次全国代表大会上的报告.

[15] 李国荣. 民营之路. 上海财经大学出版社，2006.

[16] 李秀潭，胡修干. 中国私营经济研究报告. 浙江人民出版社，2004.

[17] 李政. 中关村经济模式. 中关村，2005 (1).

[18] 林汉川，汪前元. 中国中小企业改制模式研究. 中国财政经济出版社，2001.

[19] 林洪. 珠江三角洲"经济奇迹"的理论思考. 广东人民出版社，1995.

[20] 林毅夫，姚洋. 中国奇迹回顾与展望. 北京大学出版社，2006.

[21] 刘国良. 苏南模式与温州模式、珠江模式的比较. 浙江经济，2006 (18).

[22] 刘建一，沈建林. 个体私营经济基础知识手册. 华文出版社，1992.

[23] 刘迎秋. 大棋局："国退民进"及其走向. 广东社会科学，2003(2).

[24] 刘迎秋，徐志祥. 中国民营企业竞争力报告 No.4. 社会科学文献出版社，2007.

[25] 马立诚. 大突破——新中国私营经济风云录. 中华工商联合出版社，2006.

[26] 孟捷，姜少敏. 再造魂魄——中国私营经济问题报告. 沈阳出版社，1998.

[27] 任杰，梁凌. 中国政府与私人经济. 中华工商联合出版社，2000.

[28] 石本仁. 中国私营经济的发展回顾与现状分析. 暨南学报，2005(3).

[29] 史晋川. 中国民营经济发展报告（上、下册）. 经济科学出版社，2005.

[30] 史晋川，金祥荣，赵伟，罗卫东等. 制度变迁与经济发展：温州模式研究. 浙江大学出版社，2002.

[31] 宋才发，唐鸣，黄友牛. 私营经济发展的理论与实践. 华中师范大学出版社，2000.

[32] 王克忠. 非公有制经济论. 上海人民出版社，2003.

[33] 魏宇辉，李海全，焦义斌，付启生. 民营经济概论. 郑州大学出版社，2004.

[34] 谢健，李忠宽. 温州制造. 山西经济出版社，2002.

[35] 阳小华，曾健民. 民营经济发展研究. 湖北人民出版社，2000.

[36] 曾向东. 民营经济发展论. 南京大学出版社，2006.

[37] 张厚义，侯光明，明立志，梁传运. 私营企业蓝皮书——中国私营企业发展报告 No.6（2005）. 社会科学文献出版社，2006.

[38] 张厚义，明立志. 中国私营企业发展报告 1978~1998. 社会科学文献出版社，1999.

[39] 张建君. 发展模式与经济平等——苏南和温州的比较. 管理世界，2006（8）.

[40] 张仁寿，李红. 温州模式研究. 中国社会科学出版社，1990.

[41] 张泽厚，王永杰. 中国现实经济模式的选择. 中国社会科学出版社，1998.

[42] 中共中央书记处农村政策研究室资料室. 中国农村社会经济典型调查（1985年）. 中国社会科学出版社，1987.

[43] 周晓梅. 我国现阶段私营经济发展问题研究. 经济科学出版社，2006.

第七章 中国私营企业发展的理论与政策讨论述评

改革开放的初期,我国出现了"个体经济"和"雇工经营"的现象,围绕这两个现象的性质、利弊和发展趋势,学术界展开了激烈的争论。人们对私营经济的认识是逐步深化的,而且这种认识的深化会体现在党和国家对非公有制经济的政策变迁中。私营经济的地位经历从"补充"到"重要组成部分"的变化,国家的相应政策也由"引导、监督和管理"变成"支持、鼓励"。在党和国家关于非公有制经济发展理论、政策的指导下,我国私营经济快速发展成为国民经济增长的生力军。改革开放以来,关于私营企业的理论争论,以及相关的政策变动,主要是围绕三条主线展开的:私营经济的性质和地位、私营企业的外部制度环境,以及私营企业的治理结构。

第一节 私营经济的性质和地位

改革开放的初期,出现了"个体经济"和"雇工经营"的现象,围绕两个现象的性质、利弊和发展趋势,学术界展开了激烈的争论。当时,国民经济刚刚从"十年动乱"中恢复,人们对私营经济的认识也面临着一个思想的解放的过程。

一、关于个体经济"雇工经营"的讨论

个体经济是一种以个人占有少量生产资料,以自己劳动为基础、以一家一户为生产或经营单位的小商品经济。但是,关于个体经济可否雇工以及雇工的数量,在改革开放后长时间存在着争论。

（一）雇工经营的性质

改革开放初期在讨论雇工性质时，比较一致的看法是：我国发生的雇工经济形态比较复杂，是在特定历史阶段中的特定社会经济条件下产生的一种特殊性质的经济形态。既不是完全的社会主义经济也不是纯粹的资本主义经济，多数是集体经济与私营经济在不同程度和不同方式上的混合物。但在此前提下，对混合物的认识也存在分歧。代表性的观点有三种：

第一，有学者认为雇工经营基本上是社会主义性质。持这种观点的学者认为社会主义条件下的雇工经营，是属于一种在不发达的社会主义条件下，沿用资本主义雇工形式的、带有一定剥削的、有利于发展社会主义商品生产的劳动组织形式。它的性质基本属于社会主义。[1]因为它是在社会主义政治、经济占主导地位的情况下进行经营的，它的生产、交换、分配、消费整个过程都受到社会主义政治和经济条件的制约和监督。

持这种观点的学者认为在社会主义条件下雇工经营与资本主义雇工有着原则性的区别。首先，我国现在的雇工与雇主的关系在政治上是平等的，在经济上不存在剥削关系。其次，两者经营活动的特征不同。雇工经营的整个经营过程，包括供产销各个环节，都受到社会主义经济和各项规章制度的制约和监督。最后，现阶段的雇主，是靠劳动、靠经营致富，不像资本家不劳而获。即使有剥削也要受到限制，而资本主义国家剥削可以无限制的发展。[2]

第二，有学者认为雇工基本上是资本主义性质的。持此种观点的学者认为雇工经营，基本属于资本主义性质，或者是有资本主义成分。其本质上仍具有资本主义的特征：一是雇主凭借占有的生产资料雇佣工人从事商品生产，目的是为了价值增殖，这个增殖部分只能来源于工人的剩余劳动。二是工人是在缺乏生产条件的情况下受雇于人，因而无权占有自己的劳动产品，从雇主那里领得的是相当于劳动力价值的工资。雇主与雇工是雇佣关系，而不是联合劳动。三是雇主与雇工虽然政治上平等，但在生产过程中却处于支配与被支配的地位，工人是在雇主统一指挥下从事生产活动的；在分配关系中，雇主占有了工人创造的剩余价值。[3]

有些学者指出强调社会主义条件下雇工经营的特殊性，从而否定雇工

---

[1] 蒋励，彭力. 对社会主义条件下雇工经营问题的再探讨. 中国农村观察，1983（4）.
[2] 梅兴华，程汉清. 农村雇工经营的利弊与发展趋势. 农村经济，1983（4）.
[3] 周敏谦，陈式元. 试论我国农村出现的雇工经营. 农村经济，1983（11）.

剥削的本质，并给它戴上社会主义性质的桂冠是不足取的。价值是劳动创造的，通过雇主占有工人的剩余劳动，即使还没有成为资本主义性质的剩余劳动的剥削，也不能说不是剥削。不能因为雇工经营有利的一面而改变它的性质。①

第三，有学者认为对雇工经营不急于定性。由于改革开放初期我国雇工形态尚处于自发的阶段，事物并未充分展开，还看不透，一时难以确定性质，有学者认为不要急于定性。②现实生活中的任何一种事物，是否允许它存在，它的作用如何，是一回事；而它的社会经济性质是什么，则是另外一回事。我们不能用主观改变事物性质的办法，来证明该事物存在的合理性；也不能因为把握不了该事物的性质，而忽略它的作用。在我国生产力的发展水平还不高的情况下，总的说来雇工经营利多弊少。有利方面表现在：①雇工经营有利于把分散的劳动和技术、资金、资源等更好结合起来，变成现实的生产力，促进生产的发展和专业分工；②为社会提供了更多的产品，有利于促进商品生产的发展和商品流通，增加社会财富，满足市场需求；③为一部分剩余劳动力找到了出路；④培养和锻炼了一批企业的经营管理人才；⑤可以使国家增加税收，集体增加积累，人民增加收入。③特别地，雇工经营在解决剩余劳动力，拓宽就业渠道方面作用明显。

1981年10月17日，中共中央、国务院《关于广开就业门路，搞活经济，解决城镇就业问题的若干决定》指出："今后必须着重开辟在集体经济和个体经济中的就业渠道"。这个文件还规定，"对个体工商户，应当允许经营者请两个以内的帮手，有特殊技艺的可以带五个以内的学徒"，从而突破了1979年国家工商行政管理总局的规定，但回避了"雇工"这个词。这是国家第一次肯定了雇工经营这种现象。

（二）关于雇工数量问题的争论

随着个体经济业务的扩大，"最多不能超过五个学徒"的规矩立即被打破，出现了一批雇工人数超过5人的雇主。最著名的是陈志雄、高德良、年广久等人。他们的举动，触动了当年意识形态最敏感的神经：在社会主义国家，是否应该有以往被视为带有剥削意味的"雇工"的存在？雇

---

① 罗伟雄. 关于目前我国农村雇工经营问题浅议. 中国农村观察，1983（5）.
② 介绍"农村雇工理论与政策问题讨论会"情况. 中国农业经济丛刊，1983（4）.
③ 梅兴华，程汉清. 农村雇工经营的利弊与发展趋势. 农村经济，1983（4）.

工人数达到多少就会产生"剥削",因此出现了关于雇工数量的"七上八下"之争。理论界关于雇工数量问题主要有以下几种观点:

第一,有的学者认为雇工人数达到8个后其经营就带上了资本主义剥削性质。

持这种观点的人在阐述自己的这样一种观点时,借用了马克思《资本论》讨论剩余价值率和剩余价值量所使用的一个例子,并据此认为雇工7个人以下,赚了钱是自己消费,算是个体户;雇工8个人以上,就产生了剩余,就算是有了剥削行为,因而就应算作资本家。于是,无论是雇工7个人还是雇工8个人,成了个体户和私营业主的分水岭。[①] 其实,这只是马克思在《资本论》第一卷为分析和阐明"剩余价值率和剩余价值量",才举出的一个关于"剩余价值量的增加,在一定条件下,是由工人的工作日的延长来决定"的范例。其要义在于,在给定剩余价值率的条件,雇主要想使自己生活得比一个普通工人好一倍,"他就必须把预付资本的最低限额和工人人数都增加为原来的8倍"。"诚然,他自己也可以和他的工人一样,直接参加生产过程,但这时他不过成了介于资本家和工人之间的中间人物,成了'小业主'"。[②] 只有在生产上预付最低限额大大超过中世纪的最高限额时,他才能真正变为资本家。但在这里,马克思并没有对"大大超过"设定一个雇工人数的界限。因为,除了剩余价值率的高低外,其他条件也是不可或缺的重要前提。这就是说,马克思在这段论述中并没有给剥削或资本家下任何定义,"雇工8个人"不过是个为便于展开分析和阐述所举的一个例子。不应用"雇工8人"作为标准,来硬套具体的实践。

第二,有学者不同意8个人的划分标准。

多数学者认为雇工8人不是马克思提出的什么标准。雇工到什么程度,才具有剩余价值的剥削,在不同国家和不同历史条件下,甚至在同一个国家、同一个时期,在不同的部门或行业,是有所不同的,不可能有一个固定的或统一的界限。因此,不能把马克思和恩格斯所讲的雇佣八个工人的界限普遍化、绝对化,用来作为我们当前划分资本主义性质的雇工和非资本主义性质雇工的唯一界限。[③]

还有学者虽然不同意完全以雇佣8个工人的标准作为划分资本主义与非资本主义的界限,但是根据马克思的计算方法,认为当生产力的发展水

---

① 马立诚. 大突破:新中国私营经济风云录. 中华工商联合出版社, 2006: 178.
② 马克思. 资本论(第1卷). 人民出版社, 1975: 341~342.
③ 何经沛. 关于当前我国雇工问题的探讨. 宏观经济研究, 1983 (31).

平使剩余劳动等于必要劳动的一半，剩余价值率是 50%时，上述界限才是适宜的。我们的经济发展水平极不平衡，各业的劳动生产率也差异很大。在一些技术较高或新兴的工业部门中，剩余价值率就很高。例如，汽车运输的运输量比人力运输量大，赚钱也多，剩余价值剥削更明显，反而不算资本主义性质的雇工。① 有学者主张在数量上不要限制，主要限制其占有工人的剩余价值过大及其为了追逐高利润而违反政策规定及法令的非法经营一面。②

对于雇工超过 8 人的大户是否肯定其合法地位，上上下下争议很大。邓小平同志的意见是主张看一看，不要动他们，允许一部分人先富起来。1984 年 10 月 22 日，邓小平明确指出："前些时候那个雇工问题，相当震动呀，大家担心得不得了。我的意见是放两年再看。那个能影响到我们的大局吗？如果你一动，群众就说政策变了，人心就不安了。你解决了一个'傻子瓜子'，会牵动人心不安，没有益处。让'傻子瓜子'经营一段，怕什么？伤害了社会主义吗？"③ 1983 年年初，中共中央在关于《当前农村经济政策的若干问题》的文件中指出："我们是社会主义国家，不允许剥削制度存在。但我们又是发展中的国家，尤其是在农村生产力水平还比较低，商品户不发达，允许资金、技术、劳力一定程度的流动和多种形式的结合，对发展社会主义经济是有利的"。"农村个体工商户和种养业的能手，请帮手、带徒弟，可参照《国务院关于城镇非农业个体经济若干政策性规定》执行。对于超过上述规定雇请较多帮工的，不宜提倡，不要公开宣传，也不要急于取缔，而应因势利导，使之向不同形式的合作经济发展。"看一看也不取缔，这就为后来私营经济的发展留下了一条生路。"看"了几年之后，中央 1987 年中央 5 号文件《把农村改革引向深入》中，去掉对雇工数量的限制，私营企业的雇工人数才被彻底放开。

二、关于私营企业的讨论

（一）私营企业的界定

私营经济是指以雇佣劳动为主的经济形式，如何划分私营企业，争论

---

① 卢文. 关于农村私人雇工问题的探讨. 中国农村考察，1983（3）.
② 蒋励，彭力. 对社会主义条件下雇工经营问题的再探讨. 中国农村观察，1983（4）.
③ 在中央顾问委员会第三次全体会议上的讲话. 邓小平文选：第三卷. 人民出版社，1993：91.

的焦点在于是否以雇工人数作为划分依据，大致有以下几种观点。

有学者认为生产资料的全部或大部归私人占有，雇工 8 人以上，充分享有经营自主权和利益分配权的企业就是私营企业。①

有学者提出不能仅仅以雇工多少判断其是否是私营企业。私营企业是存在雇佣劳动关系的经济成分，是生产资料私人占有、以雇工为主进行大规模的生产经营，税后利润业主所有，并以企业财产独立承担民事责任的经济组织。确定一个企业是否为私营企业，要依据上述条件综合考虑不能单纯以雇用多少人为标准。因为不同企业的资金有机构成不同，工人素质也有差异，雇用工人的数量不能全面地反映私营企业主的非劳动收入。雇工人数不是划分私营企业的唯一标准，在不同的行业和部门中也不能以同一雇工数量为标准。在研究不同部门的雇工人数标准时，可以参考马克思关于 $M=4V$ 的思路，即业主的工资+资金利息+经营利润=收入的 8 倍。这可以作为划分私营企业的条件之一。②

有的学者认为，我国工商行政管理局在行政管理中把请帮手、带学徒不超过 7 人者，作为个体工商户，而把请帮手带学徒在 8 人以上者作为私营企业，这只是管理上的需要，不能作为划分经济成分的依据。③

"雇工 8 人以上"长期以来是划分私营企业和个体工商户的标准。但是国家为建立和完善社会主义市场经济体制，为各类企业建立公开、公平竞争的机制，全国人大已不再按照所有制立法。全国人大相继出台了《公司法》、《合伙企业法》和《个人独资企业法》等。这些相关法律对个人独资企业、有限责任公司、股份有限公司的设立、企业财产、企业的事务执行，权利、义务和法律责任等都作了新的规定。各类企业的称谓得到了规范，有歧视性的企业称谓不再沿用。有的学者明确指出，1988 年 6 月，国务院的《中华人民共和国私营企业暂行条例》（以下简称《条例》）第二条以雇工是否超过 8 人作为区分个体工商户与私营企业的规定标准是把马克思主义理论教条化的表现。这个标准不仅在理论上缺乏科学根据，而且在法理上同全国人大及其常委会制定的有关企业法律相抵触，在实际工作中助长了所有制歧视，对公平竞争妨害，对扩大就业门路、缓解就业压力十分有害。取消"私营企业"和个体工商户这类歧视性称谓，按照全国人

---

① 徐绍义. 私营经济的特点、发展趋势及对策初探. 农业经济问题，1988（8）.
② 刘恒飞. 私营企业划分标准之我见. 经济纵横，1988（9）.
③ 晓亮. 关于私营经济的几个理论问题. 天津社会科学，1988（4）.

大及其常委会通过的相关法律来规范各类企业称谓，是十分必要的。[①] 全国工商联分别在2002年3月召开的全国政协九届五次会议和2005年3月全国政协十届三次会议提出了《关于废止〈中华人民共和国私营企业暂行条例〉的建议案》。

(二) 私营经济存在和发展的必然性

私营经济为什么能在我国存在与发展，人们有不同的理解，大致可划分为三种意见：

(1) 我国处于社会主义初级阶段，生产力水平较低且发展极不平衡，这是私营经济存在和发展的决定性因素。持该种观点的学者认为，依据马克思主义的基本原理社会主义制度下应该消灭资本主义私有制。但由于我国的社会主义制度是在"一穷二白"的基础上建立起来的。因此，从生产力发展水平上看，我国仍然处于社会主义的初级阶段，为了充分发挥各方面的积极性，充分利用各种资源促进生产力的发展，现阶段要在一定范围内允许包括私有制在内的多种所有制同时存在。

(2) 我国私营经济的存在和发展是建立和完善社会主义市场经济体制、提高资源配置效率的需要。在市场经济体制下，如果仅仅存在一种所有制，那么经济资源的配置只能是在不同的地区、部门或行业中配置，而不能在不同的所有制之间配置。其逻辑结论就是经济效率只与地区、部门或行业有关，与不同的所有制无关。这个结论显然不符合常理。因此，要建立社会主义市场经济体制，必须允许多种所有制（包括私有制）存在，才能在市场经济中形成多元的投资主体和竞争主体，才能使经济资源得到有效、合理的配置。[②]

(3) 私营经济是个体经济发展的必然趋势。作为公有制经济"补充"的个体经济的规模不断扩大，有一部分个体商品生产者和经营者，在市场竞争中由于懂技术、会经营，往往发展较快。当这些个体经济户积累了一定的资金和生产资料，经营规模日益扩大，光靠本人及其家庭成员的劳动和少数雇工已不能满足生产和经营的需要，在不走合作化道路的情况下，就要靠增加雇工人数来适应生产发展的需要。伴随着生产规模的扩大，个体经济就发展为私营经济。[③]

---

① 全国工商联. 关于废止《中华人民共和国私营企业暂行条例》的建议案，http://www.china.com.cn/chinese/lianghui/116897.htm.
② 刘涛. 我国私营经济发展理论观点综述. 当代经济研究, 2001 (9).
③ 王智益. 我国社会主义初级阶段私营经济刍议. 思想政治课教学, 1988 (9).

综上所述，私营经济是社会主义初级阶段解放和发展生产力的必然产物，是经济体制改革以来政策放宽和所有制结构调整的产物。

(三) 私营经济的性质

20世纪80年代末90年代初，对私营经济的性质如何界定，一直是理论界研究和讨论的难点与热点。和上述对雇工的讨论一样，对私营经济的性质问题也存在着如下几种观点：

第一，有学者认为私营经济具有某种程度的社会主义性质。持这种观点的学者认为，在社会主义市场经济条件下，在公有制经济制约下受国家宏观控制的、由法律规范的私营经济不等同于资本主义国家与旧中国的资本主义经济，是具有某种程度社会主义性质的经济成分。①

第二，有学者指出私营经济是一种特殊条件下的资本主义，是受社会主义控制的新型资本主义。持这种观点的学者认为，我国的私营企业仍然属于以雇佣劳动为基础的资本主义经营方式，是社会主义条件下的资本主义成分。但是这种资本主义成分，既不同于西方的资本主义，也不同于我国解放初期的资本主义。因为不论在生产领域，还是流通领域，它都离不开社会主义公有制的"普照的光"的制约和影响。②

第三，有学者认为私营经济是资本主义性质的。有的学者认为，社会主义初级阶段的私营经济与资本主义经济的实质是一样的，即从生产资料所有制上看，私营经济的生产资料属于私营企业主或私营企业主集团；从私营企业内部的生产过程看，私营企业主处于支配地位，雇佣工人则处于受支配的地位，工人在业主的监督下劳动；从私营企业的分配关系上看，劳动的产品属于企业主所有，雇佣工人并不享有处置权和所有权。私营企业中实行按资分配，雇佣工人的剩余劳动被私营企业主无偿占有；私营企业进行生产经营的目的和动机只有一个，那就是追求剩余价值或企业利润的最大化。③

第四，有学者指出由社会主义公有制经济需要而产生的私营经济，是国家资本主义性质的。现阶段的私营经济是一种变型的资本主义经济，从微观上说，私有商品生产者和经营者，本能地有着强烈的扩张冲动，并通过占有他人的剩余劳动去实现；在宏观上说，由于它处在社会主义公有制

---

① 华学忠.研究私营经济的几个基本理论问题.福建论坛，1988 (11).
② 薛拣民.关于私营经济发展的几个问题.经济问题，1988 (9).
③ 眭天寿.试论我国社会主义初级阶段的私营经济.财经理论与实践，1988 (5).

经济的环境之中，必然受到主体经济的影响、渗透和制约，它的积累和扩张冲动受到限制。现阶段的私营经济已不是传统意义上的私人资本主义经济，它实际已被纳入社会主义经济的轨道。而把私营经济和社会主义公有制经济联系起来的桥梁，则是国家资本主义。如果说历史上的国家资本主义，国家与企业之间的联系是紧密的、直接的，那么现阶段的国家资本主义，国家与企业之间的联系是松散的、间接的，我们可称之为间接国家资本主义。[①]

以上几种观点，都承认私营经济的基本属性是以雇佣劳动为基础的私有制经济。生产资料私人占有；以雇佣劳动为基础；生产经营由雇主决定；产品由雇主支配。因此，存在于社会主义制度下的私营经济和资本主义制度下的私营经济本质上具有共同的本质属性。同时，学者也都认为社会主义制度下的私营经济具有特殊性。主要是私营经济受占主体地位的社会主义经济"普照的光"的制约与影响。另外，我国现阶段的私营经济产生和发展于改革开放的新时期，私营企业主多是从全体社会主义劳动者中分离出来的，其企业创立、发展所需的资金主要来源于他们的劳动所得和其他合法收入的"滚雪球"式积累，这与早期资本主义血腥的原始积累过程有明显的区别。

私营经济的特殊性在于它存在的环境不同，但是它的本质是以雇佣劳动为基础的私有制经济。1987年10月，中共十三大报告《沿着有中国特色的社会主义道路前进》在论述社会主义初级阶段的所有制结构时指出："私营经济是存在雇佣劳动关系的经济成分。但在社会主义条件下，它必然同占优势的公有制经济相联系，并受公有制经济的巨大影响"。

当时理论界有些学者把探讨私营经济性质的问题陷入姓"社"还是姓"资"的争论中去，这是一种误区。因为，走什么道路的问题与明确私营经济的性质问题，完全是两码事。关于姓"社"还是姓"资"的问题邓小平同志在1992年南方视察的重要谈话中已有明确论述。认识个体、私营经济的地位、作用要跳出姓"社"、姓"资"传统理论的框架，是要根据是否有利于社会主义生产力的发展，是否有利于社会主义国家综合国力的增强，是否有利于人民生活水平提高这三个评判标准。

（四）私营经济的地位和作用

发展私营经济利大于弊，这是大多数学者的观点。私营经济在社会主

[①] 王树林. 我国现阶段的私营经济. 管理世界，1988（5）.

义的初级阶段能促进社会生产力和商品经济的发展，可以为国家创造更多的财富，为群众提供更多的需要，同时还可以为国家增加税收；私营经济雇工经营在一定程度上可以自发调节劳动力的流动，吸收城乡剩余劳动力，拓宽就业门路；私营经济存在也有利于同国有、集体经济竞争，促进公有制经济的改革，提高经济效率。① 但是，对于私营经济的地位的认识是一个不断深化的过程。

1. 私营经济的"补充地位"

1987年年初，中共中央在《关于把农村改革引向深入》的文件中，首次肯定了私营企业存在的必要性和对它采取的基本政策。文件指出："私营经济作为社会主义经济结构的一种补充形式，对于实现资金、技术、劳动力的结合，尽快形成社会生产力，对于多方面提供就业机会，对于促进经营人才的成长，都是必要的"。对私营经济也应当采取"允许存在，加强管理，兴利抑弊，逐步引导"的方针。

1987年10月，中共十三大召开，第一次论述了我国现阶段的私营经济和党对其应采取的政策。中共十三大报告《沿着有中国特色的社会主义道路前进》在论述社会主义初级阶段的所有制结构时指出："社会主义初级阶段的所有制结构应以公有制为主体。目前，全民所有制以外的其他经济成分，不是发展得太多了，而是很不够。对于城乡合作经济、个体经济和私营经济，都要继续鼓励它们发展。在不同的经济领域，不同的地区，各种所有制经济所占的比重应当允许有所不同"。这是十一届三中全会以来党的代表大会上首次承认并允许私营经济发展，为私营经济发展正式开了绿灯。它表明我们党对现阶段的基本国情有了统一的科学的认识。正因为如此，十三大报告指出："私营经济是存在雇佣劳动关系的经济成分。但在社会主义条件下，它必然同占优势的公有制经济相联系，并受公有制经济的巨大影响。实践证明，私营经济一定程度的发展有利于促进生产，活跃市场，扩大就业，更好地满足人民多方面的生活需求，是公有制经济必要的和有益的补充"。并且强调"必须尽快制定有关私营经济的政策和法律，保护它们的合法利益，加强对它们的引导、监督和管理"。

1988年4月召开的第七届全国人大第一次会议通过了宪法修正案，宪法第11条增加了如下内容："国家允许私营经济在法律规定的范围内存在和发展。私营经济是社会主义公有制经济的补充。国家保护私营经济的合法权利和利益，对私营经济实行引导、监督和管理。"这使得私营经济

---

① 董建民，刘仁. 我国私营经济问题讨论综述. 财经科学，1989（6）.

的合法地位在新的历史条件下在法律层面上得到了确定。

1992年10月召开的中共十四大，确立我国要建立社会主义市场经济体制。十四大报告指出："在所有制结构上，以公有制包括全民所有制和集体所有制经济为主体，个体经济、私营经济、外资经济为补充，多种经济成分长期共同发展，不同经济成分还可以自愿实行多种形式的联合经营"。中共十四大确立了个体经济、私营经济的重要地位，为私营经济的发展扫清了种种障碍。

2. 私营经济从"补充"地位上升到了"重要组成部分"

1997年9月12日，中共十五大报告《高举邓小平理论伟大旗帜把建设有中国特色社会主义事业全面推向21世纪》明确了邓小平理论是党的指导思想，并以邓小平理论为依据，深刻论述了我国将长期处于社会主义初级阶段及其基本特征和纲领，明确指出："公有制为主体，多种所有制经济共同发展，是我国社会主义初级阶段的一项基本经济制度"。在这个阶段的基本经济制度中，"非公有制经济是我国社会主义市场经济的重要组成部分。对个体、私营等非公有制经济要继续鼓励、引导，使之健康发展"。至此，个体、私营经济从社会主义经济的"补充"地位上升到"重要组成部分"，私营经济从此与中国经济真正融为一体，被视为社会主义市场经济的重要组成部分，不再是异己，成了"自家人"。

中共十五大对个体、私营经济的新突破和新发展概括起来主要有五个方面：一是在私营、个体经济的性质上，由原来多种经济成分共同发展的方针中的一种经济成分变成"我国社会主义初级阶段的一项基本经济制度"中的一种所有制经济；二是在地位上，由"社会主义经济的有益补充"变为"是我国社会主义市场经济的重要组成部分"；三是在作用上，由"拾遗补阙"变成对"促进国民经济的发展有重要作用"；四是在存在期限上，明确了将伴随社会主义初级阶段长期存在，并与公有制经济共同发展；五是在财产保护上，也明确提出，"要健全财产法律制度，依法保护各类企业的合法权益和公平竞争"。①

1999年3月15日，第九届全国人民代表大会第二次会议通过了《中华人民共和国宪法修正案》，对三条做出重大修改，直接同非公有制经济相关。在这次修宪中，对宪法第十一条做了重要修改，规定"在法律规定范围内的个体经济、私营经济等非公有制经济，是社会主义市场经济的重

---

① 曹虹冰. 对非公有制经济的两点思考. 载于中国私营企业发展报告1999卷. 社会科学文献出版社，2000.

要组成部分"。"国家保护个体经济、私营经济的合法的权利和利益",删去1988年宪法中非公有制经济是社会主义公有制经济"补充"的提法。这次修改后的宪法,用国家根本大法的形式,确立了公有制为主体、多种所有制经济共同发展的基本经济制度;确认个体经济、私营经济等非公有制经济,是社会主义市场经济的重要组成部分,国家保护个体经济、私营经济的合法权利和利益。宪法修正案把中共十五大精神通过法定程序变为国家意志,对个体经济、私营经济的发展具有重大的现实意义和深远的历史意义。

第二节 私营企业的外部制度供给及其述评

中共十五大以后,在党和国家关于非公有制经济发展理论、政策的指导下,我国私营经济的发展已经从原来数量性扩张的阶段到了加快发展、持续发展的新阶段。私营经济在我国经济持续增长中,既成为生力军,也成为主力军之一。据统计,到2006年11月,规模以上工业企业中的私营工业增加值为15003亿元,同比增长25%,高于全国增长率8.2个百分点;占全国规模以上工业增加值的比重为19.26%,比2005年提高约1.5个百分点。① 截至2006年,除国有及国有控股经济以外的广义民营经济② 已经占GDP的65%左右,其中个体私营经济已经占40%左右;中国经济发展中的增量部分,70%~80%来源于民营经济。③ 但是,关于私营经济发展的某些具体制度确实存在缺陷或严重缺陷,这些制度缺陷是影响非公有制经济加快发展和持续发展的突出问题。第一,私营企业市场准入存在制

---

① 中华全国工商业联合会研究室.2006年民营经济发展形势分析报告.2007:2.
② 民营经济的概念产生于经济体制改革过程中,是一个模糊的概念,在工商登记注册中,只有个体、私营企业,而没有民营企业这个概念。按其涵盖范围来定义,大体有三个不同层次的释义:一是最广义的"民营企业",是指除国有国营企业之外的一切企业,不仅包括非国有成分的所有企业,并且包括以承包、租赁等方式将经营权整体交由自然人或者非国有单位的国有企业,其界定的标准是企业的经营权而非所有权;二是涵盖范围稍小的"民营企业",是指除国有企业和外商投资企业之外的所有企业,包括私营企业、集体企业、私营和集体成分为主的股份制企业和以这些企业为主体的联营企业,其界定的标准是企业投资者的性质也即企业的所有权性质;三是最狭义的"民营企业",专指个体企业、私营企业和以私营企业为主体的联营企业。本文所指民营企业使用最狭义的概念。
③ 中华全国工商业联合会研究室.2006年民营经济发展形势分析报告.2007:10.

度障碍。长时间缺乏明确的市场准入政策和一个比较系统、具有权威性质的产业投资目录清单。而且，行政性垄断严重，得不到法律的制约。政府的行政审批制度为民营企业市场准入制造了障碍。第二，私营企业融资存在制度障碍，中小金融、民营金融的制度供给严重不足。私营企业的融资严重依靠"内源融资"，绝大多数私营中小企业从银行取得贷款难，而且国有银行对中小私营企业存在贷款歧视。另外，我国缺乏多层次的、专门为中小企业服务的中小资本市场体系，造成了私营企业的融资渠道单一。第三，现行财税政策在支持私营企业发展方面存在的问题。在企业所得税方面，长期以来内外有别、公私不同的税收政策极大地挫伤了私营企业投资者的积极性。在增值税方面，征收率相对较高，客观上造成对小规模私营企业税负不公。此外，一些政府基层部门往往把私营企业视为收费、摊派、集资的重点对象。搭车收费、超标准收费严重，使私营企业不堪重负。中共十六大以后，政府出台了多项鼓励私营经济发展的政策和文件，完善了私营企业发展的制度环境。

一、对私营经济发展的政策支持

（一）营造公平环境，消除体制障碍

2002年11月14日，中共十六大报告《全面建设小康社会，开创中国特色社会主义事业新局面》指出："必须毫不动摇地巩固和发展公有制经济。必须毫不动摇地鼓励、支持和引导非公有制经济发展。坚持公有制为主体，促进非公有制经济发展，统一于社会主义现代化建设的进程中"。中共十六大报告还指出："放宽国内民间资本的市场准入领域，在投融资、税收、土地使用和对外贸易等方面采取措施，实现公平竞争"。这成为支持和鼓励私营经济发展的重要举措。"完善保护私人财产的法律制度"、"一切合法的劳动收入和合法的非劳动收入，都应当得到保护"，预示着国家将通过立法保护私有者的产权。中共十六大报告在民营经济发展问题上，至少有如下四大突破：一是第一次明确提出了"必须毫不动摇"问题，二是第一次使用了"支持"的概念，三是公开宣布要"放宽市场准入"，四是严肃地提出了"完善保护私人财产的法律制度"的主张。[①] 中共十六大报告为消除私营企业发展的制度障碍奠定了基础。这说明关于非

[①] 刘迎秋. 大棋局："国退民进"及其走向. 广东社会科学，2003（2）.

公有制经济的问题,将不再是要不要发展的问题,而是如何发展的问题,如何快速持续发展的问题。

2003年10月14日,中国共产党第十六届中央委员会第三次全体会议通过《中共中央关于完善社会主义市场经济体制若干问题的决定》(以下简称《决定》)明确提出,要大力发展国有资本、集体资本和非公有资本等参股的混合所有制经济,大力发展和积极引导非公有制经济,实现投资主体多元化。《决定》还强调了要不断完善非公有制经济发展的制度环境,为非公有制经济提供平等竞争的平台,明确指出"清理和修订限制非公有制经济发展的法律法规和政策,消除体制性障碍。放宽市场准入,允许非公有资本进入法律法规未禁入的基础设施、公用事业及其他行业和领域。非公有制企业在投融资、税收、土地使用和对外贸易等方面,与其他企业享受同等待遇。支持非公有制中小企业的发展,鼓励有条件的企业做强做大。非公有制企业要依法经营,照章纳税,保障职工合法权益。改进对非公有制企业的服务和监管。"《决定》是在党的文件中第一次提出允许非公有资本进入法律法规未禁入的基础设施、公用事业及其他行业和领域;第一次提出非公有制企业在投融资、税收、土地使用和对外贸易等方面,与其他企业享受同等待遇;第一次提出缩小国家对项目投资的审批范围和权限,国家只审批关系经济安全、影响环境资源、涉及整体布局的重大项目和政府投资项目及限制类项目,其他项目由审批制改为备案制。①

2007年10月24日,中共十七大报告《高举中国特色社会主义伟大旗帜,为夺取全面建设小康社会新胜利而奋斗》指出:"坚持和完善公有制为主体、多种所有制经济共同发展的基本经济制度,毫不动摇地巩固和发展公有制经济,毫不动摇地鼓励、支持、引导非公有制经济发展,坚持平等保护物权,形成各种所有制经济平等竞争、相互促进新格局。"在两个"毫不动摇"基础上,中共十七大报告进一步提出有关鼓励支持和引导非公有制经济发展的"两个平等",即坚持平等保护物权,形成各种所有制经济平等竞争、相互促进新格局。2012年11月8日,中共十八大报告《坚定不移沿着中国特色社会主义道路前进,为全面建成小康社会而奋斗》指出:"毫不动摇鼓励、支持、引导非公有制经济发展,保证各种所有制经济依法平等使用生产要素、公平参与市场竞争、同等受到法律保护。"

---

① 剧锦文. 北京市民营经济发展中的投融资问题研究//中国私营企业发展报告 2003. 社会科学文献出版社,2004:267.

中共十八大报告进一步把公有制经济和非公有制经济之间的平等延伸到要素市场和法律层面,有利于缓解非公有制经济特别是中小企业的融资难问题,并降低非公有制经济进入有关行业的门槛。

(二)"非公经济36条"出台和落实情况

2005年2月24日,国务院发布《关于鼓励支持和引导个体私营等非公有制经济发展的若干意见》。因文件内容共36条,民间简称为"非公经济36条"。这是共和国成立56年来第一次以中央政府的名义发布的鼓励支持和引导非公有制经济发展的政策性文件,是中共十六大之后,中国私营企业期盼已久的关于非公经济发展的一份非常及时和重要的纲领性文件。

《国务院关于鼓励支持和引导非公有制经济发展的若干意见》(以下简称《若干意见》)包括七个方面政策措施共计36条,即放宽非公有制经济市场准入;加大对非公有制经济的财税金融支持;完善对非公有制经济的社会服务;维护非公有制企业和职工的合法权益;积极引导非公有制企业提高自身素质;改进对非公有制经济的监管;加强对非公有制经济的指导和政策协调。《若干意见》的着力点在于"消除影响非公有制经济发展的体制性障碍,确立平等的市场主体地位,实现公平竞争",重点解决市场准入和财税金融支持两大难题。《若干意见》特别强调了完善私有财产保护制度和保障职工合法权益所应当解决的一系列具体问题。《若干意见》还对改进政府的监管方式提出了具体要求:一是强调了要根据非公有制企业的生产经营特点,完善相关制度,公开监管制度,及时向社会公布有关监管信息,发挥社会监督作用;二是在规范国家行政机关和事业单位的收费行为方面,规范更加明确,态度更加坚决。"非公经济36条"极大地鼓舞了民营企业家,被称为促进私营经济发展的"尚方宝剑"。

1. "非公经济36条"的总体落实情况

为了配合落实"非公经济36条",国家发改委会同有关部门牵头起草了涉及56个相关部门和机构的《贯彻落实〈若干意见〉重要举措分工方案》,国家职能部门和机构制定了一系列配套措施,多数省、自治区、直辖市结合本地实际情况出台了贯彻落实"非公经济36条"的实施意见。"非公经济36条"颁布之后,截至2005年12月,国务院有关部门相继出台了贯彻落实"非公经济36条"的具体措施和配套办法17件;各省市累计出台贯彻落实"非公经济36条"的实施意见共计13件,落实"非公经济36条"迈出了实质性的步伐。

这些文件主要包括：2005年3月21日，国家工商行政管理总局下发的《关于发挥工商行政管理职能作用促进个体私营等非公有制经济发展的通知》；4月13日，国务院下发《关于非公有资本进入文化产业的若干决定》；4月18日，国务院减负办下发《关于治理向个体私营等非公有制企业乱收费、乱罚款和各种摊派等问题的通知》；6月15日，国防科工委颁布《武器装备科研生产许可实施办法》；7月22日，铁道部颁布《铁道部关于鼓励支持和引导非公有制经济参与铁路建设经营的实施意见》；7月28日，银监会下发的《银行开展小企业贷款业务指导意见》；8月15日，民航总局出台了《国内投资民用航空业规定（试行）》；9月20日，商务部和中国出口信用保险公司下发了《关于实行出口信用保险专项优惠措施支持个体私营等非公有制企业开拓国际市场的通知》；9月26日，商务部出台了《商务部关于促进中小流通企业改革和发展的指导意见》；10月18日，文化部出台了《关于鼓励支持和引导非公有制经济发展文化产业的意见》；等等。[①]

2. 政府扩大市场准入的措施

在中央强调鼓励发展非公有制经济方针政策的推动下，铁路、民航、邮政等部门推出了鼓励非公有制资本进入相关行业领域的措施，有关部门还改进了民营资本进入军工、石油石化领域的政策。

建设部、铁道部决定，在2004年底开放铁路建设市场的基础上，对铁路建设市场的设计、施工、监理业务范围继续开放。铁道部出台"十一五"铁路投融资体制改革方案，核心内容是要大力吸引地方政府和境内外各类社会资金直接投资铁路建设。铁道部将面向全社会推出一系列新的融资项目，铁道部就铁路建设运营、客货运、铁路装备制造、多元化经营等领域放宽市场准入提出了具体意见。截至2005年末，国家民航总局批准了7家营运或筹办的民营航空公司，投入运营的3家民营航空公司已有7架飞机，经营16条国内航线。

2006年8月1日，新闻出版总署公布了《关于深化出版发行体制改革工作实施方案》，其中包括鼓励出版集团公司和发行集团公司相互持股，进行跨地区、跨部门、跨行业并购、重组，建立必要的经营性分支机构；鼓励非公有资本以多种形式进入政策许可的领域等。

2006年12月4日，商务部发布《成品油市场管理办法》和《原油市场管理办法》，对外开放国内原油、成品油批发经营权，办法将自2007年

[①] 迟福林. 2007中国改革评估报告. 中国经济出版社，2007.

1月1日起施行。这两个办法既兑现了加入WTO时的承诺——中国在2006年12月11日之前对外资全面开放原油、成品油市场,也放宽了对民营企业进入原油、成品油批发市场的限制——符合相应资质要求的企业就能够申请经营许可资格。而先前以石油为代表的传统的垄断行业对民营资本和企业来说犹如一道透明的"玻璃门",民营企业看得见但却无法进入。这两个办法的出台意味着,原来严格限制民营企业进入的石油等垄断行业,已经开启了一道门缝。

2007年2月27日,国防科工委颁布《关于非公有制经济参与国防科技工业建设的指导意见》,指出允许非公有资本对军品科研生产项目和基础设施进行投资;鼓励和引导非公有制企业参与军品科研生产任务的竞争和项目合作,以及民用核能、民用航天、民用飞机、民用船舶等军民两用高技术开发及其产业化。

《中华人民共和国反垄断法》由第十届全国人民代表大会常务委员会第二十九次会议于2007年8月30日通过,自2008年8月1日起施行。《反垄断法》被誉为"经济宪法",是实行市场经济制度国家的最基本和最重要的经济法律。目前世界上已经有90多个国家制定并实施了反垄断法。《反垄断法》的出台有望打破行政垄断和跨国公司的垄断,放宽市场准入,促进市场主体的多元化。

3. 财税金融部门加大对民营经济的支持

现有商业银行积极调整业务结构,努力制定符合私营企业尤其是中小型企业特点的信贷管理和风险控制的制度。2005年,银监会发布了《银行开展小企业贷款指导意见》;2006年又发布了《商业银行小企业授信工作尽职指引(试行)》,在贷款方面作了改进,包括对银行业绩考核办法作了修改,并对小企业信贷不搞终身追究制。[①]

2006年7月,财政部、发改委出台《中小企业发展专项资金管理办法》。专项资金由中央财政预算安排,主要用于支持中小企业专业化发展、与大企业协作配套、技术进步和改善中小企业发展环境等。专项资金的支持方式采用无偿资助或贷款贴息方式。无偿资助的额度一般在200万元以内;贴息期限一般不超过两年,贴息额度最多不超过200万元。公共财政的重点支持给中小企业的发展奠定了更加坚强的后盾支持,将有助于中小企业的进一步发展。

2006年1月,中国人民银行、财政部、劳动和社会保障部联合发布

---

① 厉以宁. 论民营经济. 北京大学出版社,2007:30.

《关于改进和完善小额担保贷款政策的通知》，提出要进一步扩大小额担保贷款对象范围；要进一步发挥劳动密集型小企业带动就业的作用，推进建立创业培训与小额担保贷款的联动机制等。2006年12月，中国银监会制定发布了《关于调整放宽农村地区银行业金融机构准入政策的若干意见》，按照商业可持续原则，适度调整和放宽农村地区银行业金融机构准入政策、降低准入门槛，允许境内外银行资本、产业资本和民间资本到农村地区投资、收购、新设银行业金融机构。这个文件的落实，有助于解决中小企业贷款难、农民贷款难、民营经济贷款难的问题，促进民营经济过剩的产业资本进入金融资本同进入我国的外国金融资本竞争。

2005年10月修订、2006年1月1日开始实施的《公司法》和《证券法》有力地促进了非公有制经济发展，如修订后的《公司法》取消了按照公司经营内容区分最低注册资本额的规定；允许公司按照规定的比例在两年内分期缴清出资，其中，投资公司可以在5年内缴足；将有限责任公司的最低注册资本额降至人民币3万元；将股份有限公司的注册资本最低限额由1000万元下调为500万元；允许非公有制有限责任公司发行公司债券。修订后的《证券法》降低了公开上市的股本要求，从原来的不少于5000万股变更为不少于3000万股，为多层次资本市场的发展留出了空间。2006年8月修订、2007年1月1日开始实施的《合伙企业法》增加了有限合伙制度和有限责任合伙制度。这对于引导和促进非公有制经济在风险投资领域的发展、拓宽非公有制经济的投资渠道具有重要意义。截至2005年12月底，在境外发行股票上市的境内企业119家，其中包括35家非公有制企业。目前，已有38家非公有制企业在中小企业板块发行和上市，合计融资96亿元，占中小企业板家数和总融资额的比例分别为76%和80%。①

2007年3月十届人大五次会议闭幕会举行，会上备受关注的本次人大会议上审议的两部法律——《物权法》和《企业所得税法》分别以赞成2799票、反对52票、弃权37票和赞成2826票，反对37票，弃权22票的高票顺利通过。新《企业所得税法》参照国际通行做法，体现了"四个统一"，即内资、外资企业适用统一企业所得税法；统一并适当降低企业所得税税率；统一和规范税前扣除办法和标准；统一税收优惠政策，实行"产业优惠为主、区域优惠为辅"的新税收优惠体系。企业所得税草案明确规定：内资、外资企业使用统一的企业所得税税率，新税率确定为25%。新税法确定的税收优惠主要内容，包括促进技术创新和科技进步、

---

① 罗云毅，刘慧勇，贾康. 中国投资年鉴：2006年卷. 中国水利水电出版社，2007：602.

鼓励基础设施建设、鼓励农业发展及环境保护与节能、支持安全生产、促进公益事业和照顾弱势群体，以及自然灾害专项免税优惠政策等。新《企业所得税法》则为内外资企业提供同一条起跑线，公平面对市场，结束了不合理的外资"超国民待遇"，让内资企业从原先高税负中轻松下来，投入产品研发生产，提高竞争力。《物权法》保护了包括个人在内的所有物权人的合法物权，这将让私营企业家更加放心的创造财富，为经济增长加力。《物权法》使私有财产被赋予与公有财产同样的法律地位，私营企业将享有与国有、集体企业同等的权利。《物权法》在权利质押方面的明确规定给非公有制企业的投融资提供了明确的法律操作基础，私营企业可以充分利用《物权法》在有关权利质权以及所有权方面的规定作为一种有效的融资手段，大胆地进行投融资活动。《物权法》草案的通过，给私营企业主吃了一颗"定心丸"，会激励更多的私营企业家的投资热情。

（三）"新36条"的出台和落实情况

中共十七大以来，党中央、国务院出台了一系列鼓励支持引导民营经济发展的政策文件。以国务院《关于进一步促进中小企业发展的若干意见》、《关于鼓励和引导民间投资健康发展的若干意见》（新36条）和《关于进一步支持小型微型企业健康发展的意见》为标志，在金融扶持、财税支持、市场准入等方面实现了重大突破，为民营经济发展创造了良好条件。

为应对国际金融危机冲击、稳固经济可持续发展基础，切实解决制约民间投资发展的困难和障碍，2010年5月，《国务院关于鼓励和引导民间投资健康发展的若干意见》（即国务院"新36条"）正式出台。国务院"新36条"，是改革开放以来我国出台的第一部促进民间投资健康发展的综合性政策文件，是国务院"非公经济36条"、"促进中小企业发展29条"文件的深化和发展。

国务院出台的"新36条"内容丰富，举措有力，不仅有投资和行业准入政策的深化，有投资方式的放宽，而且还有鼓励民营企业转型升级和参与国际竞争的新举措，为民间投资健康发展和民营经济转型升级带来了新的机遇。主要精神可以用"四个新"来概括。[①]

一是投资领域有新拓展。目前，在全社会80多个行业中，允许外企进入的有62个，而允许民资进入的只有41个。国务院"新36条"几乎拆除了民资进入的所有"篱笆"，并且明确提出了6大领域及其具体行业，

[①] 赵洪祝.认真学习贯彻国务院"新36条"大力推动民营经济转型升级.政策瞭望，2010（8）.

包括原来国家垄断的电力、电信、能源产业，甚至包括国防科技工业。这将进一步拓宽民间投资领域，为民营经济优化产业布局带来重要机遇。

二是创新发展有新举措。国务院"新36条"提出了许多鼓励和支持民营企业加强自主创新、发展战略性新兴产业的具体政策措施。比如，鼓励增加研发投入的税收优惠政策，鼓励加快科技成果转化的政策，鼓励加大新产品开发力度的政策，鼓励实施品牌发展战略，鼓励发展新能源、新材料等新兴产业的政策。这将进一步增添民营企业创新动力，为民营经济转型升级带来重要机遇。

三是投资方式有新突破。国务院"新36条"明确提出在交通运输、电力建设等重要基础性领域允许独资、控股和参股，坚持矿业权市场全面向民间资本开放，比以往政策只允许民资参股有了重大突破。这将进一步推动民营企业股份制改造和现代企业制度建设，为民营经济制度创新带来重要机遇。

四是金融政策有新亮点。国务院"新36条"进一步放宽了民资进入金融领域的范围，降低民资进入金融领域的门槛，并提出简化中小机构呆账审核程序等有利于增加中小企业贷款的措施。这将进一步引导和规范民间融资，为民营经济进入金融领域和解决融资难问题带来了重要机遇。

总体看来，社会各界对"新36条"的评价很高。但是由于"新36条"缺乏实施细则，民间资本进入一些行业缺乏可操作性的指导，为外界所诟病。2012年3月16日，国务院总理温家宝主持召开国务院常务会议，确定《政府工作报告》重点工作部门分工的第七个重点任务就是出台引导民间投资健康发展的"新36条"实施细则。按照落实"新36条"的要求，2012年上半年各部委密集出台了"新36条"实施细则。4月13日，交通运输部出台了《关于鼓励和引导民间资本投资公路水路交通运输领域的实施意见》。随后，铁道部于5月16日发布《关于鼓励和引导民间资本投资铁路的实施意见》，从铁路工程建设、装备制造、铁路企业改制重组等各方面，几乎对民间资本全面开放。5月25日，国资委出台14条具体细则，要求国企改制重组不得单独对民资设置附加条件。银监会、证监会也先后出台文件落实"新36条"。银监会明确支持民间资本参与村镇银行发起设立或增资扩股，并将村镇银行主发起行的最低持股比例由20%降低至15%。证监会表示，深化新股发行体制改革，鼓励民间资本参股证券期货经营机构，鼓励民间资本投资设立独立基金销售机构，参与证券投资基金销售业务，减少行政审批项目。2012年7月底，42项民间投资实施细则全部出齐。

二、对促进私营经济发展的制度供给述评

"新36条"和"非公经济36条"是我国民营经济发展历史上的两座里程碑,是私营经济政策方面的"姊妹篇"。"非公经济36条"、"新36条"及其相关配套政策措施的出台,极大地完善了私营企业的发展环境。私营企业从以轻工纺织、普通机械、建筑、运输、商贸和服务等领域为主,已经开始向重化工业、基础设施、公用事业等领域拓展。据统计,在40个工业行业中,私营经济在27个行业中的比重已超过50%,在部分行业已经占到70%以上。在重化工、基础设施、冶金、汽车、电力等行业,已经出现了投资规模在几亿元、几十亿元、上百亿元的私营企业。钢铁产量超过100万吨的私营企业已经有10家,全国有30多家私营企业从事汽车整体生产。私营经济在垄断行业取得了一些突破。2006年8月23日,《南方日报》报道了国有罗定铁路产权的成功转让。这是我国私营企业首次全资收购国有铁路公司的100%股权,意味着我国首条民营资本绝对控股的铁路诞生,铁路向民营资本开放程度进一步加大。2006年是私营上市公司增加最多的一年。全年私营控股上市公司增加了28家,占全国新增上市公司数量的39.4%,发行股份10亿多股,募集资金84.6亿元,占全部新募集资金的14.5%。[①]

但是,私营经济的制度环境还是不够完善。主要问题是支持引导私营经济发展的相关政策尚未完全成为具体的制度安排。我们现在鼓励、支持、引导私营经济发展的政策许多还停留在宏观层面。在具体的制度安排、法律制度和运行细则方面,同鼓励、支持和引导非公有制经济发展的原则有很大差距。

第一,平等准入"玻璃门"现象亟待真正打破。

尽管"非公经济36条"在国家政策层面为非公有制经济发展进一步扫清了障碍,目前,我国民营企业发展遇到的最大外部环境问题仍是市场准入问题。由于一些地方或部门的规章滞后以及在位利益主体的影响,在市场准入方面仍存在着许多看得见、进不去,一进就碰壁的"玻璃门"现象。"明放暗不放"的现象主要是在一些行政垄断部门和行业、公用事业和基础设施领域,如通信、广电、邮政、电力、金融等表现更为突出。比较突出的是以资本实力、技术水平和从业资历等各种理由抬高行业准入门

---

① 中华全国工商业联合会研究室.2006年民营经济发展形势分析报告,2007-01.

槛，使得民营企业实际上进不去。"新 36 条"在市场准入方面，为广大民营企业降低了门槛、拓宽了门面，但过去一直存在的"玻璃门"和"弹簧门"现象依然普遍存在，很多领域民营企业都难以进入。最根本的原因是这些领域存在行业垄断。

第二，私营经济的法制环境还需进一步完善。

目前对民营企业的税收政策还存在一些歧视现象，没有完全做到对国企、民企和外企一视同仁。例如，尽管新《企业所得税法》已经决定两税合并，但在民营企业中还存在既要缴纳企业所得税，又要缴纳个人所得税的双重征税问题。在增值税政策方面，一些非公有制企业由于没法开具增值税发票，政府和企事业单位很少到它们那里采购。虽然宪法已就保护私人合法财产做出法律规定，《物权法》已经审议通过，但配套的其他法规如《土地管理法》和《刑法》都尚未做出相应的调整。

第三节 私营企业的内部治理结构

随着《国务院关于鼓励支持和引导非公有制经济发展的若干意见》的颁布，以及相关配套措施的落实，私营企业发展的外部政策和法制环境得到了极大的改善，市场准入的地位提高，财税金融环境得到了完善。企业的发展将更多地决定于自身的竞争力和成长力。

据有关研究分析和测算，目前我国民营企业平均寿命为 2.9 年。[1] 刘迎秋（2003）认为民营企业寿命短的一个主要原因就是企业内部治理及其结构面临严峻挑战。企业内部治理结构及其质量问题，已经成为我国民营企业实现更大发展的主要"瓶颈"。能否有效克服这个"瓶颈"，将是我国民营企业能否迅速成长和发展的关键。[2] 所以，我们不仅要继续重视民营企业发展外部政策和法制环境的研究，更要高度重视和深化对民营企业内部治理结构的研究，以有效提升民营企业的竞争力。

刘迎秋（2003）从创业和企业组织的角度将我国私营企业划分为三种不同的存在形态：以家族为基础的企业形态、以机会为基础的企业形态和以技术为基础的企业形态。相对而言，三种企业形态中后两种企业形态治

---

[1] 黄孟复. 中国民营企业发展报告 No.1：2004 年卷. 社会科学文献出版社，2005.
[2] 刘迎秋. 完善民营企业治理结构 提高民营企业竞争力. 中国社会科学院院报，2003-11-18.

理结构较好。因为，以机会为基础的企业大多借助的是"转制摘帽"的机会，从国有或集体企业转制而来。这类企业在"转制摘帽"之前，其治理框架不仅已经存在，而且多数较为完整。这类企业在公司治理方面的主要问题是企业产权不明晰、权责利不明确、机制僵化、管理低效率，而不是治理框架的构造问题。第三种形态的高科技私营企业多为儒商所办，大多数倾向于选择现代企业制度和治理结构，因此，从创业开始这些企业的产权结构和治理结构就比较先进。但从总体上看，以家族为基础的企业形态是当前我国私营企业的主体。[①] 根据1997年的统计数据，已婚企业主的配偶50.5%在本企业做管理工作，9.8%负责购销，已成年子女20.3%在本企业做管理，13.8%负责购销。在所有管理人员中，26.7%由投资者担任，16.8%是企业主或主要投资者的亲属，5.0%是他的邻居或同乡，在社会上招聘的只占44.2%。而投资者中又有12.9%是企业主自家亲属。有37.5%的企业主认为"企业要稳定发展，就必须由我本人或我的家人来经营管理"。[②] 这表明大多数私营企业控制权并未向家族外人员转移，而私营企业内部治理结构的决定力量是企业控制权的转移。这种控制权一定是实际控制权，即能够掌握和控制企业有关经营管理方面的关键信息以及对资源使用拥有决策权。如果外来的经理人员不能获得与该岗位职责相匹配的信息权和决定权等控制权，那么即使企业在形态上变成了公众公司（如股权高度分散化、组建上市公司等）企业的内部治理模式仍然是家族式治理模式。据调查，中国的民营企业还是以家族制为主，如果按照企业主本人及其直系亲属占股50%以上的相对控股比例来看，中国的民营企业中家族制企业还占70.79%左右。[③]

一、关于家族企业的争论

由于我国私营企业目前主要采取家族企业的制度形式，经济学界对此褒贬不一，但各种观点可以分为三种：

---

① 刘迎秋. 完善民营企业治理结构　提高民营企业竞争力. 中国社会科学院院报，2003-11-18.

② 张厚义，明立志. 中国私营企业发展报告：1999年卷. 社会科学文献出版社，2000：104.

③ 刘迎秋，徐志祥. 中国民营企业竞争力报告 No.4——人力资本与竞争力指数. 社会科学文献出版社，2007：41.

(一) 第一种观点认为家族企业有存在的合理性

我国目前的民营企业具有这样几个特点：规模较小，过分搬用委托—代理方式，反而增加监督成本；产品集中（如希望集团专门做饲料），分工较细，使得管理活动，家族成员具有丰富经验；产业技术水平较低，要求的协调能力也不高；产业资本密集度较低，通过积累家族具有企业发展的资金；社会文化以家族为基础，因而家族的凝聚力大；市场和信息机制不发达，社会上的机会主义倾向比较严重。正是存在这样的特点，有学者认为家族管理方式基本能够适应当前我国经济发展的要求。

1. 家族企业存在的客观必然性

第一，"家文化"是家族企业产生的土壤。

家族制管理背后的文化理念就是中国儒家的"家文化"，"家文化"对家庭高度认同，而极大地弱化对社会和组织的认同。新制度经济学认为，制度变迁主体的偏好决定着制度变迁的供给，其变迁的意愿影响到变迁的成效。薛天山（2004）认为"家文化"对企业的组建与运行都产生了很大的影响。在企业的组建过程中，利用家族的人力与物力作为启动企业的资源成为理所当然的选择。而在家族企业运行过程中，家族企业的一些典型特征如维护家长权威、组织内强调家庭气氛、以血缘关系的亲疏远近作为人事安排的标准等不能不说是受"家文化"的影响。[①]

第二，中国现阶段信用制度不完善，各经济主体缺乏普遍的信任。

薛天山（2004）指出普遍信任度的低下使得家族企业主对使用"外人"持谨慎的态度，而社会上职业经理人损害公司利益的出现与宣传更让家族企业对重用"外人"望而却步。在这样的信任环境中，采用家族治理的方式是必然的，也是一个不得已的选择。[②]

第三，职业经理人市场的不成熟。

据《中国私营企业治理结构研究》课题组的调研统计，[③]家族企业家对我国职业经理人市场的评价反映了中国职业经理人市场的发展状况，说明中国的职业经理人市场还不成熟。

我国的家族企业，尤其是那些已经具有相当规模的家族企业并非不愿聘用职业经理人，但我国的经理人市场还没有完善。由于职业经理人供不

[①][②] 薛天山. 家族治理——中国民营企业不得已的选择. 内蒙古社会科学（汉文版），2004（3）.

[③] 张厚义，明立志，梁传运. 中国私营企业发展报告 No.3：2001年卷. 社会科学文献出版社，2002：190.

应求，使其有"皇帝女儿不愁嫁的感觉"，没有职业危机感，甚至没有职业道德。家族企业家们空有热情，却出现了无人可请或不敢请的局面。另外，徐充（2005）指出职业经理人的信用记录、信用评价等信用监管体系不健全，失信惩戒制度建设滞后，使信用制度对职业经理人的硬性约束大大降低。① 企业的所有者在这种状况下只能转而选择家族之内的可信的人员参与经营。

2. 家族企业的优势

第一，家族企业在企业创立阶段能够提高效率，降低管理成本。

戴园晨、吴诗芬（2001）从经济学角度分析了家族企业在创业阶段的优势在于企业内部资源成本的最小化，尤其在于企业内部资源之间整合成本最小化。多数民营企业是由家庭或家族投资建立起来的，单一的融资渠道，企业所有权与经营控制权的合一，使多数企业采用了封闭的家族制管理模式。家族企业内部资源的整合体现在以下三个方面：首先，由于创业者亲自管理企业，个人目标与企业目标相一致，能够很好地把自我激励、自我约束和谐地统一起来，可降低因引进职业经理而产生的代理成本；其次，家族因管理层次少、结构简单，企业最高领导人不仅可以独裁式的对企业重大事务做出决策，保证了决策过程的迅速性，而且还可凭借"家长"的权威和成员之间尊上忠信的观念，很好地贯彻执行决策，有利于降低协调成本；最后，家族成员的参与常常是创业需要的低成本组织资源，家族成员更易建立共同利益和目标，更易进行合作。企业在创业时期发生财务困难可能性很大，这时只有企业家亲属有可能在不发工资的情况下坚持义务工作。②

第二，家族企业能提高领导团队的凝聚力。

徐充（2005）指出家族企业在企业的创立和运行过程中可以提高团队的凝聚力。企业刚创立时，往往都是规模小，抵御风险的能力差，一般人（尤其是家族外的人）不愿去冒险，这样，家族成员便成为创业者的主要依靠。在企业运行过程中，家族成员基于血缘、伦理道德关系，相互之间的认同感和一体感较强，很容易造就一种共患难的精神，为了家族的利益能够心往一处想、劲往一处使，有着较强的凝聚力。这些都有利于企业顺利渡过创业的难关，以及有利于企业进一步的发展壮大。③

实际中，家族式历来就是古今中外企业的普遍形态。当前，即使在西

---

①③ 徐充.民营企业家族制管理模式的局限与突破.生产力研究，2005（4）.
② 戴园晨，吴诗芬.民营企业发展中的家族制问题.南方经济，2001（11）.

方发达国家，家族式企业也占有相当大的比重。据统计，美国最大的 500 家公司有大约 30%是家族企业，法国最大的 200 家公司有 50%是家族企业，整个世界 500 强企业有 40%是由家族式所有或经营。而中小企业实行家族式管理的更普遍，日本的中小企业几乎都是家族企业，全球 65%~80%的私人企业是家族企业。华人社会的家族式企业更是常态，台湾的 100 家集团企业大部分都是由家族掌握控股权并对企业进行家族式经营；而近代中国企业基本由家族包揽，如当时最大的民营企业集团"荣氏企业"就是典型的家族企业。[1] 因此，我们不得不承认家族企业采取这样的治理方式具有其合理性，至少在目前它具有很强的生命力。

（二）第二种观点认为家族企业具有局限性，应向现代企业制度转变

有些学者认为尽管家族式管理在特定的企业发展阶段是有效的，但是当企业发展到一定规模，家族式管理已经难以适应企业的发展时，家族式管理开始成为阻碍企业发展的因素，需要向现代企业制度转变。私营企业家族制管理模式的局限性有以下四点：

第一，企业家族制管理模式使企业产权明晰化形同虚设。

彭真军（2005）指出家族企业产权通常是封闭式的，不但产权过度集中或单一化，而且家庭成员内部产权往往也不明晰。这种产权不清在企业取得初步成功之后极易导致家族内部的纷争和分裂并最终影响企业的稳定和长期发展。[2]

第二，家族企业容易导致企业战略决策失误。

彭真军（2005）指出有两种情况导致家族企业的战略决策失误。首先，家族企业战略决策的失误与经营者的文化素质较差和经营管理水平低下密切相关。随着企业规模扩大，业务步入多样化阶段，巨大的管理幅度与冗长的管理层级，使得对管理者的要求增加。但是，家族制企业选择管理人才的范围只能局限于家庭血缘关系中，不能在更大范围内选择优秀人才，这就必然会影响到公司的经营效率，无法实现企业收益最大化目标。其次，更为根本的原因在于企业的家族治理模式。家族企业存在两个相互重叠的系统，即家庭系统和企业系统。家庭系统依靠血缘、亲情和感情来维系，企业系统则需要相应的规范和制度来约束。这两个系统各有自身的

---

[1] 朱富强. 企业效率的比较研究及对家族企业的启示. 中国民营企业，2003，1（3）.
[2] 彭真军. 民营企业治理结构的创新与完善. 求索，2005（9）.

游戏规则、价值取向和系统构成。家长制独断专行的决策很可能脱离实际，缺乏管理创新和技术创新内容，以致造成投资或经营方针的重大失误，这样的结果往往会把企业带入高风险运行的危险状态。①

第三，封闭的家族制管理增加了企业融资的难度，限制企业做大做强。

随着企业规模的逐步扩大，仅仅依靠企业本身所积累的资金是满足不了发展需要的。徐充（2005）指出家族制管理模式使外界投资者（如银行）很难了解企业本身的资产、负债、财务状况，无法了解企业的真实经营情况，增加了企业融资的难度。因此，封闭的家族制管理造成了企业的融资渠道的单一，使企业只能在封闭状态下运行。②

第四，任人唯亲严重，导致企业人才危机。

任人唯亲是家族企业的固有特征，企业往往以亲疏远近划界，只信任内部亲近的家人而不信任疏远的外人，经常录用家族成员或亲戚担任高中层管理者，排斥外来人员。解树江（2001）指出家族企业的管理需要服从血缘关系的限制，用亲人而不能用能人，因人设岗而不能因职设岗，致使企业内部丧失竞争机制，企业员工不可能有安全感和荣誉感，企业丧失向心力和凝聚力。长此以往，激励和约束机制遭到了破坏。一方面使部分家族成员以企业功臣自居，享有特权，即使出现了重大失误，大多数人也能凭借裙带关系逃避责任；另一方面必然在企业内形成一种压制甚至欺负外来人员的氛围，使非家族人员对企业失去信心，纷纷离去，导致大量优秀人才从企业中流失。而在激烈的市场竞争环境下，企业又必须广揽人才，这就形成任人唯亲与市场竞争对专业人才需求的突出矛盾，导致企业面临人才危机，阻碍企业的发展，甚至最终导致企业衰败。③

（三）第三种观点认为家族企业的利弊不是绝对的，是否向现代企业制度转变取决于企业自身的发展状况

治理结构的选择，要以适合和有效为标准，不存在好、坏之分。不同规模和不同行业的企业所需要的治理结构是不同的。④ 从规模来说，在家族企业发展的早期阶段，或者说在小规模的家族企业里，家族的优势发挥得比较明显；但随着企业规模的日益壮大和外在环境的变化，传统家族制

---

① 彭真军. 民营企业治理结构的创新与完善. 求索, 2005 (9).
② 徐充. 民营企业家族制管理模式的局限与突破. 生产力研究, 2005 (4).
③ 解树江. 我国民营企业治理结构中存在的若干问题. 天津社会科学, 2001 (2).
④ 曹靖逸. 民企治理结构：没有最好，只有最合适. 中华工商时报, 2006-11-29.

企业的局限性也就逐步显露,甚至早期的一些优势因素也会转化成为企业发展壮大的障碍。据中国民营经济研究会《全国私营企业进行的第二次调查》中的有关数据显示:随着企业规模的扩大,企业主本人单独作决策的比例一直是下降的,而与企业董事会共同决定的比例则一直在上升(见表7-1)。这些数据在某种程度上说明规模大的企业有突破家族制企业的倾向。从行业来看,各个行业所适合的治理结构是不同的。在高风险的行业里,资产所有者更倾向于自己亲身参与企业行为,比如珠宝行业。家族式管理模式是适应这类行业的。但是,在餐饮业,就可以聘用总经理、部门经理去操作。因为这个行业相对规范、风险较少,可以走两权分离。

表7-1 不同规模私营企业决策方式

单位:%

企业规模(实有资产总额:万元)	企业主本人单独决策	董事会共同决策	企业主和主要的管理人员共同决策
30万元以下	68.9	5.3	25.6
30万~100万元	62.0	13.4	24.5
100万~200万元	51.1	20.4	28.5
200万~500万元	50.1	24.9	24.9
500万~1000万元	45.4	26.5	28.1
1000万元以上	28.8	47.7	23.4

资料来源:张绪武,李定,谢明干.中国私营经济年鉴:1996年卷.中华工商联合出版社,1997:153.

刘迎秋(2003)强调家族企业是否必然要向现代企业制度转变,需要民营企业家进行新的理性选择,但不能搞一刀切。具备条件、规模比较大的民营企业,可以考虑进行企业制度变革,建立现代企业制度,实行所有权与经营权分离,将企业信任基础扩大至社会,由经理人直接经营管理企业,实现企业信任机制与经营机制在更高层次上的结合。不具备条件的,特别是规模还不是很大的企业,则可在不改变家族制企业形式的情况下,改造企业内部组织与治理结构。[①]

[①] 刘迎秋,黄泰岩.民营经济发展的问题与出路——与刘迎秋研究员对话.经济理论与经济管理,2003(3).

二、关于如何完善私营企业治理结构的争论

如何完善私营企业的治理结构，克服家族式治理结构的弊端，理论界大致有两种不同的看法：第一种就是不应强求将家族企业转变为现代企业制度，而应相互借鉴对方的优点，在家族治理模式的基础上进行改良；第二种观点是积极推进私营企业从"家族制"向"现代企业制度"转变。

（一）在家族治理模式的基础上进行改良

有学者认为，在中国目前的环境中，私营企业采取家族治理模式是不得已的选择，也是适应环境的自然选择。而且家族企业主体是中小私营企业，一定程度上可以说，它们还难以具备与发达市场经济中上市公司治理结构（被称为现代企业）进行比较的资格。用现代企业的标准衡量目前的家族企业，无异于用米尺量细胞。与其不切实际地拔苗助长，不如结合中小企业的发展规律，由每个企业自己选择适宜的治理结构。不少私营企业在规模扩大以后，进行了以现代企业制度为目标模式的改革，但是不成功的比比皆是。所以，不应强求将家族企业转变为现代企业制度，而应相互借鉴对方的优点，在家族治理模式的基础上进行改良。[1]

第一，家族企业应具有开放性，其发展要不断吸收现代企业中的有利养分。

朱富强（2003）指出家族企业要随着经济形势的发展而变化，调整产权安排，不断借鉴和吸收现代企业的治理方式。日本企业之所以长期在全球"独领风骚"，就在于其成功地进行了从"家庭共同体"向"企业共同体"的转换和变迁。可以在不改变家族制企业形式的情况下，改造企业内部组织与治理结构，建立企业资源有效配置与组合的自动进化机制，建立激励与约束机制，在家族信任机制基础上实现企业经营机制的改进。[2]

第二，从改善企业资本结构入手优化家族企业治理结构。

刘平青（2003）认为外部力量的引入有助于家族企业治理结构的优化。通过股权融资，"家族股"可以在一定程度上得到稀释，企业将受到来自外部的监督和约束，为健全企业制度提供了必要的外部条件。[3] 家族

---

[1] 薛天山.家族治理——中国民营企业不得已的选择.内蒙古社会科学（汉文版），2004（3）.
[2] 朱富强.企业效率的比较研究及对家族企业的启示.中国民营企业，2003，1（3）.
[3] 刘平青.资本结构：家族企业治理结构的"来龙"与"去脉".中国民营企业，2003，1（3）.

企业的家族股份制改造路径是，从产权入手使其从家族单一的产权模式向股份制的产权制度过渡，形成具有家族特色的产权制度。家族企业的股份制改造是家族经济与现代经济融合的途径。

（二）建立现代企业制度

有一部分学者认为，简单地否定家族制管理模式的作用，是不可取的；但面对复杂多变的市场形势，面临企业管理的各种问题，摆脱家族制管理的束缚走向现代企业制度，是不以人的意志为转移的客观规律，应积极推进私营企业从"家族制"向"现代企业制度"转变。

第一，明晰产权，建立多元化和开放式的产权制度。

尹诚民（2004）提出了私营企业建立现代产权制度的三个步骤。首先，要明晰内部产权。只有内部产权关系清晰，家族企业成员才能成为直接的、人格化的股东，其权益才有明确的人格化代表加以保障，从而减少内部摩擦，降低内在风险，提高经济效率。其次，要实现企业产权结构的多元化。这既是企业获得资金的主要方式，也是企业能够持续、稳定发展的保证。让企业的经营管理人员、技术骨干等购买企业股份，或者对为企业做出突出贡献的员工奖励企业股份，或者对高层经营管理人员实行股票期权激励，分散企业股份，使企业和员工真正成为命运共同体，从而增强企业员工的凝聚力和责任意识。最后，实现企业资本的社会化，建立公众企业。具备一定规模的企业，可按照《公司法》及有关法律、法规和政策的要求进行运作，通过吸纳其他股东入股、向社会募股以及企业兼并、联合、互相参股等形式，实现资本社会化。具备条件的企业还可以公开上市，拓宽融资渠道，使民营企业真正成为由多元投资主体所组成的现代企业。[①]

第二，构建完整的法人治理制度，实现企业的规范化管理。

民营企业能否持续长久发展，关键在于能否打破家族观念，把企业办成一个开放型的企业，能否让公司治理的激励功能和制衡功能发生效力。彭真军（2005）指出构建完整的法人治理结构，关键是实现所有权和经营权的分离和建立有效的权力制衡机制。规模不断壮大的民营企业必须抛弃家族治理模式，采用现代公司治理结构的科学管理模式，真正实行委托——代理制度，实现所有权和经营权的分离。只有彻底实现所有权与经营权相分离，所有者才可以集中精力考虑和处理战略性问题，同时也可以按照企业发展要求从更大范围内选择最有经验的专业经理人员，从而降低企业重

---

① 尹诚民. 我国民营企业家族制管理模式探析. 经济问题，2004（4）.

大决策失误的概率。另外，法人治理制度建设应特别注重权力的制衡，明确股东会、董事会、监事会和高级管理人员的权利义务和责任。通过对企业董事会、经营管理班子、监事会责权的科学划分建立起公司制民营企业决策、执行、监督体系，构筑起企业内部相互制衡机制，形成股东会、董事会、监事会与经理人员的制约关系。①

第三，建立完善的企业规章制度体系，形成科学的管理机制。

王克岭（2006）认为现代企业需要建立具有公司内部法律性质的、由正式规则和程序组成的管理方式。唯如此，民营企业才能摆脱企业发展随企业家"猴性思维"的流变而随波逐流的局面，才能从以往主要凭借个人魅力树立管理权威向主要依靠健全制度以保证管理权威转换，使管理权威集中于规章制度。民营企业管理模式要从简单的控制机制向能够调动职工积极性、创造性的管理体系和管理机制转化。要建立一套完善的科学决策体系、人才管理体系、生产经营体系、资金运营体系、质量监督控制体系和技术工作体系。同时，企业还应建立一套高效率的运行机制，如激励机制、竞争机制、约束机制、淘汰机制等，利用组织机制的力量克服管理中的不足。②

总之，企业的治理结构是私营企业发展过程中一定要解决的问题。治理结构本身没有好坏之分，关键是要找到适合自身发展的模式。一个企业能够把一个模式用好、用活、用得有效，那么这个模式就是最适合它的。私营企业要不断地适应经济发展和制度的变化，要进一步调整和完善治理结构，推进治理结构的创新。

参考文献：

[1] 曹虹冰. 对非公有制经济的两点思考. 中国私营企业发展报告 1999 卷. 社会科学文献出版社，2000.

[2] 陈广华. 对民营经济外部环境的研究. 集团经济研究，2007（8）.

[3] 陈国绪，李立新. 促进民营经济发展的财税对策. 财政研究，2002（5）.

[4] 陈雪萍. 我国民营企业治理结构的现状和创新. 社会科学，2004（8）.

[5] 迟福林. 2007 中国改革评估报告. 中国经济出版社，2007.

[6] 储小平. 职业经理与家族企业的成长. 管理世界，2002（4）.

[7] 纯学. 怎样认识我国现阶段城镇个体经济的性质——与李万忍同志商榷. 人文杂志，1982（5）.

---

① 彭真军. 民营企业治理结构的创新与完善. 求索，2005（9）.
② 王克岭. 刍议民营企业家族管理模式创新. 经济问题探索，2006（4）.

[8] 戴园晨，吴诗芬. 民营企业发展中的家族制问题. 南方经济，2001(11).
[9] 第二次全国基本单位普查课题组. 我国私营企业发展的现状、问题及对策. 中国统计，2003 (8).
[10] 丁家义. 浅议当前我国个体经济的性质. 山东师范大学学报（人文社会科学版），1983 (6).
[11] 董建民，刘仁. 我国私营经济问题讨论综述. 财经科学，1989(6).
[12] 方明. IFC 对中国私营企业融资问题的调查. 中国投资，2001(1).
[13] 顾龙生. 民企的市场准入问题. 江苏社会科学，2004 (6).
[14] 何经沛. 关于当前我国雇工问题的探讨. 宏观经济研究，1983 (31).
[15] 何梦笔，冯兴元，何广文. 试论中国农村金融组织机构的多元化. 中国经济时报，2002-08-21.
[16] 侯明. 完善税收机制，推进民营经济发展. 社会科学战线，2005 (6).
[17] 侯振明. 论促进民营经济发展的财政政策体系. 社会科学辑刊，2005 (3).
[18] 胡岳岷，徐充. 论民营经济的市场准入问题. 江汉论坛，2003 (11).
[19] 华学忠. 研究私营经济的几个基本理论问题. 福建论坛，1988 (11).
[20] 黄复真. 从我国国情看个体经济存在的必要性. 求实，1980 (22).
[21] 黄孟复，胡德平. 中国民营经济发展报告 No.3（2005~2006）. 社会科学文献出版社，2006.
[22] 蒋励，彭力. 对社会主义条件下雇工经营问题的再探讨. 中国农村观察，1983 (4).
[23] 解树江. 我国民营企业治理结构中存在的若干问题. 天津社会科学，2001 (2).
[24] 剧锦文. 北京市民营经济发展中的投融资问题研究//中国私营企业发展报告 2003，社会科学文献出版社，2004：267.
[25] 剧锦文. 民营经济的融资壁垒及其解决对策. 经济管理，2004 (19).
[26] 李启明. 有关民间投资的几个问题. 管理世界，2002 (2).
[27] 李万忍. 现阶段城镇个体经济的性质分析. 人文杂志，1981 (5).
[28] 厉以宁. 论民营经济. 北京大学出版社，2007.
[29] 林毅夫，李永军. 中小金融机构发展与中小企业融资. 经济研究，2001 (1).
[30] 刘恒飞. 私营企业划分标准之我见. 经济纵横，1988 (9).
[31] 刘平青. 资本结构：家族企业治理结构的"来龙"与"去脉". 中国民营企业，2003 (3).
[32] 刘涛. 我国私营经济发展理论观点综述. 当代经济研究，2001 (9).
[33] 刘迎秋. 大棋局："国退民进"及其走向. 广东社会科学，2003 (2).
[34] 刘迎秋. 完善民营企业治理结构 提高民营企业竞争力. 中国社会科学院院报，2003-11-18.
[35] 刘迎秋，赵少钦. 大力发展民营经济的融资支持分析. 财贸经济，2004 (10).
[36] 刘迎秋，黄泰岩. 民营经济发展的问题与出路——与刘迎秋研究员对话. 经济

理论与经济管理，2003（3）.

[37] 刘迎秋，徐志祥. 中国民营企业竞争力报告 No.1——竞争质量与竞争力指数. 社会科学文献出版社，2004.

[38] 刘迎秋，徐志祥. 中国民营企业竞争力报告 No.2——品牌与竞争力指数. 社会科学文献出版社，2005.

[39] 刘迎秋，徐志祥. 中国民营企业竞争力报告 No.3——自主创新与竞争力指数. 社会科学文献出版社，2006.

[40] 刘迎秋，徐志祥. 中国民营企业竞争力报告 No.4——人力资本与竞争力指数. 社会科学文献出版社，2007.

[41] 卢文. 关于农村私人雇工问题的探讨. 中国农村考察，1983（3）.

[42] 吕建锁. 税收、财政政策与民营经济的发展. 山西大学学报：哲学社会科学版，2004（2）.

[43] 罗伟雄. 关于目前我国农村雇工经营问题浅议. 中国农村观察，1983（5）.

[44] 冒天启. 个体经济在我国现阶段存在的客观必然性及其作用. 经济研究，1982（7）.

[45] 梅兴华，程汉清. 农村雇工经营的利弊与发展趋势. 农村经济，1983（4）.

[46] 彭真军. 民营企业治理结构的创新与完善. 求索，2005（9）.

[47] 全国工商联. 关于废止《中华人民共和国私营企业暂行条例》的建议案，http://www.china.com.cn/chinese/lianghui/116897.htm.

[48] 时旭辉. 民营企业的融资困境及其对策. 经济管理，2004（7）.

[49] 史晋川. 中国民营经济发展报告. 经济科学出版社，2006.

[50] 睢天寿. 试论我国社会主义初级阶段的私营经济. 财经理论与实践，1988（5）.

[51] 唐伦慧. 社会主义制度下个体经济的性质. 社会科学辑刊，1981（4）.

[52] 田纪云. 放手发展民营经济，走富国强民之路. 理论动态，2002-05-30.

[53] 王碧波. 转型时期民营经济融资困境分析. 经济学动态，2006（5）.

[54] 王树林. 我国现阶段的私营经济. 管理世界，1988（5）.

[55] 王元京. 民营经济投资"禁区"研究. 战略与管理，2002（4）.

[56] 王泽光. 关于我国个体经济的性质问题. 法学评论，1983（2）.

[57] 王智益. 我国社会主义初级阶段私营经济刍议. 思想政治课教学，1988（9）.

[58] 吴宗杰，刘国华. 我国民营经济发展的制度环境研究. 经济问题，2003（6）.

[59] 晓亮. 关于私营经济的几个理论问题. 天津社会科学，1988（4）.

[60] 熊鹏. 我国家族上市公司股权结构的制度分析. 财经科学，2003（1）.

[61] 徐充. 民营企业家族制管理模式的局限与突破. 生产力研究，2005（4）.

[62] 徐绍义. 私营经济的特点、发展趋势及对策初探. 农业经济问题，1988（8）.

[63] 薛拣民. 关于私营经济发展的几个问题. 经济问题，1988（9）.

[64] 薛天山. 家族治理——中国民营企业不得已的选择. 内蒙古社会科学（汉文版），2004（3）.

[65] 杨海余,王耀中.民营中小企业内部治理机制探讨.求索,2004(1).

[66] 杨天宇.我国民营经济发展的制度性障碍研究.改革,2003(6).

[67] 尹诚民.我国民营企业家族制管理模式探析.经济问题,2004(4).

[68] 张厚义,明立志,梁传运.中国私营企业发展报告No.3:2001年卷.社会科学文献出版社,2002.

[69] 张厚义,明立志,梁传运.中国私营企业发展报告No.4:2002年卷.社会科学文献出版社,2003.

[70] 张厚义,明立志,梁传运.中国私营企业发展报告No.5:2003年卷.社会科学文献出版社,2004.

[71] 张厚义,明立志.中国私营企业发展报告:1999年卷.社会科学文献出版社,2000.

[72] 张厚义,明立志.中国私营企业发展报告:2001年卷.社会科学文献出版社,2002.

[73] 张杰.中国金融制度的结构与变迁.山西经济出版社,1998.

[74] 张力.民营企业融资的制度障碍及对策.经济问题,2004(8).

[75] 张志勇.中国非公经济发展备忘录:确立经济地位的27年.中华工商时报,2005-03-11.

[76] 周敏谦,陈式元.试论我国农村出现的雇工经营.农村经济,1983(11).

[77] 周学文.中国民营工业发展的七大特点.中国国情国力,2003(3).

[78] 朱富强.企业效率的比较研究及对家族企业的启示.中国民营企业,2003(3).

[79] 徐曙生.个体经济研究中的几个问题(资料).经济管理,1981(11).

[80] 本刊记者.介绍"农村雇工理论与政策问题讨论会"情况.农业经济丛刊,1983(4).

[81] 曹靖逸.民企治理结构:没有最好,只有最合适.中华工商时报,2006-11-29.

[82] 为促进中国民营经济发展创造良好税收环境——"中国民营经济与税收"研讨会综述.税务研究,2003(11).

第八章 中国私营企业发展的主要成就、基本经验与教训

在改革开放以来的 30 多年时间里，我国私营经济的发展取得了举世公认的成就，而且"中国经验"也为转型经济学提供了一个经典案例。在梳理我国私营企业 30 多年发展道路的基础上，本章将从理论和政策两个层面上总结私营企业发展的基本经验，同时反思这一发展过程中的教训。

第一节 中国私营企业发展的主要成就

一、促进了经济增长和社会的发展

私营经济业已成为我国经济发展中不可缺少的力量。据著名市场研究机构和讯与数字 100 联合发布的《中国民营企业发展报告》显示，2012 年，中国民营企业已超过 840 万家，占企业总数的 87.4%，民营经济在 GDP 中所占比重超过 60%。特别是 2006 年以来，私营经济多项经济指标增长率都高于全国平均水平。具体来说，这些经济指标主要包括：

1. 固定资产投资

1995~2010 年，国有经济固定资产投资额由 10898.20 亿元上升到 83316.55 亿元，平均增长率 14.91%；集体经济固定资产投资额由 3289.45 亿元上升到 10041.86 亿元，平均增长率 12.59%；私营经济固定资产投资额由 2560.25 亿元上升到 70078.96 亿元，超过集体经济，平均增长率 25.65%，超过国有经济（见表 8-1）。

表 8-1 国有经济、集体经济与私营经济固定资产投资额情况（1995~2010 年）

单位：亿元

年份	总计	国有经济		集体经济		私营个体经济	
		投资额	比重（%）	投资额	比重（%）	投资额	比重（%）
1995	20019.27	10898.20	54.44	3289.45	16.43	2560.25	12.79
1996	22913.50	12006.20	52.40	3651.50	15.94	3211.17	14.01
1997	24941.12	13091.70	52.49	3850.87	15.44	3429.43	13.75
1998	28406.18	15369.40	54.11	4192.24	14.76	3744.38	13.18
1999	29854.72	15947.80	53.42	4338.55	14.53	4195.75	14.05
2000	32917.74	16504.40	50.14	4801.45	14.59	4709.37	14.31
2001	37213.49	17607.00	47.31	5278.58	14.18	5429.58	14.59
2002	43499.91	18877.40	43.40	5987.43	13.76	6519.19	14.99
2003	55566.62	21661.00	38.98	8009.49	14.41	7720.13	13.89
2004	70477.45	25027.60	35.51	9965.73	14.14	9880.56	14.02
2005	88773.61	29666.90	33.42	11969.65	13.48	13890.65	15.65
2006	109998.20	32963.40	29.97	3604.10	3.28	24431.10	22.21
2007	137323.94	38706.35	28.19	4637.44	3.38	33114.25	24.11
2008	172828.40	48704.89	28.18	6297.28	3.64	42766.42	24.75
2009	224598.77	69692.50	31.03	8482.96	3.78	55794.93	24.84
2010	278121.85	83316.55	29.96	10041.86	3.61	70078.96	25.20
平均增长率	19.43%	14.91%	-3.76%	12.59%	-5.65%	25.65%	5.12%

资料来源：国家统计局. 中国统计年鉴（2006~2011）. 中国统计出版社。

2. 工业总产值

2000~2010 年，全社会工业总产值由 85673.70 亿元上升到 698590.54 亿元，平均增长率 23.73%。其中，私营工业企业总产值由 5220.36 亿元上升到 213338.57 亿元，平均增长率 45.72%，高出全国增长率近 1 倍，占全部比重平均增长率 18.39%（见表 8-2）。

表 8-2 私营企业工业总产值情况（2000~2010 年）

单位：亿元

年份	全部工业增加值总产值	私营工业企业总产值	
		绝对数	占全部比重（%）
2000	85673.70	5220.36	6.09
2001	95448.98	8760.89	9.18
2002	110776.48	12950.86	11.69

续表

年份	全部工业增加值总产值	私营工业企业总产值	
		绝对数	占全部比重（%）
2003	142271.22	20980.23	14.75
2004	187220.66	35141.25	18.77
2005	222315.93	49705.23	22.36
2006	316588.96	67239.81	21.24
2007	405177.00	94023.28	23.21
2008	507448.00	136340.33	26.87
2009	548311.00	162026.18	29.55
2010	698590.54	213338.57	30.54
平均增长率	23.73%	45.72%	18.39%

资料来源：国家统计局。

3. 进出口总额

据国家海关统计，2012 年前 8 个月，民营企业出口总额为 11396.8 亿美元，同比增长 9.1%，高于全国增长率近 2 个百分点，占全国出口总额比重为 87.06%，同时期国有企业出口总额同比下降了 4.4%。民营企业进口总额为 8560.4 亿美元，同比增长 6.4%，比全国增长率高出 1.3 个百分点，民营经济进口占全国进口比重为 72.03%（见表 8-3、表 8-4）。

表 8-3　我国全国及私营经济出口完成情况

	2010 年		2011 年		2012 年前 8 个月	
	出口（亿美元）	增长率（%）	出口（亿美元）	增长率（%）	出口（亿美元）	增长率（%）
全国	15779.3	31.3	18986.0	20.3	13091.1	7.1
民营经济	13435.7	32.9	16313.8	21.4	11396.8	9.1

注：民营经济出口额测算公式：民营经济出口=全国出口总额-国有企业出口额。
资料来源：国家海关网。

表 8-4　我国全国及私营经济进口完成情况

	2010 年		2011 年		2012 年前 8 个月	
	进口（亿美元）	增长率（%）	进口（亿美元）	增长率（%）	进口（亿美元）	增长率（%）
全国	13948.3	38.7	17343.7	24.9	11885.1	5.1
民营经济	10072.7	40.5	12500.7	25.0	8560.4	6.4

注：民营经济进口额测算公式：民营经济进口额=全国进口总额-国有企业进口额。
资料来源：国家海关网。

4. 税收

随着私营经济的不断发展壮大，私营企业早已成为国家财政税收收入的主要来源之一。已有的统计数据显示，早在2007年底，私营经济的税收总额已占到国家全部税收总额的80.8%，远远高于国有企业的19.2%（见表8-5）。

表8-5　不同经济成分的税收占全部税收的比重

单位：%

年份	2000	2001	2002	2003	2004	2005	2006	2007
国有企业	42.6	35.4	31.5	28.8	26.6	24.3	21.4	19.2
私营经济	57.4	62.9	66.3	68.9	71.3	75.7	78.6	80.8

资料来源：中华全国工商业联合会研究室.2006年民营经济发展形势分析报告，2007年1月；中华全国工商业联合会研究室.2007年民营经济发展形势分析报告，2008年1月。

5. 就业

随着私营经济的蓬勃发展，私营经济已经成为我国吸纳城镇人口就业的重要渠道。按照国家统计局的统计口径，到2010年末，私营经济所吸纳的城镇就业人口已达全国城镇就业人口的75.96%；其中，私营经济就业人口2000~2010年的平均增长率达到6.48%，而国有单位就业人口规模不断萎缩，2000~2010年的平均增长率为-2.43%（见表8-6）。

表8-6　国有单位和私营经济就业人口占城镇就业人口比重

年份	城镇就业人口（万人）	国有单位就业人口		私营经济就业人口	
		绝对数（万人）	占比（%）	绝对数（万人）	占比（%）
2000	23151	8102	35.00	14407	62.23
2001	24123	7640	31.67	15812	65.55
2002	25159	7163	28.47	17239	68.52
2003	26230	6876	26.21	18491	70.50
2004	27293	6710	24.58	19550	71.63
2005	28389	6488	22.85	20656	72.76
2006	29630	6430	21.70	21792	73.55
2007	30953	6424	20.75	22946	74.13
2008	32103	6447	20.08	24034	74.87
2009	33322	6420	19.27	25203	75.63
2010	34687	6516	18.79	26347	75.96
平均增长率	4.05%	-2.43%	-6.23%	6.48%	2.34%

注：城镇私营经济就业人数=城镇就业总人数-国有单位从业人数-外资和港澳台投资企业从业人数。

资料来源：中国统计年鉴（2011）.中国统计出版社，2012.

二、推动了中国产权制度创新

改革开放以来，私营企业凭借清晰的产权安排得以迅速发展，而且产生了极大的示范效应和扩散效应。2005 年，中国社会科学院经济研究所微观经济研究室对成都、沈阳、郑州、无锡和江门 5 个城市的 1000 多家企业进行了问卷调查（调查年度为 2000~2004 年），样本企业主要分布在纺织、化工、机械、电子四大类行业。使用这个微观的数据库，可以通过下面标准的生产函数模型，检验不同所有制企业的效率。

$\log 总产值_{it} = \alpha_0 + \alpha_1 \times dum\_企业类型_{it} + \alpha_2 \times \log 总资本_{it} + \alpha_3 \times \log 总劳动力_{it}$（见表 8-7）。

表 8-7 不同所有制企业效率回归

	(1)	(2)	(3)	(4)
	log 总产出	log 总产出	log 总产出	log 总产出
log 劳动力	0.46	0.467	0.46	0.466
	(29.76)**	(30.15)**	(29.65)**	(29.89)**
log 总资本	0.563	0.56	0.544	0.537
	(45.75)**	(45.97)**	(45.34)**	(44.13)**
dum_ 国有企业		−0.223		
		(6.77)**		
dum_ 私营企业	0.173			
	(6.51)**			
dum_ 三资企业			−0.112	
			(3.64)**	
dum_ 集体企业				0.188
				(3.83)**
常数	0.277	0.413	0.585	0.597
	(3.18)**	(5.27)**	(7.71)**	(7.85)**
样本数	4454	4454	4454	4454
R-squared	0.77	0.77	0.77	0.77

Absolute value of t-statistics in parentheses
注：* Significant at 5%；** Significant at 1%.

回归结果显示，私有企业的资源配置效率不仅高于国有企业，而且远远高于三资企业。参见表 8-8 给出的各类企业生产效率相对于整体平均值的百分比。

表 8-8　各类企业生产效率与整体表现的比较

企业性质	国企	私企	三资	集体
相对平均值	-22.30%	17.30%	-11.20%	18.80%

私营企业对整个国民经济的贡献不仅表现在资源配置效率明显高于其他经济成分上，事实上，通过私营经济的发展，当其规模大到足以支撑国有企业改革时，中国政府便能以一种自然平和的方式进行国有企业产权改革，避免了可能发生的经济与社会不稳定的政治性风险。私营经济的出现一改我国单一的公有制体制，形成市场经济利益主体多元化格局，促使着多种所有制经济在市场竞争中成长和发展，展现出多元市场经济主体应有的活力，从而直接或间接地推进了国有企业产权制度改革。

三、推动了中国现代金融体系的形成与完善

中国金融体制改革始于中共十一届三中全会以后，是与我国经济体制改革的整体进程相同步的。历时30多年的金融改革，遵循了一个以市场化为导向的、渐进式的改革逻辑，突破了传统的计划金融体制模式，基本建立起一个符合现代市场经济要求的市场金融体制模式。

1985年以后，由于私营企业的迅速发展对金融需求日益增加，国家按照市场化原则组建了一批商业银行和非银行金融机构。1986年，国务院重新组建了交通银行，使其成为我国第一家全国性的股份制商业银行；之后，又相继成立了中信实业银行、中国光大银行、华夏银行三家全国性商业银行，以及广东发展银行、福建兴业银行、深圳发展银行、招商银行、上海浦东发展银行等一批区域性商业银行。同时，开始探索专业银行向商业银行转轨，实行企业化经营的模式，专业银行也开始向综合化方向发展，出现了业务的交叉竞争，为深化专业银行改革奠定了良好的基础。

随着私营经济的快速发展，私营企业的资金需求量越来越大，突出表现在以下几个方面：一是产业转型，大量劳动密集型企业向资本密集型企业转移需要资金支持；二是技术升级，许多私营企业注重技术创新，购买或使用专利技术的资金需求量越来越大；三是产品更新换代，生产规模的扩张带来机械设备、厂房、仓库等固定资产投资的增加；四是资本营运，一些私营企业从事并购，向集团化、规模化方向发展需要巨大的资金支持；五是大量中小型私营企业的生产经营需要资金投入。

私营企业所需资金主要来源于两个方面：一是企业内部所形成的资

金，又称内源融资，包括企业初创阶段由企业所有人投入的资金和企业连续经营过程中的折旧基金以及由企业利润的一部分构成的企业自有资金；二是来源于企业外部的资金，即外源融资，这部分融资主要靠从银行贷款的间接融资方式和在资本市场发行证券的直接融资方式来完成。统计数据显示，私营企业占银行贷款（主要是那些非国有银行的贷款）的数额不断增加，从而促使了这些银行业务的拓展。

2001年，中国金融市场发展报告的统计数据表明，金融机构向私营企业及个体发放贷款不管是数额还是比重近年来都持续增长。非国有的商业银行向私营企业及个体发放贷款金额从1993年的34亿元，所占比重仅为0.11%，发展到了2007年仅前11个月贷款金额就达到了10664.52亿元，15年间增长了近314倍，所占贷款比例也提高到了4.21%。金融服务是促进经济增长的核心因素，是企业成立、成长、成功的"血脉"。随着私营企业的快速发展，私营企业对金融服务的需求也显得越来越迫切，国家有关部门为缓解私营企业融资难做出了许多努力。

1998年，四大国有商业银行相继成立了中小企业信贷部，实行中小企业浮动利率，鼓励商业银行增加对中小企业的贷款。中央银行通过再贷款、再贴现和发行金融债券等形式对以中小企业为服务对象的中小金融机构予以支持；适当下放中小企业流动资金贷款审批权限；对有市场、有效益、有信用中小企业可以发放信用贷款、简化贷款手续，完善守信制度，扩大信贷比例等。国家开发银行积极依托城市商业银行网络开展对中小企业的贷款业务，并对中小企业信用担保机构进行再担保。

国家逐渐采取多种融资方式，拓宽中小企业融资渠道。国家建立技术创新基金，通过贷款贴息、无偿资助、资本投入等方式，扶持科技型中小企业快速发展。通过税收等政策鼓励各类风险投资机构投资创办中小企业。[1]

此外，私营企业的发展，对我国资本市场的发展也起到了不可忽视的作用。在资本市场创办初期，由于政府对资本市场的了解、认识、把握及监督管理水平处于初级阶段，因而导致我国资本市场在其发育、成长过程中，依政府的偏好或工作重点而左右摆动。在一段时间里，政府把资本市场当做国有企业脱困的场所，限制了私营企业的上市融资。同时由于我国绝大多数私营企业存在规模较小、资产性质不明确和发展前景不清晰等特征，体制内私营企业直接融资渠道还是比较单一的。私营企业通过证券市

---

[1] 顾强. 中国非公有制经济发展的若干问题研究//中国非公有制经济发展前沿问题研究. 机械工业出版社, 2004: 12.

场发行股票融资比较困难。

20世纪90年代以来，随着我国证券市场的发展，股票市场的市值和融资能力持续增强，私营企业上市所面临的市场成本和政策成本不断下降，为具备条件的私营企业提供了通过资本市场发行股票融资的现实渠道。1992年4月，深圳华源实业股份有限公司向社会公开发行1000万股公众股，并于同年6月2日在深圳证券交易所上市，"深华源A"成为我国境内第一家私营上市公司。经过1992~1997年的缓慢增长，从1998年起，我国私营企业上市进入了一个持续快速扩容时期，上市量和占上市公司的比重持续增长，至今私营上市公司已经发展成为中国证券市场上的一个重要群体。

2004年6月25日，深圳证券交易所推出中小企业板块。中小企业板与主板市场相比，对企业资产规模、盈利记录等上市条件有所降低，为我国私营中小企业通过资本市场融资提供了一个重要的平台。深圳中小企业板推出以来，受到国内私营企业的热烈响应和证券市场投资者的追捧。

2007年8月22日，《创业板发行上市管理办法》（草案）获国务院批准，筹划多年的创业板最终在2009年10月登陆深圳证券交易所。创业板主要是为了扶持中小企业、高新技术企业和成长型企业发展，提供融资服务。创业板的推出完善了我国多层次资本市场结构，为众多一时不符合主板上市要求但又有高成长性的私营企业上市融资提供便利。

2012年以来，在国务院的统一领导下我国正逐步建立并完善服务实体经济，尤其是中小企业的多层次金融市场，如开展中小企业私募债试点等，不断扩大企业直接融资的比重和规模。

私营企业的发展还促进了民间金融的发展，并使得民间金融得到了国家的正式承认。2005年5月25日，中国人民银行发布的《2004年中国区域金融运行报告》中，第一次对民间金融做出了正面的评价，该报告指出："民间融资具有一定的优化资源配置功能。民间融资的发展还形成了与正规金融的互补效应。在间接融资占比过高的情况下，民间融资不仅优化融资结构，提高直接融资的比重，为中小民营企业、县域经济融资另辟蹊径，还可以减轻中小民营企业对银行的贷款压力，转移与分散银行的信贷风险。"政策层面对民间金融的认可，为民间金融的发展提供了政策支持，完善了我国现代金融体系。

第二节　中国私营企业发展的基本经验

一、"摸着石头过河"不争论

"摸着石头过河"不争论,是对中国"渐进式"改革的高度概括。30多年后的今天,这一伟大的理论仍然具有顽强的生命力。从一个完全封闭的计划经济体制平稳地向开放的市场经济体制转变,这在人类发展史上是一次伟大的创举。对一个运行了数十年的计划经济体制来说,如此重大的社会变革,需要人们的观念发生根本性的转变,否则传统观念的力量有可能会窒息一场伟大的变革。改革开放初期,"姓资姓社"的争论就曾严重地阻碍了私营企业的发展。由于邓小平同志及时提出了"不争论"的理论,这才对我国私营经济,乃至整个国家经济的发展指明了方向。邓小平同志在1992年南方谈话中明确论述,认识个体、私营经济的地位、作用要跳出姓"社"、姓"资"传统理论的框架,要根据是否有利于社会主义生产力的发展、是否有利于社会主义国家综合国力的增强、是否有利于人民生活水平提高这三个标准来评判。

因此,"发展是硬道理","摸着石头过河"不争论;渐进式中国私营经济的推进为整个国家的经济转型提供了保护伞,这在转型经济学上具有重大理论意义。这可以看做是中国私营经济发展的基本经验。事实上,一方面,市场经济作为配置资源最为有效的方式之一,是以市场机制为基础手段来实现资源配置的经济运行方式。而要发挥市场机制对社会资源配置的基础性作用,就必须按照市场经济运行的内在要求构建相应的产权制度基础。另一方面,私营经济作为一种具备与市场经济相适应的产权特征、经营机制和运行机制的产权主体,与市场经济具有天然的联系——不仅客观上需要在市场经济的环境下存在、发展,而且它也能很好地适应市场经济的环境,促进市场经济体制的完善。就中国改革发展的实践来看,我们可以得出以下三个结论:

(一)发展市场经济不能没有私营企业

就市场经济而言,其最本质的规定是市场行为主体间的公平竞争和自由交易，因而非常适合于产权明晰、权责明确、自主经营、自负盈亏的微观经济主体。而私营经济作为一种以私有制为基础、具有明确而统一的财产所有权和收益权、具有完全自负盈亏的硬性约束机制的经济类型，其所含企业产权主体平等，拥有独立的经营权和决策权，能够以经济利益为唯一原则进行发展，因而非常适合在市场经济的环境中发展、壮大。

我国实施的社会主义市场经济体制与以往的计划经济体制显著不同，市场经济具备"等价交换、优胜劣汰"的重要特征。私营经济作为一种产权主体，属于所有权专有程度高、明晰程度强、自由流动程度大的经济类型，从内在动力上讲，其对个人的激励作用十分显著，具有强烈的追求利润最大化的动机和资本增值的迫切愿望。与此同时，其明晰的产权是对产权主体的有力约束——私营经济自主经营、自负盈亏，不但享有经营成果，而且承担经营风险、责任乃至损失。所以，从外在压力上看，在日益激烈的市场竞争中，私营企业必然会密切关注自身权益，努力经营，不断创新，持续提高劳动生产率和经济效益，维护和增强企业和产品的市场竞争力。因此可以说，在这种内在动力和外在压力的共同作用下所形成的激励和约束机制，使得私营经济非常适合在市场经济中谋生存、求发展。

价格机制作为市场机制的核心，是指所有商品的价格均由供求双方的力量决定，而非政府强制指定。其中，企业对价格反应灵敏是市场机制发挥资源配置基础性作用的重要条件。私营企业一方面作为以市场为导向的完全独立的商品生产者和经营者，能够根据瞬息万变的市场及时做出决策，灵活组织生产、制定价格，进行经营活动；另一方面由于具备强烈的利润最大化的动机和资本增值的迫切愿望，享有利益、承担风险，从而必然会对市场价格反应灵敏。所以说，私营经济非常适合市场经济的价格环境，它能自觉接受价格机制的引导，根据价格信号调整自身的生产经营决策，改变投入产出，最终实现资源在全社会范围内的最优配置。

（二）保持经济活力不能没有私营企业

私营经济的发展促进了我国市场机制的产生与成长。

首先，在市场经济条件下，企业的生产决策是根据要素市场及产品市场中各种资源、产品的供求状况做出的。私营企业具有强烈的利润最大化动机和资本增值的迫切愿望，对价格信号的变化反应灵敏，能够灵活而及时地调整生产经营活动，增强自身实力。这种运行方式不仅为我国20世纪80年代市场化改革中价格"双轨制"的形成创造了市场条件，而且为两种价格的并轨以及市场经济中价格机制和供求机制的最终确立起到了极大的促进作用。

其次，市场经济作为一种竞争型经济，其不同活动主体在资金、技术、人才等资源的占有，原料市场的采购，商品销售市场的分割等方面都存在竞争关系。通过一系列竞争，各微观经济主体会努力改善自身的经济环境，提高运行效率，从而使自身的利益得到充分的实现。在此基础上，整个社会经济范围内将形成较为完善的优胜劣汰机制，使资源配置得到优化，公平和效率得到维护和提高。私营经济作为一种产权明晰、激励约束作用显著的经济类型，其利润最大化的内在动力和市场竞争的外在压力必然使其密切关注自身权益，主动参与竞争，不断提高劳动生产率和经济效益，保持和提高企业和产品的竞争力。此外，它的出现，还改变了公有制一统天下、国民经济缺少活力的局面，激活了市场的竞争机制，为国有经济发展提供了竞争对手，促使公有制企业不断加快改革，转变经营机制，提高经济效益。

（三）完善社会主义市场经济体系不能没有私营经济

在要素市场中，启动最早、发展最快的是劳动力市场。私营经济以雇佣劳动为基础，随着私营经济的发展壮大，私营企业雇用工人的数量大幅上升，不仅促进了劳动力市场范围的日益扩大，而且还为推动全国范围内劳动力市场的形成、优化劳动力资源的配置发挥了积极的作用。在土地市场化方面，自20世纪80年代后期以来，随着私营经济的发展，其对城市土地的需求不断扩大，从而不仅使得土地有偿使用的范围不断拓展，而且还推动了城市房地产市场迅速发展，为我国社会主义现代化建设积累资金发挥了重要作用。

二、减少行政干预是对私营经济发展的最好支持

私营经济已成为我国社会主义市场经济的重要组成部分，必须"毫不动摇地鼓励、支持、引导非公有制经济发展"，为其顺利前行创造良好的外部环境。就实际情况而言，我国私营经济发展的外部环境是一个深受政府影响的市场经济环境。因此，私营经济发展的好坏与政府密切相关。

现代市场经济有效运作的根本条件在于法治，法治的第一个作用是约束政府，约束政府对经济活动的任意干预，第二个作用是约束经济人的行为，其中包括产权的界定和保护，合同和法律的执行，公平裁判，维护市场的正常竞争。正是通过法治的这两个经济作用，现代市场经济才在制度

上确定了政府与经济人（尤其是私营经济中的企业和个人）之间的关系，从而构成了现代经济发展有活力、有创新，而又可持续的制度基础。换句话说，政府必须尽可能地从市场中退出来，减少其对经济活动的直接干预，使政府和市场各就各位、各司其职。

现阶段，不少政府部门仍习惯于沿用计划经济体制下的管理方法和手段，以直接干预代替市场引导，以任务指标代替政策导向，以检查收费代替监督服务，没有营造一个以公平竞争为目标的管理环境，制约了私营经济的成长。甚至有些政府职能部门因利益驱动，向私营企业乱征收、乱摊派，导致"吃、拿、卡、要"现象屡禁不止。以我国第六次全国私营企业抽样调查结果为例，有以下三组数字：

第一，根据抽样调查中1382个业主提供的信息，2003年其总计纳税112808.4万元，而缴纳政府有关部门的收费却达55044.5万元，占前者的48.8%；另据819个被访业主提供的信息，2003年其总计纳税78301.6万元，而应付政府各部门有关摊派则达7207.4万元，占前者的9.2%；又据1554个被访业主提供的信息，2003年其总计纳税145064.5万元，而用于政府部门公关、招待的费用则达26465.9万元，占前者的18.2%。

第二，根据调查中1351个被访业主提供的信息，2003年其企业税后净利润总计116273.5万元，而交费就达79009.6万元，占其税后净利的68%；另据1478个被访业主提供的信息，2003年其企业税后净利润为168022.3万元，而用于公关、招待的支出就达2557.6万元，是前者的15.2%。

第三，根据调查中1002个被访业主提供的信息，2003年其企业出资人分红共计25123.9万元，而交费总计29394.1万元，是前者的116.6%；另据754个被访业主提供的信息，2003年其企业出资人分红总计22652.9万元，而应付摊派就达6646.1万元，是前者的29.3%；又据1257个被访业主提供的信息，2003年其出资人分红总计36655.3万元，而用于公关、招待的支出就达16240.3万元，是前者的44.3%。[①]

因此，与被调查企业的纳税、税后净利润和分红相比，企业花费在与政府有关部门沟通方面的支出是相当庞大的。企业的税后留利多半被各种收费、公关和摊派所占用，从而不仅使得企业负担沉重，而且还导致不少企业在经营发展中举步维艰甚至破产倒闭。此外，地方财政也从来没有严

---

① 忽培元. 私营企业税后"三项支出"庞大值得高度重视//政策研究与决策咨询. 中国言实出版社, 2006.

格地将这笔数额庞大的收入纳入宪政与法治框架加以规范管理，因此，其在影响私营经济发展的同时，还造成了国家财税的大量流失，也给腐败分子提供了可乘之机。

第三节　中国私营企业发展中的教训

从理论层面总结 30 多年私营企业发展的教训有助于确立今后我国私营企业发展的基本方向，从政策层面总结以往的教训则对目前我国私营企业的健康发展具有积极的推动作用。

一、克服教条主义的危害是一项长期的任务

每当需要根据新的历史条件改变、调整或完善党的政治路线或政策时，很多理论家首先不去想这种变化是否有利于人们的利益、社会的发展，而是去争论是否背离了马克思主义。拥护变革的人们也总是害怕自己被指责为修正主义，极力通过对马克思主义的解读来寻找变革的合法性，论证自己是真正的马克思主义，甚至对不利于新政策的经典词句重新翻译，这是不能够真正解放思想的，也是对马克思主义的极大不尊重。不对具体事物进行调查研究，只是生搬硬套现成原则、概念来处理问题的思想作风称之为教条主义。防止教条主义的干扰是我们党和国家一项长期的工作。在中国共产党历史上，教条主义不懂得马克思主义普遍真理必须同中国的具体实践相结合，曾给革命和建设带来严重危害。在我国私营企业发展的问题上，教条主义带来的危害应该始终被牢记。

马克思主义作为一种人类认识社会、改造社会的学说，必须允许人们对它有不同的理解，允许人们探索改造社会的不同道路，只有"百花齐放、百家争鸣"，才能使马克思主义不脱离实际、不脱离生活，具有强大的感召力和生命力。如果人们只是照搬原文，就难免误国误民。例如，对于雇工超过 8 人的大户是否肯定其合法地位，过去很长一段时间，全国上下争议很大。为什么雇工 8 人以上会受到长时间的责难，这与马克思当年学术著作中的一个举例（雇工超过 8 人就是资本家）是否有关？我国以往制定的私营企业政策是否受到这一举例的影响？目前学术界尚没有严格的考证。但如果以往政策制定的依据来自《资本论》的举例，那显然是严重

阻碍了马克思主义理论本身的发展。毛泽东、邓小平和其他许多著名的马克思主义者都坚决反对教条主义。针对当时的责难，邓小平同志明确主张"看一看，不要动他们，允许一部分人先富起来"。[①] 这可以看做是克服教条主义的伟大创举。

二、私营企业成长的政策环境有待完善

1999年宪法修正案，以国家最高法律的形式确立了"坚持公有制为主体、多种经济成分共同发展的基本经济制度"；中共十六大也明确指出"毫不动摇地鼓励、支持和引导非公有制经济发展"。但是，关于私营经济发展的某些具体制度确实存在缺陷或严重缺陷，这些制度缺陷是影响非公有制经济加快发展和持续发展的突出问题。

（一）平等的市场准入环境有待完善

中共十六大以来，国家虽然在一定程度上拓宽了私营企业的进驻领域，在很多方面放松了限制，力求创造一个与国有企业公平竞争的格局。但是，私营企业的投资领域仍然存在若干"禁区"，私营企业与国有企业、外资企业在市场准入方面仍然存在许多比较明显的差异。例如，某些政府部门及其所属企业早已垄断市场上相当部分高利润行业，致使私营企业不能进入或不能充分进入，如城市基础设施、公路、铁路等行业；某些行业至今完全没有对私营企业开放，如金融、保险和电信行业。由于体制性障碍，在某些行业，国家严格限制私营企业进入的资格、条件和机会，致使私营企业不能同国有企业公平竞争，限制了私营企业的发展。

1. 我国私营企业目前所进入的产业范围仍然比较狭窄，主要体现在四个方面

第一，电力、交通、环保等基础设施领域私营投资进入较少。基础产业与基础设施领域一直是私营经济投资涉足最少、进入最为艰难、最难以扩张的产业领域，因而也是私营投资进入最为不足的领域。以公路建设为例，截至2006年，全国范围内有15个省份开展了引进非公有资本投资公路建设的工作，其中河南省已建成民营企业投资项目6个，总投资121.3亿元，在建的50个项目中，民营企业投资的有17个，总投资275.72亿

[①] 在中央顾问委员会第三次全体会议上的讲话//邓小平文选：第三卷. 人民出版社，1993：91.

元,占在建项目总投资的27%。①

第二,金融、教育、旅游、文体、卫生等新型服务领域民营投资进入困难。目前,金融、保险、旅游、通信、教育、体育、医疗等新型服务业已经成为新的投资热点与经济增长点。但上述领域基本上是国家高度垄断,严格限制了民营经济的进入。②

第三,在工业领域我国私营企业目前所进入的产业范围仍然比较狭窄,主要局限于技术含量比较低的劳动密集型传统产业。2001年,民营工业在各个行业中所占比例较高行业的分别为木材加工及竹藤棕草制品业(46.9%)、服装(36.9%)、纺织(36.6%)、电气机械(35.9%)、家具制造(34.5%)、食品加工(33.8%)、非金属矿物制品(33.4%)、普通机械制造(32.8%)、皮革皮毛羽绒及其制品(31.8%)、其他制造业(31.6%)和塑料制品(30.7%)。由此可见,私营投资主要流向了劳动密集型行业。然而,民营工业在大部分行业中所占比例低于20%的行业有14个,主要是一些基础性的资金密集型行业和一些特殊行业,如石油开采和加工、烟草、武器弹药、煤气、电力、自来水等。而在基础产业和一些特殊行业,如采掘业、煤气、自来水、烟草等行业中,私营经济所占的比重更低。③

第四,有些早已对外资开放的行业,至今未对民营企业开放。私营经济与国有经济的国民待遇不平等,私企不但不能与国企相提并论,在有些地方还不如外资企业。据调查,在我国国有企业准许进入的80多个领域中,外资企业可以进入的领域有60多个,占75%,私营企业却只可以进入40个领域,不到50%。④

2. 私营经济市场准入的制度障碍

第一,长时间缺乏明确的市场准入政策。

1988年,国务院发布《中华人民共和国私营企业暂行条例》中就提出,"私营经济不得从事军工、金融业的生产经营",从制度上为私营企业的平等准入设置了障碍。 市场准入制度是经济制度环境的重要内容,尽管中共十六大报告指出:"放宽国内民间资本的市场准入领域,在投融资、税收、土地使用和对外贸易等方面采取措施,实现公平竞争",但是在国务院发布《关于鼓励支持和引导个体私营等非公有制经济发展的若干意见》

---

① 罗云毅,刘慧勇,贾康. 中国投资年鉴:2006年卷. 中国水利水电出版社,2007:596.
② 王元京. 民营经济投资"禁区"研究. 战略与管理,2002(4).
③ 胡岳岷,徐充. 论民营经济的市场准入问题. 江汉论坛,2003(11).
④ 田纪云. 放手发展民营经济,走富国强民之路. 理论动态,2002(5).

之前，一直缺乏一个关于市场准入的正式文件。

第二，缺乏一个比较系统和具有权威性质的产业投资目录清单。

1997年以来，国家在基础设施部门打破垄断格局，实施对外开放的投资政策。在"指导外资投资目录"里明文允许外资可以进入铁路、公路、港口的建设经营。与外商准入办法相比，私营企业的准入还没有上升到政策和法律层面，没有形成国有经济、外资经济和民营经济进入同一竞争领域的门槛标准化、统一化。①

第三，行政性垄断严重，得不到法律的制约。

目前，我国许多行业存在严重的行政性垄断。由于行政性垄断是政府通过行政力量实现排他性（排挤竞争对手的进入）、独占性（独占经营性投资机会）的垄断目标，从而为民营经济投资的准入设置了"禁区"。电力、石油、铁路、民航等基础设施与基础产业部门自然垄断特征明显，国有经济比重高、传统计划经济影响深、必要和可能的竞争严重不足，从而存在严重的行政垄断。目前，无论是中央的还是地方性的经营性基础类投资项目往往天然地由政府组建的投资公司担任项目业主，如果单一的投资主体不足以承担项目投资，则会在系统内寻找合资伙伴，但不会允许系统外的企业特别是民营企业参与盈利性较明显的基础类项目投资。因而，目前铁路、公路、城市交通、水电气基础设施建设项目，从投资决策、资金筹集、施工建设到经营管理，均在部门内封闭运行，长期保持单一投资主体。② 2000年以来，垄断性行业在放宽市场准入、改革监管和运营体制、引入非国有资本、建立特许经营制度等方面进行了较大幅度的改革，大部分行业实现了政企分开。但是这些行业已由若干大型企业集团控制，要平等地进入垄断产业投资领域可谓困难重重。而且，行政性垄断长时间得不到法律的制约。

第四，政府的行政审批制度为民营企业市场准入制造了障碍。

行业主管部门采取审批制等手段，通过指令性的方式授权行业内国有垄断企业担任项目业主，从而构成民营资本进入的天然屏障。在我国的行政审批制度下，政府部门在履行管理职责时可以运用行政权力收取各种管理费用，并与本部门的收入和个人利益发生联系。这就在客观上推动行政机关和公职人员谋求更多收费项目，获取更多审批权力，使行政审批由政府的监督、管理职能演变为政府官员追求本部门利益和个人福利的行为。复杂烦琐的审批制度如注册、征地、取得经营许可、进入新的行业、投资

---

①② 王元京.民营经济投资"禁区"研究.战略与管理，2002（4）.

立项、兼并收购等具体活动中,对私营经济的制约比对公有制经济的制约要大得多。从实际情况来看,与国有经济、外资经济相比,我国政府有关部门对私营企业投资资格的认定、注册资本的方式、用地指标的落实、经营范围的划分、投资项目的许可、贸易渠道的开放、产权转移与企业兼并等诸多环节实行更多的前置审批,导致民营企业投资的手续杂、效率低、费时长,使私营企业在竞争资格、条件及机会方面处于不利地位。如有的经济学家通过对70多个国家的比较研究发现,在我国注册一个有限责任公司所需的"公章"和"证明"的个数、办理各种手续花费的时间以及按官方规定应缴纳的费用都远远高于绝大多数国家,在东亚各国中,仅略低于越南。①

(二) 企业融资环境需改善

1. 私营企业融资的现状

当前我国私营企业发展仍面临融资难的困扰。根据国际金融公司(IFC) 1999年对我国民营企业融资状况的调查结果显示:大约80%的被调查企业认为融资难是它们面临的一般的或主要的制约因素,大约40%的企业认为融资困难是主要制约因素,仅次于市场需求疲软。就市场需求状况所反映的投资机会的大小而言,这一调查结果意味着任何一家有一定投资机会的抽样企业都认为融资难问题是其发展的主要制约因素。②

私营企业发展面临的融资困扰主要有以下三个方面:

第一,绝大多数私营中小企业从银行取得贷款难,而且国有银行对中小私营企业存在贷款歧视。有的学者对7家城市商业银行和四大国有商业银行部分分支机构做过一项调查,他们发现,企业的规模越小,贷款申请的银行拒绝率越高。据统计,中小企业(包括私营企业)向商业银行申请贷款的拒绝率是大型企业的2~3倍,甚至更高。③

第二,私营中小企业直接融资的渠道严重匮乏。在发达市场经济国家,企业直接融资渠道主要包括股票上市、发行企业债、创业风险投资和企业股权柜台交易等。而在我国,直接融资特别是股权融资仍具有强烈的偏向国有企业和大型企业的倾向,民营中小企业很难进入,更谈不上成为民营中小企业融资的主渠道。截至2002年4月底,我国沪、深两市上市

---

① 李启明.有关民间投资的几个问题.管理世界,2002 (2).
② 方明.IFC对中国私营企业融资问题的调查.中国投资,2001 (1).
③ 刘迎秋,赵少钦,等.大力发展民营经济的融资支持分析.财贸经济,2004 (10).

的1171家公司中虽然民营企业约占9%，但其中很多民营企业实际上是通过"买壳"进入股票市场、达到股票融资的目的。[①]

第三，私营企业的融资严重依靠"内源融资"。如表8-9所示，我国民营企业的创业资金几乎完全依靠自筹，追加扩张投资时也几乎完全依靠内源融资手段。随着企业迈入成长期，企业自我融资的比重有所下降，银行贷款等其他融资方式的比重有轻微的、不稳定的增加，但总体来讲目前民营企业融资，无论是在创业期还是在发展期都严重依赖于企业自我融资渠道。企业创办人自有资金、家族成员和亲属资金，不仅是企业初创时期的主要资金来源，而且是企业实现发展的主要资金支撑。

表8-9　民营企业生存期与企业融资结构比较

单位：%

经营年限	自我融资	银行贷款	非金融机构	其他渠道
短于3年	92.4	2.7	2.2	2.7
3~5年	92.1	3.5	0.0	4.4
6~10年	89.0	6.3	1.5	3.2
长于10年	83.1	5.7	9.9	1.3
总计	90.5	4.0	2.6	2.9

资料来源：格雷戈里，塔涅夫. 中国民营企业的融资问题. 经济社会体制比较，2001（6）. 转引自刘迎秋，赵少钦，等. 大力发展民营经济的融资支持分析. 财贸经济，2004（10）.

2. 影响私营企业融资的制度障碍

第一，金融体制客观地阻碍了私营企业的间接融资。

由于长期受计划经济体制和传统意识的影响，金融部门对私营企业和国有企业还不能一视同仁。由于私营企业与国有企业在产权归属性上的区别使国有银行不能将私营企业的风险转嫁给中央政府，因而民营经济与国有银行间信息不对称产生逆向选择和道德风险不会被忽略，而且目前我国实行利率自由化的时机还不成熟，国有银行还不能根据不同企业制定不同的利率，以降低信贷风险。所以，国有银行在向私营企业发放贷款之前，会慎重选择与甄别信贷对象，采取种种限制条款与防范措施，以尽可能地降低产生逆向选择的可能。因此产生了国有商业银行对私营经济"惜贷"的现象。[②]

[①] 刘迎秋，赵少钦，等. 大力发展民营经济的融资支持分析. 财贸经济，2004（10）.
[②] 王碧波. 转型时期民营经济融资困境分析. 经济学动态，2006（5）.

中共十六大以后，信贷投放的市场导向机制致使银行资金向大型企业集中。随着银行体制改革的不断深入和银行贷款风险管理责任制的实施，为了降低银行经营风险和成本、不断提高经营收益，将信贷资金集中投向大中型企业成为各大银行的必然选择。大量迫切需要得到信贷支持的中小企业、特别是私营中小企业，由于其经营规模小、信用不稳定、抵押能力又弱，必然难以从银行获得必要的信贷支持。[①]

第二，抵押担保制度不健全，效率低下。

抵押和担保是为了减轻债权市场内在的信息问题而采用的常规机制。在美国，小型企业从金融机构的贷款总额的92%都是有担保的。这意味着绝大部分由金融机构向小企业提供的几乎所有类型的贷款是有抵押物支持的。不能满足抵押要求和第三方担保要求是中国私营企业不能获得银行贷款的最常见的原因。由于中央银行不鼓励政府担保和企业对企业担保，因此提供抵押已经成了几乎所有公司获得贷款的唯一方式。但是许多公司没有能力为贷款提供足够的抵押。这一问题对于在服务业和高技术行业的私营企业来说尤为严重，因为它们的流动资本和无形资产占企业资本的很大一部分。有学者对北京市中小企业信用担保资金运用情况的调查显示：1999~2001年，北京市中小企业信用担保资金累计为435户企业提供了信用担保，占全市中小企业法人单位总户数的1.5%；以担保贷款额与担保本金相比，其放大率三年分别为0.67、1.2和2.42倍，其中2001年度高新技术担保贷款的放大率仅为担保本金的0.35倍，而发达国家贷款放大比率最低也都在5倍以上。[②]

第三，金融立法和社会征信体系建设滞后，银行、投资者与私营企业之间信息严重不对称。

由于我国还没有建立起全社会统一的企业与个人征信系统，国有银行以及地方金融机构很难在众多的私营企业中甄别哪些企业具备良好的资信状况和发展潜力，加之对私营经济做出相应的资信评价也缺乏一定的社会基础，因而国有银行缺乏有效的途径获得足够的信息以做出正确的风险判断。金融立法和金融监管也相对滞后，导致金融市场上形成了违约收益大于违约成本的心理预期，造成一些私营企业缺乏诚实守信的内部动力和维护自身商业信誉的积极性。

从私营企业内部来讲，某些私营企业特别是一些经营不善、急于获得

---

① 刘迎秋，赵少钦，等.大力发展民营经济的融资支持分析.财贸经济，2004（10）.
② 剧锦文.民营经济的融资壁垒及其解决对策.经济管理，2004（19）.

银行信贷的企业本身都具有隐瞒自身真实信息的偏好。私营经济缺乏稳定的信用基础导致银行机构难以把握其有关信贷风险的足够信息，不能据此做出适用的风险评级并相应提供信贷服务，也使私营企业获得来自国有银行的间接融资支持就很困难。[①]

第四，中小金融、民营金融的制度供给严重不足。

首先，由于民间金融机构的发育受到抑制。从我国商业银行体系的规模结构方面看，四大国有商业银行一直处于绝对垄断的地位，而在服务中小企业和民营企业方面具有明显比较优势的地方中小金融机构的发展严重滞后。有统计数据显示，为中小企业提供信贷服务的中小金融机构（主要包括地方商业银行和城乡合作金融机构）的总资产仅占全国金融机构总资产的15.9%，与私营经济在我国国民经济中所占比重极不相称。不仅如此，我国中小金融机构在空间分布上还呈现明显的萎缩趋势。以广东省为例，自1999年以来，为了防范金融风险，该省已有147家城市信用社、16家信托公司及843家农金会先后被清理整顿。其次，我国商业银行体系的所有制结构方面看，与私营经济具有天然相容性的民营金融机构，在发展的相对滞后性方面则更为突出。自1987年中国交通银行正式成立以来，我国先后成立了12家全国性或区域性股份制商业银行和88家城市商业银行，但从股东结构上看，只有中国民生银行一家是真正意义上的民营银行。多年来，理论界对民营银行准入的问题讨论得很多，但由于多方面的阻力，这方面的制度创新迟迟未能迈出实质性的步伐。[②]

第五，我国缺乏多层次的、专门为中小企业服务的中小资本市场体系，造成了私营企业的融资渠道单一。

在发达市场经济国家，企业直接融资渠道主要包括股票上市、发行企业债、创业风险投资和企业股权柜台交易，等等。而在我国，直接融资、特别是股权融资仍具有强烈的偏向国有企业和大型企业的倾向，私营中小企业很难进入，更谈不上成为民营中小企业融资的主渠道。政府沿用了计划经济的行政审批制度，先后通过证券配额制和审核制的形式，抑制私营企业上市，确保资金流向国有大中型上市公司。[③]《首次公开发行股票并上市管理办法》中规定发行人应当符合"最近3个会计年度净利润均为正数且累计超过人民币3000万元"、"最近3个会计年度经营活动产生的现金

[①] 王碧波. 转型时期民营经济融资困境分析. 经济学动态, 2006 (5).
[②] 时旭辉. 民营企业的融资困境及其对策. 经济管理, 2004 (7).
[③] 杨天宇. 我国民营经济发展的制度性障碍研究. 改革, 2003 (6).

流量净额累计超过人民币 5000 万元"等条件。可见，目前我国主板市场的上市门槛很高。

主板市场门槛相对太高，对于那些刚刚步入扩张阶段或稳定成熟阶段的企业来说，存在着难以逾越的障碍。我国于 2004 年 6 月推出了深圳中小企业板块，截至 2012 年 9 月底，已经有 698 家企业陆续在中小企业板块挂牌上市。然而，由于中小企业板块仍然存在着较高的准入门槛和流通方面的限制，它与真正意义上的二板市场还存在着差距。

私营上市公司是中国民营经济发展和中国证券市场发展的产物，突破融资"瓶颈"是私营企业上市的主要动力。此外，私营企业上市有利于提高企业的社会知名度，转换经营管理机制，迅速提升企业核心竞争力。因此，私营上市公司不断发展壮大（见表 8-10）。从地区分布来看，沪、深两市截至 2004 年底的 336 家民营上市公司中，广东、浙江两省公司家数在总数中所占比重达到 1/4，与两省经济市场化程度、民营化程度和开放程度较高的事实相符；而从行业分布来看，呈现出显著的分布面广、分布点集中的特点，以 IPO 方式上市的民营公司更集中于传统行业；通过壳资源交易上市的民营公司的行业分布则向新兴行业有所倾斜；统计发现，民营上市公司的整体业绩远远落后于非民营性质上市公司的平均水平。

表 8-10 民营企业上市公司的数量变化

单位：家

年份	1993	1994	1995	1996	1997	1998	1999	2000	2001	2002	2003	2004
累计数	2	8	8	22	42	69	103	147	171	196	297	336

资料来源：上海证券交易所研究中心. 中国公司治理报告（2005）：民营上市公司治理. 复旦大学出版社，2005：20.

在美国，创业投资基金是中小企业融资的一个有效渠道。它是指对未上市企业进行股权投资和提供经营管理服务的一种利益共享、风险共担的集合投资制度。目前，在我国尽管有了一些创业投资基金的试点，例如渤海产业投资基金，但是目前并没有颁布有关创业投资基金的专门立法。而且我国的场外产权交易市场（俗称三板市场）在 2012 年 8 月才刚刚成立，各项制度还不健全，因此创业投资基金通过股权转让的方式退出有着很高的搜寻成本和市场交易成本，所以广大中小企业还不能依靠创业投资基金这种融资制度。另外，我国企业债券市场极不发达，并且受到政府的严格管制，即使是经营十分成功的私营企业也很难争取到发债融资的配额。

(三) 现行财税政策在支持私营企业发展方面存在问题

2005年全国税收总额30865.8亿元,其中,民营企业纳税额为23377.9亿元,占税收总额的75.7%,包括私营企业在内的广义民营企业已经成为国家税收的重要来源。[①] 但是我国现行的税收制度是1994年修订颁布的,虽然近年来根据实际情况做了一些调整,但忽视了私营经济的现状,有些规定已经阻碍了当前私营经济的发展。双重纳税一直是困扰私营企业发展的难题。相比国有企业和外资企业,私营企业需要交纳企业所得税和个人所得税。按照《企业所得税暂行条例》和《个人所得税法》,个人独资企业的投资人需要双重缴税,这将加重个人独资企业的负担,减弱其发展的动力。在某些方面,私营企业不能像国有企业和外资企业那样享受税收优惠。国家的政策往往将个体、私营等非公有企业排除在外。如国家对企业技术开发费、技术改造、投资购买国产设备抵扣所得税的政策:所得税减免政策对外资企业是"从获利年度起",而对民营企业则是从开办期起。所以即使不存在偷税漏税,私营企业也比外资企业存在严重的税费负担。一些中小私企在设立时一般注册资本较少,由于其发展迅速,当发展到一定程度时,如果企业想利用未分配利润增资,将被看做分红并需缴纳个人所得税,相反,当外资企业将获得利润转增资本或另行投资时,不仅不需缴纳个人所得税,还可获得返还一部分所得税的优惠。据全国工商联2012年8月30日发布的调研分析报告显示,2011年全国民营企业500强纳税总额达到4094.34亿元,同比增长49.49%(同一时期全国税收增长率仅为22.56%),税后净利润总和为4387.31亿元,纳税总额几乎与利润相当,表明民营企业税负依然过重。

第一,在企业所得税方面,内外有别、公私不同的税收政策极大地挫伤了私营企业投资者的积极性。

(1) 公有制与非公有制企业之间的不同待遇,阻碍了私营企业根据现代企业制度进行规范改组的进程。内资企业所得税法规定:私营企业、股份制企业投入资产的银行贷款利息不得进入企业的生产成本,而公有制企业允许列支;技术开发费税前列支只限于国有、集体企业,而私营企业却享受不到同等待遇;私营企业,既是企业所得税的纳税人,又是个人所得税的纳税人,交纳双重税收,而公有制企业不然。现行不同"身份"的企

---

① 黄孟复,胡德平. 中国民营经济发展报告 (No.3): 2005~2006年卷. 社会科学文献出版社,2006: 24.

业之间税负不一致的所得税制，不符合税收中性原则，加重了私营企业的税收负担。①

（2）长期以来，内外资企业的两套税制并存，不利于企业的平等竞争。内、外两套所得税制在税基、税率、税收优惠等方面不统一，使得外商投资企业的所得税实际税负为12%左右，而内资企业的实际税负为25%左右，两者相差悬殊。《外商投资企业和外国企业所得税法》规定了诸多对外商的税收优惠政策，如对生产性的外商投资企业从获利年度起实行"两免三减半"的优惠，而内资企业只对设在经国务院批准的经济特区、经济技术开发区等特定地区的企业规定了可享受15%、24%的优惠税率，实际上绝大部分私营企业享受不到这一优惠。外资企业对工资支出、利息支出、广告费支出、公益救济性捐赠等许多支出项目，基本上都可以在税前按实列支，而内资企业不能享受到这一优惠。外资企业可以实行加速折旧，内资企业则规定过严；外资企业再投资可退税而私营企业却不能退税，从而使得私营企业再投资代价相对过高，不利于民间资本的市场化培育。

（3）税收优惠手段单一，力度不够。我国有关民营企业的税收优惠规定仅仅局限于税收减免和优惠税率两种方式，与发达国家的加速折旧、税收抵免、再投资退税、延期纳税等优惠手段相比，显得政策手段单一，不利于刺激投资政策调控目标的实现。②

第二，在增值税方面，征收率相对较高，客观上造成对小规模私营企业税负不公。现行增值税制把纳税人分为一般纳税人和小规模纳税人两类。现行税制中，增值税一般纳税人与小规模纳税人认定的主要标准是年应税销售额是否达到工业企业100万元和商业企业180万元，一般中小民营企业很难达到此标准，致使其不能跨入一般纳税人的门槛，不能享用增值税专用发票扣税计算法，其增值税税率工业企业为6%，商业企业为4%，其实际税负远高于一般纳税人。起征点过低，范围过窄，不利于小规模私营企业发展壮大。我国现行增值税的起征点为：销售货物的月销售额600~2000元；销售应税劳务的月销售额200~800元；按次纳税的每次（日）销售额50~80元。这个标准是1994年制定的，且只适用于个人，已

---

① 侯明. 完善税收机制，推进民营经济发展. 社会科学战线，2005（6）.
② 深圳市税务协会. 为促进中国民营经济发展创造良好税收环境——"中国民营经济与税收"研讨会综述. 税务研究，2003（11）.

经不能适应当前经济发展的需要了。①

第三,在税收征管方面,存在的最大问题就是滥用"核定征收"。税收征管法规定:纳税人不设置账簿或账目混乱或申报的计税依据明显偏低的,税务机关有权采用"核定征收"的办法。但有些基层税务机关往往对私营企业不管是否设置账簿、不管财务核算是否健全都采用"核定征收",扩大了"核定征收"的范围。同时,《企业所得税核定管理办法》制定的"应税所得率",工业、商业为7%~20%,建筑安装为10%~20%,这明显偏高,不符合私营企业利润率低的实际。有的甚至不管有无利润,一律按核定的征收率征收所得税,加重了私营企业的税收负担,影响了企业的发展。②

第四,一些政府基层部门往往把私营企业视为收费、摊派、集资的重点对象。根据浙江省象山县调查,全县有各种行政事业单位360个,其中收费单位101个,收费项目497个,开发一个商品房项目,从立项、征地、设计、施工到竣工销售各环节一共要缴92种费,涉及计委、主管、城建、消防、交通、市容、卫生、环保、税务、金融、街道等20个部门;有的同一收费项目不同部门重复收取。"搭车"收费、超标准收费严重,使私营企业不堪重负。

(四) 应协调劳资关系与保护员工权益

私营企业在发展过程中劳资双方尽管有冲突,但在大多数时间里劳资之间是合作的,处于稳定运行状态。特别是私营企业中大多数雇员来自经济发展比较落后的农村地区,落后的经济状况会促使他们在同雇主进行合作时,会将自己现在获取的收益同以前加以比较。通过比较,一般认为在私营企业就业可以比过去获得较高的收益和回报。因此,他们容易从利益相关角度来考虑劳资关系的性质与特点,把劳资关系看做是一种新型的互利合作关系,而不是传统的阶级关系。就私营企业总体来看,劳资双方是一种以合作为基础的互利关系。在合作中谋求各自的发展,在发展中实现各自的利益,这是劳资双方的共同选择。在雇佣双方的合作过程中,雇主追求的是效率和效益,偏重经济指标的核算;雇员不但追求效率,而且期待公平,倾向收入、安全、健康等方面的需求,双方在不同利益与目标上会形成差异,产生冲突。劳资冲突主要体现在契约的签订和实施、劳动报

---

① 侯明. 完善税收机制,推进民营经济发展. 社会科学战线,2005 (6).
② 深圳市税务协会. 为促进中国民营经济发展创造良好税收环境——"中国民营经济与税收"研讨会综述. 税务研究,2003 (11).

酬、保险福利、工伤等方面。现阶段，在劳动关系上，雇员总体上还是处于弱势地位。这主要是因为转型时期资本相对强势、员工的素质与组织化程度低、劳动法规不健全并执行监督不力等造成的。我国转型时期劳动问题的实质就是如何保障劳动者的权益问题。因此，建立合作、互利、和谐的劳资关系，无论对企业、雇员还是社会，都具有重要意义。

参考文献：

[1] 曹虹冰. 对非公有制经济的两点思考//中国私营企业发展报告：1999年卷. 社会科学文献出版社，2000.

[2] 顾强. 中国非公有制经济发展的若干问题研究//中国非公有制经济发展前沿问题研究. 机械工业出版社，2004.

[3] 忽培元. 私营企业税后"三项支出"庞大值得高度重视//政策研究与决策咨询. 中国言实出版社，2006.

[4] 黄孟复，胡德平. 中国民营经济发展报告 No.3（2005~2006）. 社会科学文献出版社，2006.

[5] 刘迎秋，徐志祥. 中国民营企业竞争力报告 No.1——竞争质量与竞争力指数. 社会科学文献出版社，2004.

[6] 刘迎秋，徐志祥. 中国民营企业竞争力报告 No.2——品牌与竞争力指数. 社会科学文献出版社，2005.

[7] 刘迎秋，徐志祥. 中国民营企业竞争力报告 No.3——自主创新与竞争力指数. 社会科学文献出版社，2006.

[8] 刘迎秋，徐志祥. 中国民营企业竞争力报告 No.4——人力资本与竞争力指数. 社会科学文献出版社，2007.

[9] 钱颖一. 市场与法制. 经济社会体制比较，2000（3）.

[10] 张厚义，明立志，梁传运. 中国私营企业发展报告 No.3（2001）. 社会科学文献出版社，2002.

[11] 张厚义，明立志，梁传运. 中国私营企业发展报告 No.4（2002）. 社会科学文献出版社，2003.

[12] 张厚义，明立志，梁传运. 中国私营企业发展报告 No.5（2003）. 社会科学文献出版社，2004.

[13] 张厚义，明立志. 中国私营企业发展报告：1999年卷. 社会科学文献出版社，2000.

[14] 张厚义，明立志. 中国私营企业发展报告：2001年卷. 社会科学文献出版社，2002.

第九章 中国私营企业发展展望

我国的私营企业从1992年起,随着改革开放的不断深入,进入了快速发展阶段。作为我国社会主义市场经济重要组成部分的非公有制经济的私营企业,和其他经济成分一样,今后将在融入世界经济体系的过程中,面临许多发展机遇。但是,我们也应该看到,中国的私营企业在后继发展中,还将面临各种各样的困难,这些困难有政府政策方面的、有法律方面的、有经营环境方面的、有自身经营方面的,破解这些问题将有助于中国私营企业进一步的健康持续发展。

第一节 中国私营企业发展的机会

一、中国融入世界经济体系带来更多发展机会

经济全球化发展要求企业有国际视野。中国改革开放30多年来不断融入全球经济体系,这使得中国的私营企业开展国际经营,积极参与国际竞争成为一种必然的要求和私营企业发展到一定阶段的必然选择。

随着我国私营企业的发展,一些私营企业已经从不规则出口、通过代理商出口阶段发展到了建立海外销售子公司、从事海外生产和制造阶段。一些企业开始拓展国际市场,加入跨国公司的供应链。部分私营企业已经进入国际金融市场进行融资,在美国、欧洲、日本等地资本市场进行了IPO,部分私营企业开始尝试用收购兼并、买壳上市等对外投资形式进入海外市场。

二、政治环境与政策更为宽松

四次宪法修正案明确了我国私营企业的地位,明确了私营企业作为社会主义市场经济的重要组成部分。2001年江泽民同志在庆祝中国共产党成立80周年大会上的讲话中,首次认可了私营企业主也是中国特色的社会主义的建设者,明确了他们当中的优秀分子可以加入中国共产党。随着对社会主义市场经济认识的深化,各界对私营企业和私营企业主的作用也有了正确认识。近几年来,私营企业和私营企业主所面临的政治环境日益宽松,而且随着经济社会的发展,还会更加宽松。私营企业的发展壮大,离不开宽松的政治环境。

三、私营企业的平等市场主体地位逐步确立

改革开放30多年来,我国私营企业发展的政治环境和政策越来越宽松。2001年我国加入世界贸易组织(WTO)以后,政府逐渐对私营企业放松了一些管制行业的进入限制。

随着2005年出台的《国务院关于鼓励支持和引导个体私营等非公有制经济发展的若干意见》(以下简称"非公经济36条")的具体措施和配套办法相继出台,私营企业在市场准入、土地使用、信贷、税收、上市融资、进出口等各方面所受歧视大大减少。

在"非公经济36条"颁布5年之后,国务院于2010年5月13日再次发布了《国务院关于鼓励和引导民间投资健康发展的若干意见》。由于该意见中共计有36条,为了与"非公经济36条"相区别,故被简称为"新36条"。私营企业发展的政治环境和政策更加宽松。

四、公用事业民营化带来的机遇

在20世纪70年代以后,西方国家兴起了公用事业民营化的浪潮。在公用事业民营化背后的理论支撑是新公共管理运动。对于如煤气、电力、自来水、铁路、电信等行业,由于早期的技术限制,具有自然垄断和规模经济特征,再加上这些行业对于市民生活影响重大,因此传统上这些行业多由政府部门运营。不过,由于公用事业部门投资缺口很大,公共运营效率低下,使私营企业参与公共事业运营,拓宽基础设施建设融资渠道成为

了可能。同时，随着科学技术的进步，一些公用事业的自然垄断程度和范围被削弱，使得这些公用事业具有了竞争的可能性，为私营企业的进入提供了机会。

2002年12月27日，建设部出台了《关于加快市政公用行业市场化进程的意见》，党的十六届三中全会明确提出："允许非公有资本进入法律法规未禁入的基础设施、公用事业及其他行业和领域。"

私营企业投资公用事业，有较低的投资风险，同时可以享受较多的政策优惠，有助于私营企业经营成本的降低和经营规模的扩大。

第二节 中国私营企业发展面临的不利因素

1978年以来，我国私营企业获得了高速发展，逐步在竞争性领域取代了国有企业的地位，成为我国国民经济增长和社会发展的主要推动力量。

在过去的30多年里，我国的私营企业处于高速发展中，取得了举世瞩目的成就。但是，我们也应该看到，中国的私营企业在后继发展中，还面临着各种各样的困难，这些困难有政府政策方面的、有法律方面的、有经营环境方面的、有自身经营方面的，这些问题都或多或少地会阻碍中国的私营企业进一步健康持续发展。对私营企业而言，其发展所面临的不利因素可以分为外部因素和内部因素两类。

一、外部因素

（1）市场准入方面私营企业还面临很多歧视性政策。具体分析见第八章。

（2）对私营企业的税费管理不规范、不公平。具体分析见第八章。

（3）私营企业融资困难。具体分析见第八章。

（4）政治因素的可能影响。从过去30多年中国私营企业的发展历程可以看出，中国的私营企业从无到有，每一步的发展，都离不开政府政策的支持。四次宪法修正案的出台，明确了私营企业的政治地位，明确了保护合法私有财产，到各政府职能部门出台的关于鼓励、支持和引导私营企业发展壮大的相关政策，都对中国私营企业的发展壮大起到了保驾护航的作用。不过，过去30多年，中国私营企业的发展也遭遇了政治风潮变化的影响,其发展并不是一帆风顺的。从过去出现过的多份流传甚广的"万言书"中可以看出,有一些同志对于私营企业的发展,还持保留甚至反对意见。不过好在改革开放已经30多年了,大势所趋,"开弓没有回头箭",私营企业受意识形态变化和政治风潮影响的可能性大大下降,虽然这种可能性依然存在。

二、内部因素

(一)私营企业人力资本有待提升

在20世纪80年代初期,我国私营企业的从业人员主要是返城知青等城镇无业人员和农民。后来随着私营企业的发展,一些党政机关干部、国有企业的管理者、技术人员等进入私营企业,随着有知识、懂技术,有管理经验的人员加入私营企业,私营企业的人力资本得到了大大提升。但是由于传统观念的影响以及私营企业自身的人力资源政策,很多人对于到私营企业就业还存有疑虑,认为私营企业就等同于不稳定。近些年来,对于私营企业主的培训和再教育逐渐在一些高校和培训机构开展起来了。但是作为一个总体,私营企业的人力资本还有待提升。

(二)私营企业治理结构有待改进

我国私营企业主要有四种不同类型的企业形态:独资、合伙、有限责任公司以及其他类型,2006年前各种组织形态的私营企业的比重如表9-1所示,2008年之后私营企业组织形态分布如表9-2所示。在这几类私营企业中,比重下降较快的是独资企业,增长最快的则是有限责任公司。这是私营企业适应法律框架的要求,力图最大限度地规避资产和经营风险的一个必然结果。从私营企业内部主要组织架构来看(见表9-3),多数公司成立了董事会,监事会等内部控制机构的比例增加得也很快;党组织的比例增加的也很快。十年来的趋势是组织建设越来越完善,组织结构逐渐向规范化发展。[①]

根据中国社会科学院民营经济研究中心2007年进行的一项调查显示,中国的私营企业还以家族制企业为主。

---

① 刘迎秋,徐志祥. 中国民营企业竞争力报告 No.1——竞争质量与竞争力指数. 社会科学文献出版社,2004:48.

表 9-1 2006 年前各种组织形态的私营企业的比重

单位：%

年份	独资企业	合伙企业	有限责任公司	其他	合计
1993	63.8	16.0	16.5	3.7	100
1995	55.8	15.7	28.5	0.9	100
2002	28.7	5.7	65.6	0.0	100
2004	22.5	7.4	62.9	7.2	100
2006	21.0	7.1	65.6	6.3	100

资料来源：全国工商联 2004 年中国第六次私营企业抽样调查，《中国私营经济年鉴 2002~2004 卷》，中国致公出版社，2005 年版，第 20 页表 8；全国工商联 2006 年中国第七次私营企业抽样调查，《2006 年民营经济发展形势分析报告》，2007 年 1 月，第 31 页表 21。

表 9-2 2008 年后各种组织形态的私营企业的分布

单位：万户

年份	独资企业	合伙企业	有限责任公司	股份有限公司
2008	108.3	12.7	535.3	1.1
2009	115.8	12.6	610.3	1.5
2010	127.5	12.7	703.2	2.1
2011	142.3	13.8	808.7	2.9

资料来源：黄孟复.中国民营经济发展报告 No.9（2011~2012）.社会科学文献出版社，2012：11.

表 9-3 私营企业内部主要组织架构

单位：%

年份	股东大会	董事会	监事会	党组织	工会	职代会
1993	—	26.0	—	4.0	8.0	11.8
1995	—	15.8	—	6.5	5.9	6.2
2000	27.8	44.5	23.5	17.4	34.4	26.3
2002	33.9	47.5	26.6	27.4	49.7	27.4
2004	56.7	74.3	35.1	30.7	50.5	31.0
2006	58.1	63.5	36.5	34.8	53.3	35.9

资料来源：全国工商联 2006 年中国第七次私营企业抽样调查，《2006 年民营经济发展形势分析报告》，2007 年 1 月，第 31 页表 22。

表 9-4 1325 家民营企业中家族制情况

企业主本人及其直系亲属所占股权比重	数量（家）	百分比（%）
低于 30%	200	15.09
30%~50%	187	14.11
50% 以上	938	70.79
合计	1325	100.00

资料来源：刘迎秋，徐志祥.中国民营企业竞争力报告 No.4——人力资本与竞争力指数.社会科学文献出版社，2007：41.

从表 9-4 可以看出，在该调查的范围内，中国的私营企业还是以家族制为主，企业主本人及其直系亲属占股 50% 以上的企业比例高达 70.79%，如果按照占股 30% 以上的相对控股比例来看，中国的民营企业中家族制企业还占 85% 左右，也就是说，中国目前的私营企业还主要是家族制企业，股权非常集中。

由于法制环境不健全、诚信缺失、政策的不确定性以及中国传统文化的影响，中国的私营企业大多还是家族化管理。而且中国的私营企业发展至今 30 多年的历程，很多创业者还依然担当企业的管理者，中国的私营企业还有很大一部分还没有到管理者交接班的年限，现代企业制度只在一些大型的私营企业中建立起来了。家族制比较适合私营企业初创时的管理，随着企业生产规模扩大和经营领域的拓宽，原始的家族制需要向现代企业管理制度转变，所有权和经营权的适当分开，有利于吸引高素质人才进入私营企业。

（三）私营企业整体实力有待提升

目前，私营企业还存在着小型化、低档化、无序化等问题。从企业规模上看，大多数私营企业属于中小型企业。大多数私营企业还处于粗放经营阶段，工艺简单、技术落后、产品档次低、技术含量低、附加值低是这些企业的典型特征。

一些私营企业不愿为职工缴纳养老保险，不愿意参加国家的社会保障体系。有的企业经营不规范，管理粗放，搞非法竞争。有的企业想方设法逃税漏税，挖国家的墙角。随着相关法律和法规的建立健全，私营企业将向管理规范有序、技术进步的方向发展，并与其他所有制企业一样，承担相应的社会责任和义务。

第三节　中国私营企业发展的方向

一、进一步提升私营企业人力资本

随着我国私营企业主的素质的提升，他们对企业人力资本的重视程度也将提高。同时，随着私营企业的发展，规模和实力逐步提升，逐渐可以为优秀人才提供优越的办公环境、更多的个人发展机会、较佳的公司形象、科学的人力资源管理、优厚的待遇、更多的培训机会等，更多的高素质人才将进入私营企业，私营企业的人力资本将稳步提升。

二、创新是私营企业的生命力

私营企业的创新包含很多方面，对于私营企业影响最大的主要是私营企业的制度创新、产品和技术创新。

（一）制度创新

中国的私营企业在创立之初，多选择与传统的家族制度相协调的企业组织形式和管理制度。随着市场经济的发展，竞争环境的变化，一些家族制私营企业开始吸收现代企业管理制度，逐步进行企业制度的创新。以典型的温州私营企业为例，马津龙（2001）指出，温州民营企业的特征不是从集体乡镇企业改制而来，而是从头开始发展起来的。温州民营企业的发展从家庭企业起步，20 世纪 70 年代末至 80 年代中期，家庭企业是温州民营企业的普遍形式。20 世纪 80 年代中期以来，温州民营企业率先进入股份合作制的试验。至 20 世纪 90 年代初期，这种企业内部少数股东集中持股的股份合作企业成为温州民营企业普遍而典型的形式。20 世纪 90 年代初期，随着公司制企业条例和公司法的相继颁布，公司制越来越成为上规模的民营企业选择的形式，并逐步取代股份合作制而成为温州民营企业的典型形式。

虽然家族制企业的内部关系以血缘、亲情这一天然的人际关系为依托，靠家庭观念这一初级的社会规范来维系，在企业初始创业阶段，有利于企业节约管理费用，提升了企业决策的效率和行动的一致性。但是家族企业的封闭性和不规范性，使得这种企业对人力资源的引进具有排他性，这种局限性在人力资源作用突出的大公司表现得最为明显。而且家族制企业的发展，明显受制于家族内部的人力资本积累。因此，当私营企业发展到一定程度，必然要求企业进行制度创新。

从我国私营企业制度创新的实践来看，我国私营企业制度创新可以划分为两类：产权制度（股权结构）创新和治理结构创新。可以预见，在未来的 10 年或 20 年，中国的私营企业可能还是以家族制经营为主，不过，随着外部竞争压力的增大，家族制的私营企业会逐步引入外部优秀人力资本，股权结构逐渐分散，逐步转变为现代的家族制企业。

(二) 产品和技术创新

李灵稚 (2002) 指出，科技水平的不断提升是跨国公司参与国际市场竞争的竞争力所在。我国的私营企业随着实力的增强，逐渐有实力对产品和技术的创新进行投入。我国的私营企业在 30 多年积累的实力基础上，一些大型企业已经有条件走科技创新之路，这些企业只有加快产品结构的创新和技术的创新，提高产品质量，优化产业结构，才能培养自己的核心竞争力。

发达国家的技术创新和产品创新，政府和大型企业有能力进行大量的研究和开发投入。而对于中国的私营企业而言，限于实力，又缺乏高素质的研究与开发人才，因此在产品和技术创新的道路上可能必须循序渐进。

三、私营企业的国际化发展

中国在 2001 年加入 WTO，政府投资审批程序逐步简化，外贸管制大大放松，与海外投资相关的法律法规日益健全，同时随着国内市场竞争的激励程度逐渐加剧，以及私营企业规模的扩大、实力的提升，私营企业的国际化发展逐渐提上了日程。

随着国家对外贸管制的放开，中国私营企业的对外贸易量大幅度上升，不过，这里所指的私营企业参与国际化竞争，并不是仅仅指私营企业的对外贸易，而主要是私营企业的跨国投资和经营。表 9-5 显示了 2010 年上规模民营企业[①]在海外经营情况，表 9-6 列出了 2010 年上规模民营企业"走出去"的动因。

参与国际化竞争是中国融入全球市场趋势中私营企业必然迟早要面对的，而且中国私营企业的发展壮大必然使其走向国际化。对于大多数私营企业而言，目前参与跨国经营还面临着缺乏国外市场知识，没有跨国经营经验，对国外相关法律不熟悉等问题，这就要求我国私营企业在进行国际化经营时需要以稳健为准则，充分估量参与国际化竞争可能面临的风险和收益。

---

① 全国工商联 2010 年上规模民营企业的调研对象是年度营业收入总额超过（含）3 亿元人民币的民营企业。

表 9-5 2010 年上规模民营企业在海外经营情况

	2010 年	2009 年
国际化经营企业数量（家）	446	341
国际化经营企业占比（%）	9.84	9.28
出口总额（万美元）	14340146	8277143
海外收入总额（万美元）	1896157	1520514
海外雇员总数（人）	78270	64348

资料来源：黄孟复.中国民营经济发展报告 No.9（2011~2012）.社会科学文献出版社，2012：112.

表 9-6 2010 年上规模民营企业"走出去"的动因

"走出去"动因	企业数（家）	占上规模民营企业的比重（%）
开拓国际市场	1394	30.75
国内外优势结合	683	15.06
企业全球战略布局	544	12.00
获取品牌、技术和人才要素	511	11.27
获取资源、原材料	402	8.87
规避汇率风险	169	3.73
产业转移	132	2.91
缓解国际贸易摩擦	83	1.83
其他	10	0.22

资料来源：黄孟复.中国民营经济发展报告 No.9（2011~2012）.社会科学文献出版社，2012：112.

四、谋求私营企业的做强、做大和做久

私营企业做强，意味着绩效表现和成长能力具有竞争力，主要目的是紧紧依靠技术改造提高产品质量和档次，提高企业产品的市场竞争实力，生产高附加值的产品，满足社会需要，使企业获得最大的效益。企业竞争力主要不是体现在企业规模大小（虽然规模大小也是企业竞争实力的一个衡量指标），而主要是体现在企业单位资产提供给投资者（股东）的回报、满足市场和消费者需求程度等方面，一般而言，总资产利润率、资产收益率、市场占有率等指标是衡量企业强弱的关键指标。私营企业要做强就必须不断增强自主创新能力，把战略重点放在重大成套设备、高技术设备、绿色制造流程和装备以及制造业信息化方面。

我国部分私营企业在规模上还存在以下问题：一是资产规模太小，效

益太低；二是市场规模太小，国际化程度低；三是规模产出太小，资源投入太大。这就需要这些企业努力做大。企业做大，意味着企业投入大，在资产、规模、营业额或销售收入以及市场占有率等方面排名在前；做大企业的主要目的在于走外延和内涵扩大再生产相结合的路子，扩大企业的生产经营规模，实现企业由小到大，由量变到质变，最后达到质的飞跃。打造一个具有巨额销售额、庞大资产、遍布全省乃至全国、全球的企业集团。

做久企业，主要目的是延续企业的生命周期，这是一个时间、动态的目标。要解决的首要问题是如何在剧烈的市场环境变化条件下，在激烈的市场竞争中保持企业持续经营、长盛不衰。对于企业家来说，要做大一个企业不容易，要把一个企业做强更不容易，但要把一个企业做久、长盛不衰则更加困难。因为"做大企业"可以通过联合，兼并重组、可以通过一些偶然的机遇，可以依赖某个企业某些正确的决策或行为而做大；"做强企业"则需要培育自己相对于竞争对手的竞争优势；"做久企业"与"做强企业"又不同，"做久企业"不仅需要在一段时期内具有竞争优势，而且需要企业持久地具备竞争优势，那些短期内对培育企业竞争优势有利而长期看不利于企业发展的策略和行为是不符合"做久企业"的要求的。

私营企业的生存和发展是以市场竞争为前提，以产品质量为支撑，以效益为中心，因而企业持续经营的关键在于能否具有培育企业的持久竞争力。而企业竞争力产生于企业的竞争优势，竞争优势就是企业在特定的业务经营中所具有的能够超越或优于竞争对手的决策，这些"超越"的根本在于企业能够比竞争对手向消费者提供同等价值条件下的低成本或同等成本条件下的高价值，因此，要想做强企业，必须依靠科学技术，不断提高产品的质量和档次，生产高附加值的产品，满足市场的需求，培育企业的持久竞争优势。

学习和创新是企业核心竞争力的源泉。私营企业要培育自己的核心竞争力，必须重视企业创新，包括技术创新、组织创新和管理创新。私营企业只有通过创新才能形成自己的核心能力，靠核心竞争力来塑造知名品牌，然后来提升自己的竞争优势和无形资产。

五、力所能及地承担企业社会责任

发展了的私营企业也应注重对社会的回报，要体现企业的社会责任感。当代中国对企业社会责任的强调不仅体现企业经营者个人的道德水准和道德追求，更是塑造中国企业形象，提升企业国际竞争能力的必然要求。但是，当前一些私营企业在社会责任方面还存在一些突出问题，比如说：忽视自己在社会保障方面应起的作用，尽量逃税避税以及逃避社保缴费；较少考虑社会就业问题，将包袱甩向社会；较少考虑环境保护，将利润建立在破坏和污染环境的基础之上；一些企业唯利是图，自私自利，提供劣质产品或虚假信息，与消费者争利或欺骗消费者，为富不仁；依靠压榨企业职工的收入和福利来为所有者谋利润，企业主堕落成资本的奴隶，赚钱的机器；缺乏提供公共产品的意识，对公益事业不管不问；缺乏公平竞争意识，并极力排斥市场竞争；普遍缺少诚信，信用度不高；等等。这些一方面体现了我国私营企业整体实力有待提高，还没有实力来承担一些起码的社会责任；另一方面则说明我国的私营企业还没有树立社会责任的观念，没有充分认识到作为企业应该承担的经济社会责任。

虽然企业作为独立的市场竞争主体，其首要责任在于其经济责任即利润最大化。但是，从长远来看，不承担社会责任的企业是不可能存活的。因此私营企业必须认识到，随着社会的发展，企业仅仅履行单一的经济属性已经无法与现代社会经济发展的多样化要求相适应。在现代经济社会中，企业的社会责任越来越突显出来。企业原来单纯的经济性越来越向经济性与社会性并存的方面发展，使企业成为经济属性与社会属性相统一的社会成员。

私营企业在承担其基本经济责任即为股东创造利润，为社会提供物质产品，守法经营，依法纳税的同时，也应该顺应当前注重社会责任的潮流，承担起自己的社会责任，树立起良好的社会形象。具体而言，要做好以下工作：私营企业应该向社会提供更加安全的产品，提供的产品既要符合生产工人的安全需求，也要符合使用者健康安全的要求；要倾听和满足消费者的要求，并以公平、合理的价格向社会提供产品和服务；要承担起更多的保护环境的责任，要拿出更多的行动来保护和改善环境，防止和消除其在经营活动中给周边环境及生态带来的破坏；在日常经营中，私营企业要尊重职工的合法权益，为劳动者提供平等的就业机会、合理的报酬及应有的福利；应尽其所能，参与和支持社会的公益事业、慈善事业和教育事业；私营企业应积极服务于所在的社区，为社区的公共事务做出贡献；应积极建立与社会的沟通机制，树立良好的服务于社会、回报社会的公众形象，并获得社会更为广泛的理解和支持；私营企业应通过降低产品成本，以更好的品质和低廉的价格为社会提供服务，扩大消费范围，提升生活的质量并增进社会福利；应符合社会伦理道德的价值规范，要力所能及地承担社会道义上的责任；私营企业应与社会、政府一起做出努力，消除贫困、饥饿、不平等、失业等社会问题；私营企业应努力使自己更好地融入到社会之中，更多地履行自己作为社会成员所应承担的社会责任，自觉地促进和实现企业经济利益目标与社会进步的相互协调。

如果私营企业正确面对自己应该承担的社会责任，将给自身的发展创造一个良好的发展环境，从而促进自身的发展壮大。

第四节 中国私营企业发展：政府的角色

一、消除政策障碍放宽市场准入

要实现私营经济市场准入的平等，就要按照市场经济的要求与WTO的基本原则，消除各种各样的政策与体制歧视，赋予私营经济与外资经济、国有经济平等的国民待遇，创造一个公平、公开、公正的投资政策和体制环境，为私营经济投资扩张提供市场准入的良好环境。

（1）建立规范的市场准入规则，全面而有序地开放私营经济投资准入领域。政府可根据"市场准入法"制定和颁布《私营企业投资产业目录》。以国家一定时期内的产业政策为导向，具体规定哪些行业鼓励私营企业进入、哪些行业允许私营企业进入、哪些行业限制私营企业进入，以及非开放行业的开放时间表，以引导私营企业的投资方向。[①]

（2）推进基础领域的投融资改革开放，让私营投资主体发挥补充作用。由于基础设施在很大程度上仍然具有"社会公共产品和服务"的性质，而且其建设项目一般投资规模较大，投资回收期较长，有些甚至难以回收投资，私营经济投资主体从投资动机和投资能力看都不可能取代国有经济的主体地位和主导作用，但私营经济可以发挥重要的辅助或补充作用。在基础设施建设、土地使用、国有企业的转制承包等方面都要采取公开招标、公开拍卖的方式进行，给予私营企业平等参与的权利，避免政府暗箱操作带来的腐败行为和不平等竞争。

（3）全面清理不合理的行政审批规章制度，大幅度减少行政审批收

[①] 第二次全国基本单位普查课题组. 我国私营企业发展的现状、问题及对策. 中国统计, 2003（9）.

费，将收费标准控制在一定范围之内。

（4）鼓励私营企业以兼并、收购、控股、参股、租赁、承包、托管等方式参与国有企业改制、改组，获得全面、平等的国民待遇。

二、创新金融制度

（1）培育多层次、多元化的商业银行体系，积极发展社区性股份制中小银行。

（2）建立完善的私营企业信用担保体系。

从本质上来讲，企业融资是一种信用关系和信用行为。因此，企业的融资约束实际上是信用约束。由于这个原因，建立信用担保与再担保体系，完善贷款风险缓冲机制，是世界上许多国家解决中小企业融资难问题的一个行之有效的办法。1999年6月5日，我国出台了《关于建立中小企业信用担保体系试点的指导意见》，使信用担保向中小民营企业敞开了大门，但是我国担保业仍处于起步阶段。要着力从发展的角度，清理、修改已经不合时宜的抵押贷款管理办法和担保政策与法规，鼓励股份制和民办担保公司的发展，建立、健全企业抵押和信用担保体系，改革和完善各类信用担保机构的组织制度和治理结构，使其真正实现"市场化运作"，特别是要最大限度减少各类"官办"信用担保机构出现道德风险和逆向选择的问题。政府、银行和中介等机构和部门要提供个体、私营和股份制等私营企业的信用信息，建立各类私营企业的信用档案库，为个体、私营等民营企业从金融机构获得担保贷款和信用贷款建立信用基础。

（3）着力发展多层次资本市场，创新金融融资手段，为私营企业融资提供更大的融资空间。资本市场是企业融资的另一个重要渠道。因此，建立结构完整、功能完善的多层次资本市场体系，是世界各国解决不同类型企业融资问题的通行做法。另外，还要在大力开拓创业（风险）投资基金、票据融资、租赁融资、典当融资等融资渠道，不断开展金融创新，丰富金融市场的交易品种，为私营企业融资提供更开放、更宽松的选择空间。

（4）合理规范和积极引导民间借贷，大力推进私营经济健康发展。

在我国，民间信用具有深厚的社会基础，并且一直处于"野火烧不尽，春风吹又生"的状态。这种旺盛的生命力表明，在目前的社会经济条件下，民间信用活动及非正规金融部门的存在具有某种必然性和合理性。浙江等省民间信用的兴起以及民营经济的蓬勃发展证明民间信用是促进私营经济发展以及利用民间资金加大经济增长推力的有效金融形式，而且有利于填补正规金融留下的市场空白，促进市场机制发育和完善。有必要对有关政策、法规进行修订和调整，特别是要明文规定企业针对特定对象（企业内部职工及其关联居民）、用于特定用途（企业生产和流通）的民间借贷与融资，属于合法融资，国家给予必要保护，并辅之严格监管，以达到积极支持民营经济发展、限制和降低民间融资风险的目的。

三、改革和完善财税环境

公平合理的税收制度有利于增强私营企业竞争能力，促进社会公平。发展民营经济的税收政策不仅要给予私营企业与国有企业、外资企业同样的待遇，还应支持符合国家产业政策的中小私营企业优先发展。这就要求税收政策改革和调整内部结构，以适应私营经济主体多元化、经营形式及经营范围多样化和经营水平不同的特点。

（一）改革和完善税制，支持私营企业的发展

（1）改革与完善增值税。主要内容包括：①实现增值税由"生产型"向"消费型"的转变，这对消除重复征税、促进资本有机构成的提高和高新技术的发展都极为有利。②调整标准，扩大一般纳税人的征收范围和比重。凡生产场所比较固定，能按会计制度和税务机关的要求准确核算销项税额、进项税额和应纳税额的，都可以核定为增值税一般纳税人，享受增值税进项税额允许抵扣的待遇。③进一步调低小规模纳税人的征收率。现行小规模纳税人的征收率仍然偏高，应贯彻公平税负的原则，减轻他们的税收负担。工业小规模纳税人的征收率，可调低为4%；商业小规模纳税人的征收率，可调低为2%。④适当提高小规模纳税人的起征点。

（2）尽快合并现行内资、外资两套企业所得税制，统一税法，加大对中小企业的税收扶持力度。主要内容包括：①降低税率。从我国的实际出发，调低企业所得税率，继续对中小企业应继续实行优惠税率，并提高适用优惠税率的所得额限额标准。②放宽并规范税前费用列支标准。取消"计税工资"规定，改按企业实际支付的工资金额税前列支；取消对公益性、救济性捐赠的限额，准予税前列支；取消只准按国家银行贷款利率标准列支利息的限制，对不违反现行法规的融资利息支出，都应准予按实税前列支；取消技术开发费税前列支只限于国有企业、集体企业的限制，民营中小企业也应享受同等待遇。

（3）制定出一套符合中小私营经济发展的、必要的、适度的税收优惠政策。中小企业的发展，面临着许多问题，如发展环境不宽松、融资难、成本高、管理体制不顺等。所以，在国外如美、德、日、法、意等国，均给予中小企业一定程度的税收优惠，鼓励其发展。可以考虑对金融机构向中小私营企业提供的贷款免征营业税，对向其提供信用担保的机构给予营业税优惠；对社会投资者取得中小民营企业发行的公司债券（或企业债券）利息所得适当降低所得税税率，以提高社会投资的积极性。

（二）建立支持私营企业发展的财政政策体系

在传统观念和旧有体制的影响下，多数财政政策向公有制企业倾斜。政府制定政策的出发点和落脚点应是促进各种经济成分的共同发展，在私营经济发展时期，对私营经济实行特定时期的倾斜是必要的。

（1）更新观念，建立公共财政。财政从一般竞争性领域退出，重点解决市场配置机制无法提供的用于满足社会共同需要的公共产品和基础性建设的资金供给，而竞争性领域的投资则主要依靠市场提供。财政资金投向的这种调整，给私营经济发展让渡了一部分空间，使私营经济投资领域扩大，加快发展成为可能。建立公共财政虽然不宜向私营企业注入大量资金，但却为私营经济的加快发展提供了前提条件。[①]

（2）增加对私营经济的资金支持。地方政府可以通过设立支持私营经济发展的基金体系，实现对私营经济发展的有偿资金支持。从美国的产业基金发展现状来看，政府资金在基金中的份额并不高，但是其引导作用十分突出。主要是通过财政补贴、财政担保的银行贷款、政府直接投资和政府直接贷款等方式来为创业投资基金融资。

（3）完善政府采购制度。政府采购在西方国家已实行了200多年，以其公开、公正、公平的特征，被称为"阳光下的交易"，我国政府采购制度还很薄弱。应借鉴美国在政府采购时提出的"搁置购买"、"拆散购买"等举措。"搁置购买"是指在参与合同招标时事先选出适合于小企业的合同项目搁置一边，等待小企业投标。"拆散购买"是指从专项合同中分离出一般性合同，或将一个单一合同分成多个小合同。

（4）改革收费管理体制，减轻私营企业负担。从体制上解决乱收费问题，实行收费的深层改革，减轻私营企业负担，是发展私营经济的当务之急。首先，加强收费管理，认真清理和取消不合理的收费项目；制定严格制度措施，将收费项目及单位进行公布，增加透明度。其次，实现统一收费。收费机构要统一，即由财政部门或由财政授权的部门统一收费以避免重复收费和乱收费，影响企业正常生产经营。而且，收费标准全国要统一。最后，在政府执法机构中切实建立"收支两条线"的制度，收费收入不允许坐抵各种支出，收费数量也不应与收费人员的收入挂钩。

四、加强监督管理和引导

对于那些不法的私营企业主，要坚决依法予以制裁。对私营企业制售假冒伪劣商品、污染环境、破坏资源、行贿等违法行为，要坚决依法查处。

政府要加强税收宣传，增强私营企业纳税意识。政府要积极引导私营企业维护劳动者权益，加强对私营企业的职业安全和卫生监督检查，切实改善其生产环境和劳动条件。引导私营企业依法参加养老保险和医疗保险等体系。

第五节 小结

在过去30多年中，中国的私营企业走过了一条坎坷的成功之路。随着我国社会主义市场经济体制的日益完善，我国的私营企业将进一步发展壮大，私营企业在国民经济中的地位和作用也将进一步提升。政府需要为私营企业的发展创造一个良好的外部环境，私营企业自身也需要不断增强核心竞争力，在日益激烈的国内国际竞争中做强、做大和做久。可以预期，在未来的发展中，中国的私营企业不仅数量将继续增加，规模将继续扩大，而且在国内、国际市场上的竞争力也必将进一步增强。

参考文献：

[1] 白跃世，白永秀. 中国私营经济发展的障碍因素分析. 西安电子科技大学学报（社会科学版），2003（1）.

[2] 陈志武. 新形式的国进民退不利经济转型. 南方周末，2008-03-06.

[3] 黄孟复，胡德平. 中国民营经济发展报告 No.3（2005~2006）. 社会科学文献出版社，2006.

[4] 黄孟复. 中国民营经济发展报告 No.9（2011~2012）. 社会科学文献出版社，2012.

［5］李灵稚. 对民营企业国际化经营问题的探讨. 国际经济合作，2002（12）.

［6］刘迎秋，徐志祥. 中国民营企业竞争力报告 No.1——竞争质量与竞争力指数. 社会科学文献出版社，2004.

［7］刘迎秋，徐志祥. 中国民营企业竞争力报告 No.2——品牌与竞争力指数. 社会科学文献出版社，2005.

［8］刘迎秋，徐志祥. 中国民营企业竞争力报告 No.3——自主创新与竞争力指数. 社会科学文献出版社，2006.

［9］刘迎秋，徐志祥. 中国民营企业竞争力报告 No.4——人力资本与竞争力指数. 社会科学文献出版社，2007.

［10］马津龙. 温州民营企业的制度创新和管理创新. 江南论坛，2001(2).

［11］马立诚. 大突破：新中国私营经济风云录. 中华工商联合出版社，2006.

［12］全国工商联研究室. 中国民营经济发展分析报告（2007 年度）. 2008.

［13］史晋川. 中国民营经济发展报告. 经济科学出版社，2006.

［14］吴晓波. 激荡 30 年：中国企业 1978~2008（上）. 中信出版社，浙江人民出版社，2007.

［15］吴晓波. 激荡 30 年：中国企业 1978~2008（下）. 中信出版社，浙江人民出版社，2008.

［16］张厚义，明立志，梁传运. 中国私营企业发展报告 No.3：2001 年卷. 社会科学文献出版社，2002.

［17］张厚义，明立志，梁传运. 中国私营企业发展报告 No.4：2002 年卷. 社会科学文献出版社，2003.

［18］张厚义，明立志，梁传运. 中国私营企业发展报告 No.5：2003 年卷. 社会科学文献出版社，2004.

第四篇

中国外商投资企业发展道路

自1978年改革开放30多年以来，中国对外开放和开放型经济发展取得了举世瞩目的成就。开放型经济已经成为中国经济的重要组成部分。截至2010年年底，我国累计实际使用外商直接投资总规模达到10483亿美元。2010年外资企业占外贸出口比重的55%，占外贸进口比重的53%。1994~2007年外企所得税总额达到8496亿元。外资企业吸纳就业近3000万人，占全国城镇就业比重的10%以上。外资对中国社会经济和改革开放发挥了重要而积极的作用，参与了我国经济发展与体制改革；成为我国产品进入国际市场的重要力量，提升了我国在国际产业中的分工地位，迅速产生具有全球竞争力的生产力；推动了我国技术与管理投入；在区域经济发展中发挥了重要的作用；正从外生变量向内生变量转变，产生了资本效率示范作用和按生产要素分配的示范作用。当前中国外资政策基本上是有效的，应该保持外资政策的连续性、稳定性与适应性。

中国外资企业发展大体经历了1978~1988年的初探期、1989~1991年的停滞期、1992~2001年的快速发展期和2002~2011年的战略调整期四个发展阶段。中国外资政策经历了摸索阶段、政策激励阶段和全面调整阶段三个阶段。利用外资结构逐渐优化，利用外资方式不断创新，大型外资项目逐渐占主导地位，中小型外资项目处于次要位置，外商投资来源结构呈现多元化的趋势。外商投资地区分布结构呈现外资在东部地区的投资仍占较高比重，但西部地区和中部地区的投资比重也不断增加的态势。外资企业由劳动密集型产业为主的投资结构向技术和资本密集型产业为主导的投资结构转变。外商独资化趋势明显。

理论界对于中国外商投资企业发展对社会经济、科技文化、环境安全等方面所产生的影响进行了热烈讨论。伴随着改革开放进程，理论界对外资理论和外资企业的研究一直热度不减，取得了大量的研究成果。理论界在改革开放和加入WTO等背景下对外资企业发展从不同视角展开研究，创造出了大量见仁见智、看法各异的结论，以及异彩纷呈、褒贬不一的理论成果。许多重要的有价值观点、见解已经被国家有关部门采纳，对中国完善外资政策的决策产生了重要的影响。

全球外资流动异常活跃，规模大幅增长，结构发生深刻变化，投资分布更加复杂，方式更加多样，国际外资政策差异明显，美元大幅贬值引发国际金融动荡，国际经济形势不确定性加重，将对中国外资流动产生深刻而复杂的影响。中国利用外商直接投资既有成功的经验，也有需要解决的问题，既带来了发展的机遇，也提出了多方面的挑战。利用外资政策在宏观层面上遇到了一系列挑战。例如，外商投资目标多元化对宏观经济管理模式的挑战；外企超国民待遇对市场环境的侵蚀；跨国公司对高能耗与高污染转移；外企用工实践对《劳动合同法》的挑战；对国内产业或企业挤出效应；等等。外商直接投资企业并购的产业安全、知识产权保护、独资化倾向、劳动者权益保护、国际经贸关系紧张、高能耗与高污染的转移等方面存在许多问题。总结改革开放30多年来的经验教训，有助于我国利用外商直接投资政策的完善与实施。国家将根据新阶段、新形势和新目标，适当调整外资政策。

改革开放是强国富民两大支柱，是发展进步的活力源泉。对外开放和利用外资是中国强盛的基本政策，永远要坚持。中国快速的经济增长和巨大的潜在市场预期、庞大的人口及劳动力资源、日益规范的市场环境和不断改善的外资政策会继续吸引外资。中国将从改善外资及外企环境、规范外资及外企行为和利用好外资及外企三个层面调整外资政策。外资政策逐渐成为政府合理调整外资结构、改善市场环境和促进经济快速增长的重要工具。在开放型经济新的历史阶段上，中国将进一步解放思想，继续完善对外开放和利用外资的基本政策，进一步拓展对外开放广度和深度，继续扩大引进外资规模，创新利用外资方式，优化利用外资结构，提高利用外资质量和水平，推广经济特区、经济技术开发区、自由贸易区、保税区的成功模式，促进绝大多数外资企业成功发展，全面提高开放型经济水平。外资企业数目将会大幅增长，并向服务业、中高端产业链加快投资，仍将保持较高的投资回报率，外资占外企平均股权比重将会持续上升，外资企业本土化成长理念增强。

第十章 中国外资政策与外企发展的历史过程

1978年以来，外企进入中国经过了1978~1988年的初探期、1989~1991年的停滞期、1992~2001年的快速发展期和2002~2011年的战略调整期等四个发展阶段。跨国公司直接投资促进了其对中国的技术扩散，推动了中国国内企业加快自主创新的步伐。同时，外资进入推动了中国出口结构的改善，带动了国内关键领域和配套产业生产能力的形成，因此，外资对中国产业结构升级具有积极的促进作用。另外，外资进入推动了中国落后地区的经济发展，极大地缩短了地区发展差距，对于推动区域协调发展具有重要意义。

改革开放30多年以来，中国利用外资的结构在逐渐优化，利用外资的方式不断创新。在投资的产业领域，外企由主要投资于工业行业向以工业投资为主、迅速增加服务业投资的产业投资结构比较均衡的方向转变。从2001年到2010年，服务业外商投资占投资总金额的比重逐步提高，由23.9%上升到47.3%，而第二产业所占比重则逐步下降，由74.2%下降至50.9%。相比之下，第一产业所占比重基本保持稳定，2001年为1.94%，2010年为1.81%。

在投资的来源地方面，外资来源结构呈现多元化的趋势。在1979~1988年，如果将中国港澳台的资本加总在一起，这三个地区占中国外商直接投资项目的比重为80.7%，占协议外商投资金额的比重为74.8%，占实际外商直接投资金额的比重为67.5%。此后，来自中国港澳台资本的在华投资占中国利用外资总额的比重迅速下降，而来自美国、欧盟资本的在华投资所占份额上升幅度很大。近年来，外商投资规模和结构有显著变化。按实际利用外商直接投资计算，从投资来源国角度来看，2011年，亚洲10国与地区（中国香港、中国澳门、中国台湾、日本、菲律宾、泰国、马来西亚、新加坡、印度尼西亚、韩国）对华投资新设立企业22302家，同比增长1.11%，实际投入外资金额1005.17亿美元，同比增长13.99%；美国对华投资新设立企业1497家，同比下降5.01%，实际投入外资金额29.95亿美元，同比下降26.07%；欧盟27国对华投资新设立企业1743家，同比增长3.26%，实际投入外资金额63.48亿美元，同比下降3.65%。可以看出，亚洲地区仍是外商投资的主要来源地，近年来受欧债危机影响，欧盟和美国对华投资同比增速继续下滑，但下滑的幅度已逐渐缩小。

在外资进入方式中，中外合资和中外合作所占比重急速下降，而外商独资所占比重迅速攀升。按照实际利用外资统计，2010年，合资经营、合作经营、外资企业在外商直接投资总额中的份额分别为20.67%、1.49%、74.41%。

从市场分布和市场战略差异分析，美欧跨国公司在华投资企业具有较高程度的内销比例，这表明其以占领中国市场、扩大在华市场份额为战略目标。韩国投资企业具有极高的出口比例，这说明韩国企业以中国为生产基地，出口到韩国国内或第三国。日本企业在中国的投资是为其国际分工体系服务的重要组成部分，产品也有较高比例出口到母公司体系内部。中国香港一直是中国传统的出口中转地区，利用中国内地的成本优势向国外出口。无论不同来源地的跨国公司进入中国市场是出于何种目的，一个毋庸置疑并且日趋明显的趋势是，它们将会不断扩大在中国的市场份额，未来中国市场对不同投资者具有趋于一致的重要性。

从所投资产业要素密集度来看，外企由劳动密集型产业为主的投资结构向技术和资本密集型产业为主导的投资结构转变。美国、日本、韩国等国家的跨国公司对中国投资产业与不同时期中国资源禀赋条件等比较优势特点是一致的，促进了中国产业升级和产业结构转换，同时中国产业结构调整为外商在华投资指引了产业方向。

从投资的项目规模变化趋势分析，大型外资企业对华的投资项目逐渐占主导地位，中小型外资企业处于次要位置。

随着外资在中国投资的结构性变化和中国面临的国内国际环境的改变，中国外资政策经过了摸索阶段、政策激励阶段、全面调整阶段，外资政策逐渐成为政府合理调整外资结构、改善市场环境和促进经济快速增长的重要工具。

第一节　1978~1988年外资政策改革与外企发展

改革开放初期，我国利用外资政策的主要手段是以优惠政策吸引外商直接投资来华落户。外资在国际范围内寻找有利的投资场所，计划经济模式与具有市场经济特征的外资相互之间的不适应，使得我国并没有马上成为国际资本青睐的场所。优惠的外资政策主要吸引了中国港澳台地区的资本，真正的外资并没有受优惠政策的吸引，或者至少没有立即采取行动，因为一项具有战略意义的投资不会因为一些优惠政策就可以草率决定的，还需要整个国家的经济体制作为支撑。然而，正是这些中国港澳台地区的资本为我国利用外资政策的前期提供了演练的机会，使得我国利用外资政策的相关配套制度建设逐渐得到落实。

1978~1988年是外资企业进入中国的初探期，利用外资局面以"吸引"为特征，在尝试的过程中，把外资限定在一定的区域范围内，经济特区和沿海开放城市的实验特点把利用外资与区域性的开放试点政策有效地结合在了一起，结出了对外开放、吸引外资和区域经济发展的硕果。外商投资对中国产业结构的升级带动作用不明显，地域分布也极不均衡，外资来源结构对个别国家依赖性强，外资的技术外溢作用不明显。外商投资的特点与中国引资的法律法规和政策环境、引资的目的、国内市场机制发挥作用的程度和政府干预的方式方法有关。

一、外商投资企业在华投资的阶段特点和变化趋势

（一）在投资的产业领域中工业比重最大

改革开放后至20世纪90年代初期，外商在华投资的产业中，工业比重最大，根据《中国统计年鉴》的数据，在1979~1988年，外商在工业的投资规模占外商在华投资总规模的比重高达58.5%。房地产业和服务业是外商在华投资份额和规模仅次于工业的第二大产业，1979~1988年外商投资于服务业比重为22.2%。这个时期外商投资企业投资的产业结构值得注意的变化是，1986年以前外商投资主要集中在宾馆、旅游设施和房地产业，投资规模大，增长速度也快，而20世纪80年代末期以后外国企业加

大了对制造业的投资金额，工业占外商投资的规模和所占比重开始赶上和超过服务业。在工业内部，外商主要投资于加工业，这些行业主要是一些劳动密集型产业，比如服装、鞋类、电子元器件、塑料制品、皮革制品等。在服务业方面，这一阶段外国企业主要投资于服务业中的一些传统和低端服务业，尤其是在 1979~1986 年，外国企业主要投资于宾馆、服务等第三产业，所以这一时期外国企业投资对中国产业结构的升级带动作用不明显。

（二）投资地域分布集中在东南沿海地区

20 世纪 80 年代以后，外商直接投资具有明显的地域特征，在华的外商直接投资主要分布在东南沿海地区。根据《中国统计年鉴》的数据，在 1978~1988 年，东部沿海十个省市的协议外商直接投资共计为 903.51 亿美元，占全国总数的 82.4%，其中占全国总数的 66.84% 的 5 个省市是广东、福建、江苏、上海和山东，仅仅广东和福建两个省吸收的外商直接投资就占全国总额的 48%，与此形成鲜明对比的是，中西部吸收外商直接投资的项目数、协议投资金额和实际投资金额都非常小，显现出外商直接投资在中国分布极不均衡的地域结构特征。

（三）投资来源以中国港澳台资本为主

从外商直接投资的地域来源来看，中国港澳、中国台湾、美国和日本等国家和地区的资本占中国外商直接投资的主体，见表 10-1。在 1979~1988 年，如果将中国港澳地区作为一个地域主体，来自中国港澳地区的直接投资占中国利用外商直接投资规模的比重最大，项目数比重达到 69.7%，协议金额比重达到 67.1%，实际投资金额比重达到 61.9%，如果将中国港澳台地区的资本加总在一起，这三个地区占中国外商直接投资项目的比重是 80.7%，占协议外商投资金额的比重是 74.8%，占实际外商直接投资金额的比重是 67.5%。按照外商投资累计数统计，截至 1988 年底，在中国注册金额超过 10 亿美元的国家和地区分别是：中国香港、中国台湾、美国、日本、中国澳门和新加坡。其中，中国港澳台地区的外商投资企业个数和外资金额占总数的比重都在 80% 以上，来自美国、日本和新加坡的外商投资企业个数和外资金额占总数的比重在 12% 左右，来自英国、法国、德国、意大利、加拿大和澳大利亚六国的外商直接投资占企业个数和外资金额的比重仅为 2.4%。

表 10-1　1979~1988 年外商直接投资来源构成

国家（地区）	项目数（个）	比重（%）	协议外商投资金额（亿美元）	比重（%）	实际外商投资金额（亿美元）	比重（%）
中国港澳地区	63279	69.7	741.8	67.1	212.43	61.9
中国台湾地区	10034	11	84.72	7.7	19.17	5.6
美国	5269	5.8	78.47	7.1	31.74	9.2
日本	3694	4.1	59.74	5.4	38.79	11.3
合计	82276	90.6	964.73	87.3	302.13	88

资料来源：根据各年《中国外资统计》相关数据计算。

（四）投资的进入方式大部分为新建投资

1979~1988 年，外国投资者在中国的投资大部分是新建投资，新建投资占投资总额的比重在 90% 以上。主要因为政府不允许或限制外资并购国内企业，而且直接投资这种投资方式要求较高的资源禀赋的控制权，掌握先进技术的跨国企业通过独资新建方式可以控制重要技术和资源。另外，不能忽视的一个重要原因是，外国投资者在中国市场投资初期具有较大的因信息不对称和不完全造成的风险。随着外国投资者在中国投资风险的不断降低和投资经验与知识的积累，跨国企业先后通过出口、许可、新建投资、收购现有企业是其在中国投资合理的顺序。跨国企业在中国开展的新建投资一般本地化非常明显，通过生产链、销售、雇员流动等向国内产业辐射，同时也从中国的产业投资中获取极其重要的投资经验和行业投资信息。

（五）在市场分布中出口比重较大

这一时期，外商投资企业的产品销售的很大一部分是向国外出口，出口倾向较强，出口所占比重远远大于国内其他类型企业。从外企出口发展趋势看，1987 年外商投资企业出口金额为 10 亿美元，占全国出口额比重为 2.5%；1988 年达到 78.1 亿美元，占全国出口额比重迅速上升到 12.6%；1988 年进出口总额达到 418 亿美元，增长 51%，占全国进出口总额的比重为 26%。其中出口 174 亿美元，进口 264 亿美元，分别占全国出口和进口总额的 20% 和 44% 左右。

（六）在投资形式中合资经营企业的比重最大

中国利用外商直接投资主要采取了合资、独资和合作三种形式，约占95%。从改革开放后中国利用外资结构的总体发展态势分析，在1979~1988年，在外商直接投资各种方式中，中外合资经营企业的比重最大，其次是中外合作经营企业和外商独资经营企业。按照合同利用外资额计算，1988年，中国吸引外商直接投资中，合资经营31亿美元，占59.16%；合作经营16亿美元，占31%；独资经营48亿美元，占9%，其他形式（包括合作开发、国际租赁、补偿贸易、加工装配）占1%。从各类投资形式的比较看，从1987年开始合资经营占投资规模比重超过50%，并一直保持在50%~55%的范围内波动。在整个20世纪80年代独资经营的比重一直很小。随着外商投资总规模的扩大，合作经营所占比重呈下降趋势。其他形式投资由于所占比重较小，变化不大。

（七）投资的项目规模较小

首先从资本到位率分析，外商直接投资的资本到位率从1978年以后基本呈现出逐年下降的趋势，尤其是1990年以后下降态势更为明显，1992年仅为18.9%。其次从外商投资项目的平均规模分析，按照协议外商投资额计算，1979~1988年，中国外商投资单项项目平均规模为116.6美元，主要原因是当时中国正处于对外引资的高潮期，各地在彩电、洗衣机等国内需求急剧增长的项目上吸引了大量的国外投资，同时一定程度上导致了盲目投资和盲目引进（见表10–2）。

表10–2　1979~1988年外商投资平均规模变动

年份	项目数	协议外商投资额（亿美元）	平均规模（万美元）
1979~1982	709	31.86	449.4
1983	452	7.31	161.7
1984	1856	26.51	142.8
1985	3069	55.72	181.6
1986	1472	27.54	184.6
1987	2230	37.04	166.1
1988	5940	52.39	88.2
1979~1988	89815	1047.22	116.6

资料来源：根据各年《中国外资统计》相关数据计算。

二、外资政策的变迁

(一) 引资政策的法规化开始起步

从 1978 年以来,中国对外资开放的步伐逐步展开,一系列的政策、制度、法规和法令相继出台,为中国吸引外资、调整用资结构和改善产业结构提供了重要的制度框架。1979 年 12 月中国颁布并实施了《中华人民共和国中外合资企业法》,第一次使中国经济的国际化迈向法律化的轨道。除此之外,外商投资企业法律、法规还包括《中华人民共和国中外合作经营企业法》、《中华人民共和国外资企业法》等基本法及其实施细则,以及《中华人民共和国公司法》、《合同法》等相关法律的保障。中国已基本形成了比较系统的吸引外资的方针、政策、规划和措施。

(二) 吸引外资主要依靠税收优惠、土地优惠政策等

政府制定的一系列的税收、土地等优惠政策成为外企在华增加投资的重要动因之一。例如,1986 年国务院制定的《国务院关于鼓励外商投资的规定》,除法律上已经做出的对外商投资企业的税收、进出口等优惠政策以外,对产品主要用于出口和外商投资者提供先进技术的企业,又给予降低所得税率,延长减免企业所得税期限,免缴国家对职工的各项补贴,降低或酌情在一定期限内免收场地使用费、免缴投资所得税和利润汇出境外的所得税,优先提供水、电、运输条件和通信设施,银行优先提供周转资金等优惠待遇等。1991 年颁布的《外商投资企业所得税法》以不增加税负、不减少优惠为原则进一步明确了外商投资企业享有的税收利益。

(三) 引资政策的调控机制以政府为主

在中国引进外资过程中,政府主导的行政机制代替市场机制成为影响外资产业流向、地域分布、技术转移等行为的主要影响因素。改革开放初期以来,在引资过程中,由于长期形成的资金饥渴症和追求地方 GDP 增长的官员考核体制使地方政府行政意识超越市场意识,各地通过制定各种有利于外资进入本地的政策体系,忽视全局利益和整体利益的协调,造成外资产业结构和地域分布的极大不平衡。同时各地政府对引资项目没有进行成本—效益分析,不考虑机会成本、社会成本和环境成本,形成了一定程度的盲目引进和无序竞争。

(四)利用外商直接投资政策中存在大量限制性政策

改革开放初期,中国不但制定了大量的针对外商投资在税收、外汇资金、财政和信贷政策、物资供应和环境管理等方面的优惠政策,也制定了许多限制性政策,在对外资企业的出口比例、技术转让、外汇平衡、进入的行业都有明确限制和要求。例如,限制外资企业在中国境内投资广播影视文化产业、新闻产业、武器制造业、贸易金融业等,对外商投资的大部分企业实行"以产顶进"和"替代进口"政策,限制外商投资企业的进口,在大部分产业都对外商出资比例限制在49%以下,等等。

第二节 1989~1991年外资政策改革与外企发展

一、外商投资阶段特点

在1989~1991年,中国在1990年出现了第一次外商投资低潮,外资主要来源国对华直接投资增长速度出现负数。1989年下半年批准的外商投资项目数和协议金额比上半年分别下降了11.3%和11.4%,合同外商投资项目数1989年全年为5779项,比上年下降了2.8%。不过,中国提供的优惠政策仍发挥极大影响力,中国引进外商投资总量仍然出现缓慢增长。1989年实际利用外商投资额为33.93亿美元,比上年仅增长4.1%,1990年为34.87亿美元,增长率仅为2.8%,1991年为43.66亿美元,增长率为25.2%。

在这个时期,外商投资波动幅度最大并且实际利用外资额减少的主要三个来源国和地区分别是美国、欧盟和中国香港。其中,1990年来自美国的外商直接投资为45599万美元,1991年下降为32320美元,下降幅度为29.12%。来自欧盟的外商直接投资由1989年的18761万美元下降到1990年的14735万美元,下降了21.46%。来自中国香港的外商直接投资由1989年的203690万美元下降到1990年的188000万美元,下降了7.7%(见表10-3)。

表 10-3　1989~1991 年中国外商投资主要变化

年份	美国		欧盟		中国香港	
	实际使用外资金额（万美元）	占全国的比重（%）	实际使用外资金额（万美元）	占全国的比重（%）	实际使用外资金额（万美元）	占全国的比重（%）
1989	28427	8.38	18761	5.53	203690	60.04
1990	45599	13.08	14735	4.23	188000	53.91
1991	32320	7.4	24562	5.63	240525	55.09

资料来源：根据各年《中国外资统计》相关数据计算。

二、外商投资波动的主要原因

（一）外商对政治不稳定和社会动荡的担心

一国政局稳定是影响外商投资区位选择的重要因素。中国引进外资的大部分是外商直接投资，这些在 20 世纪 80 年代进入中国的外资还没有度过试探期，由于中国与外资来源国在经济体制、社会制度、文化传统以及行为规范上存在很大差异，外商在华投资的信心和投资的广度及深度很容易受到政治稳定和社会动荡等因素的影响。

（二）西方国家对中国实行"制裁"影响了外资投资中国的信心

在 1989 年春夏之交的政治风波后，以美国为首的西方国家对中国实行"制裁"，多方施加压力，企图破坏中国取得的改革开放成果，这在一定程度上影响了外资继续投资中国的信心。比如中国华能国际电力公司与美国达成数亿美元的几个发电厂项目的投资协议。此后不久发生 1989 年的政治风波，美方借故撤走技术人员，致使华能公司面临重大损失。

（三）紧缩的宏观经济政策对外商投资产生的负面效应

1989 年中国政府实行强行着陆的宏观调控政策，采取严格项目审批等措施压缩投资规模，并对重要生产资料实行最高限价；央行严控信贷规模，一度停止对乡镇企业贷款，并提高存款准备金率和利率。这些强硬的措施抑制了需求，GDP 增长率在 1989 年迅速下降到 4.1%，1990 年居民消费价格指数的增长率也下降到 3.1%。长达两年的宏观调控抑制了增长，国民经济跌入低谷，商品库存积压严重，企业生产陷入困境。较为严格的紧缩政策虽然对投资和消费需求产生了较大的抑制作用，但对外商投资在一定程度上也产生了负面影响，外商在固定资产投资的规模和比重都有较大幅度下降，新增的外商投资也受到不同程度的影响。

（四）国际投机资本通过假扮外商直接投资的形式对中国资本流动稳定性的冲击

一般而言，外商直接投资是与实际生产、交换发生直接联系的国际资本流动，其主要形式是在国际贸易支付中发生的资本流动以及与之直接联系的各种贸易信贷及金融市场活动等贸易性资本流动，与外商直接投资关联的资本流动具有长期性和稳定性。投机资本是与实际生产、交换没有直接联系的金融性资本的国际资本流动，这种资本流动性是具有短期性和不稳定性。国际投机资本很容易受到政治事件、经济政策调整、社会因素等短期因素的影响。在影响投机资本预期收益的因素发生调整和变化的条件下，投机资本便会迅速由所在国流向收益更高和投资更加安全的地区。从20世纪80年代开始，国际投机资本通过各种方式进入中国，境外投机资本受利益驱动，以各种形式进入国内市场进行投机获利，其中更为合理和全面的是通过外商投资企业的渠道流入国内。外国在华直接投资绝大多数以资本金名义结汇，按照当时外资管理政策，外商投资企业资本金流入只需办理登记，结汇由授权银行办理，手续相对简单，从而为境外资金进入境内逐利提供了便利。投机资本打着外商投资的幌子，通过提前注资、增资或虚假投资等方式流入，流入的投机资本一般并未流向实业投资，而是投向了投资周期短和收益率高的项目。来自美国、欧盟等国际投机资本在预测中国未来政局不稳条件下，这些高流动性的国际资本流出国内以减少风险便成为必然。

三、外资政策特点

（一）外资政策仍延续上一阶段以鼓励和优惠为主的基本精神

1990年4月中国政府对《合资法》进行修订并在1991年实施开发上海浦东新区的决策，进一步强化了外商投资中国的优惠政策。1991年全国人大审议并通过了《中华人民共和国外商投资企业和外国企业所得税法》，实现了外商投资企业所得税制的统一，降低了外商投资企业的所得税税负水平。在鼓励和优惠政策的吸引下，从1990年开始，外商投资开始回升,尤其是以亚洲四小龙为代表的新兴市场经济国家对华投资增长迅猛。例如,在1990年上半年,仅来自中国台湾地区的外商投资企业投资规模就达到1.2亿美元。

(二) 外资政策弱化了产业结构调整的导向

各地政府吸引外资竞相制定各种优惠政策,包括土地、税收、资金等各方面的支持政策。外商直接投资在促进了当地经济增长、就业的增加和政府税收增加的同时,由于各地政策的不统一和中央政府引进外资目标的偏误,基于优惠政策导向的外商投资流入进一步拉大了地区经济发展差异,外商投资分布不均衡的矛盾更加突出。截至20世纪80年代末制定的外商投资政策重视了经济总量增长和解决社会矛盾,忽视了针对外资对产业结构调整和优化升级作用的导向政策,主要表现是外商投资的项目生产性项目少、非生产性项目多,高技术项目少、低技术项目多,上游工业项目少、下游工业项目多。

第三节 1992~2001年外资政策改革与外企发展

20世纪90年代初期,我国经济在经历了国际政治与国内经济的双重冷冻期之后,终于迎来了大发展的契机。国民经济持续走高,对外开放的效果体现在对外贸易的连续增长与持续顺差。利用外资也步入了正常的轨道,上规模、上项目、上档次成为即将展开的这一时期的主导。我国经济发展的潜力随着1994~1995年各项宏观经济政策的调整,展现于世人。国际资本开始高度关注中国经济的发展,各项有利于外商直接投资的制度安排渐趋成熟。新阶段启动的一个全新标志是,我国政府宣布实施社会主义市场经济制度,这一立场立刻在国际社会引起了极大的反响,直接促使我国"复关"与"入世"的谈判进入了实质性阶段。我国经济运行的可预见性大大提高,从根本上缓解了国际资本来华投资的顾虑,同时在国内产业政策和外商投资指导目录的指导下,迎来了我国实际"利用"外资的新阶段。"利用"阶段的特征在于,具有高端制造业水平的国际资本开始大量进入中国,其中不乏著名的跨国公司。随着我国内陆开放力度的推进和开发区、高新技术产业园区的高歌猛进,利用外资的成功经验在区域间渗透,利用外资的市场基础设施建设达到了"七通一平"的规范化水平。

从 20 世纪 90 年代初开始到 2001 年中国加入世界贸易组织,外商投资进入快速发展时期,外商投资的产业结构、市场分布、外资来源结构等都发生了不同于上一阶段的显著变化,外资政策也不断调整和完善,外资企业面临的国内市场环境得到很大改善。

一、外商投资企业在华投资的阶段特点和变化趋势

(一) 投资的产业领域仍以第二产业为主

与 1979~1992 年外商在农林牧渔业中的投资比例相似,在 1992~2001 年外商在第一产业中的直接投资比重很低。在 1993~2001 年期间,农林牧渔业中外商直接投资的协议金额数占累计金额的 1%~3%。

第二产业(工业和建筑业)的外商直接投资份额仍较大(见表 10-4),第二产业的外商投资比重远远高于其他产业。1992~2001 年第二产业累计投资额占总投资额的 68.63%,2001 年外商投资企业在第二产业投资比重达 74.61%。在工业内部,外商主要投资于劳动密集型和一般加工组装企业,技术密集型特别是高新技术型企业比重不高。投资于劳动密集型产业和加工组装类企业的项目大约占总项目数的 60%~70%,外商投资于这些产业一般规模小,技术层次不高。

表 10-4 1992~2001 年外商对华直接投资产业分布情况(协议额)

单位:亿美元,%

年份	1992		1995		1997		1999		2001	
类别	金额	比重	金额	比重	金额	比重	金额	比重	金额	比重
合计	581.24	100	912.82	100	510.04	100	412.23	100	691.95	100
第一产业	6.97	1.2	17.36	1.9	10.65	2.09	14.72	3.57	17.62	2.55
第二产业	344.68	59.3	635.78	69.65	345.57	67.75	283.85	68.86	516.26	74.61
第三产业	229.59	39.5	259.68	28.45	153.82	30.16	113.66	27.57	158.07	22.84

资料来源:根据《中国统计年鉴》1993~2001 年卷的有关资料整理。

第三产业的外商直接投资受国家政策和行政干预的影响较大。由于 1986 年以前外商在宾馆、房地产、旅游等第三产业投资过快,1986 年国务院颁布"22 条",鼓励外商在生产性企业投资,限制非生产性项目投资。之后第三产业投资比重速度下降,1991 年以前外商投资于第三产业的项目数占累计总数的比重只有 15.6%,1992 年以来第三产业投资比重又

开始上升，1995年第三产业投资项目数占当年总数的20.25%，协议金额占28.46%。其中房地产、公用事业和其他服务业项目占当年总数的8.9%，协议金额占19.5%。2001年房地产、公用事业和其他服务业实际直接投资额分别占当年实际直接投资总额的10.9%和12.9%。[①]

基础设施、交通运输和邮电通信业中的外商投资有所增加，但比重很小。2001年交通运输和邮电通信业实际直接投资额仅占总金额的1.93%，与农业比重差异不大（见表10-5）。

表10-5　1997~2001年外商对华实际直接投资产业和行业分布情况

单位：万美元

产业和行业＼年份	1997	1998	1999	2000	2001
合计	4525704	4546275	4031871	4071481	4687759
农、林、牧、渔业	62763	62375	71015	67594	89873
采掘业	94033	57809	55714	58328	81102
制造业	2811983	2558238	2260334	2584417	3090747
电力、煤气及水的生产供应业	207191	310279	370274	224212	227276
建筑业	143782	206423	91658	90542	80670
地质勘察业、水利管理业	1441	568*	452	481	1049
交通运输、仓储及邮电通信业	165513	164513	155114	101188	90890
批发和零售贸易餐饮业	140187	118149	96513	85781	116877
金融保险业	1357*	1777*	9767	7629	3527
房地产业	516901	641006	558831	465751	513655
社会服务业	198802	296315	255066	218544	259483
卫生体育和社会福利业	19535	9724	14769	10588	11864
教育、文化艺术和广播电影电视业	7403	6830	6072	5446	3596
科学研究和综合技术服务业	2036	1702*	11013	5703	12044
其他行业	152777	110567	75279	145277	105106

注：*表示协议额。

资料来源：根据1997~2001年《中国统计年鉴》的有关资料整理。

（二）投资地域分布仍以东部地区为主要集中地区

在1992~2001年，外商投资仍维持以东部地区为主要集中地区、中部和西部地区为辅的地域分布结构。具体分析，东部地区所占比重相对稳

[①] 张文捷. 外商直接投资与中国产业结构调整. 湖北广播电视大学学报，2003（3）.

定，基本维持在87%~88%。中部地区比重略有提高，从1992年的6.77%增长到2001年的9.08%。西部地区略有下降，从1992年的3.62%降低到2001年的3.08%（见表10-6）。

表10-6 外商投资的地区分布结构

单位：万美元，%

年份	总计	投资金额			地区分布		
		东部地区	中部地区	西部地区	东部地区	中部地区	西部地区
1992	1100719	986359	74473	39887	89.61	6.77	3.62
1993	2734174	2338799	242799	102576	87.37	8.88	3.75
1994	3326765	2922005	261269	143491	87.83	7.86	4.31
1995	3721549	3264139	342936	114474	87.71	9.21	3.08
1996	4147007	3653815	392417	100775	88.11	9.46	2.43
1997	4637439	3993650	485248	158541	86.12	10.46	3.42
1998	4719149	4133417	448377	137355	87.59	9.50	2.91
1999	4145307	3649131	382167	114009	88.03	9.22	2.75
2000	4033289	3541115	370002	122172	87.80	9.17	3.03
2001	4636730	4072777	420853	143100	87.84	9.08	3.08

资料来源：国家统计局编《中国统计年鉴》1994~2002年各卷。

（三）中国港澳资本占中国利用外商直接投资总额的比重迅速下降

如果将中国香港和中国澳门作为一个区域进行统计，在1992~2001年，中国利用外商直接投资最多的5个国家和地区分别是：中国港澳、中国台湾、美国、日本、欧盟。与1979~1991年相比，这一时期中国港澳资本占中国利用外商直接投资总额的比重迅速下降，欧盟所占比重上升幅度较大，美国、日本、中国台湾地区所占比重小幅下降，其他来源地的外国投资规模和比重上升幅度较大。按照实际外商投资统计，中国港澳地区资本占中国利用外资总额的比重为46.05%，中国台湾为7.59%，美国为8.70%，日本为7.84%，欧盟为7.90%（见表10-7）。

表10-7 1992~2001年不同来源地外商直接投资占中国利用外资总额的比重

国家（地区）	项目数（个）	比重（%）	协议外商投资金额（亿美元）	比重（%）	实际外商投资金额（亿美元）	比重（%）
中国港澳地区	138658	46.41	1676.43	32.05	1653.97	46.05
中国台湾地区	41031	13.73	464.71	8.88	272.46	7.59
美国	28633	9.58	461.35	8.82	312.50	8.70

续表

国家（地区）	项目数（个）	比重（%）	协议外商投资金额（亿美元）	比重（%）	实际外商投资金额（亿美元）	比重（%）
日本	18594	6.22	256.82	4.91	281.49	7.84
欧盟	11219	3.76	511.67	9.78	283.68	7.90
全国	298758	—	5231.42	—	3591.61	—

资料来源：根据各年《中国外资统计》提供的相关数据计算整理。

（四）外商投资企业对中国进出口贸易的贡献度提高

与 1979~1992 年相比，这一时期外国在华投资企业的进出口规模保持较快增长，占全国进出口规模的比重继续上升，外商投资企业对中国进出口贸易的贡献度提高。总体分析，外商投资企业出口占全国出口总值的一半，出口增加值占全国出口增加值的近 9 成。外商投资企业占全国出口的比重由 1993 年的 27.51% 增长到 2001 年的 50.10%，增长了 82%。外商投资企业占全国进口的比重由 1993 年的 40.24% 增长到 2001 年的 51.70%，增长了 28%。在 2001 年 1~9 月期间，全国外商投资企业出口额达 1332.4 亿美元，比上年同期增长 12.91%，高于全国同期出口增幅（6.95%）5.96 个百分点，占全国出口总值的 50.10%，所占比重同比提高了 2.62 个百分点（见表 10-

表 10-8　外商投资企业进出口额占全国比重

单位：亿美元，%

年份	进出口			进口			出口		
	全国	外商投资企业	比重	全国	外商投资企业	比重	全国	外商投资企业	比重
1992	1655.25	437.47	26.43	805.85	263.87	32.74	849.40	173.60	20.44
1993	1957.03	670.70	34.27	1039.59	418.33	40.24	917.44	252.37	27.51
1994	2366.21	876.47	37.04	1156.15	529.34	45.78	1210.06	347.13	28.69
1995	2808.48	1098.19	39.10	1320.78	629.43	47.66	1487.70	468.76	31.51
1996	2899.04	1371.10	47.29	1388.38	756.04	54.45	1510.66	615.06	40.71
1997	3250.60	1526.20	46.95	1423.60	777.20	54.59	1827.00	749.00	41.00
1998	3239.23	1576.79	48.68	1401.66	767.17	54.73	1837.57	809.62	44.06
1999	3606.49	1831.33	50.78	1657.18	858.84	51.83	1949.31	886.28	45.47
2000	4743.08	2367.14	49.91	2250.97	1172.23	52.10	2492.12	1194.41	47.93
2001	5093.91	2591.00	50.86	2434.43	1258.60	51.70	2659.48	1332.40	50.10

资料来源：江小涓. 外商对华投资分析及 2002 年前景展望. 管理世界，2002（2）.

8)。外商投资企业出口增加值为 110.6 亿美元,占全国同期出口增加值(126.71 亿美元)的 87.29%。[①]

(五) 投资方式中外商独资比重增加

跨国公司在华投资呈现出由合资、合作企业占主导地位向独资企业为主导的投资方式转变。1992 年中外合资、中外合作和外商投资占外商直接投资总金额的比重分别为 55%、18%、22%,1998 年,外国独资企业的合同金额就超过了合资项目。到 2001 年,外商独资企业的比例超过 50%。2001 年中外合资、中外合作和外商投资占外商直接投资总金额的份额分别为 25.3%、12%、62.1%。外商独资比重增加的主要原因是市场环境不断改善、政府引资政策环境日益宽松、外企通过内部技术转让可以实现最大化收益以及外企降低管理成本的现实需要。

二、政策特点

(一) 外资进入的产业领域渐次放开

中国对外商投资的产业投向进行指导的政策指引可以追溯到 1995 年 6 月制定并颁布的《指导外商投资方向暂行规定》(以下简称《规定》)和《外商投资产业指导目录》(以下简称《目录》),第一次以法规形式将吸收外商投资的产业政策公布于众,提高了政策的透明度。《规定》和《目录》将外商投资的产业项目分为鼓励、允许、限制和禁止四大类,使外商投资更加符合国家的产业发展方向,奠定了指导外商进行产业投资的制度规范。

根据国家经济发展的状况,1997 年 12 月,国家计委、国家经贸委、对外贸易经济合作部对《外商投资产业指导目录》进行了修订。修订后的《目录》扩大了国家鼓励外商投资的范围,突出了产业重点,更加适应产业结构调整的要求和有利于引进先进技术的原则,同时充分体现了鼓励外商向中西部地区投资的政策。修订后的《目录》鼓励外商举办出口型企业,将产品 100%外销的允许类项目列入鼓励类目录。

[①] 江小涓. 外商对华投资分析及 2002 年前景展望. 管理世界,2002 (2).

(二) 投资国内股权资本市场以及在国内资本市场融资的政策逐渐放开

从跨国公司资本来源和运用角度讲，跨国公司在中国开始由早期的以生产和投资为主变为利用中国的资本市场进行融资。跨国公司是资本全球化的主要载体，跨国公司的资本全球运作的完整内涵应该包括投资的全球化和融资的全球化。跨国公司资本全球化涵盖了在全球各地的投资，也应包括为这些投资活动进行筹资的融资全球化，对东道国出口—对东道国投资—在东道国融资是许多跨国公司海外经营活动的时间顺序，只讲跨国公司在中国的投资活动而忽略业已开始的在华融资活动是不完全的。[①] 中国市场是跨国公司全球策略的重要组成部分和全球业务的主要市场之一，跨国公司当然不会轻易放开有重要战略意义的中国融资活动，而通过在中国股票市场上市进行融资是一个主要方式。

1999 年后，在外商在华投资企业进一步要求提高在华融资规模的背景下，1999 年 8 月，中国政府出台了《关于当前进一步鼓励外商投资意见的通知》，规定"符合条件的外商投资企业可以申请发行 A 股和 B 股"。随后外商企业通过证券市场融资的政策日渐明朗，2001 年 5 月外经贸部发布《关于外商投资股份公司有关问题的通知》。通知指出，外商投资股份有限公司申请上市发行 A 股或者 B 股需获得外经贸部同意，而且要按规定和程序设立或改造，还需符合外商投资产业政策。2001 年 11 月，外经贸部和中国证监会联合发布《关于上市公司涉及外商投资有关问题的若干意见》，明确了设立外商投资股份有限公司的资格和条件、外商投资股份有限公司上市发行股票的程序和要求、外商投资股份有限公司 B 股流通应遵守的相关规定等。规定外商投资股份有限公司上市发行股票必须符合外商投资产业政策及上市发行股票的要求，首次公开发行股票并上市的外商投资股份有限公司，除符合《公司法》等法律、法规及中国证监会的有关规定外，经营范围还应符合《指导外商投资方向暂行规定》与《外商投资产业指导目录》的要求、发行股票后外资股占总股本的比例不低于 10%以及中方对特殊产业控股等条件。这些法规和政策极大地便利了外商投资企业继续增加在中国融资的规模和比重，适应和配合了跨国公司在中国企业的生产本地化和研发本地化的发展趋势，为跨国公司在华延伸产业链和促进在华企业经营战略的进一步调整发挥了积极的促进作用。

[①] 江小涓. 中国的外资经济：对增长、结构升级和竞争力的贡献. 中国人民大学出版社，2002.

（三）延续部分限制和约束性要求的同时对外资采取普遍的激励政策

自 1994 年税制改革后，内外资企业在所得税以及增值税、消费税和营业税等流转税方面已经统一了税制，对外资的税收优惠主要体现在所得税减免方面。外资企业在统一的 33%企业所得税项下，根据投资地区、产业等不同因素，分别享有 15%、24%等程度不等的税收优惠和所谓"三减两免"等税收减免。以金融业为例，长期以来，中资金融机构的企业所得税为 33%，而外资金融机构却享受了不等的税收优惠，平均税率比中资企业低到一半以下。[①] 各级地方政府在引资的实际操作中还存在各种不一的灰色扶持措施。这些扶持措施的内容包括更易得到的土地使用权、更便利的交通、更大规模的媒体宣传力度、更优惠的贷款条件，甚至政府出面承诺的各项预购合同、保证合同等。在市场准入方面，外资受到较大程度的限制。

第四节 2002~2011 年外资政策改革与外企发展

如果说加入世界贸易组织成为我国经济发展的一个里程碑的话，那么它同样为我国的利用外资工作开启了一个崭新的阶段。这个阶段之所以称为拓展阶段，是因为这一时期的利用外资可以通过三个方面加以描述：一是世界 500 强大部分已经落户我国，这标志着引资的质量与规模上了一个新台阶；二是外商直接投资项目走出了传统的国际产业转移模式，外商直接投资于高新技术产业的发展成为我国经济发展与对外贸易中的亮点之一；三是外商直接投资开始在国内区域间转移，这种转移一方面表现为高端产业投入与回报空间在有效地克服了运输成本硬约束条件下，可以与内陆地区的劳动力与技术人员的优势相结合，另一方面表现为沿海地区劳动力成本上升和政府区域发展政策的出台如中部崛起、西部开发、东北老工业基地建设等共同作用的结果。从实际业绩的角度来看，这一时期是我国在发展中国家中长期保持着最大利用外资国的地位，利用外资的成就也为我国成长为世界范围内的制造业大国做出了相应的贡献，同时，以外商直

---

① 王中美. 构建可持续发展的外资政策. 开放导报，2005 (4).

接投资企业为主体的加工贸易也为我国实现工业化的阶段性目标做出了重大的贡献，以加工贸易为切入点，使我国国内企业更全面地融入了全球产业链条，在国际分工体系中实现了动态竞争优势的提升。据商务部统计，2011年1~12月，全国新设外商投资企业（含银行、证券业）27712家，同比增长1.12%，实际使用外资金额1160.11亿美元，同比增长9.72%。其中，2011年1~8月，全国非金融领域新设立外商投资企业15777家，同比下降12.38%。在华投资的500强跨国公司涉及行业明显增多，其中，交通设备制造业，通信设备、计算机及其他电子设备制造业，批发业，零售业投资额占500强跨国公司在华投资总额的比重较大，水的生产与供应业投资额则大幅度提升，成为吸引500强跨国公司投资最集中的行业。

在2002~2011年，外商投资进入战略调整期，外商投资对调整出口结构和推动产业升级的作用得到不断增强，外资结构也发生了很大变化。在国内经济高速增长和内需增加的刺激下，进入中国的外资企业的市场战略发生转变。这一时期引进外资由优惠政策向公平政策转变，政策调整使国内市场向外资更加开放，在引进外资的区域政策、进入的产业等方面进行调整，逐渐向有利于实现新阶段中国经济社会发展战略目标的方向转变。

一、外商投资企业在华投资的阶段特点和变化趋势

（一）在第三产业的投资增长迅速

按照实际利用外资额口径，2002年，外商在第一产业的投资规模为10.28亿美元，占投资总金额的比重为1.95%，在第二产业的投资规模为394.65亿美元，占外商投资总金额的比重为74.83%，在第三产业的投资规模为122.5亿美元，比重为23.23%。2010年，外商在第一产业的投资规模占投资总金额的比重为1.81%，在第二产业的投资比重为50.9%，在第三产业的投资比重为47.3%。由此可见，这一时期，外商在第一产业的投资比重趋于下降，外商并没有增加反而减少了在第一产业的投资规模。第二产业的投资规模变化不大，投资比重有一定程度的下降。在第三产业的投资增长迅速，增幅达62.57%。

（二）投资地域分布呈现集中化趋势

从不同国家的外商投资所分布的区域分析，欧盟的外商投资主要集中在长三角地区，其次是环渤海地区和华南地区；美国的外商投资主要集中

在环渤海地区和长三角地区；日本的外商投资按照各地所占份额的大小分别是长三角地区、环渤海地区、华南地区；韩国的外商投资绝大部分集中在环渤海地区，长三角地区和华南地区所占比例很小；中国港澳台投资最为集中的地区主要是华南地区，其次是环渤海地区和长三角地区。究其原因，韩国的外商投资由于地缘和交通运输等原因，投资的集中度最高，主要集中在环渤海地区。日本的外商投资已经在长三角地区之外，加大了在环渤海等地区的投资规模。欧盟和美国的投资相对较分散，在三大地区都有较大比重的投资。中国港澳台地区在大陆的投资在传统的华南地区之外，近年来在环渤海和长三角地区等地的投资增加很快。

外商密集地投资于沿海地区，主要因为在沿海的投资效率高于投资于内地。根据林升谊（2003）的一项研究，从投资于沿海地区和内地的中国港澳台企业与其他外资企业的生产技术效率表现角度，若就平均效率值来看，不论是中国台港澳企业还是其他外资企业，在1993年与1994年两年沿海地区平均效率值要高于非沿海地区；但在1997年后则呈现非沿海地区效率高于沿海地区的情形。[①] 由此可见，中国在20世纪末开始制定优惠政策吸引外资投资于西部和内陆省份已经发挥了较大作用，从20世纪90年代末开始外资投资于内地的生产效率也有不俗的表现，从而成为吸引外资继续在西部和内地投资的内在动力之一。

（三）外商投资的资本来源呈现多元化趋势

按照实际利用外商直接投资计算，2002~2006年，中国香港占中国利用外商直接投资总规模的比重由33.86%降低到29.13%，欧盟占中国利用外商直接投资总规模的比重由7.036%增加到9.76%，日本占中国利用外商直接投资总规模的比重由7.94%下降至6.62%，中国台湾地区占中国利用外商直接投资总规模的比重由7.53%下降至3.07%，美国占外商投资规模的份额变化不大，2002年为10.28%，2006年为9.43%。2011年，亚洲十国与地区（中国香港、中国澳门、中国台湾、日本、菲律宾、泰国、马来西亚、新加坡、印尼、韩国）实际投入外资金额同比增长13.99%，占中国利用外商直接投资的86.64%，欧盟占中国利用外商直接投资总规模的比重为5.47%，同比下降3.65%，美国占中国利用外商直接投资总规模的比重为2.58%，同比下降26.07%。由此可以看出，亚洲地区仍是外商投资

---

① 林升谊. 不同来源外资企业在中国生产效率之比较——以工业部门为例. 台湾政治大学中山人文社会科学研究所硕士学位论文，2003.

的主要来源地，近年来受欧债危机影响，欧盟和美国对华投资同比增速继续下滑，但下滑的幅度已逐渐缩小。

（四）外资进入方式中并购增长迅速

20世纪80年代以后，由于各地政府对外商新建投资给予的政策优惠和鼓励政策，以及外国企业化解因在投资中国市场的初期面临的信息不对称和信息不完全造成的风险的需要，外国投资者绝大多数采取新建投资的方式进入中国，新建投资的比重远远大于并购投资。20世纪90年代中期以后，由于外国企业在中国市场投资经验的积累增多和外资从事战略并购的政策壁垒的不断消除，跨国公司以并购方式进入中国市场的事例不断增多。在外资并购过程中，外国公司通过直接或者间接控制国内企业的股权，低价甚至无偿获得国内企业的品牌、商业信誉、原材料、供货渠道、产品销售网络等无形资产，从而大大降低了外商投资的进入壁垒，在较短的时间内在中国市场上占领着较大的份额。从跨国公司进入中国市场的约30年的实践看，一方面，由于外国企业在进入的初期要越过较高进入壁垒和实施有效进入，因此对国内企业形成较大的竞争威胁的难度较大。另一方面，控制中国产业相关市场的较大份额是跨国公司长期战略目标，如果说在跨国公司进入中国市场的早期由于政府的限制更多地采取了合资进入方式，对中国市场份额和集中程度影响不大的话，那么目前通过并购方式进入中国已经更明显地影响了市场集中程度，同时外国公司的市场力量也大大增强。[1]

（五）不同国家和地区外商投资企业市场分布的差异性明显

不同来源国家和地区的投资者进入中国出于不同的市场战略目的，外国投资者的产品市场分布是衡量其市场战略差异的重要内容之一。目前很多学者从实证研究的角度考察了大量不同来源的国外投资者进入中国市场的市场分布特点，进而比较合理地解释了来源不同的跨国公司的行为差异和进入战略差异。王岳平按照资本参与度对国外资本进行划分并对比了不同组别的出口率和技术水平，认为在三资企业中，以中国港澳台资本为主的行业具有明显的出口导向特征，而以外国资本为主的行业具有明显的国内市场导向特征。[2] 此项研究的缺点是没有将外国投资者进行更进一步的

---

[1] 姚战琪. 跨国并购与国际资本流动. 经济管理出版社，2005.
[2] 王岳平. 中国外商直接投资的两种市场导向类型分析. 国际贸易问题，1999 (2).

细分，所得到的结论针对性不强。魏后凯等使用单因素方差分析，得出不同来源地的国外投资在向本国出口以及第三国出口这一因子上具有显著差异，基本验证了以下结论：来自北美洲和欧洲的外商投资者通常是针对中国市场而来，而亚洲国家和地区一般把中国大陆作为生产基地和出口平台，①缺陷是选择的样本只是局限于个别城市（秦皇岛），加之方差分析的缺陷（只能分析控制变量的不同水平对观察变量是否产生显著影响），作者没有对不同来源的投资者采取的市场销售行为做出具体而直观的分析。张文忠对在中国的日资和韩资企业进行了调查，发现日资企业的销售市场具有多元化和全方位的特征，食品和化学行业的销售市场主要是在中国，纤维行业主要以日本市场为主，一般机械、电器机械和运输机械行业的销售市场是在中国和日本之外的第三国；韩资企业的产品主要是返销韩国，在中国当地销售的比例较少。②根据《2000年中国外商投资报告》的统计，欧盟在华投资企业的产品以中国国内市场为主要市场的占59%，以欧盟作为主要市场的只占19%，以亚太地区和北美地区为主要市场的分别占15%和7%，表明欧盟在华投资企业的市场战略主要针对中国广阔的国内市场。③

为了进一步研究不同来源地的国外投资者的市场分布情况，我们以2005年全国最大的500家外商投资企业为来源，随机抽取200家作为样本，从中选取美国、欧盟、日本、韩国、中国港澳台为投资者的所有企业，最终取得186个样本。根据它们的出口和销售收入计算出口比例，不同组别的描述性统计分析结果见表10–9。统计分析显示，6个组别的三资企业内销比例都很高，但也显示出出口比例的显著差异。不同组别出口比例均值从大到小排列分别是：韩国7.9%，日本6.08%，中国港澳台2.41%，美国1.86%，欧盟1.36%。这表明韩国、日本、中国港澳台作为投资者的三资企业出口比例较高，而美国和欧盟企业的出口比例最低。

美欧跨国公司在华投资规模较大的企业具有更高程度的内销比例，这表明其以占领中国市场、扩大在华市场份额为战略目标。韩国极高的出口比例说明韩国企业以中国为生产基地，出口到韩国国内或第三国。日本企业在中国的投资是为其国际分工体系服务的重要组成部分，产品也有较高比例出口到母公司体系内部。中国香港一直是中国传统的出口中转地区，利用中国内地的成本优势向国外出口。

---

① 魏后凯, 贺灿飞, 王新. 外商在华直接投资动机与区位因素分析. 经济研究, 2001（2）.
② 张文忠. 日资和韩资企业在华投资的产业结构和区位特征. 世界经济, 1999（5）.
③ 王洛林. 2000年中国外商投资报告. 中国财政经济出版社, 2000.

表10-9 不同来源地外商的产品市场分布的描述性统计分析

国别（地区）		最小值	最大值	均值	标准差
欧盟	出口比例（%）	0.00	12.56	1.36	2.89
	出口（万元）	0.00	19109.29	1986.29	4255.38
	销售收入（万元）	52454.00	2520388.20	257087.88	495631.1
美国	出口比例（%）	0.00	12.08	1.86	3.86
	出口（万元）	0.00	92092.66	6854.26	21279.03
	销售收入（万元）	49007.87	1804583.00	216320.2	416862.7
日本	出口比例（%）	0.00	25.21	6.08	6.54
	出口（万元）	0.00	20495.34	6230.85	6154.84
	销售收入（万元）	51010.00	1219577.00	135199.3	200415.4
韩国	出口比例（%）	0.32	17.75	7.9	7.36
	出口（万元）	290.26	15798	6770.96	6016.29
	销售收入（万元）	52003.8	146716	92687.08	40942.99
中国港澳台地区	出口比例（%）	0.00	33.53	2.41	5.43
	出口（万元）	0.00	46270.00	2865.42	6712.05
	销售收入（万元）	49493.00	770213.56	160686.7	132776.3

（六）外资所有权投资方式中独资化趋势继续加强

跨国公司进入中国市场之初，基本上通过建立"三资"企业的方式进行新建投资。但是，进入中国的跨国公司逐渐可以利用其"资本倾销"和"转移定价"的方式对中方投资者的利益进行事实上的掠夺，为了获得更大程度的资本收益回报，"三资"企业中出现的外国投资者股权独资化就成为必然趋势，从而造成中方投资者逐渐退出。[1]

2001年，外商独资企业的比例超过50%。2002年外商投资新设立的项目中独资企业进一步上升到65%以上。2005年外商投资中，设立独资企业的数量增长4%以上，独资企业所占比重上升到70%以上。按照实际利用外资统计，2010年，合资经营、合作经营、外资企业在外商直接投资总额中的份额分别为20.67%、1.49%、74.41%，松下、宝洁、西门子、日立等公司陆续将它们在中国的合资公司转为独资。

---

[1] 华民，蒋舒. 开放资本市场：应对"三资"企业"独资化"发展倾向的策略取向. 管理世界，2002（12）.

（七）外商投资产业技术密集度变化

日本对中国投资大体上经历了以下发展阶段：早期投资于收益成效明显、资金回收快的宾馆、写字楼和服务业的试探阶段，然后投资于纺织服装等劳动密集型行业以及处于低附加值零部件装配阶段，后来投资于技术含量较低的电子电器、机械等行业的发展阶段，再后来增加在交通运输设备、化学原料及化学制品等资金密集型、技术密集型行业投资的调整阶段，以及近年来继续增加在交通运输设备行业、电子电器、机械、化学等资金技术密集型产业投资规模的大规模投资阶段，表明日本对中国投资产业与不同时期中国资源禀赋条件等比较优势特点是一致的，促进了中国产业升级和产业结构转换，同时中国产业结构调整为日本在华投资指引了产业方向。

美国在华直接投资已遍及机械、冶金、石油、电子、通信、化工、纺织、轻工、食品、农业、医药、环保、金融、保险等国民经济的主要行业。与其他国家和地区的投资者相似，目前美国在华投资主要是以制造业为主（约占65%），服务业次之（约占33%），农业只占很小的一部分。在20世纪90年代以前，美国对华直接投资的领域最初主要以服务业与能源开发为主，后来又逐渐扩大到电子、机械、航空等行业。20世纪90年代至今，投资产业主要以资本与技术密集型制造产业为主，如计算机、电子电器设备、通信设备等。

中国台湾在中国大陆投资的产业分布也已从早期单纯的劳动密集型为特点的传统制造业向技术含量较高的资本和技术密集型产业转变。根据黄凯正的一项研究，1987~1992年中国台湾地区投资产业以劳动力密集型的初级加工产业为主，1993~1997年以劳动力密集型和资本密集型为主要的投资产业，1998年以后，大规模增加在资本及技术密集型产业的投资。[1]

从韩国各行业对中国投资的规模来看，2004年韩国对中国投资在制造业为19.3亿美元，占总投资额89.7%。自2001年以后，每年85%以上的投资都集中在制造业。批发零售业、建筑业、住宿餐饮业的投资额分别为9000万美元（4.1%）、3000万美元（1.6%）、2000万美元（0.9%），投资规模非常小，而韩国对美国投资则比较均匀，制造业占36.8%，批发零售业占30.1%，其他服务业占20.4%，与中国形成鲜明反差。从不同行业的投资来看，电子通信类为4亿美元（占24.8%），然后依次为纤维服装（2.

---

[1] 黄凯正.大陆台商当地化经营之研究.台湾国立政治大学东亚研究所硕士学位论文，2004.

4亿美元，占12.3%)、运输机械（2.3亿美元，占11.7%)、石化（2.1亿美元，占11%)、机械设备（2亿美元，占10.4%）等。一个主要原因是2001年11月韩国取消对数字电视机、手机等高科技产品的投资限制规定后，电子通信等IT领域的投资大幅增加。[1]

（八）外商投资企业的本地化战略日益明显

当地配套率的高低是反映外商对中国相关产业带动作用和增加外商对当地经济贡献度的一个重要指标。近几年外商在中国投资的一个重要趋势就是不断增加在中国国内的一体化投资，甚至吸引国外配套产业到中国投资，迅速提高生产的本土化比例。这一方面是跨国公司一体化发展的趋势，同时增加了中国在跨国公司所主导的国际分工链条中的重要性。

美国被认为是目前在中国投资的国外投资者国内配套率最高的国家和地区之一。根据最近一项对广东401家外商投资企业的调查显示，美资企业国内采购比率最低为55.32%，这表明美资企业的当地采购比较高，也意味着美资企业已将较多的生产阶段迁移到了中国。[2]

根据在中国的千余家日资企业多年跟踪调查的数据，20世纪90年代初期，日本企业在中国的增值率只有5.1%，本国的原材料、零部件在中国只做非常低附加值的加工，然后在中国国内或者向中国海外市场出口。然而，20世纪90年代中期以后变化很大，1999~2000年，日本的跨国公司在中国的配套率已经接近50%，而后增长到51.3%，稍低于美国和欧盟在中国的配套率。[3]

中国台湾在中国大陆投资企业的当地化趋势明显。根据高长（1997）的一项调查研究资料，认为台商企业主要机器设备和原材料采购的国产化有不断提高趋势，这与跨国公司海外投资的发展经验基本一致。其次是资金筹措和运用的当地化，认为随着企业经营年限的增加，台商在中国大陆的企业取得当地资金的渠道的困难程度在逐渐减少，即使从整体上看，台商企业相对其他外资企业不易取得当地资金，尤其是独资企业更多地依赖母公司的资金。最后是人才使用的当地化逐渐提高，有利于提高台商企业的竞争优势。[4]

---

[1] 姚战琪.跨国公司在华投资：不同来源外商对华投资市场战略差异的因素分析.世界经济研究，2004（3）.

[2] 聂聆.试析中国入世对美在华直接投资的影响.外国经济与管理，2003（3）.

[3] 钱曾玉，赵曙东.外商直接投资在苏南地区结构调整的实证分析.南京社会科学，2003（3）.

[4] 高长.两岸经贸关系之探索.天一书局，1997.

二、政策特点

(一) 国内证券市场对外资更加放开

2002年出台的《上市公司收购管理办法》较为详细地对要约收购和协议收购上市公司股份做出了规定，放宽了对收购上市公司的主体规定，使得收购上市公司操作性大大增强。该规定的出台将对上市公司的并购行为产生深远的影响，同时对外资企业进入证券市场收购上市公司的目标企业选择、战略和具体操作方式产生实质的影响。外资企业进入中国资本市场并从事战略性购并的壁垒已逐步消除。2002年11月13日，外经贸部和中国证监会联合公布了《关于上市公司涉及外商投资有关问题的若干意见》。该《意见》为外资进入中国资本市场开启了方便之门：①外企上市条件趋于宽松；②外企受让境内上市公司非流通股政策解冻；③外企境外上市获得政策性突破。通过上述政策分析可以发现，这些政策将极大地推动外资利用中国资本市场从事战略性购并。在即将形成的购并高潮中，上市公司无疑是这场游戏的主角，证券市场无疑是游戏进行的主要场所。至今已有20多家外资企业收购或参股了中国上市公司，一场外资购并高潮已拉开序幕。

另外，中国制定相关政策，加快了外商投资企业进入证券市场融资的步伐。加入世界贸易组织以后，依据相关审慎性规定，中国允许符合条件的外商投资公司包括银行发行人民币计价的股票，允许符合条件的上市公司发行人民币计价的公司债券，允许符合条件的外资法人银行发行人民币计价的金融债券。

(二) 对外商并购的规制政策逐渐规范化

在1994~1995年，管理层出于维护证券市场秩序和规范股权协议转让，出台了《关于暂停将上市公司国家股和法人股转让给予外商请示的通知》，限制外商以协议方式收购上市公司国家股和法人股。其后，外商投资企业收购和转让内资股份的政策开始放松，2002年后出台《关于向外商转让上市公司国有股和法人股有关问题的通知》、《合格境外机构投资者境内证券投资管理暂行办法》和《利用外资改组国有企业暂行规定》等重要文件。为适应外国企业以并购方式进入中国的监管需要，2002年12月发布了《关于加强外商投资企业审批、登记、外汇及税收管理有关问题的通知》，对外资并购国内企业的相关审批程序和出资缴付期限做具体规定。2007年初通过《关于外商投资举办投资性公司的补充规定》和《外资公司并购管理条例》，进一步规范了外资企业并购国内企业的行为。

（三）引进外资由优惠政策向公平政策转变

改革开放以后至20世纪90年代末的不同时期，中国制定的外商直接投资政策精神中既有对外国企业在进入领域、业务范围和股权比例等方面的限制性规定，也有对外商投资的超国民待遇的政策体现。外商投资的超国民待遇主要体现在税收优惠、进出口优惠、经营管理优惠、注册资本缴付和外汇优惠等，超国民待遇的政策虽然促进了利用外资的增加、增加就业和增加政府财政收入，但严重干扰了正常的市场经济秩序和限制了市场对资源配置的基础性作用的发挥。加入世界贸易组织以后，中国逐渐取消和调整原有的政策体系中的一些不合理的超国民待遇的规定，使内资企业和外资企业共同参与竞争的市场秩序得到较大完善，例如，在税收的国民待遇方面的一个主要变化是：2007年提交十届全国人大五次会议并获得通过的《企业所得税法》，内资、外资企业将适用统一的企业所得税法，新税率确定为25%。

（四）产业政策的导向性变化

进入21世纪以后，中国政府在引进外资的区域政策、进入的产业等方面进行调整，逐渐向有利于实现新阶段中国经济社会发展战略目标的方向转变。

2002年3月国家又颁布新的《指导外商投资方向暂行规定》和《外商投资产业指导目录》。新《目录》在内容上，一是增加鼓励类目录，由186条增加到262条；减少限制类，由112条减少到75条；放宽外商投资的持股比例限制；并将原禁止外商投资电信和燃气、热力、供排水等城市管网首次列为对外开放领域。二是进一步开放银行、保险、商业、外贸、旅游、电信、运输、会计、审计、法律等服务贸易领域，按照承诺的地域、数量、经营范围、持股比例要求和时间表，履行中国加入世贸组织的承诺。三是发挥市场竞争机制作用，将一般工业产品划入允许类，通过竞争促进产业、产品结构升级。四是鼓励外商投资西部地区的优势产业，放宽外商投资西部地区的持股比例和行业限制。另外，新《目录》在结构上做了两处重大修订，限制类不再分甲、乙类。2007年，国家发展改革委、商务部全文公布了《外商投资产业指导目录（2007年修订）》，对原《目录》进行修订。新《目录》在内容上主要有以下变化：一是鼓励类条目数量大幅增加。与修订前相比，鼓励类条目的数量增加了37%。二是服务业对外开放进一步扩大。增加"承接服务外包"、"现代物流"等为鼓励类条目，将原限制外商投资的"货物租赁"、"货运代理"、"外贸公司"等调整为允许类条目，将原禁止外商投资的"期货公司"、"电网的建设、经营"列为首次对外开放领域。三是调整单纯鼓励出口的导向政策。针对中国贸易顺差过大、外汇储备快速增加等新形势，不再继续实施单纯鼓励出口的导向政策，取消原《目录》鼓励类中"产品全部直接出口的允许类外商投资项目"条目。四是鼓励外商投资发展循环经济、清洁生产、可再生能源和生态环境保护，鼓励外商投资资源综合利用。五是对部分涉及国家经济安全的战略性和敏感性行业，持谨慎开放的态度，适当调整相关条目，限制外资进入或增加股比限制。六是综合汇总了国务院批准实施或已原则同意的中国产业政策和专项规划，将涉及外商投资准入政策的相关内容统一列入《目录》，形成规范、透明、易于执行的外商投资准入政策，进一步提高外商投资的便利程度。

（五）对外资的市场准入限制尤其是服务业的市场准入限制逐渐取消

2001年加入世界贸易组织以后，中国对外资开放的产业领域已从制造业扩大到服务业，商业、对外贸易领域、金融、保险、运输、国际货运代理、法律服务、旅游、广告、医疗卫生、会计、资产评估、教育、租赁、工程设计、咨询、房地产等领域都开始不同程度地向外国企业开放，这些服务领域按照入世的相关承诺相继减少准入限制，有步骤地扩大开放程度。例如，加入世界贸易组织以后，按照承诺，银行业有步骤地在经营地域、业务领域对外资开放，外资进入的限制尤其是市场准入限制大大降低。银行业正式加入时，取消外资银行办理外汇业务的地域和客户限制，外资银行可以对中资企业和中国居民开办外汇业务。逐步取消外资银行经营人民币业务的地域限制，到2006年年底，外资银行可以进入中国所有地区和对所有中国客户开展各种业务（人民币业务和外币业务）。

参考文献：

[1] 高长.两岸经贸关系之探索.天一书局，1997.

[2] 华民，蒋舒.开放资本市场：应对"三资"企业"独资化"发展倾向的策略取向.管理世界，2002（12）.

[3] 黄凯正. 大陆台商当地化经营之研究. 台湾政治大学东亚研究所硕士学位论文, 2004.

[4] 江小涓. 外商对华投资分析及 2002 年前景展望. 管理世界, 2002(1).

[5] 江小涓. 中国的外资经济：对增长、结构升级和竞争力的贡献. 中国人民大学出版社, 2002.

[6] 林升谊. 不同来源外资企业在中国生产效率之比较——以工业部门为例. 台湾政治大学中山人文社会科学研究所硕士学位论文, 2003.

[7] 聂聆. 试析中国入世对美在华直接投资的影响. 外国经济与管理, 2003 (3).

[8] 钱曾玉, 赵曙东. 外商直接投资在苏南地区结构调整的实证分析. 南京社会科学, 2003 (3).

[9] 王洛林. 2000 年中国外商投资报告. 中国财政经济出版社, 2000.

[10] 王岳平. 中国外商直接投资的两种市场导向类型分析. 国际贸易问题, 1999 (2).

[11] 王中美. 构建可持续发展的外资政策. 开放导报, 2005 (4).

[12] 魏后凯, 贺灿飞, 王新. 外商在华直接投资动机与区位因素分析. 经济研究, 2001 (2).

[13] 姚战琪. 跨国公司在华投资：不同来源外商对华投资市场战略差异的因素分析. 世界经济研究, 2004 (3).

[14] 姚战琪. 跨国公司进入方式规制的理论与政策研究. 财经研究, 2006 (9).

[15] 张文捷. 外商直接投资与中国产业结构调整. 湖北广播电视大学学报, 2003 (3).

[16] 张文忠. 日资和韩资企业在华投资的产业结构和区位特征. 世界经济, 1999 (5).

第十一章　中国外商投资企业发展理论述评

改革开放以来，外商投资企业在华取得了巨大发展，对中国社会经济产生了多方面的影响，同时也引发了理论界对外商投资企业的关注和研究。理论界对于中国外商投资企业发展对社会经济、科技文化、环境安全等方面所产生的影响进行了热烈讨论。伴随着改革开放进程，理论界对外资理论和外资企业的研究一直热度不减，取得了大量的研究成果。理论界在改革开放和加入世界贸易组织等背景下对外资企业发展从不同视角展开研究，得出了大量见仁见智、看法各异的结论，创造出了异彩纷呈、褒贬不一的理论成果。许多重要的有价值的观点、见解已经被国家有关部门采纳，对中国完善外资政策的决策产生了重要的影响。

把这些理论成就归纳起来可以划分为：外资企业发展带来的宏观积极贡献方面的理论、外资企业发展产生宏观消极影响方面的理论以及外资企业本身微观经营管理理论三个方面。外资企业发展积极效果的理论成果主要表现在经济发展与增长，就业、工资和人力资源效应，贸易效应和产业效应，技术及管理知识外溢效应，市场化、国际化和制度化效应五个方面。外资企业发展所产生的负面消极效果的理论成果主要表现在优惠政策引起市场扭曲，偷、逃、避税及转移利润，"血汗工厂"，造成生态环境恶化和资源能源压力四个方面。外资企业本身经营管理理论主要包括投资区位决策、股权及控制权决策、并购决策三个方面。

第一节　中国外商投资企业发展产生积极效果的理论

改革开放30多年来，理论界对中国外商投资企业发展所产生的一系列积极效果进行理论探讨的成果相当丰富，这些研究文献主要集中体现在经济发展与增长；就业、工资和人力资源效应；贸易效应和产业效应；技术及管理知识外溢效应；市场化、国际化和制度化效应等方面。这些主流理论研究肯定了开放型经济取得的成就，肯定了引进外资对中国经济发展、经济增长、工业化进程、产业成长及结构升级、出口贸易增长、出口竞争力提升、劳动就业增加、税收增加、国际收支及外汇收支改善、技术进步、市场化改革、国际化开放格局形成、制度改革等产生的积极促进作用。这些主流理论成果与中国引进外资实践及外资政策基本一致，理论既总结实践结果又推动了实践发展。由于研究问题的角度和分析方法各有特色，认识深度也有差别，理论界对这些积极效果的论证结果、看法既有焦点，也有分歧。许多理论研究的共识已经体现为国家外资政策，为决策提供咨询和参考。

一、经济发展与增长

外资企业在华发展对中国经济发展和经济增长做出了重要贡献。自改革开放以来，理论界有大量成果研究外资企业促进中国经济发展以及外资企业发展与中国经济发展之间的关系；对外资企业在华发展促进中国经济增长以及增长方式、增长质量转变等议题加以研究；同时就外资企业在华布局结构产生的区域经济发展及其增长问题展开讨论。这些成果对于中国认识外资地位、贡献、作用、性质以及有关政策制定等起到重要作用。

中国外商投资企业是国民经济的重要组成部分，对中国经济发展做出了重要的贡献，与国有经济、集体经济、私营经济、股份经济等成分共同推动着中国经济的长期、持续发展。外资企业的贡献体现在对 GDP 增长、技术进步和产业结构升级、扩大出口和提升出口商品结构、增强研究与发展能力的贡献等许多重要的方面。[①] 外商直接投资（FDI）企业对东道国的经济发展影响的传导机制是多渠道的，FDI 不仅对东道国具有资本积累的直接效应，而且具有间接的外溢效应，如技术扩散、人力资本提高和制度变迁的效应。这些外溢效应对一国通过知识积累、技术进步、人力资本水平提高以及卓有成效的制度变迁实现内生经济增长具有重要的作用。总之，外国直接投资推动了中国经济的发展，对中国宏观经济产生

---

① 江小涓. 中国外资经济：对增长、结构升级和竞争力的贡献. 中国社会科学，2002 (6).

了积极影响。①

外商企业发展与中国经济发展存在一定的相互影响、互为因果的关系。外资对经济发展的影响程度关键取决于外资企业对内资企业技术进步的外溢效应；技术外溢效应越明显，东道国经济发展速度越快，东道国鼓励外资高新技术行业投资的意义越明显。② 外国直接投资与中国经济发展水平之间是一种互为因果的关系，但二者之间不存在长期稳定关系。③

外国直接投资与国内生产总值（GDP）之间存在着相互影响、相互促进的互动关系。④ 外国直接投资在中国经济增长中存在资本效应和外溢效应两方面的作用。⑤ 它促进了中国经济增长和资本形成。⑥ 而且它改变着中国经济增长的方式，提高了中国经济增长的质量。⑦ 虽然20世纪90年代后半期中国工业部门引进外商投资在总体上对内资部门产出增长起到了积极的促进作用，外商投资的外溢效应为正，但这一外溢效应的作用并不是太大。⑧ 它对中国某些经济变量有相当程度的影响，但不是对所有变量都有影响。⑨

外商直接投资企业发展是造成中国地区经济不平衡的一个影响因素，但不是主要因素。在1985~1999年，东部发达地区与西部落后地区之间GDP增长率的差异，大约有90%是由外商投资引起的。⑩ FDI的区域分布不能有效解释各地区经济的不平衡状况，相反，国内投资的区域差距，特别是在投资效率上的显著差别，是造成区域经济差距长期存在的主要因素。⑪ 外资企业对沿海地区经济增长具有显著影响，但并非是促使这些地区经济增长的最主要影响变量。⑫ 地区引资模式不同产生的经济增长效果可能也不同。在区域发展层面，以进口替代加资本深化为特征的"上海模式"，在促进地区和全国经济发展方面，确实优于以出口导向加劳动密集

---

① 杜江. 外国直接投资与中国经济发展的经验分析. 世界经济，2002（8）.
② 于津平. 外资政策、国民利益与经济发展. 经济研究，2004（5）.
③ 杜江，高建文. 外国直接投资与中国经济增长的因果关系分析. 世界经济文汇，2002（1）.
④ 萧政，沈艳. 外国直接投资与经济增长的关系及影响. 经济理论与经济管理，2002（1）.
⑤ 江锦凡. 外国直接投资在中国经济增长中的作用机制. 世界经济，2004（1）.
⑥ 黄华民. 外国直接投资与我国实质经济关系的实证分析. 南开经济研究，2000（5）.
⑦ 江小涓. 中国外资经济：对增长、结构升级和竞争力的贡献. 中国社会科学，2002a（6）.
⑧ 潘文卿. 外商投资对中国工业部门的外溢效应——基于面板数据的分析. 世界经济，2003（6）.
⑨ 陈浪南，陈景煌. 外商直接投资对中国经济增长影响的经验研究. 世界经济，2002（6）.
⑩ 魏后凯. 外商直接投资对中国区域经济增长的影响. 经济研究，2002（4）.
⑪ 武剑. 外国直接投资的区域分布及其经济增长效应. 经济研究，2002（4）.
⑫ 李小建. 外商直接投资对中国沿海地区经济发展的影响. 地理学报，1999（5）.

为特征的"广东模式",只是前一模式本身存在着严重的可持续性问题。①

外资企业发展对中国经济发展产生的影响效果体现在多个方面,难以实证检验理论观点与实践之间的吻合程度,不过理论结果与中国经济发展实际走向基本一致。外资企业对中国经济增长影响程度已经有许多实证研究的结果,1983~1999年中国利用外商直接投资与GDP增长的综合弹性比为0.121,即外资每增加1%,GDP平均增长0.121%,20年来中国GDP年均9.7%的增长速度中,大约有2.7个百分点来自利用外资的贡献。②笔者完全赞同主流理论对外资企业在华发展所产生的经济发展与经济增长积极贡献的肯定看法。外资企业每年对GDP增长的贡献度可能有差别,但引进外资企业对GDP增长具有正向贡献的理论认识与实践是相符的,否则的话各地方政府不会不惜血本引进外资。

二、就业、工资和人力资源效应

外资企业在华发展对中国经济最直接的影响就是劳动就业。它对于促进中国劳动力市场形成、劳动力地区间移动、城乡劳动力结构变化、就业增长、人力资源形成和工资结构性变化等具有积极的意义。理论界对这些问题都有一些研究成果,这些成果主要围绕外企发展对就业、工资和人力资源三个方面的效应展开,对中国有关部门制定外资企业劳动就业政策提供了理论依据。

外商在华直接投资对中国经济发展的积极作用之一是促进中国就业结构的演进,推进农业劳动力向非农产业的转移,促进劳动力素质结构升级。③FDI对经济增长的作用具有鲜明的人力资本特征,各地区必须跨越一定的人力资本门槛才能从FDI中获益。④虽然FDI就业份额仍然较小,但由于其增长速度非常快,使得该领域就业对中国总体就业增长的贡献率很高。⑤

不同观点认为,外商直接投资对中国就业的促进并不明显。⑥尤其是,

---

① 卢荻. 外商投资与中国经济发展——产业和区域分析证据. 经济研究, 2003 (9).
② 赵晋平. 综合评价利用外资对经济增长的促进及作用, 2011, 国务院发展研究中心网, http://www.drcnet.com.cn/new_product/drcexpert1/showdoc.asp?doc_id=123001.
③ 张二震, 任志成. FDI与中国就业结构的演进. 经济理论与经济管理, 2005 (5).
④ 王志鹏, 李子奈. 外商直接投资、外溢效应与内生经济增长. 世界经济文汇, 2004 (3).
⑤ 蔡昉, 王德文. 外商直接投资与就业——一个人力资本分析框架. 财经论丛, 2004 (1).
⑥ 黄华民. 外商直接投资与我国实质经济关系的实证分析. 南开经济研究, 2000 (5).

20世纪90年代中期以来,随着在中国的外商直接投资由劳动密集型加工行业向资本和技术密集行业发展,直接增加就业的作用明显弱化,导致就业效应发生了变迁。[①]甚至外资既有增加就业的正效应,也有排除就业的负效应。[②]

跨国公司为了在投资东道国树立良好的企业形象与建立良好的公共关系、减少员工的流动性以避免给当地的竞争对手带来技术外溢、降低信息不对称等,往往会支付较高的工资。同时,通过正向工资外溢效应对当地企业支付的工资水平造成影响,拉大地区(尤其是东西部地区)工资差距。跨国公司通过增加劳动需求、工资溢出对投资东道国的整体工资水平造成影响,造成东道国工资水平有上升的压力和趋势。跨国公司对当地员工的培训,提升了他们的技术水平,也变相地提高了这部分人的工资水平。李雪辉、许罗丹(2002)利用中国宏观数据进行经验分析发现,通过提高当地的熟练劳动力的工资水平,FDI可以提高外资集中地区的工资水平,而且来源地不同的直接投资对工资有不同的影响,但对劳工流动性的影响不大。[③]

但陈利敏和谢怀筑(2004)的实证分析却表明:外商直接投资的参与程度对整体工资水平没有显著影响,而对工资结构的影响比较明显;外商直接投资提高了高素质劳动力的工资水平,对简单劳动力的工资水平影响较小,甚至是负的影响;外商直接投资投入比例越大的行业,外资企业的工资水平越高,而国内企业的工资水平越低;同时,外商直接投资参与程度对不同行业工资水平的影响也明显不同;外商直接投资对东部地区的工资水平提高有显著贡献,而对中西部地区没有显著影响。[④]

外资企业在华发展对中国就业、工资和人力资源形成产生了较大的积极作用。随着外资进入规模的不断扩大,外资企业吸收中国劳动力数量逐年增加,对全国城镇就业的增加做出了很大贡献。国家统计局《中国统计年鉴》数据显示,在华外资企业就业人数由1993年的288万人增加到2006年的1340万人。在外商投资企业中直接就业人员约占全国城镇劳动就业人口的10%以上。如果将直接或间接从事与外资企业有关的配套加工、服务等劳务人员计算在内,外资企业在华发展对就业的积极影响会更

---

① 邱晓明.外商直接投资的就业效应变迁分析.中国软科学,2004(4).
② 余永定.FDI对中国经济的影响.国际经济评论,2004(2).
③ 李雪辉,许罗丹.FDI对外资集中地区工资水平影响的实证分析.南开经济研究,2002(2).
④ 陈利敏,谢怀筑.外商直接投资对我国工资水平的影响分析.山东经济,2004(6).

大。正如理论界所揭示那样,外资企业对培养产业工人、培训技术及管理人才以及形成高素质人力资源起到了积极作用,这些在外企就业的劳动者工资水平比同类在国有企业和私人企业里就业的劳动者工资普遍高出一块,对增加劳动者工资收入水平起到一定作用。理论揭示与事实基本相符。不过,毕竟在外资企业就业的规模有限,外企工资外溢效应对整个社会工资水平决定所起的作用非常有限。

三、贸易效应和产业效应

理论界关于外企在华发展所产生的贸易效应和产业效应的成果非常丰富,涉及的理论层次较深,意见分歧也比较大。在贸易效应方面,主流理论基本上赞同外企发展对中国出口贸易增长、出口商品结构升级、出口竞争力等产生的积极作用。在产业效应方面,多数学者赞成外企发展对中国产业发展产生了外溢效应,部分学者强调外资企业行业内溢出的条件差别。这些研究成果加深了中国对外资企业发展的认识,为制定《引进外资产业指导目录》以及有关政策提供理论依据。

一般认为在华外商企业发展产生了积极的贸易效应,推动了中国出口增长,提升了中国产品出口竞争力水平,带动了中国企业参与全球产品价值链竞争[1][2][3]。江小涓(2002a)从出口总量、出口结构、出口产品技术水平等多方面对 FDI 的贸易效应进行了较为全面的定量分析。[4] 外商投资企业对扩大中国出口规模和提升中国出口商品的结构作出了突出的贡献。[5] 奚君羊、刘卫江(2001)也认为,在 99% 的显著水平上,外商直接投资对中国进出口贸易,特别是工业制成品出口和进口的促进作用十分明显。[6]

也有不完全相同的看法。严兵(2006)通过比较 FDI 对各地区出口竞争力指数变化所发挥的作用发现,外资进入有力地提升了东部地区的出口竞争力,但并未对西部地区产生明显影响,而在中部地区甚至产生了一定

---

[1] 冼国明. 促进关联——东道国外资竞争政策的新趋势. 国际经济合作, 2002 (1).
[2] 詹晓宁, 陈建国. 出口竞争力与跨国公司 FDI 的作用. 世界经济, 2002 (11).
[3] 戴金平. 外国直接投资与中国的出口竞争力. 南开经济研究, 2003 (5).
[4] 江小涓. 中国外资经济:对增长、结构升级和竞争力的贡献. 中国社会科学, 2002a (6).
[5] 江小涓. 中国出口增长与结构变化:外商投资企业的贡献. 南开经济研究, 2002b (2).
[6] 奚君羊, 刘卫江. 外商直接投资的贸易效应实证分析. 上海财经大学学报, 2001 (6).

的负面作用。[1] 冼国明、严兵、张岸元（2003）依据中国改革开放以来的数据，分析得出FDI与中国的出口之间存在长期的均衡关系。[2] 中国产品竞争力的变化有较强的路径依赖，FDI虽然不是中国产品出口竞争力的决定因素，但是打破这种路径依赖的重要原因。[3]

外商直接投资企业发展不仅推动着中国工业的持续增长，而且改变着中国工业增长的方式，提高了中国工业增长的质量；[4] 促进了中国工业化进程，加快了工业结构升级，外商在华投资进入从加工组装向制造基地转变的新阶段。[5] 外资企业在华有积极的行业内溢出效应。[6][7][8] 实证结果表明，外资在中国工业部门各行业产生了显著的溢出效应，内外资企业之间的相互竞争对二者的生产效率有着明显的促进作用。[9] 中国西部地区经济发展水平还未跨过外商投资起积极作用的门槛，而东部地区内资工业部门技术水平的提升已使外商投资的正向外溢效应变小，中部地区当前外商投资的正向外溢效应相对较大。[10]

但理论界对外资企业产业效应也有不同的看法或者溢出条件。外资企业行业内溢出可能受内外资企业技术差距、外资企业来源地、行业增长等因素影响。在产业发展层面上，外商投资确实有助于改进资源配置效率，然而这种贡献却是以妨碍生产效率改进为代价的。[11] 内外资企业技术差距较小行业中，外资企业溢出效应才是充分的。[12][13] 相反结论认为，技术差距较大的行业里外资企业产生溢出效应。[14] 而来自OECD国家的外资企业比来自港澳台地区的企业产生的溢出效应更大。[15] 总体上，行业增长是影响

---

[1] 严兵. FDI与中国出口竞争力. 财贸经济，2006 (8).
[2] 冼国明，严兵，张岸元. 中国出口与外商在华直接投资——1983~2000年数据的计量研究. 南开经济研究，2003 (1).
[3] 谢建国. 外商直接投资与中国的出口竞争力———个中国的经验研究. 世界经济研究，2003 (7).
[4] 江小涓，李蕊. FDI对中国工业增长和技术进步的贡献. 中国工业经济，2002 (7).
[5] 江小涓. 从加工组装向制造基地转变——外商在华投资进入新阶段. 国际贸易，2002c (3).
[6] 潘文卿. 外商投资对中国工业部门的外溢效应——基于面板数据的分析. 世界经济，2003 (6).
[7] 陈涛涛. 影响中国外商直接投资溢出效应的行业特征. 中国社会科学，2003 (4).
[8] 喻世友，史卫，林敏. 外商直接投资对内资企业的溢出渠道的研究. 世界经济，2005 (6).
[9] 严兵. "以竞争换技术"战略与外资溢出效应. 财贸经济，2005 (1).
[10] 潘文卿. 外商投资对中国工业部门的外溢效应——基于面板数据的分析. 世界经济，2003 (6).
[11] 卢荻. 外商投资与中国经济发展——产业和区域分析证据. 经济研究，2003 (9).
[12] 陈涛涛. 影响中国外商直接投资溢出效应的行业特征. 中国社会科学，2003 (4).
[13] 周燕，齐中英. 基于不同特征FDI的溢出效应比较研究. 中国软科学，2005 (2).
[14] 严冰. 外商直接投资的溢出效应——基于产业层面的研究. 世界经济研究，2005 (3).
[15] 周燕，齐中英. 基于不同特征FDI的溢出效应比较研究. 中国软科学，2005 (2).

FDI 行业内溢出效应的重要因素，而且在内资企业国际市场倾向较低行业中，集聚性溢出效应相对充分，竞争性溢出效应只产生于增长性行业；在内资企业国际市场倾向较高的行业中，竞争性溢出效应相对充分，集聚性溢出效应不仅在增长行业中没有特别充分体现，甚至在不增长行业中出现明显的挤出效应。[1]

张建华、欧阳轶雯（2003）研究表明，广东省 FDI 外溢过程中，示范—模仿效应和联系效应的效果较为显著，且形成了一定的聚集效应；FDI 在行业中外溢效应小于在地区内的外溢效应；各城市的经济技术水平和政策因素强烈影响 FDI 的外溢效果。[2] 赵果庆（2006）研究发现，跨国公司聚集中国主导工业群，促进中国工业结构竞争力提升，但也应看到跨国公司控制了中国高技术型主导工业，从而导致中国工业结构竞争力"空心化"的潜在风险。[3] 许罗丹、谭卫红（2003）也分析了聚集效应对中国吸引外资的影响。[4]

引进外资企业如同梨树嫁接，肯定充实和壮大中国工业基础，产生一定程度的行业内溢出效应，促进工业化和产业结构变化，推动工业规模增长及质量提高，提升出口贸易竞争力，扩大出口规模。无疑，外资企业对中国工业和贸易发展及增长有着积极意义。由于外资成分复杂，其产业和贸易的积极溢出效应肯定存在差异、条件以及不同效应。有人质疑外资产生挤出效应。笔者认为外资引入是一个优化资源配置的过程，缺乏效率的资本被挤出是经济的，并非引进外资的错误。不能因为存在挤出效应而否定引进外资的积极意义。

四、技术及管理知识外溢效应

理论界关于外资企业在华能否带来技术溢出效应，以及在多大程度上、以什么方式溢出讨论异常激烈，形成了大量研究成果。尤其关于"以市场换技术"战略是否成功争论颇多。大多数学者支持外资企业带来正面的技术及管理知识溢出结果，不过一部分学者持不同观点，认为溢出效果不明显或有限，甚至为负效应。这些理论研究虽然研究的是外资企业的技

---

[1] 陈涛涛，陈娇. 行业增长因素与我国 FDI 行业内溢出效应. 经济研究，2006（6）.
[2] 张建华，欧阳轶雯. 外商直接投资、技术外溢与经济增长——对广东数据的实证分析. 经济学，2003（2-3）.
[3] 赵果庆. 跨国公司对我国工业结构竞争力的影响研究. 财贸经济，2006（6）.
[4] 许罗丹，谭卫红. 外商直接投资聚集效应在我国的实证分析. 管理世界，2003（7）.

术及管理知识溢出问题，但涉及国家技术进步政策和外资政策，实践意义重大。

主流理论认为，外资企业在中国发展产生了技术溢出效应。[1][2][3][4][5] 外资企业对中国工业生产率提高和技术进步起到了不可低估的作用，是解释中国经济增长奇迹的最重要变量之一。[6] FDI可以通过技术外溢效应使东道国的技术水平、组织效率不断提高，从而提高国民经济的综合要素生产率。[7] 外商投资企业对整体经济的全要素生产率的贡献，主要表现为：向有关企业技术转移、对同一行业或相关行业的技术溢出效应、促进产业结构向符合比较优势原则转化、促进经济体制向符合市场原则转化等。[8] 外商直接投资对本国内资企业技术外溢作用的途径包括人才流动、当地配套、技术交流、技术合作、技术示范和技术竞争。[9] 外资对沿海地区技术水平和管理水平的提高有重要促进作用。[10]

外企对中国企业家具有一定的间接培训效果，直接培训效果不显著，为了获得更多外企示范和竞争所带来管理知识溢出效果，政府应当着眼于制定政策扶持本地企业，通过公平竞争缩小与外企之间的距离，促使外企在竞争中带来真正先进的管理经验和知识；通过教育培训本国企业家提高他们对外来管理知识及经验的吸收能力。[11] 范飞龙（2005）对上海市实证研究表明，在金融市场上，跨国公司投资对上海经济的技术溢出效应作用并不显著；管理溢出效应虽然统计检验显著，但整体效应却非常微弱。[12]

即使外资企业具有某种技术外溢，其结果或者条件也不同。外商直接投资虽然促进了中国的技术进步，但这一作用主要是通过外资企业自身要素生产率的提高，外资企业对国内企业的技术溢出效果并不明显，而且外

---

[1] 江小涓. 吸引外资对中国产业技术进步和研发能力提升的影响. 国际经济评论, 2004（2）.
[2] 何洁. 外国直接投资对中国工业部门外溢效应的进一步精确量化. 世界经济, 2000（12）.
[3] 潘文卿. 外商投资对中国工业部门的外溢效应——基于面板数据的分析. 世界经济, 2003（6）.
[4] 陈涛涛. 影响中国外商直接投资溢出效应的行业特征. 中国社会科学, 2003（4）.
[5] 许罗丹, 谭卫红, 刘民权. 四组外商投资企业技术溢出效应的比较研究. 管理世界, 2004（6）.
[6] 胡祖六. 关于中国引进外资的三大问题. 国际经济评论, 2004（3-4）.
[7] 沈坤荣, 耿强. 外国直接投资、技术外溢与内生经济增长——中国数据的计量检验与实证分析. 中国社会科学, 2001（5）.
[8] 卢荻. 外商投资与中国经济发展——产业和区域分析证据. 经济研究, 2003（9）.
[9] 于津平. 外资政策、国民利益与经济发展. 经济研究, 2004（5）.
[10] 李小建. 外商直接投资对中国沿海地区经济发展的影响. 地理学报, 1999（5）.
[11] 袁诚, 陆挺. 外商直接投资与管理知识溢出效应：来自中国民营企业家的证据. 经济研究, 2005（3）.
[12] 范飞龙. 跨国公司投资对中国经济的溢出效应——上海市的实证研究. 财贸经济, 2005（4）.

商直接投资的技术进步作用存在较大波动性。[①] 外资活动产生的负向竞争效应抑制了内资部门技术效率的增长，外资企业正向竞争效应而非技术扩散推动了内资工业部门的技术进步；内资高科技行业研发吸收能力较低，结果不仅没能吸收外企先进技术反而出现逆向技术扩散，一般行业内资吸收能力比高科技行业强，但外企技术扩散效应也不明显。[②] FDI 外溢效应的发挥受当地经济发展水平的门槛效应制约，外溢效应对当地经济的正向促进作用的发挥，必须建立在经济发展水平的提高、基础设施的完善、自身技术水平的提高和市场规模扩大的基础上，单纯提高一个地区的经济开放程度对提高 FDI 的外溢效应水平是没有意义的，甚至有负面作用。[③] 外资技术水平相对越高，对内资企业的溢出效应越大。[④]

也有学者担心中国对外资企业技术依赖的风险。跨国公司在华投资对中国工业技术进步的积极作用是有限的，而且对中国的高新技术企业的发展具有某种程度的抑制作用。[⑤] 大量外资流入使得国内自主研发和创新能力的提高进展缓慢，而且对外资技术产生了依赖，依靠外资推动技术进步成效不显著。[⑥] 通过 FDI 实现技术有效追赶的难度加大，这主要源于技术追赶过程中研发创新的复杂性增加、对基础研究依赖性加重以及 FDI 母国的技术封锁。[⑦] 外资企业对中国经济增长的技术贡献率却十分有限。[⑧] 总体上外商直接投资对中国工业企业的技术进步没有明显的作用。[⑨] 总体来说，"以市场换技术"的方针，在一定层面上取得了成效，但不能从根本上解决一个大国的科技进步问题，让关键技术和标准掌握在外国跨国公司手里，中国的技术依赖性将越来越大。[⑩]

外资企业不可能使中国企业的技术能力得到成长，这不是它们的愿望。外资进入占有了市场，内资企业却没有获得技术外溢效果，结果市场没有换来技术。从中国引进外商投资的情况来看，所引进的技术大多数是

---

① 包群，赖明勇. 中国外商直接投资与技术进步的实证研究. 经济评论，2002 (6).
② 张海洋. R&D 两面性、外资活动与中国工业生产率增长. 经济研究，2005 (5).
③ 何洁. 外国直接投资对中国工业部门外溢效应的进一步精确量化. 世界经济，2000 (12).
④ 严兵. "以竞争换技术"战略与外资溢出效应. 财贸经济，2005 (1).
⑤ 王雪峰，徐勇. 跨国公司在华投资与中国工业的技术进步. 科技与管理，2002 (1).
⑥ 王春法. FDI 与内生技术能力培育. 国际经济评论，2004 (3-4).
⑦ 杜健，顾华. 基于产业技术创新的 FDI 技术溢出研究述评. 财贸经济，2007 (4).
⑧ 胡立法. "索洛剩余"与外资对中国经济增长的技术贡献率实证分析. 世界经济研究，2003 (10).
⑨ 王飞. 外商直接投资促进了国内工业企业技术进步吗？世界经济研究，2003 (4).
⑩ 杨帆. 技术进步不能全靠外资. 环球时报，2007-03-13.

二、三流技术，真正属于世界领先技术的很少，这与中国试图通过引进外资来引进国外先进技术和管理经验的目标相差甚远。即使有些外商带来了高新技术，但也极力防范中方企业，甚至打压中方企业。由于中外企业之间在人才管理和待遇方面的明显差距，中国企业尤其是国有企业投入大量资源、提供大量机会培养的高级人才纷纷流向外资企业，造成国内企业人才及技术的严重流失。外资企业大量高薪挖走中国国有企业顶尖人才，以极低成本获得技术秘密或商业秘密，发生技术大量倒流到跨国公司的问题。跨国公司直接投资带来的人才流动很大程度上是"逆向"流动，产生技术流动的负效应。而且，一味追求低成本的外企不太可能带来显著的技术溢出效应。所以，主流理论基本认为引进外资具有一定的间接技术溢出效果，但是不可能直接获得外资所带来的技术。只有通过本国企业提高自身学习、模仿和技术积累能力，吸收、消化外资技术溢出并加以再创新，才能获得属于自己的技术能力。实践中，中国引进外资促进了一些产业技术进步，但内资企业没有从外资企业那儿获得关键技术，例如，重要信息技术、医药、汽车、航空、环保以及能源等。在这些领域中国没有通过引进外资掌握核心技术。中国作为一个大国不可能指望外资技术支撑社会经济发展，必须加强自主创新能力。国家领导人和有关政府部门已经认识到靠引进外资获得技术的局限性，提出了加强自主创新和建设创新型国家的战略转变。如果中国在技术上特别是具有战略意义产业的技术上总是处于落后地位，将无法和国外竞争，也将危及中国的产业安全乃至整个国家的经济安全。

五、市场化、国际化和制度化效应

外资企业在华发展对中国现代化进程产生的潜在的间接影响就是促进中国市场化、国际化进程，推动中国有关制度的改革、建设和完善。外资企业带来了先进的市场化、国际化导向很强的生产经营管理模式，促进了国内企业管理水平的提高，同时推动了中国政府建立与之相适应的经济管理体制，促进了市场经济体制的形成。这方面专题的研究成果不多见，散见于有关外资研究的文献之中。理论界基本上肯定外资企业对中国市场化、国际化和制度化形成所做出的积极贡献，基本没有不同声音。

中国引进外商企业推进了经济体制改革，扩大了市场开放领域和市场准入条件，改变了市场结构，提高了市场化水平和竞争度，促进了经济外向化和国际化，改进了政府管理方式。外商直接投资的大量流入不但缓解东道国经济发展过程中的资本短缺，而且加快了国民经济工业化、市场化和国际化的步伐。①

外商直接投资企业在华发展对中国企业制度的改革起到了示范作用，引入了现代企业制度和企业家精神，奠定了中国经济体制转型的微观基础，为中国市场化改革推进提供了示范。外商直接投资给东道国带来的不仅是生产要素的流入，更重要的是市场经济运行机制的输入和市场供求关系的显著改革，外商直接投资的流入能加速东道国市场体系的发育，加快东道国市场结构的演变速度，而外商直接投资对东道国经济运行的实际影响则是与市场结构密切地联系在一起的。②虽然跨国公司有垄断愿望，但是随着中国不断深化的开放与改革，跨国公司不仅本身以竞争行为为主，而且成为促进中国竞争性市场结构形成的重要因素。③

跨国公司在华分支企业通过与国内配套企业开展合作，带动国内企业参与产品全球价值链竞争，促进了国内企业配套、代工、出口贸易和走出去开展跨国投资等国际化倾向。外商直接投资促进了中国企业内向国际化。④大型跨国公司增加在华投资的重要性，不仅体现在通过资本供给推动经济增长，更重要的是，对于提升中国产业结构、推进技术进步和加大经济国际化程度都产生积极影响。⑤

外商企业在华发展对中国经济及其制度改进都是史无前例的，对东道国经济生活的影响广泛而深刻得多，其中最重要的是对经济生活中制度安排的影响。⑥随着外资的大量流入，必然要求引进和建设适应市场机制的制度文化，这包括适应新的产权制度、市场运行机制和市场管理制度的各种法律法规，还包括为这种新制度做宣传的各种媒体和传播，以及认同新制度的社会心理和行为方式，而承载所有这些新制度文化的话语，也同样令人耳目一新。⑦

外资企业在华发展所产生的制度变革和示范效应对中国经济体制改革深化具有重要意义。外资企业对中国经济体制改革产生了由微观经济基础

---

① 沈坤荣，耿强. 外国直接投资、技术外溢与内生经济增长——中国数据的计量检验与实证分析. 中国社会科学, 2001 (5).
② 陈飞翔. 市场结构与引进外商直接投资. 财贸经济, 2002 (2).
③ 江小涓. 跨国投资、市场结构与外商投资企业的竞争行为. 经济研究, 2002d (9).
④ 李骥. 外商直接投资经济实效与中国企业内向型国际化. 改革, 2005 (1).
⑤ 王洛林，江小涓，卢圣亮. 大型跨国公司投资对中国产业结构、技术进步和经济国际化的影响（上、下）. 中国工业经济, 2000 (4-5).
⑥ 陈飞翔. 市场结构与引进外商直接投资. 财贸经济, 2002 (2).
⑦ 裴长洪. 用科学发展观丰富利用外资的理论与实践. 财贸经济, 2006 (1).

向上层建筑逆向制约作用，要求上层建筑做出适当调整，形成适宜其成长的制度环境和社会环境。这种作用是对整个中国社会经济制度产生潜移默化的深刻影响。由此可见，改革与开放是相互关联的两个方面。

第二节　中国外商投资企业发展产生负面效果的理论

理论界在肯定改革开放 30 多年引进外资取得成就的同时，也研究和发现了一些引进外资产生的问题。由于中国吸收和利用外资企业缺乏经验，在如何有效管理外商投资企业上研究不够，有关政策法规不健全，政府监管不力，导致在华外商投资企业发展带来了一些负面的效果。这些负面效果及其观点集中表现在税收等优惠政策导致不公平市场竞争、产业及地区结构失衡、生态环境及资源紧张、劳工条件恶劣、偷逃避税、损害消费者权益等方面。一些主流理论成果基本反映了有关负面情况，已经引起社会广泛关注，为国家有关部门改进和制定新政策提供决策参考。

这些问题并不是外资企业发展必然、固有的问题，而是政府缺乏有效监管造成的问题。在利用外资政策方面，过去我们只注意开放和扩大准入领域，但对市场规则和产业的标准化管理和监督，以及社会责任管理和监督重视不够。[1] 解决这些问题有赖于政府以国民待遇对待外资企业，切实履行职责，加强监管和执法力度。

一、优惠政策引起市场扭曲

理论界对国家外资优惠政策产生的积极效果和消极后果都开展了讨论。从优惠政策的消极后果来看，主流研究主要侧重优惠政策的实施效果变化及其导致市场扭曲和不公平竞争的不良后果。这些理论成果发现的问题与现实观察的情况比较接近，这些成果对于国家调整外资优惠政策起到了推动作用。

自改革开放以来，中国通过外资优惠政策吸引了大量的外资来华投资。优惠政策降低进入成本，对外资经营成本进行补贴，提高外资获利水

---

[1] 裴长洪. 用科学发展观丰富利用外资的理论与实践. 财贸经济，2006 (1).

平。税收优惠政策是引导外商直接投资流向的主要因素，这些政策基本实现了在特定的时期将外资引向特定地区的政策目标。① 外资优惠政策对中国经济发展起到了积极的作用。而且优惠政策产生积极作用是有条件的。无论是限制外商直接投资还是对外商直接投资采取过多的优惠政策均不能使短期内国民利益达到最大；但从动态考虑，外资优惠政策能否提高国内居民的福利水平取决于外资企业对内资企业技术水平的影响；外资优惠政策力度的确定应考虑外资企业对内资企业发展的影响，对于有利于本国内资企业技术进步的外资企业实行优惠政策会有利于国民福利水平的提高，而对于不能带动内资企业发展的外资企业实行优惠政策不仅会损害国民的短期利益，而且会有损国民的长期利益。②

但是随着中国改革不断深化，市场经济体系逐渐确定的今天，外资优惠政策在整个改革和市场经济体系中就显得不适应了。给外资企业超国民待遇导致内外资企业经营环境差异很大。政府不仅在市场准入，而且在税收优惠、融资条件、土地使用、环境影响和劳资关系等政策方面对外资加以扶持，导致内外资经营环境明显不平等。而且长期优惠政策导致内外资企业产品不公平市场竞争，严重扭曲了市场环境，破坏了市场公平竞争的运行机制。外资优惠政策在失业问题、产业问题、技术问题、市场结构四个方面对国家经济安全产生了负面的不利影响。③ 外资企业依靠其本身强大的财力，并借助中国政府给予的这些特殊优惠政策，在中国迅速发展壮大，形成不公平的市场竞争条件，占有了市场，冲击中国名牌产品，挖走国内技术骨干，使国内企业极为被动，甚至破产，工人大批下岗，在社会保险不健全情况下，严重影响了社会的安定。现行的外资优惠政策是造成在华外资企业垄断势力的重要因素，在华外资企业利用垄断势力进行产业控制和限制竞争的行为已经十分明显，应当根据国民待遇和公平竞争的市场经济原则，以规制性的外资政策取代现行的激励性的外资政策。④

东道国对跨国公司 FDI 的促进政策大致经历了第一代以提供激励性优惠措施为主；第二代注重 FDI 规制框架的自由化变革；第三代强调当地企业与跨国公司关联的三代进程。中国目前已经过渡到引资的第二代至第三代时期，继续实施第一代政策已经没有多大意义。优惠政策不再是吸引外

---

① 李宗卉，鲁明泓. 中国外商投资企业税收优惠政策的有效性分析. 世界经济，2004 (10).
② 于津平. 外资政策、国民利益与经济发展. 经济研究，2004 (5).
③ 魏浩. 我国外资优惠政策与国家经济安全思考. 经济体制改革，2003 (1).
④ 陈柳. 外资优惠政策与外资企业垄断. 产业经济研究，2006 (2).

资的主要因素；地区的开放度和产业集聚所产生的关联效应，才是外商投资区位选择的最主要的驱动力；低层次的地方专业化并不对吸引 FDI 有利。① 通过对在广东的美国、日本、欧盟和中国港澳台资企业的调查也发现，优惠政策吸引力仅排在所有影响投资决策因素的倒数第二位；企业的要求转向降低和逐渐消除国内贸易壁垒、提高政策的透明度、开放服务业等方面。② 不过，刘建民、印慧（2004）并不同意降低优惠政策地位的做法，他们认为，在保持现有税收优惠政策稳定性和连续性的基础上，应采取多种税收优惠方式、突出产业导向性、调整区域税收优惠的实施方位、统一内外资企业所得税优惠政策来进一步完善中国外商直接投资税收优惠政策。③

外资优惠政策不仅造成市场扭曲，而且造成内外资差别待遇，因此产生了"假外资"问题，也造成了巨大的国有资产流失和贪污腐败机会。鉴于优惠政策导致市场扭曲、间接滋生贪腐以及其实施效果发生了变化，优惠政策采取方式、导向和方位等应该适当调整，适当进行行业差别优惠和地区差别优惠。同时，国家更多地把外资企业看做本国企业，与内资企业一视同仁，实行国民待遇。这样既减少国家利益损失，又有利于建立公平竞争的市场秩序，提高外资质量和层次，减少只追逐优惠政策的低层次外资企业引进。

二、偷、逃、避税及转移利润

外资企业日益增多，既为中国经济发展提供了有益的补充，同时也带来了突出的税收流失和财富国际转移问题。理论界主要关注外资企业偷、逃、避税及转移利润的状况和方式方法以及危害。这些研究和讨论对于国家完善政策法规具有参考意义。

据统计，全国外商企业亏损面在 40%~50%之间，其中约 70%属于账面上假亏。虽然中国制定了较多的针对外资的优惠措施，使外资企业的税负水平并不高，但仍然存在外资企业将利润转移至较高税负的地区，外资企业逃避国内税收的现象越来越严重。④

---

① 梁琦. 跨国公司海外投资与产业集聚. 世界经济, 2003 (9).
② 冼国明, 葛顺奇. 跨国公司 FDI 与东道国外资政策演变. 南开经济研究, 2002 (1).
③ 刘建民, 印慧. 外商直接投资税收优惠政策国际比较与借鉴. 财经理论与实践, 2004 (6).
④ 陈若虚. 我国外资企业逃避税收的原因、表现形式和对策. 商业研究, 2005 (2).

一些不法外商偷、逃、避税及转移利润的手法花样翻新，诡计多端。跨国公司的内部贸易是跨国公司的重要经营方式，而跨国公司在进行内部贸易时又广泛采用了转移定价策略。一些外商投资企业最常见的避税方式是转让定价，转让定价的运用使跨国企业整体税负降低。利用中国法制尚不健全，采取高价进原料、设备，低价出口成品逃避税收，使企业应上缴国税和中方应分享的利润转移到外商手里，造成企业虚亏实盈的局面。通过转移定价，跨国公司达到了避税及其他目的，造成了东道国税收的大量流失及其他多方面的不良影响。[1]

有的外商利用中国一些经济特区三年免税的优惠政策搞短期小项目投资，三年后就转移，到处流窜，偷税漏税。外商投资企业还存在滥用税收优惠的问题，它们通常实施"金蝉脱壳"之计，即在享受完优惠后，将原企业资金撤走，再在异地投资另成立一家外商投资企业，重新享受优惠；有的外商投资企业存在偷税问题。[2] 还有一些外商利用中国优惠政策搞"假投资"，他们利用外资企业的名称，骗取国内银行贷款和用企业资金充抵外汇投资，转嫁投资风险，给中方造成严重损失。

在合资企业中，还存在着逆向避税的现象，即境外税负高于中国时，合资企业仍向境外转移利润，这样做的原因在于外商可独占转移出去的利润，而不用与中方合资者按比例分配。目前，外资企业的利润汇出额，还不大，一旦发生经济波动，外资企业大量汇出利润，就可能发生国际收支风险，有的学者把它称为长期债务。[3]

外商偷、逃、避税及转移利润严重损害了中方利益，造成巨大的国家税收流失和合资企业利润流失，甚至可能引起国际收支风险。理论界对一些不法外商偷、逃、避税及转移利润的行为深入分析，发现种种不法行为的不齿做法，反映了国家对这些外资企业违法行为所采取政策措施存在漏洞。理论界需要进一步加强会计制度、税收监管等方面基础理论和实务操作研究，为完善现有政策和进一步制定新政策奠定理论基础。

三、"血汗工厂"

中国成为世界工厂的趋势越来越明显。然而，这个工厂带有"血汗工

---

[1] 王丰国. 跨国公司转移定价中的避税与反避税分析. 商业研究, 2006 (2).
[2] 王祥修, 朱凯. 外商直接投资存在的问题、原因及对策. 企业经济, 2004 (5).
[3] 余永定. FDI对中国经济的影响. 国际经济评论, 2004 (2).

厂"的味道。理论界对外资企业存在的"血汗工厂"问题进行了揭露，分析产生"血汗工厂"的深刻社会经济背景。这些研究对于认识外资剥削性质、中国社会经济问题和劳动就业状况都具有重要意义。

中国充裕而廉价的劳动力是吸引外商投资的优势。然而，"廉价劳工"是不该引以为荣的优势。[①] 在一部分外资企业里的廉价劳工劳动报酬和劳动条件令人堪忧，存在"血汗工厂"问题。据中华全国总工会对广东省外资企业进行的一项调查发现，有25%的员工不能按时领取工资；有近一半的员工被迫每天工作8小时以上；有约62%的员工一周工作7天。对于这些外来民工来说，生存是第一位的，他们没有与企业主谈判的底气，只能接受这种不合理的安排。珠三角的"血汗工厂"大量存在，外来劳工除工资待遇低，经常遇到克扣工资的风险外，其工作及生活环境也十分恶劣，健康没有保障。中国外资企业的农民工管理，存在着普遍的"血汗工厂"现象。[②] 可以说，许多外资企业都把压榨员工的剩余价值作为降低生产成本，获取更多利润的一种主要手段。中国政府在劳动标准、劳动条件和劳动保障的制度建设和执法监管上还不适应开放型经济发展要求。

一些跨国公司无视中国有关法律法规，劳动部门仲裁和执法屡次受到阻扰，工会体系在外企甚至不让建立，职工合法权益得不到保护。中国《工会法》规定，任何企事业单位的职工都有依法参加和组织工会的权利，任何组织和个人不得阻挠和限制，然而，法律"矛"之利，却难破现实"盾"之固，在外资企业谈建工会，常吃闭门羹。[③]

消灭大量存在的"血汗工厂"，不是简单依靠加强劳动者保护及进行经济转型就能够解决的。"血汗工厂"不是珠三角的特有现象，而是中国整个经济的一个写照。关注"血汗工厂"更应关注"血汗农村"。[④] 实际上，珠三角近几年出台保护劳工权益的措施不少，但实际效果并不理想，外来民工还是要忍受各种不合理的待遇，"血汗工厂"依然在珠三角倒了一批又冒出一批，层出不穷。"血汗工厂"现象的产生具有种种必然性，在现有的社会环境下，在经济进入高成本的时代，面对外商把持销售终端挤压生产环节利润的情况，珠三角的企业主普遍采取的方式就是将成本转移到打工者身上，从而获取有限的利润空间。"血汗工厂"在过去一个时

---

① 尚鸣. 廉价劳工，不该引以为荣的优势. 华人时刊, 2006 (3).
② 聂正安. 农民工问题：一种企业管理视野的分析. 经济评论, 2006 (4).
③ 魏东, 邹巍, 邹德. 外企工会缺位挑战中国法律. 华人时刊, 2006 (11).
④ 孔善广. 关注"血汗工厂"更应关注"血汗农村". 中国社会导刊, 2006 (10S).

移的趋势。① 加入 WTO 后外商在华投资的"北上"趋势有所加快，而"西进"趋势则不太明显。②

外商投资企业在华区位决策受多种因素的影响，例如基础设施、劳动力工资、地理位置、接近市场的距离，等等。实证研究结果表明，外商直接投资趋于流向经济规模大、城市化水平高、基础设施完善、劳动力成本低廉、市场发育完善、政策优惠、外资集聚程度高的地区；竞争力弱的外资偏爱劳动力成本低廉、优惠政策较多、集聚程度高的地区；从总体上来看，外商直接投资的区位选择具有一致性和有效性。③ 外商在华直接投资行为面临诸多信息不对称和外部不确定性，外商直接投资的区位决策是对信息成本和集聚经济的理性反映，外商在华直接投资的区位选择取决于信息成本和集聚经济变量，此外，人力资本也是重要的区位因素。④ 沈坤荣、田源（2002）则强调人力资本因素对外资企业区位决策的同等重要意义，认为除了市场容量、劳动成本、市场化水平等因素以外，人力资本存量是影响 FDI 区域性选择和投资规模的重要因素，各地区应增加人力资本的积累，以提高利用外资的能力。⑤

外资来源地不同可能也会对不同因素的敏感程度不同。欧、美、日在华制造业投资区位主要受市场规模大小和集聚经济效果的影响，并具有向高工资地区集中的趋向；而韩国在华投资的分布则主要决定于地理和传统的经济文化联系；从省级地域单元来看，地区平均税负水平的高低对外商在华制造业投资的区位选择在统计上并没有显著的影响。⑥ 魏后凯、贺灿飞、王新（2001）对秦皇岛市 135 个外商投资企业来华投资的动机及其在秦皇岛市投资所考虑的区位因素进行了实证分析，发现影响因素可归纳为城市经济文化环境因素、交易成本因素、生产投入供应因素、市场因素以及投入成本因素。⑦

影响外资投资区位决策的因素可能多种多样，或许某项投资只受某一

---

① 贺灿飞，梁进社. 中国外商直接投资的区域分异及其变化. 地理学报，1999（2）.
② 魏后凯. 加入 WTO 后中国外商投资区位变化及中西部地区吸引外资前景. 管理世界，2003（7）.
③ 潘镇. 外商直接投资的区位选择：一般性、异质性和有效性——对江苏省 3570 家外资企业的实证研究. 中国软科学，2005（7）.
④ 贺灿飞，魏后凯. 信息成本、集聚经济与中国外商投资区位. 中国工业经济，2001（9）.
⑤ 沈坤荣，田源. 人力资本与外商直接投资的区位选择. 管理世界，2002（11）.
⑥ 魏后凯. 欧美日韩在华制造业投资的区位决定. 中国工业经济，2000（11）.
⑦ 魏后凯，贺灿飞，王新. 外商在华直接投资动机与区位因素分析——对秦皇岛市外商直接投资的实证研究. 经济研究，2001（2）.

个或几个重要因素影响。这种投资区位决策是一个难以研究清楚的复杂问题，许多研究只能依靠实际调查和访问取得数据信息。问卷设计科学性和数据真实性对研究结果影响较大。因此，这些研究成果都只能作为阶段性认识成果，新因素、新问题和新情况都可能成为新的影响因素。

二、股权及控制权决策

经过 30 多年的对外开放，跨国公司在华企业得到了长足的发展。跨国公司在华企业的股权结构变动的独资倾向日益明显。中国理论界对外资企业改变股权结构及公司控制权的目的、原因、方式、影响因素等问题进行探讨，这些研究成果增添了对外资企业投资经营行为的各种侧面素描，更加丰富了外资企业行为的完整图像。

随着中国引进外资规模的不断扩大，外商独资化趋势日益明显，普遍采取独资方式或增资扩权以实现控股权，这已经成为外商投资的主要方式。[1] 随着中国对外资企业股权限制的逐步放开，扩股增权已成为了外商投资中国的发展趋势之一，跨国公司纷纷对其在华合资企业追加投资或者对中方合作伙伴施加压力要求增资扩股，掀起了一股合资企业独资化的浪潮，越来越多的跨国公司倾向于在华建立独资企业和控股企业。[2]

跨国公司在华企业独资化的目的和方式各有差别。跨国公司在华投资的合作初期，主要通过技术控制、经理权控制、合资企业数量控制以及销售区域控制等手段，达到对合资企业进行实质性控制的目的；合作后期，则主要通过"阴谋亏损"战略，谋求控股或独资，从而全面接管控制权和收益权；除资本产权与管理技能外，技术资源优势也是控制权的一个重要来源，并且可能架空资本产权权利；跨国公司掌管控制权的终极目的，是为了独占收益权。[3]

跨国公司在中国投资的独资化新趋势的深刻原因和影响因素不尽一样。近年来跨国公司在华企业"独资化"的内在原因主要包括跨国公司自身经济变化、经营战略的转变、中外合作冲突加剧、跨国公司发展阶段和跨国公司知识产权战略的变化等五个方面；其外在原因主要包括中国外资

---

[1] 徐杰. 论外商对中国投资方式的选择. 武汉大学学报：哲学社会科学版，2003（6）.
[2] 张宇. 外资企业股权结构与 FDI 技术外溢效应——理论与实证. 世界经济研究，2006（11）.
[3] 卢昌崇，李仲广，郑文全. 从控制权到收益权：合资企业的产权变动路径. 中国工业经济，2003（11）.

理论界赞同外资并购正面效应的居多,担心外资并购负面效应可以理解。问题的关键是政府要制定有关法律法规,加强并购安全评估和监管。政府尽可能不介入对合法并购活动的干预,鼓励和支持外资对国有资产或国内企业的并购业务,有助于提高资源配置效率。

第四节　结束语

我们必须清醒地认识到,外资经济是中国经济的重要组成部分,是国民经济的重要力量,外资企业发展对中国社会经济发展做出过重要贡献。我们要坚决回击那些因为制度不完善、政府监管不力所造成的消极影响而否定继续扩大外资引进必要性的奇谈怪论,认清其极大的危害性。

中国要坚定不移地坚持对外开放政策,以开放思想和优良环境吸引外商来华投资和开办企业,促进其在华成功发展。国家要完善外资政策,允许一切合法的投资和交易行为,积极鼓励外商参与中国市场竞争与合作;同时鼓励国内企业与外商开展各种资源、信息和技术交流或整合,提高中国企业国际竞争力。

中国理论界要进一步研究外资企业在华发展的新情况、新问题,要进一步研究和完善外资政策和法规,引导外商企业发挥积极效果,避免产生消极后果,顺应外商企业全球化发展的潮流。我们期待着更多有关外资企业发展的实证理论成果涌现,推动中国外资理论的伟大创新。

参考文献:

[1] 包群,赖明勇. 中国外商直接投资与技术进步的实证研究. 经济评论,2002(6).

[2] 蔡昉,王德文. 外商直接投资与就业———一个人力资本分析框架. 财经论丛,2004(1).

[3] 蔡红. 关于完善我国外资并购监管法律制度问题. 南方经济,2001(10).

[4] 陈浪南,陈景煌. 外商直接投资对中国经济增长影响的经验研究. 世界经济,2002(6).

[5] 陈利敏,谢怀筑. 外商直接投资对我国工资水平的影响分析. 山东经济,2004,20(6).

[6] 陈若虚. 我国外资企业逃避税收的原因、表现形式和对策. 商业研究,2005(2).

[7] 陈柳. 外资优惠政策与外资企业垄断. 产业经济研究,2006(2).

[8] 陈飞翔. 市场结构与引进外商直接投资. 财贸经济,2002(2).

[9] 陈涛涛. 影响中国外商直接投资溢出效应的行业特征. 中国社会科学, 2003 (4).

[10] 陈涛涛, 陈娇. 行业增长因素与我国 FDI 行业内溢出效应. 经济研究, 2006 (6).

[11] 戴金平. 外国直接投资与中国的出口竞争力. 南开经济研究, 2003 (5).

[12] 戴湘, 魏浩. 跨国公司在华企业独资化趋势原因分析. 南京财经大学学报, 2004 (2).

[13] 杜健, 顾华. 基于产业技术创新的 FDI 技术溢出研究述评. 财贸经济, 2007 (4).

[14] 杜江. 外国直接投资与中国经济发展的经验分析. 世界经济, 2002 (8).

[15] 杜江, 高建文. 外国直接投资与中国经济增长的因果关系分析. 世界经济文汇, 2002 (1).

[16] 范飞龙. 跨国公司投资对中国经济的溢出效应——上海市的实证研究. 财贸经济, 2005 (4).

[17] 冯雷, 张宁. 外资并购与我国利用外资的新发展. 中国国际商务理论前沿 (5). 社会科学文献出版社, 2008.

[18] 贺灿飞, 梁进社. 中国外商直接投资的区域分异及其变化. 地理学报, 1999 (2).

[19] 贺灿飞, 魏后凯. 信息成本、集聚经济与中国外商投资区位. 中国工业经济, 2001 (9).

[20] 何洁. 外国直接投资对中国工业部门外溢效应的进一步精确量化. 世界经济, 2000 (12).

[21] 胡祖六. 关于中国引进外资的三大问题. 国际经济评论, 2004 (3-4).

[22] 胡立法. "索洛剩余"与外资对中国经济增长的技术贡献率实证分析. 世界经济研究, 2003 (10).

[23] 韩玉军, 牟润玲. 外资并购对国内上市公司资产重组的影响与对策. 投资研究, 2003 (4).

[24] 黄华民. 外商直接投资与我国实质经济关系的实证分析. 南开经济研究, 2000 (5).

[25] 江小涓. 中国出口增长与结构变化: 外商投资企业的贡献. 南开经济研究, 2002 (2).

[26] 江小涓. 从加工组装向制造基地转变——外商在华投资进入新阶段. 国际贸易, 2002 (3).

[27] 江小涓. 跨国投资、市场结构与外商投资企业的竞争行为. 经济研究, 2002 (9).

[28] 江小涓. 吸引外资对中国产业技术进步和研发能力提升的影响. 国际经济评论, 2004 (2).

[29] 江小涓, 李蕊. FDI 对中国工业增长和技术进步的贡献. 中国工业经济, 2002 (7).

[30] 江锦凡. 外国直接投资在中国经济增长中的作用机制. 世界经济, 2004, 27 (1).

[31] 孔善广. 关注"血汗工厂"更应关注"血汗农村". 中国社会导刊, 2006 (10S).

[32] 梁琦. 跨国公司海外投资与产业集聚. 世界经济, 2003, 26 (9).

2005（3）.

[79] 严兵."以竞争换技术"战略与外资溢出效应.财贸经济,2005(1).

[80] 严兵.FDI 与中国出口竞争力.财贸经济,2006（8）.

[81] 杨帆.技术进步不能全靠外资.环球时报,2007-03-13.

[82] 姚战琪.跨国并购规制的理论与政策取向.改革,2006（5）.

[83] 应瑞瑶,周力.外商直接投资、工业污染与环境规制——基于中国数据的计量经济学分析.财贸经济,2006（1）.

[84] 余永定.FDI 对中国经济的影响.国际经济评论,2004（2）.

[85] 喻世友,史卫,林敏.外商直接投资对内资企业的溢出渠道的研究.世界经济,2005（6）.

[86] 于津平.外资政策、国民利益与经济发展.经济研究,2004（5）.

[87] 袁诚,陆挺.外商直接投资与管理知识溢出效应：来自中国民营企业家的证据.经济研究,2005（3）.

[88] 詹晓宁,陈建国.出口竞争力与跨国公司 FDI 的作用.世界经济,2002（11）.

[89] 张海洋.R&D 两面性、外资活动与中国工业生产率增长.经济研究,2005（5）.

[90] 张二震,任志成.FDI 与中国就业结构的演进.经济理论与经济管理,2005（5）.

[91] 张建华,欧阳轶雯.外商直接投资、技术外溢与经济增长——对广东数据的实证分析.经济学,2003,2（3）.

[92] 张宇.外资企业股权结构与 FDI 技术外溢效应——理论与实证.世界经济研究,2006（11）.

[93] 张康,张舒.全球化背景下的我国"劳工标准"问题.前沿,2005（7）.

[94] 赵晋平.综合评价利用外资对经济增长的促进及作用.2001 年,国务院发展研究中心网,http://www.drcnet.com.cn/new_product/drcexpert1/showdoc.asp? doc_id=123001.

[95] 赵果庆.跨国公司对我国工业结构竞争力的影响研究.财贸经济,2006（6）.

[96] 赵增耀.外商在华投资独资化趋势的演化机理及应对策略.世界经济与政治,2004（4）.

[97] 周燕,齐中英.基于不同特征 FDI 的溢出效应比较研究.中国软科学,2005（2）.

第十二章　中国外资政策改革和外企发展的主要成就、基本经验与教训[①]

中国利用外资政策的推进与外商直接投资企业的发展从一个侧面反映出中国经济体制改革及对外开放的发展进程，其主要成就、经验与教训构成了中国经济体制改革与对外开放的一个重要组成部分，是经济体制改革与对外开放的宝贵财富。本章从宏观、中观和微观三个视角分别就外商直接投资的发展以及中国利用外资政策的成就、经验与教训进行综合性的阐述，以期对我国改革开放30多年来外商直接投资与利用外资政策的实践作一总结。

第一节　外商直接投资与体制改革和对外开放：宏观视角

利用外资是我国经济体制改革和对外开放的一个重要组成部分。外商直接投资的发展在宏观层面上有助于推进这一进程，计划经济体制的铁板从不同的角度受到了有效的撞击，在市场取向的改革中释放出了较高的生产效率。外商直接投资也对社会主义市场经济体制提出了挑战。外商直接投资是推动我国经济体制改革与对外开放进程内部化的重要外部力量。

[①] 本文所指的外资政策是外商直接投资政策。

同层面上的劳动力流动,实现资源有效配置提供了制度空间;二是为农业劳动力的转移提供了一条重要的渠道,随着外商投资企业的产业升级,培养了一批又一批产业工人,提升了我国农业转移劳动力的产业水平,客观上还为农业劳动力流出地区造就了大批具有创业意识的潜在的企业人才。①

(六) 外商直接投资的资本效率示范作用

外商投资企业的资本效率为我国投资管理体制的改革提供了示范,从机制上为提高国内资本的运营效率提供了合理的激励。外商投资企业的资本效率高于国内资本的运营效率,其根本原因在于投资决策体制与产权关系的清晰程度。以现代企业制度为基础的资本运作模式及其所带来的资本效率,为以 GNP 为基础的国民经济发展提供了新的动力因素,在资本的存量与增量间的效率对比上,不断改善着整体资本的质量,提高着整体资本的效率。计划经济的投资管理造就了所谓的"投资饥饿症"现象,投资不问效果、投资不负责任、重复投资与重复引进的现象造成了对整个国民财富的极大浪费,这一计划经济的顽疾在更具效率的国际资本的冲击下在制度和观念上逐渐得到了遏制。

(七) 外商直接投资按生产要素分配的示范作用

外商投资企业的分配模式为我国社会主义市场经济多元化的分配制度提供了新鲜经验。在打破"大锅饭"的实践过程中,分配思路进一步得到了释放,随着改革与开放过程中新的实践不断涌现,公平与效率的平衡关系不断得到了合理的调整。要素分配模式的建立突破了传统理论的局限,在生产力与生产关系的天平上,按照有利于社会主义生产力发展的原则找到了代表着先进生产力的平衡点。分配机制的创新极大地调动了国内各行各业的生产积极性,国家、企业、个人的利益关系在社会再生产过程中得到了兼顾。"大锅饭"体制的破除,奖勤罚懒的激励机制,让一部分先富起来,先富带后富,全面建设小康社会,和谐发展等一系列有关分配中的公平与效率问题的判断与战略,不能不说是得益于外商投资企业的分配模式为国内广大企业与劳动者所带来的启迪。

(八) 外商直接投资成为我国产品进入国际市场的重要力量

外商投资企业的产出逐渐成长为我国产品进入国际市场的重要力量。

---

① 江小涓. 中国的外资经济:对增长、结构升级和竞争力的贡献. 人民大学出版社,2002.

进入 20 世纪 90 年代，在中央政府坚定地利用外资政策引导下，外商直接投资迅猛增长，使我国成为发展中国家利用外资的领头羊。外商投资企业的进出口贸易活动也逐渐成长为我国进出口贸易的重要组成部分，长期保持在 50% 以上，在高新技术产品出口方面更是占 70%~80% 的比重。从某种意义上讲，所谓的"中国制造"之势得益于在中国投资的外商投资企业制造的产品。如果说"借船出海"、"借壳下蛋"是一种睿智的策略，那么，利用外商投资企业之产品、利用外商投资企业的国际营销渠道，中国产品的声誉以更快的速度打响国际市场，不能不说是我国利用外资政策的重要效果之一。

（九）外商直接投资的溢出效应推动了我国的技术发展与管理投入

外商投资企业的溢出效应，使我国国民经济的发展获得了技术、管理和竞争等多方面的好处。技术溢出是外商直接投资对我国经济发展的重要贡献，广义的技术溢出涵盖了外商投资企业板块与国内企业板块在先进产品的使用、技术设备的交易、产业技术水平的提升等多个层面上的互动，同时也促进了我国技术引进与技术创新体制的改革与完善。管理溢出对于囿于计划经济思维模式的中国企业家们来说，具有革命性的意义，"管理是生产力"的判断早在 20 世纪 80 年代中期就已经为西方发达国家所普遍认可，管理咨询公司已经成为国际上众多产业发展的关键投入要素，面对全新的市场经济规则，管理溢出对我国企业界的发展以及职业管理层的出现与水平提升提供了有益的借鉴与实践的空间。生产率溢出直接增加了国内各相关产业的竞争压力，外商投资企业通过先进的产品占领国内外的市场，通过市场机制的作用向国内企业亮起了生存与发展的红灯，国内企业在改革开放的 30 多年中不断面临着市场竞争的挤压，苦练内功、实施归核化战略，并把这种压力传递给经济体制改革与对外开放进程以及社会主义市场经济体制的建设与完善，转化为提高社会资源配置效率的良性循环。[①]

（十）外商直接投资的集聚巩固了我国在国际产业中的分工地位

外商投资企业的集聚效应与国际产业转移巩固了我国在国际产业分工的地位。20 世纪末，随着经济全球化的推进，跨国公司在世界范围内新

[①] 江小涓，杨圣明，冯雷. 中国对外经贸理论前沿（二）. 社会科学文献出版社，2001.

一轮的产业布局进入到了高潮,我国的改革开放为国内产业参与国际分工体系的整合提供了制度平台,随着利用外资政策的深入发展,外商投资产业指导目录的不断完善,推动了外商投资的一轮又一轮高潮,投资产业结构日趋合理,区域结构在克服了制度环境、基础设施与运输成本等一系列障碍之后也得到了一定程度上的改善,一个又一个产业集聚带在国内形成,国内企业从配套入手,一步步地巩固并提升其在国际产业供应链中的地位,国际竞争力水平不断提升,在一些重要产业中已经同国际上知名的跨国公司站在了同一条起跑线上。[1]

二、外商直接投资发展在宏观层面上遇到的挑战

(一) 外商投资目标多元化挑战我国宏观经济管理模式

加入世界贸易组织后,我国的外商投资政策发生了重大调整,外商投资企业进入我国市场的多元化目标逐渐展开,一些针对外商投资企业的规定,如出口比例、内地含量、外汇自求平衡等要求逐渐取消,为外商投资进入我国市场的多元化发展提供了制度空间。我国融入世界经济的路径,从以劳动力优势的供给为主,转向了以劳动力优势与国内市场潜力的供给并重。前者铸就了我国制造业大国的地位,后者则勾画出消费大国的雏形。外商投资的战略考虑开始从制造工厂、供应全球的生产基地建设,转而注重我国国内市场的巨大潜力,以及对我国高技术人才与产业的深度利用。研发机构的全球转移及新布局,凸显跨国公司对我国经济发展和国内市场潜力的高度评价。外商投资目标多元化的展开对我国宏观经济政策与管理模式提出了巨大挑战。[2][3]

(二) 外商投资企业的超国民待遇侵蚀了国内的市场竞争环境

我国利用外资的初期政策为外商投资企业提供了多方面的优惠待遇,其中最为业界诟病的就是企业所得税方面的具体安排,即所谓的"两免三减"政策,实际上使国内企业处于不利的市场竞争地位。由于早期的利用外资政策限制了外商投资企业在国内市场的销售行为,国内企业主要面临

---

[1] 江小涓,杨圣明,冯雷. 中国对外经贸理论前沿(三). 社会科学文献出版社,2003.
[2] 裴长洪. 中国对外经贸理论前沿(四). 社会科学文献出版社,2006.
[3] 熊琼. WTO 投资措施研究. 华东师范大学出版社,2007.

着与境内外商投资企业在同类产品的国际市场上的竞争；加入世界贸易组织后，对外商投资企业在国内市场上销售行为的限制取消后，双方的竞争就逆向进入了国内市场，在长达 6 年的等待之后，企业所得税的合并终于在 2008 年 1 月 1 日得以实施。但是，就某些行业来看，市场竞争地位的基本格局已定，国内企业需要付出超额的成本才有可能逐渐挽回在市场竞争上的落后地位。

（三）我国成为国际产业转移中高能耗与高污染行业的目的国

伴随着诸多制造业的国际转移过程，发达国家把具有高能耗和高污染的行业转移到了发展中国家，我国成为重要的目的国。在深入利用外资与控制高能耗和高污染行业之间的政策天平如何把握，维持利用外资政策的一贯性与保持国民经济的可持续发展成为我国宏观经济发展战略的核心问题之一。这也是和谐发展、科学发展要解决的重点问题之一。

（四）外商投资企业的用工实践向我国的劳动用工制度提出了挑战

外商投资企业根据生产经营的需要从劳动力市场上雇用劳动者，同时也经常向劳动力市场注入劳动者，其用工制度具有高度市场化的特征。随着改革开放的逐渐深入，我国经济的二元结构特征使大量的农业劳动力从第一产业中转移出来，进入主要面向制造业的劳动力市场。从农业转移出来的劳动力大量涌入东南沿海地区的外商投资企业，其劳动力的供给几乎是无限的，劳动力的市场价格受到不断涌出的新增劳动力的打压，长期处于简单再生产的水平上，劳动条件难以得到有效的保障，甚至存在雇用童工等非法现象。在劳资纠纷中，劳动力一方基本处于不利的地位，劳动者的合法权益经常受到各种形式的侵害，加之我国计划经济模式下的劳动保障主要是以国有和集体企业的职工为对象的，农民工成为我国劳动用工制度的一块空白。2008 年新出台的劳动合同法，引起了多方的争议，有待于制定实施细则。劳动者的权利保护成为以市场化为基本特征的外商投资企业中亟待解决的一个问题，处理得是否得当，直接关系到我国利用外资政策能否得到有效的落实。

（五）外商投资企业对国内产业或企业的挤出效应

外商投资企业的发展对同行业的内资企业形成了巨大的市场竞争压力，从经济实力上看，二者往往不在一个数量级上，跨国公司在资本、技术、管理、资源、渠道等诸多方面均在国内相关产业的平均水平之上,内资企业受到了外商投资企业的挤压。在对外开放领域,加工贸易形成了一个相对封闭的循环,订单来自海外,部分投入品来自海外,境内的外商投资企业在境内采购部分投入品,进行加工生产,然后再销往海外。内资企业如何通过政府的政策引导,在加工贸易延长的境内加工链条上占据竞争的地位,据此更有效地融入跨国公司的全球供应链条与国际分工体系,并通过企业自身的技术、管理水平的提高,获得竞争优势。

第二节 利用外资政策的战略目标与外商直接投资的发展:中观视角

利用外资政策的战略目标与实践效果,一方面来自宏观经济政策的定位与利用外资政策本身的功能定位,另一方面来自利用外资政策根据我国经济发展与对外开放的实际情况不断进行的调整。"与时俱进"的创新精神在我国利用外资政策的实践中得到了充分的体现。

一、利用外资政策的战略目标

改革开放的 30 多年中,利用外资政策体系得到了不断的发展与完善,充分发挥了外商直接投资对国民经济发展及体制改革的积极作用。

(一) 利用外资政策的战略明确

利用外资政策的战略明确,对国民经济的发展具有重要的积极作用。从战略层面上看,我国利用外资政策的指导思想可以概括地表述为,坚持对外开放的基本国策,进一步拓展对外开放的广度与深度,提高开放型经济的水平。在这一思想的指导下,我国利用投资政策的目标始终围绕着我国经济体制改革与对外开放的战略需要,利用外商直接投资的工作经历了 30 多年的风风雨雨,取得了可喜的成绩,发挥了外商直接投资的积极作用,利用外资工作也为国民经济的发展与经济体制改革与对外开放做出了积极的贡献。

利用外资是我国对外开放的一项重要内容,与对外开放这一基本国策一样也走过了一段曲折的认识历程,遭遇到国内外多种因素的干扰。对外开放，向世界先进国家学习，把别人的好经验，有利于我国国民经济发展的有利因素引进来，为社会主义现代化服务。但是，在利用外资与发展民族企业的关系上存在着不同的看法，认为二者不可兼得，甚至认为是对民族企业发展的抑制；在对待以外资企业为基本群体的加工贸易方式下的国内外资源与市场的互动模式下，其对一般贸易的"侵蚀"作用也在某种程度上受到了夸大。对利用外资的效果判断是导致一些片面认识的根源。国际上的干扰主要来自一些别有用心的国家和利益集团，从政治上和安全上诋毁我国经济的发展与复兴，认为中国的发展对世界、对某些国家构成了威胁，使得我国利用外资受到了干扰。[①]

（二）利用外资政策的目标明确

利用外资政策的目标明确，对利用外资工作具有战略的指导意义。我国利用外商直接投资政策的目标明确，新形势下的利用外资，适应了国内外的经济发展状况，坚持以我为主，为我所用，鼓励外商投资，创新利用外资方式，优化外商投资结构，发挥利用外资在推动自主创新、产业升级和区域协调发展方面的积极作用。

利用外资政策目标的阶段性转变是由我国经济发展在世界经济中的地位决定的。改革开放初期，作为一个长期封闭或被封闭的经济体来说，需要通过利用外商直接投资所带来的制度效应，打开窗户，了解世界，引入机制，改革体制。进入20世纪90年代，稳定的经济增长成为其后十多年的基本特征，利用外资从规模向质量转变，对外资的选择性要求成为发展我国制造业在国际市场竞争力的基本要求。当我国占据了发展中国家吸引外资的龙头地位后，引资目标的升级优化就不可避免地排上了议事日程。

（三）保持利用外资政策的连续性、稳定性与适应性

利用外资政策的连续性、稳定性与适应性是一项政策相辅相成的两个方面。二者的统一是一项政策的生命力之所在，关键在于如何理解二者在利用外资政策的不同层面上的作用。我国利用外资政策经历了30多年的历程，坚持改革开放、坚持利用外资的基本指导思想没有变，拓展对外开放的深度和广度，提高开放型经济水平没有变，在战略层面上，这两个"没有变"保证了我国利用外资政策的连续性与稳定性，但是在利用外资政策的操作层面上，随着改革开放的新格局在不断地加以调整，一方面适

[①] 张二震，等. 贸易投资一体化与中国的战略. 人民出版社，2004.

应外商投资的需要，另一方面更重要的是适应我国改革开放、国民经济发展、建设全面小康社会的需要。

利用外资政策在操作层面上的调整引起了相关主体的关注。随着加入世界贸易组织，我国在利用外资政策上进行了大面积的调整，取消了出口要求、外汇自求平衡的要求、本地含量的要求，拓展了外商直接投资在我国发展的利益空间。取消在企业所得税方面的优惠待遇，也是根据我国经济发展的现实需要和国际惯例以及世界贸易组织基本准则的内在要求做出的一项调整，不但为内资企业创造了一个更加符合国际标准的市场竞争环境，也是为外资本身的结构调整及其市场竞争提供了公平的市场竞争环境。[1]

"入世"过渡期结束后，我国经济的发展进入了一个全新的时期，利用外资政策的发展有了全新的内容。全口径外商投资统计出台，如同广州出口商品交易会更名为广州进出口商品交易会一样，意义深远。在金融保险领域的突破是外商投资进军我国服务业的标志性符号，生产性服务的市场需求伴随着我国世界制造大国地位的确立与日俱增。外资在华投向研发领域的拓展，意味着我国在全球供应链中的地位在增强，尽管大量跨国公司及其研发机构在华发展的本身还有很多核心技术对我们是封锁的，是高度的商业秘密，但是，从技术的梯级发展与生产能力的技术配套角度来看，我国已经获得了产业核心技术的外溢效应，促进了我国产业技术升级换代的步伐。[2]

本阶段的突出特点表现在外资研发的投入与其在服务业中的拓展。利用外资政策的重点通过产业指导目录，指向我国产业结构调整的重点，引领我国经济结构的更新换代，跟进国际发展的前沿。升级阶段还刚刚开始，远远没有结束。从战略层面上讲，它将伴随着我国全面建设小康社会的全过程，伴随着中华民族的复兴；从阶段性层面上看，它将伴随着我国后工业化进程，从制造大国走向制造强国，从贸易大国走向贸易强国的历程；从战术层面上分析，它将伴随着我国进出口贸易基本平衡的实现，也意味着我国参与国际分工的竞争力大幅度提升，在全球产业供应链上的位置进一步提升，在发挥传统的劳动力比较优势的基础上，通过技术引进与技术创新，发挥出更为强劲的竞争优势。

本阶段所面临的问题在于，我国劳动力比较优势受到了周边国家的挑

---

[1] 潘镇. 探索中的手——中国外商直接投资政策及其有效研究. 经济管理出版社，2006.
[2] 石广生. 中国加入世界贸易组织知识读本（三）. 人民出版社，2001.

战，国际资本获得了新的投资目的地选择空间，印度经济的高速发展、对外开放进程的加速，在某种程度上与我国在吸引外商投资领域形成了竞争关系。深化改革开放，继续实行积极的利用外资政策，仍然是我国长期的战略决策，但是，随着国力的增强，其侧重点必然发生转移，前期形成的外商直接投资格局面临着结构性的调整，为适应这种要求，如何做出合理的制度安排，保障国内经济的平稳运行，是今后一段时期利用外资工作重点要考虑的问题之一。

我国的利用外资政策正在走向成熟：2008年1月1日实施的《中华人民共和国企业所得税法》，内外资企业一律实施25%的企业所得税率，外资企业单独享受的税前扣除优惠，生产性企业再投资的退税优惠，纳税义务发生时间上的优惠安排也取消，与内资企业一致。2007年1月1日起，外商投资企业在城镇土地使用上的优惠，或称超国民待遇也已经终止，与内资企业一样需要缴纳城镇土地使用税。2007年12月1日起实施的国家发展改革委员会和商务部联合发布的《外商投资产业指导目录》，总计478条，其中鼓励类351条，限制类87条，禁止类40条，鼓励类占73%。新目录将重点鼓励外资更多地投向高新技术产业、现代服务业、高端制造环节、现代农业和基础设施，并首次把承接国际"服务外包"列入鼓励类。随着外资规模和外资来源的选择性扩大，外资政策的调整势在必行。但是，由于对外资在区域经济发展的推动力度以及外资运行的内在规律，尤其是对港澳台资本的盈利空间判断出现了偏差，如调整外资企业所需设备进口免税政策，就引起了港澳台资本的波动以及以深圳为代表的区域经济发展的重大波折。这给我国政策制定者们提出了如何调整利用外资政策的课题，由此也可以理解我国相关主管部门长期以来对调整利用外资政策的审慎态度。

针对本阶段的实际情况，我国政府有关主管部门提出今后利用外资的工作要：坚持积极有效利用外资方针，保持政策的连续性和稳定性；积极稳妥地推进内、外资企业所得税调整，实行"两税合一"；优化利用外资结构，促进产业结构调整升级；鼓励外资重点投向高新技术产业、先进制造业、现代服务业、现代农业和环保产业；完善利用外资政策，进一步提高利用外资质量；改善外商投资区域分布，促进区域经济协调发展；开展多种形式合作，最大限度发挥外资技术外溢效应；积极探索利用外资新方式、进一步改善投资环境、强化外商投资企业社会责任意识。[1]

二、外商直接投资发展的实践效果

(一) 外商直接投资为固定资本形成注入活力

我国实际利用外资从 1995 年的 375 亿美元上升到 2007 年的 747 亿美元,成为发展中国家中利用外商直接投资最多的国家。尽管我国同期固定资产形成总额也从 20300 亿元增长到 137239 亿元,实际利用外资占固定资产形成总额的比重受国内投资旺盛和美元贬值的影响,从 15% 降到了 4%,但是外商直接投资作为一种具有较高活力的国际资本长期以来基本保持着逐年稳步上升的趋势,通过各种外溢作用有力地促进了固定资本整体的效率。[2]

(二) 外商直接投资的产业结构趋向于合理

初期,在投资产业上,外商直接投资以工业为主,占总投资额的 56% 左右;在投资来源地上,主要来自中国香港、中国台湾、美国、日本、中国澳门和新加坡,其中港澳台的外商投资企业个数和金额都占到了 80% 以上;在投资的区域分布上,以东部沿海地区为主,其中广东、福建、江苏、上海和山东承接的投资项目就占了全国总数的 67%,东西部在投资项目数、协议投资金额和实际投资金额等方面都存在着很大的差距;在进入方式上,当时外资并购在政策上尚在禁止之列,所以 90% 以上的投资进入方式都是新建投资;在投资形式上,以合资经营为主,占到了 55%,独资经营比重不大。进入 21 世纪,外资结构发生了变化,第二产业仍然占据首位,达 67%,但是第三产业迅速增长,实现了 32%;投资来源的重点转移到了美国、日本和欧盟;并购与独资方式发展迅速;产业技术的密集度大大提升,遍布机械、冶金、石油、电子、通信、化工、纺织、轻工、食品、农业、医药、环保、金融和保险等国民经济支柱产业。从投资的产业结构调整来看,体现了产业指导目录和区域经济发展政策的引导,西部投资开始升温,由工业向农业、环保,再向服务业的渗透,体现了我国加入

---

[1] 杨先明. 发展阶段与国际直接投资. 商务印书馆,2000.
[2] 江小涓,等. 中国经济的开放与增长 1980~2005. 人民出版社,2006.

世界贸易组织后承诺开放市场的递进发展。①

(三) 外商直接投资的区域分布显示出政策引导与市场诱导的合理互动

外商投资区域布局不平衡,与我国区域经济发展的不平衡性相吻合。从整体上来看,就外商投资的基本准则来看,寻求有利的投资场所是理性的市场经济行为,但其结果在一定程度上反映出我国利用外资政策或政策的执行中存在着相应的问题。从局部来看,引起区域布局的不合理现象的一个重要原因在于,部分地区在招商引资中仍然存在着重规模、轻质量的倾向,部分地区把招商引资作为工作业绩的表现,部分地区存在着不计成本,违反国家有关规定,滥用优惠政策,甚至在区域间进行攀比、恶性竞争的情况。如果说我国利用外资政策的引导机制正在从区域转向产业,那么这种投资区域布局的不平衡就有待于在其他宏观经济政策的框架支撑下,通过细化区域投资引导政策加以解决。

(四) 外商直接投资率先进入服务贸易领域成为发展新热点

服务贸易领域吸收外商投资在实际使用外资中的比例偏低,构成了我国利用外资格局中的一个失衡点。服务贸易领域的招商引资开放得较晚,比例偏低也属于正常现象。此外,服务业的开放问题较为复杂,我国第三产业本身的发展相对于第一、二产业来说就较为落后,明显低于国际同行业的竞争力。世界贸易组织就服务贸易的发展还有许多争议的问题,相应的规则不够明确。作为发展中国家在服务贸易领域的发展明显落后于发达国家,过早过大地开放服务贸易领域不利于国内相关行业的健康发展。从目前的发展状况来看,市场化程度很高的流通业开放外资进入的时间最早,世界上知名零售商基本都进入了我国市场;金融保险业是当前开放的热点,由于其对国家经济安全具有举足轻重的作用,其他生产性服务领域如物流等行业的尽快开放,通过国际资本的参与,迅速缩小相关行业与我国制造业发展要求之间的差距。

(五) 外商直接投资直接带动了我国对外贸易的迅猛发展

外商直接投资对我国的进出口贸易发挥了巨大的作用。从国际直接投

---

① 杨圣明,陈家勤,冯雷.中国对外经贸理论前沿 (一).社会科学文献出版社,1999.

资与国际贸易的关系来看，① 存在着两种截然相反的作用，一是国际直接投资会促进国际贸易的发展，一是国际直接投资会替代国际贸易的发展。就我国改革开放初期的情况来看，外商直接投资极大地促进了我国对外贸易的发展，进入 21 世纪，我国对外贸易额中有一半以上是由外商直接投资企业实现的。其中值得称道的是加工贸易，一方面作为我国改革开放的开拓性尝试，从单纯接受境外订单开始到大量的三资企业以加工贸易的方式为主，实现了引进利用外资政策的有序、合理的推进；另一方面又成就了我国以"大进大出"的方式参与国际经济循环、促进国民经济发展的战略目标。加工贸易在促进我国出口贸易发展的同时，也带动了我国进口贸易的相应增长。

从积极的方面来看，改革开放的 30 多年中，外商直接投资对我国对外贸易的促进所产生的外溢效应推动了国民经济其他部门的发展、生产效率的提高、产出和贸易的高速增长。2011 年我国对外贸易已经居世界贸易的第二位，国民经济总量的增长也已经跃居世界的第二位，我国已经成为世界制造业的大国和贸易的大国。②

当然，这一目标的实现就公共政策的选择来看，是有其条件性的。当我国社会主义市场经济体制为外商直接投资企业提供了越来越具有市场化特征的经营环境的时候，外资的投资目标多元化得以扩展，外商直接投资的贸易替代作用开始显现。我国国内市场的巨大潜力成为吸引外商直接投资的重大诱因。随着出口要求等一系列对外商直接投资企业的非市场经济的要求被取缔，外商直接投资企业产量中越来越大的部分开始关注我国的国内市场，对国内经济部门的挤出效应开始凸显出来。③

第三节 外商直接投资发展的企业基础：微观视角

利用外资政策在微观层面上的成功运作为我国经济发展和外商投资企业的发展提供了坚实的基础。技术外溢与外商直接投资的目标多元化成为

---

① 龚晓莺. 国际贸易与国际直接投资的关系及政策选择. 经济管理出版社，2006.
② 丁冰，等. 我国利用外资和对外贸易问题研究. 中国经济出版社，2006.
③ 胡义. 国际投资理论创新与应用研究——基于中间层组织的分析. 人民出版社，2006.

我国外商投资发展中的新亮点。外商直接投资的外部效应与新情况、新问题需要积极地加以研究，提出新的政策思路，为外商直接投资的发展创造更加坚实的基础。

一、外商直接投资企业的组建与运行

（一）持股比例的政策限定未充分发挥招商引资政策在改革开放中的积极作用

外商直接投资发展的初期，提供了三种企业形态，即所谓的"三资"企业，中外合资企业、中外合作企业和外资企业，形成了在利用外资工作中的梯级发展模式。在合资企业中，外方持股比例受到了一定的限制。这种限定的实际作用在于有效地把外商投资内生化到我国经济运行轨迹中来，使之能发挥其与资本特征俱来的市场经济特点。虽然在鼓励外方利润的再投资方面提供了政策优惠，但是，持股比例的规定不能突破，即中方需要相应地投入资金。这一规定在现实中遇到了中方受国内投资体制的束缚，往往无法相应地追加投入，使得合资企业在资本增长方面遇到了一定的障碍，要么是外方资本的投入改变了股本比例，突破了政策界限，侵蚀了利用外资政策的落实情况，要么是双方都无法增资，制约了合资企业的有序扩张。从政策的出发点来看，是为了保护双方在企业中股权及话语权的利益，但是，刚性的政策界限也显示出利用外资政策在微观层面上处理企业内部事务中的局限性。由于利用外资政策是一项独特的经济开放政策，在改革开放初期没有得到社会范围内的经济政策或法律法规的整体支持，而显得有些捉襟见肘。各地的实践对这一限定的突破，产生了两方面的效果：处理得好，是使得合资企业获得了发展的资本支持；处理得不好，就成了外方控股并把持企业决策权，中方的利益难以得到有效的保障。

（二）出口要求、本地含量要求和外汇自求平衡的要求适度地滤去了外商直接投资发展初期对我国经济运行的负面影响

出于保护国内相关产业和市场的需要，外商直接投资发展的初期，我国对外商直接投资企业提出了出口要求、本地含量要求和外汇自求平衡的要求。这些要求成为我国实施对外开放、引进外资政策实施的必要辅助条件，这些要求体现了我国经济体制改革和对外开放的渐进模式的基本特征。虽然这种做法与市场经济的基本精神有所不同，但是，作为一种过渡

性的制度安排，却能够有效地启动对外开放的进程，并使我国国内经济部门顺利地从传统计划体制向更加开放的市场经济体制过渡，承受住了对外开放的冲击。这些制度安排有效地滤去了外商直接投资对东道国尤其是像中国这样的发展中国家和转型经济体东道国的负面影响，发挥出了资本效率高、产品适销对路、生产技术先进、管理模式创新等方面的特点，并通过各种外溢通道，把开放外商直接投资的积极效果传递到我国经济体系的运行过程中来，为推动计划经济体制改革与对外开放进程发挥出了积极的作用，做出了重要的贡献。

（三）社会主义市场经济体制的运行环境

20世纪90年代初期，我国确立了建设社会主义市场经济体制的战略目标，为外商直接投资企业提供了具有可预见性的市场运行环境。社会主义市场经济体制的提出为我国恢复加入多边贸易体制的谈判打开了局面，并在"复关"和"入世"的谈判中，逐步建立、改进了我国社会主义市场经济体制，外商直接投资企业的设立与经营活动更加具有国际化的特征。从产业的定位，生产经营场所的选择，物资设备的采购，劳动力的招募，产品的销售，追加的投资，利润的汇出，外商直接投资企业的一系列经营活动逐步融入了与国际规则接轨的市场环境。"入世"过渡期结束后，我国按时兑现了国内市场开放的承诺，产业和区域的开放程度都达到了前所未有的水平，国家及各个地方政府为外商直接投资提供了制度层面上和基础设施、信息沟通、法律保障等多方面的服务，有效地改进了外商直接投资活动的便利程度。

二、技术外溢与外商直接投资目标多元化

（一）技术外溢成为利用外资政策的重要目标

我国利用外资政策的目标集合表现为：通过引进先进的技术设备，提升我国的劳动生产率水平，引进先进的管理模式，为国有和集体企业的管理体制改革提供现代公司制度的借鉴，引进市场化的经营模式，为内资企业参与市场竞争提供外部的压力。技术外溢是我国利用外资政策的基本目标和驱动力之一。

技术外溢所包含的范围很广，既可以指外商直接投资企业采用的先进生产技术的单纯扩散，包括先进产品的销售、技术的共享与转让，也可以

指由于外商直接投资的存在所引起国内经济部门的各种变化。利用外资政策的阶段性特点已经开始从单纯地引入外资转向了利用外商直接投资所带来的对国民经济的直接或间接的影响,即通过广泛的技术外溢来发挥外资对一个转型经济体国家的影响。

(二) 外商直接投资目标多元化空间的释放与把握

多元化投资目标的逐步释放是跨国公司全球战略布局的前提条件,也是来华投资的基本动力。初期的来华投资以寻求低廉的劳动力为主要目标,大多数港澳台资本主要集中在诸如玩具和服装等劳动密集型产业上,通过"三来一补"等加工贸易的方式,为国际市场提供有竞争力的产品。单一的投资目标主要受利用外资政策早期的出口要求等具体实施细则的约束。改革开放的深入和加入世界贸易组织为外资来华的目标模式提供了发展的空间。

投资目标的多元化与动机的延展,从贸易到投资,从寻求有竞争力的劳动要素到绕开贸易壁垒,直接进入目标市场,实施产业转移。外包成为跨国公司在华投资,包括工业与服务业的投资,实现其在全球范围内重新配置企业资源的一项重要活动形式。越来越多地适应我国国内市场的产品设计开始逐步投放市场,说明外商直接投资的注意力开始转向了我国的国内市场,同时由于体制框架提供的政策空间,使得以国内市场为目的的外商直接投资得到了有效的促进。中国市场成为跨国公司全球战略布局的一个重要支撑点。

三、外商直接投资企业经营活动的外部效应

外商直接投资企业的经营活动带动了相关产业链条的发展,集聚了同类企业的高度密集分布,国内采购刺激了内资企业的发展。

(一) 产业带动效应

伴随着外商直接投资企业的经营活动出现了两种值得注意的现象:一是其海外的辅助企业受其业务的转移影响跟随来华进行投资,形成产业链的国际转移。一个外资龙头企业有可能带动整个产业链条来华,包括产业链条中的加工辅助企业,也包括为其业务提供生产性服务的支持企业。二是其业务活动的本地化进程带动了国内相关产业链条的发展,跨国公司的归核化战略及其与之配套发展起来的外包业务构成了世纪之交全球范围内

的重要发展趋势,是经济全球化的重要表现,业务活动的本地化对东道国经济的拉动作用日益明显。这一现象在我国尤为明显,在以 IT 业为代表的先进产业发展方面,各个层面上的劳动力供给优势已经成为跨国公司投资我国的重要依据。

(二) 产业集聚效应

产业集聚是区域经济发展的重要动力之一,我国外商直接投资通过在区域上的集中,形成了产业的集聚。产业集聚形成了规模竞争优势,从供给和需求两方面促进了高度专门化投入资源的形成。集聚体内成员可就近获取所需的高度专门化的部件、原料、机械设备、商务服务、人才等投入资源,从而节约交易费用。从物流的角度来看,产业集聚还是物流业高度发展与优化的基础。产业集聚还会促进技术的进步与扩散,厂商之间的竞争、集聚区之间的竞争会直接导致技术溢出,形成刺激生产率提升的效应。

不论是产业带动还是产业集聚,外资企业的经营活动都在很大程度上促进了我国经济的发展,都为外部规模经济提供了有力的示范。只是前者往往是更大空间上联动,而后者往往具有区域高度集中的特点。各地高新技术开发区内外企业的配套,上海昆山台商 IT 行业的高技术、高密度的集聚是这两种现象的突出表现。

(三) 国内采购效应

本土化的一项重要内容是原材料和中间产品的当地采购,我国通过政策引导鼓励外资企业加大在国内的采购力度,延长加工贸易业务在国内的链条,带动了内资企业的发展;同时一些跨国公司还加大了在国内采购的力度,为其全球的战略布局提供了支撑,最典型的案例就是美国沃尔玛公司把它的全球采购中心设在了中国,为我国内资企业的产品进入国际市场提供了一条新的渠道,通过沃尔玛的采购,在中国生产的产品可以直接进入其在全球范围内的零售商店。由于沃尔玛在采购中的强势地位,对供货商的利润空间挤压得非常严酷,曾经有议论认为,在沃尔玛与大量中小供货商之间存在着不平等的市场竞争,许多企业的经营受到了冲击。但是,跨国公司的国内采购效应恰恰体现在其强有力的市场地位,对产品质量和交易状况的严格控制,造就了大批能够适应规范化市场竞争环境的企业。

四、外商直接投资企业经营活动中存在的问题

（一）并购与产业安全

外资并购我国相关行业的龙头企业，引发了人们对产业乃至国家经济安全的担忧，2006年8月商务部发布修订后的《关于外国投资者并购境内企业的规定》，并于9月开始实施。该规定明确了允许外国投资者通过股权交换并购境内企业，为外资并购国内企业提供了渠道和手段。新规定出台的背景在于美国凯雷并购徐工和法国赛博并购苏泊尔等外资并购案引发的对国家重点产业的经济安全问题。如果单从外资企业寻找并购对象并实施并购行为本身来说，以行业龙头企业为并购对象是规范的市场行为，但是这种并购带来的客观效果可能形成行业的垄断，妨碍了市场竞争，从而威胁到产业的经济安全。

资本运动的规律在并购活动中是收购最有实力的对象，而不是垃圾对象。从竞争的角度来看，这既是增强自身的实力，也是消除竞争对手的合理途径。出现的凯雷并购徐工案，显示出我国市场竞争政策与外商投资政策的协同出现了问题，凯雷并购显示出资本运动的规律，而政府干预的依据不够周全，也就是说现有的市场竞争政策（反垄断政策）没有为政府干预提供有力的依据。从另一个角度来看，给外商投资活动带来了困惑。[1]

（二）知识产权保护与高端人才跳槽

外商投资企业的竞争优势来自技术研发能力，技术外溢现象不可避免。跨国公司的人才本土化战略与我国各类高级技术管理人才的供给相结合，为跨国公司的经营提供了人力资源的本土优势，也为我国产业发展及管理水平的提高培养了人才，提供了技术储备。然而，这一进程受到挑战，知识产权保护的软肋，缺乏健全的高端人才跳槽的规范化管理机制，限制了跨国公司先进技术的引进以及研发机构设置的步伐，提高了防范的成本。这在很大程度上制约了我们所期待的在利用外资中技术外溢效应的充分发挥。

---

[1] 曹洪军. 外资并购与中国外资政策的调整研究. 人民出版社，2005.

(三) 独资化倾向明显

近年来，为了降低技术失窃的概率以及管理体制上的统一，越来越多的外资企业在重新选择独资的产权模式。从我国经济发展与体制转型的实际需要来说，合资企业对中外双方都是最佳的选择。中方可以通过合资享受到国际资源的利益，外方可以通过合资有效地融入我国的经济运行框架。虽然还不能肯定地说，独资化倾向是利用外资工作的倒退，但显而易见的是，独资形式不利于我国企业与国际规则的接轨，不利于我国全方位地参与经济全球化进程。

(四) 劳动者权益保护

市场经济中劳动者在劳资关系中处于弱势，需要社会提供法律与制度的保障。2008年1月1日开始实施的《中华人民共和国劳动合同法》为劳动者提供了更为周全的保障，然而，无固定期限劳动合同、对违约金的严格规定等在外商投资企业中引起了不小的震动。面对外商投资企业用工实践中出现的各种问题，如延长试用期、工资水平相对较低、劳动条件差等，大量农业劳动力的转移为制造业的发展提供充足的人力资源，使得他们的权益十分脆弱。但是，就其对利用外资方面的利弊还有待于进一步的判断。

(五) 经贸关系的紧张

与外商直接投资相关的一个问题是，国际产业转移引起了我国与一些重要贸易伙伴之间经贸关系的紧张。由于20世纪末期，体制改革与开放的潮流席卷全球，跨国公司在寻求更有利的资源配置与生产的全球性布局中，逐渐向发展中国家和转型经济体转移，随之带动了国际贸易流向的调整以及贸易顺差的转移。传统的贸易摩擦关系方也随着国际产业转移进行着转换。我国在利用外资政策的引导下，依靠自身的劳动力优势条件承接国际产业的转移、向制造业大国转变的同时，也就承接了贸易顺差的转移，原本体现在一些发达国家与部分亚洲国家如日本和"四小龙"之间的贸易顺差自然而然地转移到了我国，引起了我国与美国和欧盟之间的贸易摩擦急速升温，加之"入世"之后，我国与贸易伙伴之间的摩擦解决方式也发生了变化，从双边走向了多边，"一对一"的谈判模式变成了"一对多"的谈判模式，经贸关系骤然紧张起来。这不能不说是与国际产业转移伴生的外商直接投资的增长有着密切的关系。

（六）高能耗与高污染的转移

与外商直接投资俱来的国际产业转移相关的另一个问题是，发达国家把一些高能耗和高污染的行业转移到了发展中国家，我国就首当其冲。尽管我国在制定产业政策和外商直接投资指导目录，以及在出口退税等贸易政策中不断调整对高能耗、高污染行业的政策力度。但是，经济发展与环境治理以及能源和资源节约二者之间的平衡关系还需要妥善加以解决，还需要寻找一条行之有效的途径，对一些妨碍全局的经济行为加以约束。

我国是一个人均资源相对落后的国家，同时又是一个技术相对落后、资源利用效率不高的国家。随着制造业的发展，我国对能源和资源的依赖程度越来越高，能源和资源的"瓶颈"问题已经十分突出。在国际贸易中如果注重稀缺资源的贸易问题已经摆在了重要的议事日程上来，贸易品结构中所体现出来的资源与能源含量必须作为可持续发展战略考虑的一个重要因素，近年来国际上有关虚拟贸易的研究充分体现了这样一种考虑，是我国转变贸易增长方式必须予以关注的一个重要问题。

五、结束语

实践表明，稳定的政治局面，发展良好的经济态势，广阔的市场，丰富的劳动力资源，不断完善的商务配套设施和政府的服务能力，是外商直接投资踊跃进入我国的主导因素。

经验与教训往往是政策问题的两个方面。过分强调一个方面，就会产生对问题的认识偏颇。所以，这里把成就与经验教训放在一起合并探讨，有助于对政策的全面理解。回答政策实施的关键在于，在什么时间、什么范围对政策加以调整，政策调整有其自身的规律性，时间与范围的选择是否恰当，调整后的补偿是否合理，或者说是政策结构的协同关系把握得如何，检验出决策者对政策的运用水平，当然也同样是政策的经验与教训的内涵。

参考文献：

[1] 曹洪军. 外资并购与中国外资政策的调整研究. 人民出版社，2005.
[2] 丁冰，等. 我国利用外资和对外贸易问题研究. 中国经济出版社，2006.
[3] 龚晓莺. 国际贸易与国际直接投资的关系及政策选择. 经济管理出版社，2006.
[4] 胡义. 国际投资理论创新与应用研究——基于中间层组织的分析. 人民出版社，

2006.

[5] 江小涓, 等. 中国经济的开放与增长 1980~2005. 人民出版社, 2006.

[6] 江小涓. 中国的外资经济：对增长、结构升级和竞争力贡献. 人民大学出版社, 2002.

[7] 江小涓, 杨圣明, 冯雷. 中国对外经贸理论前沿（二）. 社会科学文献出版社, 2001.

[8] 江小涓, 杨圣明, 冯雷. 中国对外经贸理论前沿（三）. 社会科学文献出版社, 2003.

[9] 历年《中国对外经济贸易白皮书》. 中国对外经济贸易出版社, 中国商务出版社.

[10] 潘镇. 探索中的手——中国外商直接投资政策及其有效研究. 经济管理出版社, 2006.

[11] 裴长洪. 中国对外经贸理论前沿（四）. 社会科学文献出版社, 2006.

[12] 石广生. 中国加入世界贸易组织知识读本（一）（二）（三）. 人民出版社, 2001.

[13] 熊琼. WTO 投资措施研究. 华东师范大学出版社, 2007.

[14] 杨圣明, 陈家勤, 冯雷. 中国对外经贸理论前沿（一）. 社会科学文献出版社, 1999.

[15] 杨先明. 发展阶段与国际直接投资. 商务印书馆, 2000.

[16] 张二震, 等. 贸易投资一体化与中国的战略. 人民出版社, 2004.

第十三章　中国外商投资企业发展与外资政策展望

改革、开放是强国富民的两大支柱，是发展进步的活力源泉。对外开放和利用外资是中国强盛的基本政策，永远要坚持。中国没有过度依赖外国投资，利用外资规模还远远不够，需要继续坚持吸引外资的基本政策。拒绝外资参与中国市场资源配置是不经济的。在开放型经济新的历史阶段上，中国将进一步解放思想，继续完善对外开放和利用外资的基本政策，进一步拓展对外开放的广度和深度，继续扩大引进外资规模，创新利用外资方式，优化利用外资结构，提高利用外资的质量和水平，推广经济特区、经济技术开发区、自由贸易区、保税区的成功模式，促进绝大多数外资企业成功发展，全面提高开放型经济水平。

第一节　外资全球流动形势及其对华影响

全球外资流动异常活跃，规模大幅增长，结构发生深刻变化，投资分布更加复杂，方式更加多样，国际外资政策差异明显，美元大幅贬值引发国际金融动荡，国际经济形势不确定性加重，将对中国外资流动产生深刻而复杂的影响。近年来，全球外国直接投资规模大幅度增长，发达经济体流量总的趋势是降低，发展中经济体流量比重提高。但是，2006年流入发达经济体外国直接投资增速是发展中经济体的一倍多。外国直接投资转向服务业、采掘业和基础设施服务业。东南亚、南亚和西亚发展中国家经济快速增长，其加大优惠政策、提供优良服务及基础设施，对跨国公司投资产生日益增强的吸引力，对中国引进外资具有一定的分流作用。2011年中国吸收外商直接投资位居全球第二位、发展中国家第一位，继续被评为全球最具吸引力的东道国和研发首选地。但中国引进外资在全球所占比重偏低，仍有很大引进外资的空间和吸引力。

一、外资全球流动规模、区域分布及对华流动影响

从 2004 年开始的外国直接投资上升趋势近年来进一步加快。2006 年全世界外国直接投资流入总额达到 14634 亿美元，超过 2000 年的 14110 亿美元；流出总额达到 14151 亿美元，分别比 2005 年增长 49% 和 59%（见表 13-1）。2007 年全球外国直接投资总额达到 19755 亿美元，大大超过 2000 年创下的历史纪录 1.4 万亿美元，比上年增长 35%。2007 年下半年美国发生的金融和信贷危机并未对外国直接投资的总体增长造成影响。2008 年之后，全球投资受美国经济衰退、全球经济不平衡、欧洲主权债务状况恶化等因素的不利影响，大幅度下降。2010 年开始逐步恢复增长，2011 年世界外国直接投资流入量增长至 15244 亿美元，但规模仍没有达到国际金融危机之前 2007 年的规模。

2007 年之前在发达国家、发展中国家以及东南欧与独联体经济转型国家的所有主要经济体中，外国直接投资流量均继续增加，只是速度不同。2006 年流入发达国家的外资增长 58%，大大超过前两年的增长率，达到 9819 亿美元，流出量高达 11520 亿美元，净流出 1701 亿美元。2006 年美国从英国人手中夺回世界接受外资最多国家的桂冠。2007 年流入发达国家的外国直接投资增至 13104 亿美元，其中美国吸收的外国直接投资继续保持在世界第一的水平，为 2159 亿美元，英国紧随美国之后，有 1964 亿美元的外国直接投资流入，成为第二大新增外国投资接受国，荷兰以 1194 亿美元位居第三。欧盟保持最大东道区域，2006 年占全部外资流入量的 40%，2007 年外资流入 8540 亿美元，大约占世界外资总额的 43%，受国际金融危机影响，到 2011 年流入欧盟外资大幅减少至 4207 亿美元，占全球外资流入的 28%。2006 年东南欧和独联体转型经济体外资流入量为 543 亿美元，流出量仅为 237 亿美元，净流入 306 亿美元；2007 年流入东南欧和独联体国家的外国直接投资总额比上年增长大约 67%，达到创纪录的 908 亿美元。

近年来，发展中国家对于外国直接投资的吸引力不断增加，主要是因为劳动力成本和土地的低廉，以及各种税收优惠和较低的市场准入条件。2006 年发展中经济体外国直接投资流入量为 4272 亿美元，流出量仅为 2393 亿美元，净流入 2225 亿美元，发展中国家外资流入量较上年增长 31%。2006 年发展中亚洲国家保持其对投资者的强劲吸引力，占到全部流

表 13-1 2005-2011 年世界主要经济体外国直接投资流量情况

单位：10亿美元

经济体		外国直接投资流入量							外国直接投资流出量						
		2005年	2006年	2007年	2008年	2009年	2010年	2011年	2005年	2006年	2007年	2008年	2009年	2010年	2011年
发达经济体		622.6	981.9	1310.4	1019.6	606.2	618.6	747.9	741.7	1152.0	1829.6	1580.8	857.8	989.6	1237.5
欧洲		507.1	639.8	899.2	569.0	398.9	356.6	425.3	684.2	793.9	1279.5	1024.6	458.1	568.4	651.4
欧盟		499.4	585.0	854.0	542.2	356.6	318.3	420.7	604.1	691.8	1204.7	957.8	393.6	482.9	561.8
日本		2.8	-6.5	22.5	24.4	11.9	-1.3	-1.8	45.8	50.3	73.5	128.0	74.7	56.3	114.4
美国		104.8	237.1	216.0	306.4	143.6	197.9	226.9	15.4	224.2	393.5	308.3	267.0	304.4	396.7
发展中经济体		327.3	427.2	574.3	650.0	519.2	616.7	684.4	132.5	239.3	316.9	328.1	268.5	400.1	383.8
非洲		30.5	36.8	51.5	57.8	52.6	43.1	42.7	1.8	8.2	9.3	7.9	3.2	7.0	3.5
拉丁美洲及加勒比		78.1	98.2	172.3	209.5	149.4	187.4	217.0	44.1	79.7	79.3	97.0	54.3	119.9	99.7
亚洲		218.4	290.9	349.4	380.4	315.2	384.1	423.2	86.4	151.4	228.2	223.1	210.9	273.0	280.5
中国		72.4	72.7	83.5	108.3	95.0	114.7	124.0	12.3	21.2	22.5	52.2	56.5	68.8	65.1
大洋洲		0.26	1.3	1.1	2.3	1.9	2.1	1.6	0.1	0.04	0.04	0.1	0.07	0.2	0.1
转型经济体		30.9	54.3	90.8	121.0	72.4	73.8	92.2	14.3	23.7	51.6	60.4	48.8	61.6	73.1
世界		980.7	1463.4	1975.5	1790.7	1197.8	1309.0	1524.4	888.6	1415.1	2198.0	1969.3	1175.1	1451.4	1694.4
占世界的流量份额	发达体	63.5	67.1	66.3	56.9	50.7	47.3	49.1	83.5	81.4	83.2	80.3	73.0	68.2	73.0
	发展体	33.4	29.2	29.1	36.3	43.3	47.1	44.9	14.9	16.9	14.4	16.7	22.8	27.6	22.7
	转型体	3.1	3.7	4.6	6.8	6.0	5.6	6.0	2.6	1.7	2.4	3.0	4.2	4.2	4.3

资料来源：联合国贸发会议. 2012年世界投资报告：迈向新一代投资政策. FDI/TNC database, www.unctad.org/fdistatistics.

入发展中国家外资的2/3强。外资继续移向东亚、南亚和东南亚次区域。2007年流入发展中国家的外国直接投资达到5743亿美元,有一半以上集中在东亚、南亚、东南亚等地区经济体,总额约为2713亿美元。最近几年来外资流入继续是发展中国家最重要和稳定的外部融资来源。

全球外资流动的活跃为中国利用外资提供了巨大机遇,为中国吸引外资提供了巨大的外部资金来源。中国及其香港保持本地区最大外资接受体地位。中国内地仍然是发展中国家中最大的投资热点。据联合国贸发会议统计,2007年中国内地接受外国直接投资总量从2006年的727亿美元持续增长至835亿美元,2011年流入内地的外资规模达到1240亿美元,成为世界第二大接受外资国家。除2009年受国际金融危机的不利影响利用外资规模出现滑坡之外,其余年份一直保持增长态势。中国香港地区吸引的投资则从2006年的450亿美元增长至2007年的543亿美元,增幅达21%,2011年接受832亿美元外资。

全球各地外资流动的持续升高,反映了许多地区强劲的经济增长和绩效。持续走高的公司利润和股价、现金流动充裕以及企业间跨国并购活跃是外资流动增长最主要的原因。高额的公司利润和股价推高跨境并购价值,在外资流动中占有巨大份额。近年来全球外资流动兴起还是美元弱化的结果。海外或外国分支机构的利润所得很高。2006年外资收入在2005年增长16%的基础上进一步提高至29%。2006年外资所得的再投资达到顶峰,占到世界外资流入量的30%和全部流向发展中国家的几乎一半。

二、外资全球结构变化及对华外资结构的可能影响

在过去20多年里,外国直接投资在初级、制造和服务三个部门都显著增长。但近年来它们的外资投资规模和份额都发生明显变化。外国直接投资的部门结构最重要的变化是从服务部门转向实业化。这种外资流动结构变化对流入中国的外资结构会产生倾向性影响,表现为流入中国的外资投资服务业的增长速度放慢。2005年服务部门全球外国直接投资存量的份额占61%,比1990年提高49%。以前初级部门,尤其自然资源和制造部门的实际吸收外国直接投资存量的份额一直持续下滑。2005~2007年初级部门所占比重仅有8%,制造部门依然保持41%的比重。然而,近年来初级部门的比重部分恢复,2008~2011年的比重从10%提高到14%,资源丰富国家采掘业外国直接投资重新抬头,并且在基础设施服务业外资的重

要性也正在提高。外资在制造业投资份额震荡增长；在服务领域投资份额似乎在萎缩（见表13-2）。

表13-2　2005~2011年世界投资流量的部门分布

年份	金额（10亿美元）			份额（%）		
	初级	制造	服务	初级	制造	服务
2005~2007	130	670	820	8	41	50
2008	230	980	1130	10	42	48
2009	170	510	630	13	39	48
2010	140	620	490	11	50	39
2011	200	660	570	14	46	40

资料来源：UNCTAD. 2012年世界投资报告：迈向新一代投资政策.

国际金融危机之前跨境并购也表现出服务部门日益增长的重要性。2002~2006年世界范围内服务部门跨境并购份额从1987~1990年的37%上升到58%；而初级部门跨境并购份额从1987~1990年的11%降到1996~2000年的5%，到2002~2006年又恢复到11%；制造部门全球并购份额却从1987~1990年的52%降到2002~2006年的31%。危机之前跨国并购转向服务业这种趋势也表现到中国外资并购活动上，外资对中国服务业并购日益扩大投资。

发达国家初级部门在总的吸收外资中所占份额比发展中国家以及经济转型国家较低，1990~2005年初级部门份额下降主要限于发达国家。而东南欧以及独联体国家初级部门的份额特别高，2005年其初级部门几乎占到所吸收外资的25%。发展中国家制造部门的外资份额下降稍大些，2005年达到31%，比发达国家的29%稍高。发达国家服务部门吸收外资的份额比发展中国家稍高些，2005年两者份额分别为62%和58%。外资流入服务业受国际金融危机冲击萎缩直至2011年才得到略微恢复。

初级部门里外资最高份额是采矿和石油业。具体外资流量不好估计，但跨境并购数据显示近年来这些产业吸收了巨额投资。2005~2006年，石油业跨境并购额接近采掘业的2倍。在过去的15年里几乎所有制造行业都经历了外资份额下降，包括曾经是制造部门最大接受外资的产业：化工、汽车及其他交通设备、食品饮料及烟草、电子电器设备、机器设备。1990~2005年除了发达国家化工及化学品、汽车及其他交通设备之外，所有制造部门的各行业在全球吸收外资份额无论是在发达国家还是发展中国家均有下降。在全球外国直接投资中，电力、燃气、供水、交通、贮藏和通信等服务行业的份额相对稳定增长。虽然建筑行业外资份额下降，但基础设施服务业外资绝对和相对份额都在提高。金融服务业在全球吸收外资中份额呈现微微下降的势头。1990年发展中国家金融服务业吸收外资所占份额估计为26%，高于发达国家19%的份额；然而，2005年发达国家金融服务业吸收外资所占份额提高到20%，发展中国家份额下降到15%。

三、全球外资政策变动及其对华的可能影响

2006年对外资政策进行改革涉及的国家有74个，比上年略少，总共发生132项外资政策变化，比上年下降9%（见表13-3）。2011年发生外资政策变动的国家数目减少到44个，涉及的外资政策变化数目67个，其中促进外资自由化政策52项，限制政策15项，分别占78%和22%。总体来看，世界大多数国家外资政策变化更有利于外国直接投资，继续采取促进外国直接投资的措施。

表13-3　2000~2011年全球外资政策变化情况

单位：个，项

年份 项目	2000	2001	2002	2003	2004	2005	2006	2007	2008	2009	2010	2011
外资政策变动的国家数目	45	51	43	59	80	77	74	49	41	45	57	44
外资政策变化数目	81	97	94	126	166	145	132	80	69	89	112	67
促进外资自由化政策数目	75	85	79	114	144	119	107	59	51	61	75	52
限制政策数目	5	2	12	12	20	25	25	19	16	24	36	15
中性或未决数目	1	10	3	0	2	1	0	2	2	4	1	0

资料来源：联合国贸发会议.2012年世界投资报告：迈向新一代投资政策，投资政策监测数据库.

2006年东道国政府出台107项使投资环境更有利于外国直接投资的政策变化，其中发展中国家出台有利政策的占绝大多数，约占74%。各国进行的外资政策改革，包括简化手续、强化激励、减少税收，以及对外国投资者加大开放力度等，都不同程度地促进了外国直接投资。许多国家对吸引外资采取了许多促进投资便利化、自由化和鼓励的优惠政策，这些国家改善外资政策措施对中国吸引外资以及政策改革将产生复杂的制约作用。

同时，一些国家出台了对外国投资采取限制的行业措施，以便保护国家利益，获得更多的政府收入。2006年，出台更不利于外国直接投资的

政策措施有 25 项。2009~2010 年世界投资形势受国际金融危机影响造成的投资保护主义兴起，限制性外资政策出台分别达到 24 项和 36 项之多，各国出于保护内部经济，防范外国竞争的原因，也进行了一定的管制。这些管制主要涉及对石油和基础设施等战略性领域的外国直接投资。2011 年这种限制外资的政策变化数目大为减少到 15 项。

签署国际投资协定的数目继续增长。截至 2006 年底总计近 5500 项，其中包括 2573 项双边投资条约、2651 项双重征税条约和 241 项带有投资条款的自由贸易协定和经济合作安排。带有投资条款的优惠贸易协定的数量在过去 5 年中几乎翻了一番。2011 年底签署的国际投资协定总共 3164 项，其中双边投资协定 2833 项和其他国际投资协定 331 项，不包含双重征税协定，2011 年共计签署 47 项国际投资协定（33 项双边投资协定和 14 项其他协定），比 2010 年的 69 项少 22 项。

发展中国家日益参与到国际投资协定之中，获得了大量的投资便利。近年来的国际投资协定往往针对范围更广泛的各类公众关注的问题，包括环境、安全、健康等方面。目前，WTO 谈判进展不顺，阻碍了世界投资贸易发展的增长进程，许多国家间纷纷采取双边自由贸易区域安排代替 WTO 多边协议。中国也将顺应世界形势的变化广泛开展与重要贸易伙伴进行务实的区域自由贸易协议谈判，适应世界政治经济形势的变化，促进中国对外经贸持续快速增长。

随着经济全球化发展的进程，国际经济环境向着良好的方向发展，主要表现为各国致力于维持自由竞争的市场秩序，尽管各国出于经济安全的考虑也在不同程度地从各个方面制定一定的贸易壁垒，表现出保护主义苗头，但总的趋势是减少政府对经济的干预。世界经济的稳定增长，各国之间的经济联系日益复杂和深化，各国企业都努力在全球范围内寻找最低成本的原料来源地、最低成本的劳动力市场，以及最大需求的消费市场。再加上不断细化的分工，各种可以分解的经济活动的外包，跨国公司的活动范围会越来越广。跨国公司为了追求利润最大化和提高经济效率等经济目标，在世界范围内跨国投资活动肯定会继续不断增长。不过，由美国次级房贷危机引发的全球性经济增速放缓和美国经济滑坡，跨国公司财务状况受到不同程度的影响，对外投资及其业务大为收缩，外资流到更具活力的市场寻求机会，这些国际经济动向对流入中国的外资规模、结构、质量、投资方式等产生复杂的影响。

第二节 中国经济形势和政策改革对吸引外资的可能影响

中国快速的经济增长和巨大的潜在市场预期、庞大的人口及劳动力资源、日益规范的市场环境和不断改善的外资政策会继续吸引外资。不过,调整外资优惠政策、合并两税、转变经济增长模式、资源供应短缺、通货膨胀加剧、人民币升值、规范劳动就业政策,以及提高引进外资质量等方面的政策变化、市场形势变化,确实对外商投资行为和动机产生复杂的影响。

一、中国经济持续高速增长和巨大内需预期对外资的吸引力

近几年,中国经济发展保持着增长较快、结构优化、效益提高、民生改善的良好态势。2003~2007年,中国经济增长已连续5年保持10%以上的速度。截至2011年中国经济增长长期保持不低于9%的速度。中国经济增速大大超过了世界经济平均增长水平,也高于发达经济体以及发展中及崛起经济体当年的增长水平,这10年来中国经济年均增长速度比当年世界平均增长率高出一倍,在世界各国(地区)中也是少有的较快增速(见表13-4)。

表13-4 1994~2011年世界主要经济体实际 GDP 增长率比较

单位:%

经济体	1994~2003年	2004年	2005年	2006年	2007年	2008年	2009年	2010年	2011年
世界	3.4	4.9	4.5	5.2	5.4	2.8	-0.6	5.3	3.9
发达经济体	2.8	3.1	2.6	3.0	2.8	0.0	-3.6	3.2	1.6
美国	3.3	3.5	3.1	2.7	1.9	-0.3	-3.5	3.0	1.7
欧盟	2.6	2.6	2.2	3.6	3.4	0.5	-4.2	2.0	1.6
日本	0.9	2.4	1.3	1.7	2.2	-1.0	-5.5	4.4	-0.7
崛起及发展中经济体	4.4	7.5	7.3	8.2	8.7	6.0	2.8	7.5	6.2
中国	9.4	10.1	11.3	12.7	14.2	9.6	9.2	10.4	9.2

续表

经济体	1994~2003年	2004年	2005年	2006年	2007年	2008年	2009年	2010年	2011年
印度	6.0	7.6	9.0	9.5	10.0	6.2	6.6	10.6	7.2
俄罗斯	0.7	7.2	6.4	8.2	8.5	5.2	−7.8	4.3	4.3
巴西	2.5	5.7	3.2	4.0	6.1	5.2	−0.3	7.5	2.7
印尼	3.1	5.0	5.7	5.5	6.3	6.0	4.6	6.2	6.5
南非	3.0	4.6	5.3	5.6	5.5	3.6	−1.5	2.9	3.1

资料来源：国际货币基金组织. 2012年世界经济展望：恢复增长，危险依旧, http://www.imf.org/external/pubs/ft/weo/2012/01/.

中国经济总量迅速增加，2006年GDP已达到211923亿元，约合26590亿美元，位居世界GDP排序第四位，占世界GDP比重的5.5%。2011年初步核算国内生产总值471564亿元，比上年增长9.2%，约合74970亿美元，位居世界第二大经济体。

由于受2007年美国次级房贷危机引发全球性金融动荡影响，国内实行从紧的货币政策，调整外经贸政策，2008年的中国经济增长速度比2007年大幅下降，增长率降为9.6%。2009年中国经济增速继续下滑，2010年略有回升，达到10.4%的增速，2011年经济增速再次下滑到9.2%的水平，估计2012年增速仍会保持8%左右，这样的增长速度对外资仍将产生巨大的吸引力。

同时，中国投资需求和消费需求持续旺盛。2006年，全社会固定资产投资109870亿元，比上年增长24%；2007年，全社会固定资产投资137239亿元，比上年增长24.8%，加快0.8个百分点。

中国13亿人口是一个庞大而富有潜力的消费市场，而且人民消费水平在不断提高。2006年，社会消费品零售总额76410亿元，比上年增长13.7%，人均国民收入16042元；2007年，社会消费品零售总额89210亿元，比上年增长16.8%，加快了3.1个百分点。

人均储蓄存款余额、可支配性收入、城镇居民人均消费性支出三项指标在2006年都比上年增长超过10%（见表13-5）。同时，城乡居民家庭恩格尔系数不断下降，城乡居民旅游支出快速增长。2011年人均储蓄存款余额增加到26122元，城镇居民人均可支配收入达到21810元。这一切都说明中国经济发展的态势良好，居民的消费能力在不断增长。中国大市场对外资有着巨大的吸引力。

表 13-5 重要年份国民生活基本情况

指标名称		1989 年	1997 年	2004 年	2005 年	2006 年	2008 年	2010 年	2011 年
人均储蓄存款余额（元）		461	3744	9197	10787	12292	16406	22619	26122
城镇居民人均消费性支出（元）		1211	4186	7182	7943	8696	11243	13471	—
城镇居民人均可支配收入（元）		1374	5160	9422	10493	11759	15781	19109	21810
居民家庭恩格尔系数（%）	城镇	54.5	46.6	37.7	36.7	35.8	37.9	35.7	36.3
	农村	54.8	55.1	47.2	45.5	43.0	43.7	41.1	40.4
人均国内旅游花费（元）	城镇	—	599.8	731.8	737.1	766.4	849	883	877.8
	农村	—	145.7	210.2	227.6	221.9	275	306	471.4

资料来源：根据国家统计局各年份《中国统计年鉴》整理。

二、人口及劳动力和其他要素资源优势对外资的吸引力

除了经济增长和市场需求两个重要因素左右外资投资决策之外，跨国公司还试图在全球范围内配置资源和设置分支机构，降低生产经营成本，提高产品竞争力和扩大盈利空间。它们在全球范围内寻找相对廉价的原料来源地、相对较低成本的劳动力市场以及其他降低成本费用的有利投资场所。研究表明，截至 2001 年底，中国实际外商直接投资中有 70.3%属于劳动力寻找型，26.39%为市场寻找型，其余 3.29%为并购型。[①] 这说明虽然目前中国利用外商直接投资的绝对份额较高，已成为世界利用外商直接投资第五大国，但主要集中于劳动力密集型产业，在利用外商直接投资上仍有较大发展空间。

中国资源和劳动力成本在世界上是相对较低的，但是劳动力综合素质不高，全社会劳动生产率相对较低，有巨大的发展空间。中国目前仍有大量剩余劳动力待就业。国家第二次全国农业普查统计结果显示，2006 年底，农村常住人口中劳动力总资源 5.3 亿人，农村住户户籍劳动力中离开本乡镇外出务工人员 1.3 亿人，已经转移的剩余劳动力有 1 亿人，还剩下 1.06 亿人剩余劳动力有待转移。

据劳动和社会保障部（现人力资源和社会保障部）、国家统计局统计，2006 年全国城镇单位在岗职工年平均工资为 21001 元，比上年实际增长

---

① 张为付，武齐.中国利用外商直接投资的特征及发展趋势.国际贸易问题，2004（9）.

12.7%，日平均工资为 83.66 元，约合每小时 10 元。2010 年城镇在岗职工年平均工资增加到 37147 元，每小时工资收入增加到 18 元。然而，据国家统计局提供的国际统计数据显示，2005 年制造业每小时平均工资美国为 16.56 美元、加拿大为 20.61 加元、德国为 15.60 欧元、西班牙为 12.40 欧元。2008 年每小时工资收入加拿大增加到 22 加元，德国增加到 19.5 欧元，英国增加到 12.3 英镑。在华外企里绝大多数蓝领员工月平均工资在 1000 元左右，大多数没有劳动保护福利以及基本社会保险；白领月平均工资高低悬殊，但是大多数需要经常性加班，日工作时间远超 8 小时，就业竞争压力很大。可见，与这些发达国家相比，中国劳动力工资是相当廉价的。

但是，中国劳动力的社会劳动生产率与发达国家还有巨大差距。2005 年，中国全社会劳动生产率为 2960 美元/人，美国、英国、日本和德国的数字分别为 87879 美元/人、77845 美元/人、70892 美元/人、76079 美元/人。中国劳动力的劳动效率远不如这些国家，可挖掘的潜在空间很大。而且，与最不发达国家劳动力成本相比，中国外企用工成本也在逐年提高。在一些沿海开放城市外资制造劳动密集型产品在劳动力成本上已经逐渐失去优势，或正在失去优势。

不过，中国政府日益提高办事效率，建设较为完善的基础设施，以及坚定的对外开放政策、比较稳定的政治和安定和谐的社会环境、优良的法制环境，这些都大大降低了外资在华经营的难度和成本。这些也是中国吸引外资的重要因素。

三、日益规范、成熟和竞争的市场环境对外资流动的影响

规范、成熟和竞争的市场环境对外资流入具有正面吸引力。市场成熟和规范管理既会吸引合法经营的外资，又会阻遏企图谋取不正当利益的外资进入。中国政府对许多产业加强了行业准入管理和市场规范，产品质量安全标准和认证管理日臻完善，市场发育日益成熟，市场漏洞和缺陷逐渐弥补。跨国公司已经逐渐重视法律和政策环境，比较注重当地的工业与技术基础，以及市场准入程度的提高和法律政策环境的改善，而不是特别注重政府的优惠政策。[1] 税收优惠和其他激励、低廉的劳动成本、补贴和低

---

[1] 王鹏. 我国利用外商直接投资的特点、问题及对策. 金融教学与研究，2004（4）.

息贷款等,在吸引外资中的作用日渐下降。

改革开放 30 多年中,国内企业得到了发展和锻炼,很多国产商品的质量和价格都能与外资企业的产品相抗衡,甚至优于外资企业产品。现在有些行业已经出现了生产能力过剩,市场过度竞争,外资进入面临着更大的竞争。特别是在汽车、电子和通信设备、洗涤用品、家用电器、食品饮料等外资较为密集的行业中,由于市场竞争激烈,企业利润开始下降。以轿车工业为例,自 2004 年开始,竞争使轿车价格持续较快下降,投资收益已大不如以往。随着国内竞争加剧和产业整体水平的提升,外商投资企业要在中国市场上立足和发展,使用有竞争力的技术和产品已经成为起码的条件。① 过去那种靠钻国家政策和市场空子的外资获利方式愈来愈难。外资暴利时代行将结束。新进入的外资要站稳脚跟日益艰难。种种迹象表明,外资成功进入中国市场的难度将不断加大。小资本、低技术含量外资项目难以进入市场,即使已经进入了也难以继续生存。跨国公司的大规模投资项目将容易成功。

四、外资政策改革对外资流动的可能影响

当前,中国人民币兑美元升值、贷款利率变动、出口退税政策、加工贸易政策、税收政策、产业政策、土地政策、劳工政策、环保政策、知识产权政策以及开发区政策已经或将要陆续进行调整。多项政策调整的叠加效应可能会对中国吸引外商投资产生程度不同的影响。

(一) 调整和完善外资优惠政策

优惠政策吸引外资曾在中国经济建设中起了重要的作用。税收优惠政策是引导外商直接投资流向的主要因素,这些政策基本实现了在特定的时期将外资引向特定地区的政策目标。② 由于优惠政策本身固有的局限性,其中相当一部分优惠政策是以牺牲国家财政收入为代价的,使得其负效应日益突出。各地追求 GDP 政绩冲动诱使其竞相出台地方优惠政策,严重损害了市场的公平竞争,造成了资源浪费,最终损害了民族利益和国家经济安全。特殊优惠使不同的企业处于不同的竞争条件之下,造成了不公平

---

① 江小涓. 中国对外开放进入新阶段:更均衡合理地融入全球经济. 经济研究,2006 (3).
② 李宗卉,鲁明泓. 中国外商投资企业税收优惠政策的有效性分析. 世界经济,2004,27 (10).

竞争。而且优惠政策还造成了外资企业的短期行为。优惠政策导致了资源分配效率下降，高素质的劳动力、资产、技术等都以很低的成本被配置到外资企业中去了。因此，调整外资优惠政策已十分迫切和必要。

优惠政策目前已经不是吸引外资的最重要因素，调整优惠政策具有可行性。虽然税收优惠政策是影响外商投资的一个重要因素，但劳动力成本和市场需求也是非常重要的因素，且重要性程度甚至超过了税收优惠；对于外商独资、出口导向型以及小规模外资企业而言，税收优惠政策的重要性程度更高；对于中外合资、市场导向性以及规模大的外资企业而言，市场因素的重要性程度更高。[①]

中国将建立更加公平完善的外商投资政策，以提高利用外资质量，优化产业结构，节约资源，保护环境。国家对外资企业投资政策将逐步过渡到内外资同等国民待遇的政策上来，逐步统一内外资政策，内外资都需要适应外经贸政策、财税政策、产业政策、土地政策、劳工政策、节能减排、生态环境保护等政策调整，遵守有关产品质量安全标准等。国家对外资优惠政策由原来的"普惠制"将转变为对特定行业、地区的优惠。

2008年1月1日中国实施了新的《企业所得税法》，新税法规定25%的所得税税率，对老外企所享有的税收优惠给予5年过渡期。新税法体现了"四个统一"：内资、外资企业适用统一的企业所得税法；统一并适当降低企业所得税税率；统一和规范税前扣除办法和标准；统一税收优惠政策，实行"产业优惠为主、区域优惠为辅"的新税收优惠体系。两税合并可能会削弱中国对外资的吸引力，使外资转向印度、印度尼西亚、马来西亚、越南等税率相对较低的周边国家投资。而且，税收优惠政策的调整，无疑会减少"假外资"的进入。这些资本的目的是取得税收优惠，因此当内外资企业所得税税率统一之后，这些资本当然会退出。目前，吸引的外资中至少有1/5是"假外资"。在当前优惠政策的刺激下，外资企业本身的投资选择产生了扭曲，有些企业只选择那些规模较小、经营周期短、见效快的项目，以实现其利润最大化。随着国内土地、原材料、劳动力、自然资源等生产要素价格的持续上升，再伴随着优惠政策的调整，某些利润低的行业面对更高的引资门槛，会重新选择投资国。税制调整后，以税收优惠为目的的企业以及那些竞争能力差、盈利水平低的中小型外资企业有可能由于税负的增加而从中国撤资。因此，调整引资优惠政策可能会削弱寻求低成本和优惠政策的低质量外资进入的积极性，但不会影响外资进入

[①] 钟炜，胡怡建. 税收优惠对我国外商投资企业的重要性程度研究. 财贸经济，2007（1）.

中国的热度。

(二) 产业政策和贸易政策

中国对外开放进入了新的历史阶段,将继续提高开放型经济水平,扩大开放领域、区域范围,体现出吸收外国直接投资的巨大潜力,吸引外资来华投资仍然具有巨大的增长空间。

新的《外商投资产业指导目录》(2007 年修订)已经国务院批准和发布,于 2007 年 12 月 1 日起施行,包括了鼓励外商投资产业目录、限制外商投资产业目录和禁止外商投资产业目录三部分。新目录坚持扩大对外开放的基本政策,进一步扩大对外开放的领域;进一步提高了外资政策的透明度;推进产业结构优化升级;调整单纯鼓励出口的导向政策;促进区域经济协调发展;重视节约资源,保护环境,鼓励外商投资发展循环经济、清洁生产、可再生能源和生态环境保护,鼓励外商投资资源综合利用;维护国家经济安全,对部分涉及国家经济安全的战略性和敏感性行业,持谨慎开放的态度。

中国将积极推进产业结构优化和升级,把现代农业、高新技术产业、现代服务业、高端制造业、基础设施和节能环保产业等领域列入了鼓励类。在制造业领域,进一步鼓励外商投资中国高新技术产业、装备制造业、新材料制造等产业。对一些国内已经掌握成熟技术、具备较强生产能力的传统制造业不再鼓励外商投资。积极稳妥地扩大服务业领域开放,增加"承接服务外包"、"现代物流"等鼓励类内容,并减少限制类和禁止类条目。继续鼓励外商投资企业引进、开发和创新技术,促进外商投资兴办资金技术密集型项目,设立更多的先进技术型项目。积极引导更多的跨国公司来华投资、设立地区总部以及建立跨国采购中心。

近年来,国家陆续调整关税政策、出口退税和加工贸易政策,开始设计有差别的、精细的进出口商品关税率和退税率结构,以调整和优化出口结构和产业结构。这些外贸政策调整可能会对出口型外资企业有一定影响。自 2006 年以来,国家连续多次调整关税、出口退税和加工贸易政策,取消"高耗能、高污染、资源性"出口商品的出口退税政策,降低易引起贸易摩擦商品的出口退税率,同时也提高了部分商品的出口退税率。已经取消出口退税的商品列入加工贸易禁止类目录。对列入加工贸易禁止类目录的商品进口一律征收进口关税和进口环节税。国家调整了一部分进出口关税率,一部分商品出口将征收出口关税。这将会对出口导向型外资企业生产经营结构产生一定的影响,但对外资企业来华投资积极性影响不大。

提高引资质量门槛和调整引资结构，会影响一部分外资进入。改革开放初期，引进外资的一个重要目的是弥补国内资金的不足，因此，出现了"重数量、轻质量"的盲目引资、重复引资现象。很多技术含量低、资源消耗高、环境污染严重的外商投资项目被引进，经济资源和大部分引资收益又被转移到国外。当然，这些外资对于中国经济发展也做出了巨大的贡献，包括吸纳就业、引进管理和技术、增加 GDP 和出口等。中国在新的开放阶段将由招商引资变为招商选资，提高环保和能耗方面的引资门槛，严格限制那些技术含量低、高污染、高排放、高耗能的投资进入中国。在东部沿海城市，政府已经明确表示鼓励相关企业向外迁移。因此，相关行业的外资进入规模肯定会大幅度下降。

(三) 人民币汇率政策

人民币汇率政策与外经贸息息相关。目前，中国将继续实行以市场为基础的、单一的、有管理的浮动汇率制度。中国将保持人民币汇率在合理、均衡水平上的基本稳定；完善人民币汇率形成机制。

由于美元近一段时期大幅度贬值，短期内，人民币升值预期依然较强。人民币升值将降低中国制造产品出口竞争力，削弱引进外资的吸引力，将使以美元计算投资额的外资流入处于不利地位。而且，人民币兑美元的升值将在一定程度上削弱以出口为主的外资企业国际竞争力。人民币升值的预期，可能会略微提高出口商品成本，对价格弹性不大的商品出口有一定压力，对价格弹性强的商品出口不构成明显压力。因而，可能使那些出口型外商投资处于不利境地。

但是，出于对美元大幅贬值和人民币升值预期，大量国际热钱通过各种管道进入中国资本市场，短期内热钱流入规模会很大；人民币升值预期加快了一些外商的出资，外资热钱甚至表现为直接投资项目的资金，把美元转换为实物资产，等待人民币升值套取汇差收益。这种外商直接投资带有虚假投资的色彩。

(四) 劳动就业、环境保护和土地政策调整

新《劳动合同法》实施将对外资企业用工进行规范。无疑，新《劳动合同法》实施将大幅度提高违法企业的用工成本，但对合法企业的用工成本影响不大，甚至将降低用工成本。相对于过去非法用工的外资企业大多数不承担工人养老、失业和医疗等社会保障成本，劳资合同关系由外资企业说了算的局面，实施新的《劳动合同法》则要求外资企业规范用工，给

工人交齐各项保险、社会福利保障基金，规范超时用工，取缔"血汗工厂"现象。外资来华必须遵守新《劳动合同法》，具备基本的用工劳保福利，达到最起码的劳工标准。这将在一定程度上削弱投资于劳动密集型低端产业追求低成本的外资进入的能力。

过去片面强调引进外资，接受了一大批污染重、缺乏污染治理的外商投资。一部分外商企业把污染重的生产加工环节转移到中国境内。在东部沿海地区一些加工贸易项目已经给当地造成了严重的污染问题。从事劳动密集型加工贸易的外资项目，如纺织、制革、印染、电镀、杀虫剂、造纸、橡胶、塑料制品、金属拆解、家具制造等低附加值的下游产业普遍存在高耗能、高污染和资源浪费的现象。目前，国家已经出台一系列生态环境保护和污染控制的法规和标准，还将要制定或修订一些节能减排方面的环保政策法规。外资企业不仅在设立时要通过环境评价，而且已经投产的需要承担环保成本。高污染、高耗能外商投资项目可能被拒于国门之外。中国日益加强环境保护立法和行政执法，将抬高外资企业进入的环境成本和环境标准，会影响一部分外资进入的积极性。

国土资源部颁发的《关于发布实施全国工业用地出让最低价标准的通知》规定，工业用地必须采用招标拍卖方式出让。外商投资的土地成本增加，增加外资企业进入成本和生产经营成本，这种用地成本增加可能会抑制外商投资积极性。土地政策调整制约了用地规模大的加工制造项目，引导外资重点投向高新技术产业、先进制造业、现代服务业、现代农业、环保产业等行业，重点引入高科技、高附加值、带动力强的大项目，提高单位土地利用率。

(五) 知识产权保护政策

中国根据自身内在发展需要已经着手制定了《国家知识产权战略纲要》，出台了一系列相关配套的知识产权保护与实施的法规及政策。国家知识产权战略的出台将从立法、司法、实施鼓励、人才培养和服务业发展等方面进一步提高知识产权保护水平和完善实施环境。这将有助于外资引进资本技术密集型项目，以及在华开展研发活动。所以，中国日益提高知识产权保护水平将增强对外资来华投资高技术产业的吸引力。

第三节　中国外资政策调整的目标取向和展望

中国利用外资政策需要在新阶段、新形势下进行相应调整和改革，以符合建设小康、和谐和创新型国家的战略目标，符合国民经济健康发展的宏观政策目标，符合世界贸易组织有关规则创造国内外投资者平等竞争的市场环境和政策环境。中国利用外资政策目标决定了未来外资政策改革的方向，决定了必须坚持走开放型经济可持续发展道路。中国将进一步扩大开放领域，优化开放结构，提高开放质量，完善内外联动、互利共赢、安全高效的开放型经济体系，形成经济全球化条件下参与国际经济合作和竞争的新优势。中国利用外资经济不能继续长期依赖吃农村劳动力转移的人口红利饭，走低成本、低技术和以市场换技术的老路。正如温家宝总理引用王安石所说"天变不足畏，祖宗不足法，人言不足恤"的"三不足"论断，中国将进一步解放思想，从改善外资及外企环境、规范外资及外企行为和利用好外资及外企三个层面调整外资政策，将创新利用外资方式，优化利用外资结构，提高利用外资水平，促进外资企业发展，发挥利用外资在推动自主创新、产业升级、区域协调发展等方面的积极作用。

一、目标取向

利用外资政策目标要符合国家发展战略目标、符合国民经济健康发展宏观目标和符合 WTO 有关协议的规则要求。

（一）外资政策改革要符合建设小康、和谐和创新型国家战略目标

首先，外资政策改革要为建设小康社会目标服务。未来十年是中国实现小康社会目标任务最重的时期，也是外资外贸发展的战略机遇期。中国经济的快速发展为外国资本进入中国提供了广泛的空间，为广大的外商投资企业带来更加广阔的发展机遇；同时外国资本的进入为中国经济的发展增添了活力。外资政策改革要从利用外资规模、结构、方式和质量水平等方面进行政策调整，发挥利用外资在推动自主创新、产业升级、区域协调发展等方面的积极作用，保持国民经济的持续、快速、协调、健康发展，

实现全面建设小康社会的发展目标。

其次，利用外资政策要追求国内、国际的和谐发展和科学发展观。中国追求和平外交政策，坚持走和平崛起的发展道路，因此，在利用外资上坚持国民待遇和非歧视原则，追求利用外资的和谐发展和科学发展观，减少国际摩擦，为任何国家来华合法投资提供平等的机遇，追求共同繁荣。

新的发展观对中国吸收外资提出了更新的、更高的要求。中国需要发展高技术、高附加值产业，提升产业结构，减少高耗能、高污染、低附加值的劳动密集型外资项目，切实转变经济发展方式，抛弃过去只顾追求GDP而不顾一切地招商引资的错误发展观。在节约能源资源、减轻环境污染、减少贫困等国际社会共同面临的问题上，强调以新的发展观调整利用外资政策。

最后，外资政策改革要为提高自主创新能力，建设创新型国家目标努力。过去片面依靠外资技术溢出推动产业技术进步，过高期待"以市场换技术"战略的效果，这种幻想要丢弃。中国的现代化建设迫切要求通过自主创新推动产业科技进步，加紧建设创新型国家。跨国公司在华投资活动可以产生间接的技术溢出效果，在一定条件下可以被国内产业吸收和消化或转化为自主创新能力，但是寄希望于外企技术溢出提高产业技术水平是不现实的。国家外资政策，尤其是外资优惠政策改革，要引导、鼓励、刺激外商投资高技术产业、设立研发机构或跨国公司总部等，提高技术溢出的效果，加快对华技术转移步伐，提高国内企业自主创新能力，力争到2020年中国能够跻身创新型国家行列。

（二）外资政策改革要符合国民经济全面、协调、可持续地健康发展的宏观政策目标

外资政策改革要朝着促进经济发展方式转变的方向努力，优化经济结构，提高产业竞争力和创新能力。外资企业发展对促进经济发展及增长、增加就业、增加税收、提高产业及出口贸易竞争力、促进技术进步等方面作出过巨大贡献。过去，中国利用外资也突出存在一系列问题，例如，产业结构、地区结构分布不平衡；偏重于劳动密集型加工贸易项目，国民收入偏少；税收减免等优惠政策过多，偷逃避税以及转移利润问题突出，出口退税负担过重，财政收入流失较大；外资企业造成的资源、环境压力越来越大；等等。过去的利用外资政策在一定程度上加重了经济结构性矛盾，固化了粗放型经济发展方式。在新的历史阶段和新形势下，利用外资政策调整必须转向促进产业升级和区域经济协调发展，转向促进资源、环

境与社会经济可持续发展,转向引导外资企业提高投资技术含量,提高技术溢出效果和产业竞争力,提高经济效益和增加国民收入,改变粗放型经济发展方式上来。

外资政策调整仍要考虑就业压力大、国际化程度不高、市场发育不完善的基本国情。由于城市化、工业化步伐加快,城市周边失地农民急剧增加,近年来农业机械化耕作逐渐普及,农村剩余劳动力数量迅速扩大,城市下岗失业和期待就业的大学生数目相当可观,国内就业压力非常大。积极合理吸收外资有效弥补了中国国内建设资金的不足,创造了大规模的就业机会,培训了大量产业工人和高素质管理人才。利用外资政策调整需要引导外资投向能容纳大规模就业的制造业和服务业,鼓励外销比例较高的一般贸易投资项目。引进外资除了可以部分缓解就业压力之外,外资企业还引进了大量先进技术、先进经营方式和管理经验,带来了现代流通和市场营销理念,开阔了企业家国际视野,推动了思想解放与观念更新,形成了国际竞争机制、国际规则和国际标准,提高了国内经济融入国际化和全球化的程度,促进了国内市场发育,在建立和完善社会主义市场经济体制中发挥了重要作用。外资政策调整要鼓励国内企业与外资企业合作、配套、联盟,建立产业链和供应链关系,积极参与跨国公司的商品交易或资产并购业务。当然,一部分外资企业也可能会出现阻碍某些行业技术进步、垄断重要行业和控制关键行业市场渠道等行为。外资政策调整要向促进技术进步、建立竞争性市场方向努力。

(三) 外资政策改革要符合 WTO 有关规则,创造国内外投资者平等竞争的环境

对外开放是中国既定的基本国策。外资确实对中国经济发展作出过突出贡献,功不可没,中国继续吸引外资的政策不会变,也不会动摇。但是,在新的开放阶段和新形势下,利用外资政策在保持政策连续性和稳定性的基础上需要不断改革和完善,营造公平竞争的环境。

前一时期各地不恰当地强调吸引外资,诱使竞相出台地方优惠政策,出现了许多给予外资土地、税收等"超国民待遇"的优惠政策,大大减轻了外资企业的各种税费成本,严重损害了市场的公平竞争,将国内企业置于不平等的市场地位,抑制了国内企业的发展能力,一度出现了"假外资"现象和大量经营周期短、收益快的外资项目,造成了资源浪费,最终损害了民族利益和国家经济安全。当前中国经济形势发生了新的变化,应该取消对内外资企业实行差别待遇的政策,并代之以对不同技术标准的行

业实行差别待遇的政策。①

面对各国激烈的引资竞争，中国仍采取适当的外资优惠政策，仅以提升经济结构为目标，但不是以单纯增加引资规模为目标。中国将对土地、资源等实行公开拍卖政策，逐步合并内外资所得税，减少税收减免，采取统一的环保、劳动、社会保障、知识产权政策，创建公平竞争的环境。这有利于优化资源配置的效率。

中国作为世界贸易组织的成员国之一，履行 WTO 义务，遵守国民待遇、非歧视原则等有关规则，按照《与贸易有关的投资措施协定》（TRIMs）有关精神逐渐减少外资进入限制，扩大对外开放的深度和广度，创造国内外投资者平等竞争的市场环境和政策环境。

二、进一步改善外商投资环境和促进外企成长的政策展望

中国将继续坚持吸引外资政策不变，改善利用外资环境。国家有关部门将围绕如何改善外资环境、改进政府服务，进一步扩大开放范围，深化外资政策改革，制定具体实施的政策法规。

（一）扩大开放领域和放宽外商投资准入条件

中国要实现以上目标取向，必须要优化投资环境，继续吸引外资，更好地发挥外资的积极作用，全面提高开放型经济发展水平。首先，扩大开放地域范围，深化沿海开放，加快内地开放，提升沿边开放，实现对内对外开放公平推进。总结和推广中国举办经济特区、经济技术开发区、自由贸易区、保税区的成功模式，吸引外资企业进驻。

进一步扩大投资范围、投资产业领域，鼓励外商投资城市公共设施建设和交通运输业。扩大外商投资物流企业试点范围，鼓励外资银行在东北和中西部地区提供金融服务，积极引进有助于扩大国内消费、为中小企业和"三农"等提供特色金融服务的外资金融机构。

进一步完善外商投资法律法规、政策，放宽外商投资准入条件，逐渐减少外资进入限制，减少投资行业和领域、外企设立条件或地域及持股比例、外企经营范围与投资方式、产品内外销比例、外企投资规模等方面的限制。

---

① 林毅夫. 经济发展形式已变化　外资政策需重新定位. 中华工商时报，2006-10-23.

(二) 创新利用外资方式

传统利用外资主要是"三资"形式的外商直接投资。随着对外开放水平的逐步升级，中国利用外资开始创新方式，出现了境外上市融资或引进股权投资、外资并购、金融机构境外间接融资等新形式。这些新的外商投资方式增加了外商投资方式的选择，便捷了外商投资交易过程，加快了资源优化配置的速度，提高了投资效率。

中国已经出台一系列规范境外融资和外资并购的政策法规。《证券法》以及国务院涉及国内企业境外上市融资法规规定，需要符合条件的企业将有关申请材料向中国证监会和有关部门报批。2005年11月1日国家外汇管理局已经实施《关于境内居民通过境外特殊目的公司境外融资及返程投资外汇管理有关问题的通知》，为境内企业通过国际资本市场融资提供渠道，赴海外投融资企业可以特殊目的公司的形式设立境外融资平台，通过反向并购、股权置换、可转债等资本运作方式在国际资本市场上进行股权融资。

1995年9月，国务院颁发有关文件规定：在国家有关上市公司国家股和法人股管理办法颁布之前，任何单位一律不准向外商转让上市公司的国家股和法人股。外资被明令禁入中国A股流通市场。1999年8月，国家经贸委颁布《外商收购国有企业的暂行规定》，明确了外商可以参与收购国有企业。不过，审批程序复杂，外资并购困难重重。2002年11月4日，中国证监会、财政部和国家经贸委联合发布《关于向外商转让上市公司国有股和法人股有关问题的通知》，允许向外商转让上市公司的国有股和法人股，明确规定相应原则、条件和程序。至此，外资并购上市公司得以正常启动。2003年3月7日，对外经济贸易合作部、国家税务总局、国家工商行政管理总局、国家外汇管理局联合发布《外国投资者并购境内企业的暂行规定》，对外资并购的原则、程序、审批作出了相关规定，为外商收购境内企业股权或认购增资或增发股份，设立外商投资企业后购买并运营境内企业资产，购买境内企业资产后以该资产作为投资设立外商投资企业等形式投资提供可操作性的法律规范。2006年8月，有关部门颁布了《关于外国投资者并购境内企业的规定》，细化了对投资者产业、土地、环保等方面的要求，采用国际通行的评估方法，新增"换股并购"条款。

中国将继续创新引进外资方式，积极探索境外上市、投资基金、发行境外债券、转让基础设施经营权等利用外资新方式；鼓励外资企业以并购方式参与国有企业改组改造；鼓励外商风险投资公司和风险投资基金来华投资；允许中国具备条件的金融机构和企业在境外融资。政府有关部门将完善外商以购并方式投资的政策并制定推动外商投资股份公司，推动 BOT、特许权转让投资方式、外商投资企业在境内外上市发行股票的政策措施。因此，有关部门将要适应新的投资方式根据新情况进一步完善和制定相关境外（直接和间接）融资政策和外资并购政策法规，提高对外开放水平，便利外商投资，构建内外资平等竞争的环境，利用好国际、国内两个市场和两种资源。

(三) 加强外商投资合法权益保护和知识产权保护

中国《宪法》规定，外资合法的权利和利益受到中华人民共和国法律的保护。《中外合资经营企业法》第2条、《中外合作经营企业法》第3条、《外资企业法》第4条及《中外合作开采海洋石油资源条例》第3条都分别作了类似规定，即中国政府依法保护外商投资企业和外国投资者（外方合营者、合作者等）的投资、应分得的利润和其他合法权益。同时，中国有关法律及双边协定中对外资待遇保护、知识产权保护、征收保护、投资本金和利润汇出保护、代位权保护、合同适用法律保护、解决争议法律保护等具体保护作出明确的规定。这些法律规定在政策制定中得到落实和体现，全面保障外资的合法权益。

尤其要加大知识产权执法力度，依法保护境内外投资者的合法权益。外资企业对于申请的专利及商标注册周期过长、知识产权侵权、商业秘密等不正当竞争反映强烈。保护外商投资企业知识产权既是外企的实际问题，也是政府面临的挑战。任何国家的政府都难做到完全彻底保护知识产权。中国要吸引外资投向高新技术、知识密集型产业，就必须切实加强知识产权保护，在立法、司法和政府执法效率上提高知识产权保护水平。中国已经为强化知识产权保护采取了大量具体措施，仍将会继续研究和制定新的知识产权保护政策。

(四) 创造公平竞争和体现国民待遇的环境

中国外资政策将逐步取消过去某些不恰当的超国民待遇，逐步兑现未实现的国民待遇要求，逐步形成内外资企业公平竞争的市场环境和一视同仁的政策环境，体现 WTO 国民待遇基本精神，进一步优化投资软环境。

过去内外资政策的差别待遇不仅扭曲了市场竞争环境，而且还导致内资外流的"假外资"或者披着假外衣的"假内资"问题。无论是内资到境外借壳回来的"假外资"，还是外资到国内借壳变成"假内资"，都是过分给予外资超国民待遇，或者过分偏爱内资限制外资的政策结果，都是缘于内外资政策不一致的差别待遇产物，这是资本得不到国民待遇而追求自身利益的本能反应。"假外资"和"假内资"的出现就是试图突破政策壁垒和差别待遇，导致政策失效。这也说明任何外资产业政策的效果都是有限的。只有给予内外资平等的国民待遇，消除内外投资政策差别待遇，资本才会还原到本色，显示出真实面目，从幕后走到台前。这样有利于减少宏观经济扭曲，减少国民财富的流失和贪腐机会。

近年来，外资政策调整，例如实施统一的企业所得税和劳动合同法，取消部分优惠政策，对加工贸易、出口退税、土地政策进行调整等。这些法律法规和调控措施的实施对一些外商投资企业可能会产生一定影响，但是这些措施都是为了给各类企业提供一个更加公平、开放、规范的市场环境，减少市场扭曲，引导企业适应中国经济发展的新形势，加速产业升级。从长远看，这对提高外商投资企业的竞争力、促进外商投资企业的健康发展是有利的。外商投资企业要根据中国经济社会发展的情况，不断调整和完善自己的投资战略和投资方式。

中国政府对于未来的外资在投资领域、准入条件、股权比例、内外销比例、融资环境、劳工条件、投资及财产权益保护等方面将逐步与国内企业保持政策一致性，体现政策平等，给予内外资政治经济地位平等待遇。

(五) 提高政府服务水平

加快行政体制改革，转变政府职能，增强服务意识；推进政务公开，提高政府服务水平，提高行政效率和依法行政能力；进一步简化外商投资审批程序，提高在线行政许可能力，增强政策及行政透明度；促进投资便利化和投资后续服务，提高行政管理外资工作的能力。这些都需要体现到具体的有关外资政策之中，用具体政策法规约束政府有关职能部门切实提高政府服务水平。

提高政务信息化水平，进一步完善外商投资投诉管理办法，及时处理外商投资及企业运营中遇到的政策法规问题；有效利用各种媒体宣传外商投资供求信息，宣传外资政策法规；创新新闻宣传方式，加强正面宣传力度，为中国提高吸收外资质量和水平创造良好的舆论环境。

政府不仅要对外资企业提高服务水平，而且还要对国内供应商、融资方、工人以及其他利益相关方提供优质服务，鼓励内外企开展合作，保护各方切身利益，尤其是保护外企工人的合理劳动条件、社会保障、各种保险、合法劳动收入等。近年来，发生了韩资企业非法撤资，造成了中国供应商、债权人、工人和地方政府的巨大损失。政府有关部门需要吸取教训、研究对策，防止类似事件再次发生，提高政府对内服务水平。

（六）促进外资企业发展

自从改革开放以来，中国制定了一系列鼓励外商投资和外商企业发展的政策法规，特别是所得税、税收减免、土地划拨等优惠政策。中国已经对外资市场准入、融资支持、社会服务、维护合法权益、技术开发等方面给予政策支持。许多地方政府在国家政策法规的基础上还制定了一些地方性促进外商投资企业发展的政策法规，保护外商投资企业的合法权益，为外商投资企业的发展提供高效、优质的服务。

过去政府非常重视招商引资，但缺乏完备的后续支持企业发展的服务。为了促进外资企业在华成功发展，中国将改进政府外资服务工作，提高外商投资前、后服务水平，继续减少对外资企业发展的不合理限制，放宽外资企业自主发展的政策，便利外资企业合法经营活动。国家将继续深化改革，统一市场政策、贸易政策、金融政策、产业政策、土地政策、劳工政策、环保政策、知识产权政策，对外资实行国民待遇，创造内外资企业平等竞争的环境，促进内外资企业共同发展的良好局面。

三、进一步规范和引导外商投资及外企成长的政策展望

中国实现小康社会目标面临着巨大的就业、资源和环境压力，需要调整外资政策，切实转变经济发展方式，规范和引导外资及外企行为，提高引进外资质量和水平，优化利用外资的产业结构、地区结构。

（一）提高利用外资质量和水平

在确保外资规模增长的前提下，中国利用外资的目标将转向推动利用外资从"量"到"质"的根本转变，使利用外资政策的重点从弥补资金、外汇不足切实转到鼓励引进先进技术、管理经验和高素质人才上，更加注重生态建设、环境保护、资源能源节约与综合利用，促进经济发展方式的转变。

故此，中国将深化外资政策改革，继续大力吸引外资，确保质与量并重，在保持一定引资增长势头的基础上提高利用外资的质量水平，从注重引资数量转向注重引资质量，由粗放式引资转向理性"选"资，从过去主

要依靠优惠政策直接吸引外资转向为外资提供良好的环境和服务上来。

在全球范围内，近年来限制外商投资政策呈现增加势头，保护主义开始抬头。完全投资自由化还不现实。外资政策要对外资实行差异性激励，制定区域差异、行业差异、效益差异等不同的激励政策，对外资进行引导和调节；在对外资优惠政策的规范上，坚持以高技术含量优先、新技术使用优先、带动关联产业优先的原则选择外资项目，并统一制定技术和质量标准。要淡化对地方政府引资规模的考核，围绕引入技术含量、国内配套比例、资源消耗、环境保护、新增就业等综合指标，建立符合科学发展观要求的吸收外资考核评价体系。

依据《外商投资产业指导目录》、《鼓励外商投资高新技术产品目录》等政策，因地制宜地引导外资投向；进一步鼓励外商投资研发中心、高新技术产业、先进制造业和节能环保产业；鼓励外商投资现代农业、现代服务业和服务外包产业；鼓励外商投资传统产业的技术改造和升级；继续鼓励跨国公司在中国设立地区总部、采购中心、物流中心、营运中心、培训中心；采取有效措施，严格限制外商投资高耗能、高污染、低水平产业，严格限制外商投资房地产；促进加工贸易转型升级；推动外资和民营企业合资合作。

规范引资秩序，建立以国家产业安全为基础的外商投资监测系统，规范外资并购行为，防范国际经济风险。鼓励公平竞争，引导外资并购健康发展，规范外资并购行为，防范垄断并购和恶意并购，保持国家在重要行业和关键领域的控制力，确保国家经济安全，防止外资对中国产业安全构成威胁。要充分利用境外资源发展资本市场，对外资开放A股市场，引导和规范外商向上市公司战略投资行为；鼓励设立外商投资企业进行创业投资，健全创业投资退出机制。

（二）优化利用外资结构

中国外资政策改革将要优化外商投资的产业结构和地区结构，吸引外资投向中西部和东北老工业基地，有助于转变经济发展方式，促进国民经济全面、协调和可持续发展，促进和谐社会建设。

2007年新的《外商投资产业指导目录》已经对外商投资项目的产业结构进行引导和调节，重点引导外资投向高科技产业、资源节约和环境友好型产业，开放和鼓励外资进入一些第三产业发展。资源能源消耗高、环境污染重、附加价值低的外资项目将受到国家能源资源限制政策、生态环境保护政策以及产业、贸易政策的更严格限制。节能减排、无污染、高附加值的外商投资项目将受到鼓励和支持。国家通过改革外资产业政策和贸易政策以及其他相关政策,限制不符合国民经济可持续发展目标的外资项目进入,加快已投产的污染重、能耗高、资源紧缺的外资项目调整治理步伐,扭转粗放型经济发展方式,提高经济发展的质量和效益。

中国东部地区和西部地区经济发展本身差距就很大,因此对流入中西部的外资需要政策倾斜。在利用外资地区结构调整中,将深化沿海开放,加快内地开放,提升沿边开放,实现对内对外开放相互促进。外资政策调整将促进区域协调发展,配合西部大开发、中部崛起、振兴东北等老工业基地战略,进一步促进外商到中西部地区投资。国家已经并将继续调整出口退税政策、加工贸易政策和开发区政策,鼓励外资向中西部和东北老工业基地投资,引导加工贸易的梯度转移和转型升级,带动中国产业结构的提升和技术的进步,促进国民经济和谐、协调地发展。

外资流入中西部必须保持梯度优势。除其他因素不变之外,外资政策必须使到中西部的外资得到的平均利润要不低于在东部得到的平均利润水平。那么,产品从西到东的运输成本必须低于两地之间劳动力成本之差;两地之间劳动力成本之差低于劳动力移动的全部成本。这样外资才可能会投资中西部地区项目。政策上,要适度放宽中西部地区外资准入条件;落实中部崛起、西部大开发、振兴东北地区等老工业基地的各项政策,推动各地区加强协作,鼓励东部地区加快体制、机制创新和产业转型升级,促进中西部及东北地区创造条件,积极承接东部地区开放型产业和国外产业转移。

优化利用外资结构决不意味着只追求外资结构的高级化,不切实际地、极端地拒绝一切加工贸易项目和劳动密集型外资项目。中国需要适应各种层次的劳动力就业,引进各种层次结构的外资项目。这样调整外资政策,吸引外资对中西部地区进行投资,可以提升中西部地区产业结构,引进先进的技术、管理经验,实现产业转移和梯度发展,增加中西部地区劳动力就业,增加国民收入,这对于缩小地区发展的差距、促进区域经济的协调发展具有积极的作用。

四、进一步利用好外商投资和外企积极效果的政策展望

中国在新的开放经济发展阶段上调整外资政策,将着力利用好外资及外企,提高外资技术溢出和产业溢出水平,发挥外资更大的示范与带动作

用，又好又快地发展经济，为建设小康和创新型国家做出贡献。

（一）利用好外资推动自主创新

吸引外资的政策调整将着重引进技术、管理和人才，促进自主创新和产业升级，注重对引进技术的吸收、消化、融合和创新，提高利用外资促进自主创新的能力。外资政策调整将激励外资企业提高投资技术含量，开展本土研发，增加技术转让，加快向东道国的技术转移，提高对内资企业的溢出效果，激励内资企业吸收国外先进技术和管理，发挥外资企业对国内企业的引导、辐射作用，促进中国集成创新能力和引进、消化、吸收和再创新能力的提高，为实现建设创新型国家目标做出积极贡献。

外资政策可能会进一步提高外商以技术入股占股本比重的上限；把适应于内资企业的科技鼓励政策扩大到外资企业，推动外资开展本土研发；提高国家知识产权司法效率，切实保护外资知识产权；推动外商投资企业在引进技术的基础上做好消化、吸收、再创新工作；鼓励跨国公司和国内研发机构及企业开展研发合作，扩大外商投资技术溢出效应；鼓励设立外商投资企业进行创业投资，健全创业投资退出机制。

（二）利用好外资推动产业升级

完善内外联动、互利共赢、安全高效的开放型经济体系，形成经济全球化条件下参与国际经济合作和竞争新优势，实现开放型经济下内资企业与外资企业产业链条内部互动，把引进外国资金、技术、管理经验为我所用，千方百计把引进外资同促进国内经济发展方式转变结合起来，提升中国传统产业技术水平，加快传统产业的改造和技术升级，发挥后发优势，实现跨越式发展。

鼓励外商投资企业加强原材料、零部件本地化配套，延伸产业链条；鼓励外商投资设立出口型企业，鼓励跨国公司将技术水平高、增值含量高、节能减排的项目转移到中国，推动外商投资加工贸易当地配套及转型升级；创新吸收外资方式，完善外商投资参与国有企业改组改造、并购等方面的政策法规，促进外资参与金融不良资产的重组与处置，激活国有资产。

制定国家级经济技术开发区可持续发展战略；继续发挥开发区窗口、示范、辐射和带动作用，努力打造外资密集、内外结合的经济增长带；引导和鼓励开发区发展高新技术产业、节能环保和现代服务业，不断增强自主创新能力；发挥东部开发区产业集聚效应，延伸产业链，带动中西部地区产业发展。

(三) 利用好外资推动区域协调发展

外资产业政策、贸易政策、土地和税收政策等适当采取地域差别优惠，适度放宽中西部地区外资准入条件。结合区域资源环境承载能力、发展优势和发展潜力，完善区域利用外资政策，支持中西部、东北老工业基地的开发区加大基础设施建设和人力资源培训，承接东部地区开发型产业和国外产业转移。落实中部崛起、西部大开发、振兴东北地区等老工业基地的各项政策，推动东中西北部加强协作，推动东中西部开发区建立合作园区，引导东部开发区协助西部开发区改善综合投资环境。办好中部投资贸易博览会，为中部崛起搭建对外开放和合作交流的新平台。深化沿边开放，完善沿边口岸基础设施。

第四节 近期中国利用外资形势和外资企业发展展望

目前，中国利用外资的水平仍然很低，只是发达国家的 1/10，利用外资的规模远远不够，需要继续坚持吸引外资的基本政策，继续扩大利用外资的规模。在世界经济由美国次贷危机引起的不确定性情况下，外资可能更加看好在华投资的成长性，短期外资来华可能出现超出预测的规模。利用外资将主要转向高新技术产业、高端制造业、节能环保产业、服务业，外资投向中西部增幅较大，逐步加快境外融资、外资并购等投资方式的增长速度，限制污染重、能耗高、低附加值外资项目，提高利用外资的质量，鼓励技术含量高、节能减排、高附加值外资项目，提高外资对内企技术溢出、辐射和带动作用，提高利用外资水平。未来十年内在华外资企业数目将会比目前数目增长一倍，继续向服务业、中高端制造业投资转移，仍将保持较高的投资回报率，外资股权比重会继续升高，经营管理本土化理念增强。

一、利用外资规模仍将继续快速增长

自 2000 年以来，中国实际利用外资金额波动较大，总趋势是稳中缓慢上升。2006 年中国吸收外资居全球第四位。据商务部统计，2006 年全国新设立外商投资企业 41485 家，同比下降 5.7%；实际使用外资金额 670.76 亿美元，同比增长 5.1%。其中，非金融领域（不含银行、保险、证券）新设立外商投资企业 41473 家，同比下降 5.7%，实际使用外资金额 630.21 亿美元，同比增长 4.47%（见表 13-6）。

表 13-6　1995~2011 年外商在华投资情况

年份	外商在华投资协议				外商在华实际投资额	
	总计		其中，直接投资		总计	其中，直接投资
	项目（项）	亿美元	项目（项）	亿美元	亿美元	亿美元
1995~1999 平均数	23973.4	722.166	23857	617.772	557.124	420.572
2000	22347	711.3	22347	623.8	593.56	407.15
2001	26140	719.76	26140	691.95	496.72	468.78
2002	34171	847.51	34171	827.68	550.11	527.43
2003	41081	1169.01	41081	1150.69	561.4	535.05
2004	43664	1565.88	43664	1534.79	640.72	606.3
2005	44001	1925.93	44001	1890.65	638.05	603.25
2006	41485	1982.16	41473	1937.27	670.76	630.21
2007	37888	—	37871	—	783.39	747.68
2008	27514	—	27514	—	952.53	923.95
2009	23435	—	23435	—	918.04	900.33
2010	27406	—	27406	—	1088.21	1057.35
2011	27712	—	27712	—	1176.98	1160.11

注：商务部统计的外商在华投资分为非金融（不含银行、保险、证券）领域外商直接投资和金融领域外商直接投资两块，其中 2000 年以前数据包含对外借款。所有数据均不包含境外融资和外资并购。

资料来源：商务部统计资料，历年《中国统计年鉴》。

2007 年总计实际使用外资 783.39 亿美元，同比增长 16.8%，其中非金融机构实际使用外商直接投资 747.68 亿美元，比上年增长 13.6%。2007 年制造业吸收外资下降，服务业利用外资增速较快，中西部吸收外资增幅较大，外商独资企业所占比重进一步上升，投资方式仍以新建投资为主，国家级经济技术开发区较快发展。

受国际金融危机和欧债危机影响，近年来流入中国的外资增长缓慢。2011 年中国审批外商直接投资项目 27712 项，利用外资规模达到 1176.98 亿美元，比 2010 年增长 8.1%，其中外商直接投资 1160.11 亿美元，比 2010 年增长 9.7%。

据商务部统计，截至 2011 年底，中国已累计批准设立外商投资企业超过 73.8 万家，实际使用外资金额达 1.17 万亿美元。全球 500 强已超过 490 家在华设立了企业或机构，跨国公司在华设立研究中心超过 1160 家。

国内有一些学者担心大规模外资会危害国家经济安全、损害社会公众利益、剥削劳动者，对继续增加引进外资持反对意见，认为对外国直接投资的高度依赖使中国经济在跨国企业国际战略的改变面前变得更加脆弱，以为中国已经有大规模外汇储备和银行存款，不再需要扩大吸引外资了。其实，虽然中国目前银行存款和外汇储备规模很大，但是这些资金只是潜在的生产要素而已，并不会自动形成生产力，需要企业家敢于冒风险去投资兴业，中国缺乏大规模高素质的企业家队伍。吸引外国企业家来投资可以弥补中国企业家资源的欠缺。而且，2004~2011 年流入中国的外商直接投资在固定资本形成总额中的比重大体维持在 6% 左右，不仅大幅低于同期发展中经济体流入的比重，而且低于世界平均水平，也低于发达经济体中流入所占百分比（见表 13-7），表明中国固定资本形成对外资的利用程度相对较低。

表 13-7 中国与世界及两大经济板块外商直接投资在资本形成及 GDP 中的百分比

单位：%

经济体		外商直接投资流量占固定资本形成百分比					外商直接投资存量占 GDP 百分比				
		2004 年	2005 年	2006 年	2008 年	2011 年	1990 年	2000 年	2006 年	2008 年	2011 年
世界	流入	8.3	9.8	13.2	12.8	9.2	9.6	22.7	28.8	25.2	28.7
	流出	10.4	9.0	12.9	14.1	10.4	9.9	24.5	31.9	26.9	30.0
发达经济	流入	6.6	9.0	13.2	12.0	9.4	8.7	22.2	29.7	26.2	30.1
	流出	12.3	10.7	15.5	18.6	15.5	11.1	28.0	38.4	33.0	39.4
发展中经济	流入	12.5	11.7	12.9	13.2	8.5	13.4	24.7	26.5	24.0	26.0
	流出	5.4	4.8	7.3	6.7	4.4	4.1	12.6	15.0	14.4	13.8
中国	流入	7.7	7.7	6.4	5.8	3.7	5.1	16.2	10.5	8.3	10.1
	流出	0.7	1.3	1.9	2.8	1.9	1.1	2.3	2.6	3.3	5.2

资料来源：联合国贸发会议统计数据。

同期，中国流出资本的占比与世界的差距更加明显。1990 年、2000 年、2006 年、2008 年、2011 年中国与世界的外商直接投资在国内生产总值中所占比例差距较大。2006 年中国流入外资存量占 GDP 比重只有 10.5%，不及世界平均比重 28.8% 的一半。中国引进外资与世界有相当大的差距，利用外资程度远低于世界平均水平。中国人均使用外资规模很小，不足发达国家的1/10。尽管中国引进外资规模已经达到一个新的阶段，据商务部统计，2011年不包含金融机构外资之外，实际使用外商直接投资达到1160亿美元，但是这个规模对于中国这样一个产业资本不足、人口就业矛盾异常突出的国家来说远远不够。2011年中国人均使用外资仅86美元，与发达国家人均使用外资超过500美元相差近6倍。美国、英国、法国等发达国家之所以经济发达，不仅与其建立先进的科技体系、教育体系和知识产权保护体系有关，而且与其开放型经济体系密不可分，与其每年流入的大规模外国投资密不可分。所以，笔者认为，中国绝没有过度依赖外国投资，而且利用外资的规模还远远不够，需要继续坚持吸引外资的基本政策，继续提高开放型经济水平，为促进国民经济又好又快发展做出更大的积极贡献。

笔者认为，不论外资还是内资，都以追求利润为目的，关键在于如何加以管理、引导和利用。从资本作为一种生产要素的本性来说，内资与外资是无差异的，外资不一定比内资可恶，外资甚至比内资更规矩。政策上歧视一种资本，它就会转变为另一种资本。从发展生产力和提高经济福利来说，它们的效果是一样的，问题在于如何管理和利用它们。

生产力来源于资本与劳动之间的协作、和谐与统一。资本与劳动关系的和谐论不同于对立论。资本是生产商品新价值的必要前提，它通过投资组织生产经营把价值转移到所生产的商品之中，推动了劳动者创造新的价值。笔者基于资本与劳动力之间的和谐论，提倡中国要进一步扩大利用外资规模，充分利用中国丰富的剩余劳动力资源。引进大规模外资，扩大投资规模，就可以让中国更大规模的劳动者参与生产劳动，创造更多财富和更多价值，从而让这些劳动者能够在就业中生产出自己的生活资料价值，生产出工资和国民收入。资本在组织生产劳动中占有劳动创造出来的工资之外的剩余价值，获得利润来源，这是资本投资的动力源泉。资本投资冒着收益不确定的风险，具有价值和剩余价值的分配权。资本利润高低是没有保障的。资本与劳动力之间是一种互利共赢的交易关系，劳动工资收入不论企业经营状况如何都是由劳动合同规定的、有保障的。从社会生产力发展和生产物质财富来说，资本与劳动之间只能和谐统一，不可能长期对立和对抗。从总体和长远来看，资本与劳动之间任何损害对方的行为都是"损人不利己"的，任何一方不可能企图从损害对方中获益。他们之间的经济利益关系是由整体市场决定的。短期内损害对方可能迫使对方逃逸而选择替代者；长期试图损害对方必然损害自身利益。只有维持互利共赢的利益共同体关系，才可能使双方利益最大化而得到更大利益。资本拿了剩余价值会转化为追加投资资本、税金、社会发展或保障基金等。劳动者通过劳动获得收入，形成消费力，是社会经济关系的重要一环。

只要没有外部力量干预，自愿的投资和交易都是经济理性的。当然这种自愿交易关系的建立需要国家健全法制，建立公平交易关系，严惩强迫交易、不公平交易的违法犯罪行为。经济领域立法需要立足于中国实际国情，以长期国民福利最大化为原则。比如新的《劳动合同法》对劳动条件、劳动标准、劳动环境、劳动报酬以及福利保障等作出规定，过高保护一部分就业劳动者利益，损伤资本利益，可能会削弱投资积极性，损害另一部分劳动者的就业机会；过低保护劳动者利益，可能刺激资本投资积极性，但是"血汗工厂"却损害了整体就业者利益。立法者要科学评估一项新政策可能带来的不同福利效果，力求科学立法，确保国家法制维护市场公平交易和经济资源的有效配置。所以，从经济理性来说拒绝外资参与中国市场资源配置是不经济的。对外开放和利用外资是中国强盛的基本政策，永远要坚持。政府应该欢迎合法、符合政策的外国投资，千方百计为外资企业发展服务。

二、外资质量和外资结构将逐步改善

随着中国经济持续快速发展及与外部世界经济联系的进一步密切，中国外商直接投资、境外上市或金融市场融资、外资并购三种利用外资方式都会继续增长。境外融资和外资并购两种方式增长速度会进一步加快。国内成功企业到海外融资的规模将会相当可观。在全球并购浪潮的影响下，未来几年，在华外商为了节约成本会主要采取并购的方式扩张，外资企业在国内企业股权市场上的股权并购及持股规模会大规模增加。

中国目前引进外资仍然以新设投资为主，在世界跨国公司主要以并购投资为主要形式的趋势下，并购投资比重不高的状况会日益改变。根据联合国贸发会议统计，中国外资并购额 2000 年为 373.2 亿美元，占当年中国吸收外国直接投资额 407.1 亿美元的 91.7%，这是一个特例；2001 年外商在华并购交易额为 20.4 亿美元，占当年外商直接投资额 468.8 亿美元的 4.4%；2006 年外国在华并购额为 113 亿美元，占当年外商直接投资额 727.2 亿美元的 15.5%；2011 年外资在华并购 111.8 亿美元项目，占当年外商在华直接投资的 1239.9 亿美元的 9%（见表 13-8）。2011 年全球外国直接投资流入总额达到 15244.2 亿美元，其中并购流量 5258.8 亿美元，占总额的 34.5%。可见，中国外资并购占外商总投资的比重仍较低。

表 13-8 中国与世界及两大经济板块外资并购流量

单位：当年价格亿美元

经济体	流量	1991年	2000年	2001年	2006年	2007年	2008年	2010年	2011年
世界	出售	210.9	9052.1	4293.7	6253.2	10227.3	7065.4	3440.3	5258.8
	购买	210.9	9052.1	4293.7	6253.2	10227.3	7065.4	3440.3	5258.8
发达经济	出售	174.5	8522.7	3643.3	5271.5	8919.0	5813.9	2571.5	4096.9
	购买	146.2	8286.6	3886.1	4973.2	8417.1	5680.4	2237.3	4009.3
发展中经济	出售	36.5	523.2	622.5	891.6	1003.8	1048.1	823.8	832.2
	购买	22.5	576.0	280.2	1149.2	1448.3	1058.5	981.5	1036.2
中国	出售	-1.5	373.2	20.4	113.0	93.3	53.8	63.1	111.8
	购买	1.9	-3.1	0.7	120.9	-22.8	379.4	295.8	343.6

资料来源：联合国贸发会议统计数据。

据国家工商总局统计数字显示，截至 2007 年底，外国投资者共并购 2.18 万家中国境内企业的股份，占外商投资企业实有总家数的 7.61%，其中外国投资者购买 1.94 万家外商投资企业的中方股份，比上年底增长 25.48%，注册资本 1056.21 亿美元，比上年增长 1.19 倍；购买 2373 家内资企业的股份，注册资本 286.75 亿美元。2007 年外资并购内资企业 677 家，比上年减少 26 家；并购的企业实有注册资本 1342.96 亿美元，占外商投资企业实有注册资本的 11.59%。截至 2011 年底大陆设立外商投资企业 44.65 万家，比上年增长 0.28%，注册资本金 10.9 万亿元，比上年增长 4.37%；其中 2011 年在大陆登记注册的外商投资企业达 4.21 万家，比上年增长 3.64%，注册资本金 0.92 万亿元，比上年下降 2.55%。未来中国引进外资中新建投资将逐步下降，以并购投资方式进行的比重将逐步提高，但是短期内与世界外资并购所占总投资的比重相比差距仍较大。中国人均耕地面积较少，人口众多，依赖世界市场供给粮食不现实。因此，中国守住 18 亿亩耕地面积的底线不能突破，工业用地将受到严格限制。将来，中国引进外资将日益增加并购比重，远期主要以并购投资形式为主。

在外资政策引导下，未来部分外资肯定会逐渐流向中西部地区。加工贸易和劳动密集型外资项目主要向中西部地区转移。国家将支持中西部地区建设承接东部地区加工贸易转移的集中区域，形成各具特色的产业集群，以更加优惠的政策鼓励这些外资企业到中西部投资创业。东部地区仍是吸收外资最集中的地区，2007 年实际使用外资 545 亿美元，占全国总量的比重为 88%。短期内流向中西部的外资增长速度会超过流向东部地区。2007 年中西部地区外资流量占全国总量的比重同比提高约 2 个百分点。

国家将大力吸收外资促进现代服务业发展，积极稳妥扩大金融、保险、电信等服务业对外开放，拓展利用外资的新领域，引导跨国公司在华设立地区总部和采购、物流中心，大力推动服务外包产业发展，鼓励外商投资服务外包产业，积极承接离岸服务外包业务。由于政策的指引，第三产业和服务外包业务方式吸引外资比重将会有较大幅度的提高。2007年中国大陆服务业新设立外商投资企业1.5万家，同比增长7%；实际使用外资262亿美元，同比增长58%，占全国总量的比重为43%，比上年同期提高12个百分点。

　　国家将切实提高利用外资质量和水平，落实新修订的《外商投资产业指导目录》，进一步鼓励外商投资高新技术、现代农业、节能环保产业和高端制造业。高新技术产业将继续保持对外资的吸引力。引导外资研发中心在信息技术、新材料、生物科技等高新技术领域开展原始创新；外企与所在地高校、科研院所和企业联合进行集成创新；国企、民企"走出去"、"引进来"相结合，实行引进、消化、吸收的再创新。鼓励跨国公司与中国企业和科研院所建立技术合作战略联盟，提高知识产权本地化比例。随着知识产权政策的完善，对外资进入行业限制的放宽，国内人才知识水平的提高，以及国内政治经济形势稳定，更多的跨国公司将会把中国作为全球研发基地。这些政策措施的落实将在一定程度上提高引进外资的质量。

　　据国家工商总局统计数字显示，2007年全年新登记外商投资企业3.41万家，比上年减少784家，下降2.25%；投资总额2526.03亿美元，比上年增加339.44亿美元，增长15.52%；注册资本1579.21亿美元，比上年增加317.07亿美元，增长25.12%；其中，外方认缴1362.29亿美元，比上年增加297.69亿美元，增长27.96%，占注册资本的86.35%，比上年提高1.92个百分点。2007年新登记外商投资企业规模进一步提升，家均注册资本463.04万美元，比上年增加101.28万美元，增长28%。新登记外商投资企业投资总额3000万美元以上的1427家，比上年增加294家，增长25.95%，占新登记外商投资企业家数的4.18%。可见，2007年中国新登记外商投资企业家数下降，注册资本比上年增长25.12%，家均注册资本比上年增长28%，新登记外商投资企业注册资本持续高速增长，质量不断提高。

　　但是，短期内外资质量改善程度有限。外资家均注册资本数量规模增加只是反映外资质量的一个侧面，并不能直接体现质量提高。外资质量高低取决于外资所投资的技术含量、节能减排、所在行业分布、地域分布、就业容纳规模、税收贡献等综合指标。除非中央政府取消地方政府招商引资权力、官员升迁与地方经济成绩脱钩、地方财政与其经济无关，否则，地方引进外资的优惠政策混乱状态难以逆转，良莠不齐的外资不在沿海地区落脚，就能在中西部地区找到投资场所。中国这么大国家，中央政策难以一以贯之，各地如饥似渴地追逐外资，即便不符合国家产业政策的外资也能够包装成优良外资。所以，从全国整体来看，外资质量受国内经济发展水平、外部资金来源质量和政策水平的多种因素影响，国内地区经济发展不平衡和城乡差别决定了短期内外资质量难以大幅度提高，否则脱离实际片面追求高质量外资就会耽误利用外资发展经济的机遇，而把大规模可以利用的外资资源挡在国门之外被他国所用。

同样，外资投资结构会有所改善，但变化的幅度也不会很明显。在政策导引下未来外商投资将会逐渐流向具有高附加值的高新技术、研发、服务行业，外资投资结构会略有改善，这会有利于国内产业结构升级。由于外资会更多地流向高新技术产业、服务业，流向经济不发达的中西部地区，外资的"外溢效应"和"示范效应"对于国内企业提高技术和管理水平会有很大帮助；同时，有利于缓解国内区域经济发展不平衡的问题。因此，利用外资质量和水平会不断提高。

三、外商投资企业在华发展的远景展望

（一）外资企业数目将会大幅增长

中国市场对外资吸引力会越来越大。外资企业在华获得的竞争优势和竞争力将日益明显。几乎凡是跨国公司，如不在中国设立分支机构分享中国市场及资源优势将无以应对全球化竞争。中国存在大批农村劳动力转移、城市劳动力资源过剩、就业竞争压力巨大的问题，大批大学生毕业就意味着待业，新的《劳动合同法》无法解决就职人群忍受的高强度、超时或加班劳动。即使中国劳动力效率不是很高，但在华企业从华工身上获得的竞争力可能无以匹敌。大型企业不分享中国市场和劳动力资源恐怕难以继续成长。不仅目前在美国设立机构的跨国公司要纷纷来华建立企业，而且新崛起的发展中国家的跨国公司也要纷纷来华建立"桥头堡"。如果中国继续保持较快经济增长形势，在国际经济景气不佳和纷纷提升产业结构的情况下，外资在华投资设厂的增长速度还会加快。仅以目前外资企业数目增长速度，除去撤资、注销的企业数目之外，中国外资企业数目仍将会大幅度增长。

(二) 外资企业向服务业、中高端产业链的投资增长加快

由于外资政策的引导，未来在华外商投资企业应该会追随政策，改变其投资方向，逐步转向服务领域和高科技产业。随着中国经济发展水平的逐步提高，开放领域逐步扩大，外资会追逐这些刚刚开放的新领域的丰厚利润蜂拥而入。曾经主要靠低税收来盈利的低水平"三来一补"加工企业将会转型升级或撤资，重新考虑出路。据国家工商总局统计数字显示，截至 2007 年底，外资企业在第一产业实有 6005 家，比上年增长 3.16%，占实有总家数的 2.1%，注册资本 147.46 亿美元，比上年增长 15.76%，占实有注册资本的 1.28%；在第二产业实有 19.58 万家，比上年增长 0.8%，占实有总家数的 68.42%，注册资本 7394.82 亿美元，比上年增长 14.13%，占实有注册资本的 64%；第三产业实有家数快速增长，外企在第三产业实有 8.44 万家，比上年增长 12.88%，占实有总家数的 29.48%，注册资本 4011.9 亿美元，占实有注册资本的 34.72%，注册资本比上年增长 40.37%。可见，外商投资企业向服务业布局速度明显加快，外企产业层次和水平将进一步提高，从而带动国内关联企业技术和管理水平的提高，推动产业结构升级。由于政策的逐步完善、稳定和政府服务水平的不断提高，外商在华业务肯定会不断扩大，向利润更丰厚的中高端产业链移动。

(三) 外资企业仍将保持较高的投资回报率

随着中国引资质量提高，引进处于产业链低端的外资项目大大减少，中国整体外资企业在全球价值链中的地位将会逐步提高，外资企业在华投资经营的利润回报率仍将会继续保持高位。

据世界银行对中国 120 个城市的 12400 家企业进行调查后发现，外资企业在中国投资平均回报率高达 22%。在全球 25 个对外资最具有吸引力的国家中，中国是外国投资回报率最高的国家，连续 5 年名列投资回报最有保障国家第一名。从全世界范围看，外资企业在中国的投资回报率都是最高的。外商投资企业和外国企业在华纳税数额从 2002 年的 616 亿元增长到 2007 年的 1951.2 亿元，年均增长 26%（见表 13-9）。外资企业在华所得税高速增长折射出其相当丰厚的利润回报。

中国市场庞大、投资回报最有保障、投资回报率最高是中国强力吸引外资大规模进入的重要原因。但外资企业大量增加不会立即导致利润率下降。只有当外资企业数目增加到一个巨大的门槛时，譬如 2020 年，市场竞争进一步加剧，才会出现利润率下跌的可能。

表13-9　2002~2007年在华外商投资企业和外国企业所得税

单位：亿元

项目	2002年	2003年	2004年	2005年	2006年	2007年
外商投资企业和外国企业所得税	616.0	705.4	932.5	1147.6	1534.8	1951.2

注：2008年之后企业所得税不区分内外资。
资料来源：国家税务总局．税务统计．

（四）外资占外企平均股权比重将会持续上升

据国家工商总局统计数字显示，截至2007年底，外资企业实有投资总额2.11万亿美元，比上年增加4012.25亿美元，增长23.5%；外资企业注册资本总额1.16万亿美元，比上年增加2089.45亿美元，增长22.08%；其中，外方出资额9211.48亿美元，比上年增加1805.23亿美元，增长24.37%，占注册资本的79.72%，比上年增加1.47个百分点。外资股本投资在外企总股本中平均比重呈上升势头。

随着外商独资经营领域放宽，外商投资企业类型呈现出"两升两降"的发展趋势，即外商独资企业和外商投资股份公司双双上升，中外合资、中外合作企业双双下降。截至2007年底，全国实有外商独资企业17.96万家，比上年增加1.47万家，增长8.89%，外商独资企业占实有家数的62.73%；外商投资股份公司625家，比上年增加143家，增长29.67%，股份公司增长迅猛；中外合资企业9.15万家，比上年减少1861家，下降1.99%，中外合作企业1.45万家，比上年减少1570家，下降9.74%。

大部分新设外资企业以独资形式出现，独资化趋势更加明显。2007年新登记外商独资企业2.65万家，比上年增加981家，增长3.84%，新登记外商投资企业以外商独资企业为主，占新登记外商投资企业总数的77.84%。在新登记外商投资企业家数减少的情况下，外商独资企业依然呈现增长趋势。可见，外资占外企股权比重呈现持续上升趋势。

（五）外资企业本土化成长理念增强

过去外资重视国际市场，把自己作为外来的客商，随时可能离开。随着国民待遇政策的落实，外资企业将日益依赖国内市场成长，把自己看做本土企业，不再希望得到特殊优惠待遇。外资企业将更加自觉遵守中国法律法规，更加注重环保、进行跨文化沟通、与政府及媒体公众建立良好关系、注重广告宣传树立本地企业负责任的形象。外资企业在华经营需要制定本地化战略，将大量起用本地高级管理人才、在本地开展研发、深入理解本地市场需求特征和文化特质、以本地市场作为产品生产营销重点、与本地相关企业及社区建立互利友好关系。因此，外资企业本土化成长理念会日益增强。在华本土化观念不强的外资企业可能面临重塑形象的挑战，或者面临直接被淘汰出局的危机。绝大多数外资企业会适应中国经济发展方式转型的环境，成功实施本地化战略，顺利在华拓展业务。

第五节 总 结

中国改革开放这 30 多年，取得的成就是举世瞩目的。随着对外开放向更深更广的领域推进，中国经济发展水平日益升高，人民生活水平日益改善。这相当一部分得益于利用外资增长和对外开放政策。毋庸置疑，引进外资给中国带来的并不仅仅是资金，其无形中带来的还有先进的技术、管理经验、体制机制变革推动力，以及对雇员培训和内企示范的外溢效应。纵观世界，凡是开放程度更深更广的国家，经济就更发达，而闭关自守的国家经济都比较落后。温家宝总理说，"只有开放兼容，国家才能富强，闭关锁国必然落后"。[①] 对外开放肯定是利大于弊。中国将一如既往地坚持对外开放的基本国策，促进中国经济市场化、现代化和国际化，加快融入全球经济的步伐。

中国吸引外资的优势是稳定的经济政治环境、广阔的消费市场、巨大的国内需求、不断提高的人力资源水平、不断完善的基础设施和政策环境，以及不断扩大的开放程度。中国将继续深化外资政策改革，优化外资政策环境，形成内外资同等国民待遇的发展环境；提高利用外资质量和水平，优化外资结构，创新利用外资方式；日益提高外资政策透明度，保持外资政策稳定性及可预见性；切实保护外资安全性（包括知识产权和其他形式资产）；便捷各种行政手续，提高政府服务水平，促进外资企业在华成功发展。

面对世界经济可能下行的各种风险，中国在规避和控制国际风险的基础上，需要并将会继续扩大引进外资。大规模外资可能把进入中国作为规避风险、博取人民币升值利益和谋求资产最快成长的最佳场所。期望

---

① 温家宝. 只有开放兼容，国家才能富强. 在新加坡国立大学的演讲，2007-11-19.

2012年实际直接利用外资规模继续超过千亿美元台阶，未来五年内外商直接投资规模达到2000亿美元左右。

中国将提高利用外资的质量与水平，积极引进先进技术、管理经验和高素质人才，提高对外资技术溢出的消化、吸收和自主创新能力；优化利用外资结构，引导外资企业向中西部和东北地区投资，产业重点转向服务业、高新技术产业和先进制造业；创新利用外资的方式，在稳定引进外商直接投资方式下大力发展境外融资、外资并购，进一步优化国内企业股权结构和改善治理结构。外资企业在华数量将继续稳步增长，独资化趋势会更加显著，所处产业结构逐步转向服务业、中高端产业链，在华获利仍将保持全球最高水平，逐步增强本土化经营理念。

参考文献：

［1］United Nations Conference on Trade and Development. World Investment Report 2007: Transnational Corporations, Extractive Industries and Development. United Nations, 2007.

［2］江小涓. 中国对外开放进入新阶段：更均衡合理地融入全球经济. 经济研究，2006（3）.

［3］李宗卉，鲁明泓. 中国外商投资企业税收优惠政策的有效性分析. 世界经济，2004，27（10）.

［4］林毅夫. 经济发展形式已变化 外资政策需重新定位. 中华工商时报，2006-10-23.

［5］王鹏. 我国利用外商直接投资的特点、问题及对策. 金融教学与研究，2004（4）.

［6］温家宝. 只有开放兼容，国家才能富强. 在新加坡国立大学的演讲，2007-11-19.

［7］钟炜，胡怡建. 税收优惠对我国外商投资企业的重要性程度研究. 财贸经济，2007（1）.

［8］张为付，武齐. 中国利用外商直接投资的特征及发展趋势. 国际贸易问题，2004（9）.

索 引

B

保税区，273，334，335，374
本地化战略，299，392
避税，263，305，317，319，320，328，331，372
并购投资方式，387

C

产权改革，34，35，50，78，79，84，97，98，100，119，131，136，140，145，147，148，157，158，187，188，232，
超国民待遇，31，211，273，301，318，338，343，373，376，377
城镇集体经济，25，29，30，34，39，42，47，48，49，50，51，52，53，55，73，74，76，78，79，80，82，83，84，85，86，89，116，117，118，1119，120，131，133，134，137，156，157，158
城镇集体企业，3，4，11，13，14，17，24，25，26，29，30，34，37，38，39，41，42，43，50，51，52，53，55，56，73，74，75，76，78，79，80，82，83，84，85，86，87，88，89，117，118，119，120，121，129，132，136，137，138，146，149，154，156，158
城镇中小集体企业，76
创新利用外资方式，273，341，355，371，375，392

D

对外开放政策，31，189，328，365，392

E

"二国营"，38，73，78，84，117，129，146，149

F

返城知青，11，27，49，165，256
非国有经济，1，2，3，4，5，6，7，9，10，11，13，14，15，16，17，19，20，21，22，23，24，25，27，29，31，32，80，151

G

个体工商户, 2, 4, 11, 12, 13, 14, 15, 17, 167, 170, 171, 172, 195, 197, 198

供销合作社, 38, 44, 45, 69, 70, 72, 114, 120

国际投机资本, 284

国有单位兴办的集体企业, 40

H

合作经济, 35, 38, 39, 42, 43, 44, 45, 47, 59, 60, 65, 66, 67, 68, 77, 82, 83, 91, 92, 93, 94, 98, 99, 100, 101, 102, 105, 106, 1107, 108, 109, 110, 111, 113, 114, 115, 116, 117, 118, 119, 120, 127, 128, 130, 131, 141, 142, 143, 144, 145, 146, 147, 151, 156, 157, 158, 168, 190, 197, 202

"红帽子"企业, 15, 41, 42, 56

混合所有制经济, 78, 88, 127, 131, 133, 134, 158, 206

J

集体经济, 3, 11, 25, 29, 30, 34, 35, 37, 39, 42, 43, 44, 47, 48, 49, 50, 51, 52, 53, 54, 55, 56, 57, 58, 63, 66, 73, 74, 75, 76, 78, 79, 80, 81, 82, 83, 84, 85, 86, 89, 93, 94, 95, 96, 97, 98, 99, 100, 101, 102, 103, 104, 105, 113, 116, 117, 118, 119, 120, 121, 122, 127, 128, 129, 130, 131, 132, 133, 134, 135, 137, 139, 140, 141, 142, 143, 144, 145, 146, 147, 148, 149, 150, 151, 154, 156, 157, 158, 159, 167, 189, 190, 194, 195, 202, 227, 228, 306

集体所有制理论, 105, 109, 158

计划经济体制, 2, 28, 55, 62, 149, 181, 185, 235, 236, 238, 244, 333, 334, 335, 348

"假外资", 319, 367, 373, 376, 377

经济特区, 249, 273, 277, 320, 334, 335, 374

境外融资, 8, 375, 376, 382, 383, 386, 393

K

跨国并购, 295, 326, 327, 332, 358, 359

跨国公司, 7, 15, 19, 20, 114, 209, 253, 260, 273, 275, 276, 285, 290, 291, 293, 295, 296, 297, 299, 303, 309, 310, 312, 313, 314, 315, 316, 318, 319, 320, 321, 322, 323, 325, 326, 327, 329, 330, 331, 332, 337, 338, 338, 340, 342, 349, 350, 351, 352, 355, 361, 364, 365, 366, 368, 372, 373, 379, 381, 384, 386, 388, 389

L

劳动者权益保护, 273, 352

利用外资政策, 272, 277, 317, 322,

333, 337, 338, 339, 340, 341, 342, 343, 345, 346, 347, 348, 349, 352, 371, 372, 373, 378, 382

联社系统的集体企业, 38, 39

"两个联合", 34, 79, 83, 121, 128, 129, 136

"两种共有", 34, 128, 129

M

民间投资, 8, 16, 17, 24, 176, 211, 212, 224, 243, 254

N

农村合作社, 44

农村合作组织, 45, 65, 66, 67, 68, 131

农村集体经济, 34, 35, 43, 57, 58, 89, 94, 95, 96, 97, 98, 99, 100, 101, 102, 103, 104, 122, 128, 137, 139, 140, 142, 143, 144, 145, 156, 189

农村集体经济组织产权制度改革, 35, 94, 97, 98, 99, 101, 103, 156

农村集体企业, 43, 57, 89, 123, 125

农民专业合作社, 25, 29, 30, 45, 46, 65, 67, 68, 70, 90, 91, 131

Q

区街集体企业, 39, 40, 157

S

社队企业, 39, 40, 157

双边投资条约, 361

双重征税条约, 361

私营企业, 2, 4, 5, 6, 12, 13, 14, 15, 17, 18, 19, 24, 26, 27, 30, 41, 42, 47, 48, 49, 56, 63, 85, 86, 132, 136, 163, 164, 165, 166, 167, 168, 169, 170, 171, 172, 173, 174, 175, 176, 177, 178, 180, 181, 182, 189, 190, 192, 193, 197, 198, 199, 200, 201, 202, 203, 204, 205, 206, 207, 209, 211, 213, 214, 215, 216, 218, 220, 221, 222, 223, 224, 225, 226, 227, 228, 230, 231, 232, 233, 234, 235, 236, 237, 238, 239, 240, 241, 242, 243, 244, 245, 246, 247, 248, 249, 250, 251, 253, 254, 255, 256, 257, 258, 259, 260, 261, 262, 263, 264, 265, 266, 267, 268, 269, 399

苏南模式, 63, 178, 179, 180, 189, 190, 191

T

提高开放型经济水平, 273, 341, 355, 368, 385

提高利用外资质量和水平, 273, 378, 388, 392

投资饥饿症, 336

W

外国直接投资存量, 358

外国直接投资流量, 356, 357

外商独资化, 272, 325

外商独资企业, 19, 290, 297, 327, 383, 391
外商投资产业指导目录, 290, 291, 301, 338, 343, 368, 379, 388
外商投资目标多元化, 272, 338
外商投资企业, 4, 6, 7, 9, 12, 19, 28, 204, 249, 271, 272, 277, 278, 279, 281, 282, 284, 285, 286, 287, 289, 290, 291, 293, 295, 296, 299, 300, 305, 306, 307, 309, 310, 313, 316, 317, 318, 320, 323, 324, 329, 330, 331, 334, 335, 336, 337, 338, 339, 340, 341, 343, 344, 346, 351, 352, 355, 366, 367, 368, 371, 375, 376, 377, 378, 379, 381, 383, 385, 387, 388, 389, 390, 391, 393
外商直接投资, 8, 12, 13, 15, 19, 272, 273, 275, 276, 277, 278, 279, 280, 282, 283, 284, 285, 286, 287, 288, 290, 292, 294, 295, 297, 299, 301, 303, 306, 307, 308, 309, 310, 311, 312, 313, 314, 315, 316, 318, 319, 320, 322, 323, 324, 326, 337, 328, 329, 330, 331, 332, 333, 334, 335, 336, 337, 338, 340, 341, 342, 343, 344, 345, 346, 347, 348, 349, 350, 351, 352, 353, 354, 355, 364, 365, 366, 369, 375, 383, 384, 385, 393
外资投资区位, 323, 324
外资优惠政策, 317, 318, 319, 328, 330, 362, 366, 367, 372, 374, 379
外资政策, 31, 272, 273, 275, 276, 277, 281, 282, 284, 285, 286, 292, 303, 305, 306, 307, 313, 317, 318, 319, 322, 323, 328, 331, 332, 333, 337, 338, 339, 340, 341, 342, 343, 345, 346, 347, 348, 349, 351, 352, 353, 355, 360, 361, 362, 366, 367, 368, 371, 372, 373, 374, 376, 377, 378, 379, 380, 381, 382, 387, 390, 392, 393
"污染避难所", 322

X

乡镇企业, 3, 15, 17, 43, 48, 59, 60, 61, 62, 63, 64, 74, 123, 124, 125, 131, 156, 157, 158, 178, 179, 180, 183, 184, 187, 190, 259, 283
新建投资, 279, 295, 297, 344, 383, 387
新型集体经济, 29, 30, 34, 35, 78, 101, 121, 127, 128, 129, 130, 132, 134, 146, 147, 148, 158
信用合作社, 42, 45, 70, 71
血汗工厂, 305, 320, 321, 322, 329, 370, 386

Y

优化利用外资结构, 273, 343, 355, 371, 379, 380, 393

Z

知识产权保护, 273, 351, 370, 376, 385

中小企业融资难，26，265
"抓大放小"，77，81
转让定价，320

转移利润，305，319，320，372
组织起来就业，49，167

后　记

本书是国家出版基金资助的"中国特色社会主义经济发展道路"丛书的一个分册，书名为《中国非国有经济发展道路》。本书的研究与写作参考了《中国非国有经济改革与发展30年》一书提供的基础性资料，并根据2008年以来国内外经济发生的一系列变化，从发展道路角度进行了较为深入的分析和探讨。

本书总体框架由我提出，然后由参与本项调查研究的全体成员进行集体讨论，最后形成研究和写作大纲。

全书由四篇组成，其中，第一篇为总报告：中国非国有经济发展道路：成就、经验与展望。由我和刘霞辉在其他几篇调查研究取得的成果基础上，进行综合和进一步分析与阐释，着重就改革开放以来中国非国有经济发展的现状、历史过程、经验教训、未来发展及其道路做了较为深入的分析和阐述。

第二篇为中国集体所有制企业发展道路。本篇着重对改革开放30多年来中国城镇集体企业改革与发展的历程、经验教训、进一步深化集体企业改革的方向、原则和重点以及新型集体经济发展及其道路等进行了较为全面的分析和阐述。全篇包括五章，由国家工业和信息化部规划司副司长顾强副教授牵头主笔，北京科技大学崔巍博士和工信部电子信息产业发展研究院李梦娟博士共同研究编写完成。

第三篇为中国私营所有制企业发展道路。本篇着重对改革开放30多年来中国个体私营企业改革与发展的历程过程、所取得的巨大成绩、所积累的基本经验和应吸取的教训或存在的不足、未来发展及其道路进行了较为系统的分析和总结。第三篇包括四章，由中国社会科学院经济研究所研究员、博士生导师、清华大学中国与世界研究中心研究员王红领牵头，第六章和第七章分别由国务院发展研究中心张亮博士和中国社会科学院研究生院魏政博士执笔完成，第八章由王红领和中国社会科学院工业经济研究所博士后李燕燕执笔完成，第九章由中国社会科学院经济研究所副研究员刘剑雄博士执笔完成。

第四篇为中国外商投资企业发展道路。本篇着重对改革开放30多年来外商在华投资企业和外资政策发展的历程过程、外资经济所取得的巨大成绩、所积累的基本经验和应吸取的教训或存在的不足、外资企业发展及其中国外资发展道路进行了较为深入的分析和总结。此篇由中国社会科学院财贸经济研究所研究员夏先良博士牵头,其中第十章由中国社会科学院财贸经济研究所研究员姚战琪博士执笔完成,第十二章由中国社会科学院财贸经济研究所对外经贸研究室主任、研究员冯雷博士执笔完成,第十一章、第十三章由夏先良执笔完成。

全书由刘迎秋、刘霞辉负责统编定稿,张亮、魏政协助进行技术处理,我做最后审定。

需要说明的是,非国有经济及其发展道路的研究,是一项涉及面广、涉及问题多的研究工作。由于非国有企业特别是民营企业和外资企业在中国的生成和发展才30多年,很多矛盾还处于酝酿阶段,未能得到全面暴露,很多成功经验也还有待进一步总结和发扬,尽管我们做了很大努力,试图把这个问题的研究搞得更好,更有力度和理论深度,但终因能力和水平所限,书中还难免存在这样那样的缺点、不足、疏漏甚至错误。在本书即将付梓出版之际,恳请各界同仁和广大读者批评指正。

刘迎秋

2012年12月10日于北京小倦游斋